Matthias Politycki

Vom Verschwinden der Dinge in der Zukunft

Bestimmte Artikel

2006 – 1998

| Hoffmann und Campe |

1. Auflage 2007
Copyright © 2007 by Hoffmann und Campe Verlag, Hamburg
www.hoca.de
Layout: atelier eilenberger, Leipzig
Druck und Bindung: Druckhaus Nomos, Sinzheim
Printed in Germany
ISBN 978-3-455-40044-1

HOFFMANN
UND CAMPE

Ein Unternehmen der
GANSKE VERLAGSGRUPPE

Inhalt

IV Relevanter Realismus. Europäische Ästhetik

V Digitaler Grabstein. Autorschaft online

VI Fata Americana. Fremde Örtlichkeiten

I
Alt werden, ohne jung zu bleiben

Eines Tages wurde Meister Me-ti

beim Spazierengehen von seinem Jugendfreund Yang-tschu überrascht, der ihm mit dem freudigen Ausruf des Wiedererkennens von hinten auf die Schulter klopfte.

»Oh!« konnte Yang-tschu ein kleines Entsetzen nicht verbergen, als sich Me-ti vollends zu ihm gewandt: »Du bist alt geworden!«

Lange betrachtete Me-ti seinen Freund, schüttelte dann mißbilligend den Kopf: »Nicht alt bin ich geworden, Yang-tschu, sondern älter. Wohingegen du immer noch genauso jung bist wie an jenem Tag, da ich dich das erste Mal sah.«

»Aber das ist über fünfzig Jahre her!« fühlte sich Yang-tschu geschmeichelt: »Du willst mir tatsächlich sagen, ich hätte mich gar nicht verändert?«

»Das will ich«, bestätigte Me-ti und fügte hinzu: »Schon damals warst du genauso alt wie heute.«

(Bertolt Brecht: Me-ti, Buch der Wendungen)

Alt werden,
ohne jung zu bleiben

Seit dem 28. Februar 1992 führe ich mit meinem Freund Christoph Bartmann[1] das immerwährende »Prager Protokoll«: Begonnen anläßlich eines Besuchs im dort gerade neugegründeten Goethe-Institut und noch ganz im Zeichen privater Irrungen und Wirrungen stehend, widmete es sich im Zuge der Zeit – auch wenn wir uns andernorts trafen, hielten wir am Namen unsrer Gesprächsnotate fest – zunehmend den allgemeinen Weltläuften, festgehalten in holzschnittartigen Kurzzusammenfassungen unsrer Weitschweifigkeiten: Es steht nicht gut um die deutsche Kultur, wenn man vom Ausland auf sie blickt, so eines unsrer von Jahr zu Jahr verzagter intonierten Leitmotive, welch grassierendes Desinteresse an der deutschen Sprache, welch rasanter Verlust an Strahlkraft dessen, was jenseits von Mercedesstern, Adidasstreifen und Niveadose unterm Label »deutsch« firmiert![2] Mit den kläglichen Darbietungen der Nationalelf fing es an,[3] mit der Flucht von Spitzensteuerzahlern und -wissenschaftlern ins Ausland, dem konstanten Anwachsen von Staatsschuld, Arbeitslosenzahl und allgemeiner Politikverdrossenheit hörte es noch lang nicht auf.

Soweit das Holzschnittartige. Selbstredend hätten all die angeschnittnen Themen differenzierter angegangen werden müssen; ihre schiere Benennung schien uns jedoch als Hintergrundsrauschen auszureichen, vor dessen anschwellender Intensität das Prager Protokollieren erst so richtig in Fahrt kam: »Es muß sich was ändern, die Frage ist nur: was wo wie wann.«[4] Fürs übrige Mitteleuropa sah es unsrer Meinung nach im Verlauf der späten 90er ebenfalls zunehmend düster aus, für die Gründerstaaten der EWG, deren wichtigste Vertreter denn auch nach der Jahrtausendwende als »Altes Europa« explizit auf einen weltpolitischen Abstiegsplatz verwiesen wurden.[5] Und in Bälde wahrscheinlich auch auf einen weltwirtschaftlichen, wohingegen die

1 Bartmann, als Kulturflüsterer seit 1988 in Diensten des Goethe-Instituts, von 1999 bis 2006 als Institutsleiter in Kopenhagen, anschließend als Abteilungsleiter Wissen und Gesellschaft in der Münchner Zentrale.

2 Deutlich ablesbar z. B. am dramatischen Rückgang der Anmeldungen für Sprachkurse an den Goethe-Instituten (ausgenommen in den Staaten des ehemaligen Ostblocks).

3 Man erinnere sich der beschämenden Vorstellungen unter Vogts, Derwall, Völler, die im übrigen auch unter der Ägide Klinsmanns, 2004–2006, erst während des WM-Turniers ein definitives Ende fanden. – Was man auf Dauer von einem Bundestrainer erwarten darf, der sich Jogi nennen läßt, wird sich weisen.

4 Viertes Protokoll vom 24. Mai 2000, »gegeben zu København«.

5 Von Donald Rumsfeld anläßlich der Bildung einer »Allianz der Willigen« (zwecks Einmarsch im Irak, 20. 3. 2003), an der sich u. a. Deutschland und Frankreich teilzunehmen weigerten (»Now, you're thinking of Europe as Germany and France. I don't. I think that's old Europe. If you look at the entire NATO Europe today, the center of gravity is shifting to the east.« Pressekonferenz vom 22. 1. 2003).

jungen Industrienationen Asiens immer häufiger für Schlagzeilen sorgten, und zwar längst nicht mehr in Sachen Verlagerung von Produktionsstätten in Billiglohnländer, oh nein! Sondern indem sie mit ihrer rasant wachsenden Wirtschaftskraft altehrwürdige Industriestaaten wie Frankreich auf die Plätze verwiesen[6] oder sich im Handstreich riesige europäische Großkonzerne einverleibten,[7] indem sie sich also dem wachsenden Druck der Globalisierung weit besser anzupassen wußten als der Rest der Welt und damit für Verwerfungen sorgten, die man als erste Vorboten einer völlig neuen Wirtschaftsordnung lesen konnte: Ob wir von einem »Kleinen Tiger« wie Taiwan auf Mitteleuropa blickten oder von einem der dynamisch aufstrebenden Staaten des ehemaligen Ostblocks – und beide taten (und tun) wir das als überzeugte »Alte Europäer«, keine Frage –, vermeinten wir, Symptome des drohenden Abstiegs aus der »Ersten Welt« zu entdecken, zumindest schon mal die entsprechende Lähmung, Verkrustung, diffus muffige Untergangsstimmung. Zugegeben, auch wir frönten beim Prager Protokollieren der allgemeinen Verdrießlichkeit, wie sie hierzulande über Jahre zum guten schlechten Ton gehörte. Waren wir auf diese Weise etwa zu »Konservativen« geworden? Oder lediglich kritischer im Umgang mit Illusionen, sprich: leidenschaftsloser, kälter, älter?

Älterwerden erlebten wir während der 90er, in unsrer Eigenschaft als Bürger eines Gemeinwesens, *auch* als Verlusterfahrung, mit dem Zusammenbruch des Ostblocks war ja nicht nur die sozialistische Utopie an ein real existierendes Ende gekommen, sondern auch die des »freien Westens«, in der soziale Marktwirtschaft so berauschend schlicht mit Demokratie und Glück gleichgesetzt werden konnte: Erst ging mit Pauken und Trompeten die DDR unter, dann, sang- und klanglos bis zum heutigen Tage, die alte BRD. Gegen unsern Willen gerieten wir östlich wie westlich der alten Demarkationslinie *Into the Great Wide Open*, in eine rundum offene Gesellschaft, in der nichts mehr tabu, unhinterfragbar, heilig, hingegen alles möglich und paradoxerweise trotzdem ohne echte Zukunftsperspektive war. Schon bald schien unsre Idee von Freiheit auf den Sachverhalt zusammenzuschnurren, daß wir zwischen den diversen Stromversorgern, Netzbetreibern, Spaßlieferanten wählen und uns ansonsten als »Ich-AG« würden durchschlagen dürfen; an der Abschaffung unsres klassischen Kulturbegriffs hatten wir sel-

6 »China hat soeben Frankreich als Wirtschaftsmacht überholt.« (*Der Standard*, 27. 1. 2006)

7 Besonders aufsehenerregend im Sommer 2006 die feindliche Übernahme des europäischen Stahlkonzerns Arcelor durch den »Stahl-Maharadscha« Lakshmi Mittal: »Daß Globalisierung [...] Spitzenmanager von ihrem Stuhl kippt und einer aus Indien zum Mächtigsten der weltweiten Stahlbranche wird, daran muß das Establishment sich noch gewöhnen.« (*SZ*, 27. 6. 2006)

ber maßgeblich mitgewirkt, an derjenigen des oft geschmähten (und in der jetzigen Eventkultur arg vermißten) Bildungsbürgertums bereits die Generationen vor uns;[8] von idealistischen Gesellschaftskonzepten kündeten schließlich nur noch diejenigen, die wir als »Verlierer der Einheit« gern zu Wort kommen ließen, weil wir ihnen dann nicht auch noch Gehör schenken mußten. Das Ende der inneren Nachkriegsordnung gestaltete sich zwar als ein längst überfälliges Großreinemachen im Feld der alten, verbrauchten Werte, Logoi und Diskurshoheiten, auf das wir selber einst voll Hoffnung hingearbeitet hatten, lief dann aber, da die verschlissenen ästhetischen Hierarchien und utopischen Konzepte zwar verworfen, aber keine neuen postuliert wurden, vor allem auf eines hinaus: auf eine sehr grundsätzliche Orientierungslosigkeit, und mit ihr: auf das schleichende Ende sämtlicher Visionen. Glück schien im Zeichen der neuen Unübersichtlichkeit nurmehr als Privatbiotop zu erlangen und dann durch flächendeckenden Zynismus zu verteidigen; unter Berufung auf »Toleranz« und »Ironie«[9] ließ sich ungehemmt der eignen Ignoranz frönen, es war schlichtweg zum … Oder waren wir, die gealterten Prager Protokollanten, im Lauf der Jahre lediglich erfahrener geworden im Umgang mit Etikettenschwindlern und Phrasendreschmaschinen, sprich: leidenschaftlicher, dünnhäutiger, älter?

Nun ist das Älterwerden seit dem Siegeszug von Pop und Rock zu unser aller Kardinalproblem geworden, in dem weltanschauliche Aspekte – »Trau keinem über dreißig!« – mit latent sexistischen zusammenfließen: In einer dem Körperkult ergebenen Gesellschaft kann man's sich im Grunde nicht leisten, älter zu werden, und wenn doch, dann nur, wenn man dabei trotzdem *Forever Young* bleibt. Man betrachte in die Jahre gekommene Berufsjugendliche, wie sie Szenekneipen bevölkern und dort auf ihren siebzehnten, womöglich bauchnabelgepiercten Frühling warten; wie sie sich lässig ihr Hemd aus der Hose gezogen oder ein Baseballkäppi schräg aufgesetzt haben, um Lebensart, Selbstironie, Frauenverstehertum vorzutäuschen, »erfahrne Rock 'n' Roller«, die nach *Sympathy for the Devil* gieren. Freilich kommt anstelle des Keith-Richard-mäßigen dabei zumeist nur das Roberto-Blanco-hafte an ihnen heraus.

Alter Schwede! Spätestens mit dem Ende der Nachkriegsordnung ist die einstmals revolutionäre Jugendkultur zur reaktio-

8 Weder die Abschaffung des einen noch des anderen soll hier im nachhinein in Frage gestellt werden; Grund zur Besorgnis gibt vielmehr der Umstand, daß an ihre Stelle keinerlei neue Begriffe und Konzeptionen getreten sind. Die Unzahl an »Bibliotheken«, wie sie mit großem Erfolg von der *Süddeutschen* bis zur *Brigitte* vertrieben werden, zeigt das Vakuum unsres Kulturbegriffs an: Der Käufer erhofft sich die Orientierung, die ihm früher von einer medial repräsentierten Bildungselite verordnet worden ist; doch eine Best-of-Auswahl von Billiglizenzen generiert natürlich alles andre als einen Kanon.

9 Nichts gegen eine wohlverstandne Ironie, fern von Sarkasmus und dem Gestus des Uneigentlichen! Vgl. S. 132 ff.

nären Spaßkultur verkommen, und jeder blamiert sich, so gut er eben kann. Würdevoll altern ist out, statt dessen huldigt man einer neuen Schamlosigkeit, notfalls als Narr, die mit aller Gewalt den Eindruck erzeugen will, man fröne zumindest noch einem pharmazeutisch geregelten Geschlechtsleben. Als ob geistige Potenz kein ausreichender Virilitätsnachweis wäre! Als ob Älterwerden schon dasselbe wie Altsein wäre! Und nicht vielmehr der ewige Lebemann auf eine Weise vergreist und erstarrt, wie es dem bewußt Alternden bereits die fortwährende Dynamik des Vorgangs versagt! Wer bis zum finalen Akt nichts als jung bleiben will, versäumt in aller Regel die Hälfte des Lebens – warum sollte man das, was man in seiner Jugend erträumt, erlitten, erlacht hat, auf immergleiche Weise bis zum letzten Atemzug erleben, allenfalls ergänzt um das Wissen über sämtliche toskanischen Olivenöle einschließlich ihrer Falschpressungen? Ein Schisser ist man mit dieser anhaltenden Selbstbetrügerei obendrein.

Hingegen alt werden, ohne jung zu bleiben![10] Ein permanenter Prozeß, in dem jedes neue Lebensjahr, jedes neue Lebensjahrzehnt zum intellektuellen Abenteuer gerät, zum Ausgangspunkt neuer Ansichten, die sich mit bisherigen Ansichten sukzessive zu Einsichten verbinden, freilich auch im Handumdrehen alles bisher Postulierte als liebgewonnenen Lebensirrtum decouvrieren könnten: Man denke an das jähe Wiedererstarken des Nationalismus in Europa, nicht nur in den Ländern des ehemaligen Ostblocks, wie man ihn längst überwunden glaubte. Einsicht in die Relativität aller Wahrheit, gerade auch der festreden- und leitartikelsubventionierten, bei gleichzeitig ungebrochnem Idealismus, sie wenigstens in ihrer flüchtigen Erscheinungsform immer wieder neu zu erhaschen oder gar für sie zu kämpfen – welch eine Herausforderung! Und so wenige, die sich ihr in angemessener Weise stellen; schließlich fällt es viel einfacher, in der Unverbindlichkeit einer perpetuierten Jugendlichkeit zu verharren, keinem andern verpflichtet als sich selbst.

Es ist nicht nur eine Frage des Stils, den klassischen Erwachsenenstatus vorzuziehen und mit ihm die klassischen Tugenden des Alters. Ein wohlstrukturiertes Zusammenleben, sprich: die bewußte gesellschaftliche Einbindung aller Bevölkerungsgruppen und -schichten ins große Ganze, Gemeinsame, beginnt be-

10 Vgl. Prager Protokoll vom 26. März 1995, »gegeben zu München«: »Alt werden (und zwar im Sinne von alt werden)!«

kanntlich erst dort, wo Erfahrung ins Spiel kommt, wo sich der Blick auf die Zukunft übers unmittelbar Zukünftige hinweghebt. Und stehen wir Älteren nicht überdies unterm erhöhten Druck der laufenden Ereignisse; ist die Bedrohung des Westens (als einer spätaufgeklärten Wertegemeinschaft jenseits von Himmelsrichtungen) nicht de facto fundamentaler, weil irrationaler, dezentraler, fraktaler geworden als in den Jahrzehnten des weltpolitischen Stellungskrieges bis zum Mauerfall? Und sind wir folglich, sofern wir noch einen Rest an Verantwortung fürs Allgemeine in uns verspüren, sind wir nicht sogar gezwungen, vieles neu zu überdenken, was sich während zweier lax vergroovter und vergeigter Jahrzehnte verbraucht oder, angesichts brennender Vorstädte,[11] sogar als gefährliche Illusion enttarnt hat? Alt werden, ohne jung zu bleiben, das heißt auch, wieder und genauer dorthin zu blicken, wo man gar keine neuen An- und Einsichten mehr erwartet hätte, heißt vor allem, den Mut zur Revision einstiger Gewißheiten zu finden, heißt am Ende, unangenehme neue Erkenntnisse zu einer neuen Form von Gesamternüchterung zu bündeln (aus der sich dann womöglich auch wieder eine neue Form von Hoffnung schöpfen ließe) und sie mit klaren Worten gegen die politisch korrekte Verbrämungskultur des Zeitgeists in Position zu bringen. Selbst wenn sie, die Gesamternüchterung, im Verhältnis zur liberalen Utopie des eignen Knabenmorgenblütentraums schwer zu ertragen, bestenfalls noch als linkskonservativ zu verbrämen wäre.

Linkskonservativ? Ich habe lange über ein Wort nachgedacht, das den Spagat auf den Begriff bringt, den zu vollziehen sich der ehemals »linke« Teil unsrer Gesellschaft gerade mittels erster Lockerungsübungen und unter schwersten Gewissensbissen anschickt, ein Wort, das sich jeder »rechten« Lesart explizit verweigert und in dem auch sonst keinerlei unausgelüftete Ideologien mitschwingen, ein Wort, in dem die einstige Leidenschaft utopischen Denkens noch aufgehoben und das also bereits durch seinen leicht angestaubten Unpragmatismus klar abgesetzt ist von sämtlichen kursierenden Begriffen des Konservativen.[12] Schwierig! Nichts wäre in diesem Zusammenhang fataler als Beifall aus der falschen Ecke; und nur als einer, der sich nicht im lamentierenden Rückbesinnen auf vergangene Werte erschöpft, sondern darin allenfalls den Ausgangspunkt neuer Visionen sieht, nur als einer, der auch beim kritischen Blick in die

11 Paris, November 2005, als Synonym für die europäische Migrationsproblematik schlechthin. Der damalige französische Innenminister Nicolas Sarkozy hätte sie am liebsten mit dem Kärcher-Hochdruckreiniger gelöst, wie er seinerzeit, unterm Schock der nächtlichen Ausschreitungen stehend, zu Protokoll gab.

12 Erst im Zuge der Arbeit an diesem Band habe ich jenes noch weitgehend unbesetzte Wort für mich gefunden; was ich bislang mit dem Begriff »wertkonservativ« auszudrücken suchte (z. B. S. 105 f., war freilich stets in ebenjenem Sinne gemeint. – Verwundert habe ich zur Kenntnis nehmen müssen, daß man schon durch schieres Ausscheren aus der linksliberalen Lebensspur in die Nähe der »Konservativen Revolution« gerückt wird. (Gunther Nickel: Die Wiederkehr der »Konservativen Revolution«. In: *Schweizer Monatshefte*, 10. 11. 2005)

Zukunft das utopische Potential seiner Jugend nicht verrät, will ich mich versuchsweise als *linkskonservativ* bezeichnen.

Denn die Blauäugigkeit der einstigen Linken *ungebrochen* weiterzupropagieren, ohne konterkarierende Ergänzung zum Oxymoron, dafür ist die Zeit lange abgelaufen. Zutage getreten ist hingegen die weltanschauliche Herausforderung unsrer Generation – der neu angebrochne Kampf der Kulturen wird ja selbst durch eine Lösung des Palästinaproblems nicht so schnell zu beenden sein. Allerorten entstehen derzeit neue Frontlinien nicht so sehr zwischen islamischen und nichtislamischen, sondern zwischen fundamentalistisch religiösen und laizistischen Gesellschaften. Auch innerhalb der »Festung Europa«, wie sie einige Hardliner schon eifrig fordern, man wird sich in der Auseinandersetzung mit *beiden* Seiten noch warm anziehen müssen.[13]

Alt werden, ohne jung zu bleiben, das heißt also nicht nur (im Hinblick aufs Einzelschicksal), Anmut gegen Würde einzutauschen, sondern auch (im sozialen Miteinander), vorrangig Pflicht statt Neigung zu empfinden; alt werden, ohne jung zu bleiben, ist gleichermaßen Menschenrecht wie -pflicht. Die in letzter lästiger Konsequenz darauf hinausläuft, eine weltanschauliche Position beziehen zu müssen, deren Resonanzboden nicht unter den fetten Bässen der Gegenwart vibriert, sondern im fernen Taktschlag des Kommenden erzittert. Eine Art Aufsichtspflicht, der man sich gerade auch als Schriftsteller, meine ich, nicht entziehen darf, sofern man Schreiben nicht als bloßen Broterwerb, sondern als existenzielle Aufgabe begreift, die über serielle Produktion von Texten hinausgeht: Ein Schriftsteller ist mehr als die Summe seiner Bücher,[14] er hat einen Standpunkt, der sich in der Wahl seiner Adjektive ebenso ausdrückt wie in der Wahl seines Lieblingstürken.[15] Für diesen Standpunkt, der wiederum mehr ist als die Summe seiner Meinungen, ist er persönlich haftbar, weit mehr als für jede einzelne seiner kontextabhängig gewonnenen Thesen. Denn im Gegensatz zum bloßen Autor, der als Plotist seriell Texte erstellt, kann der Schriftsteller seine Werke nur mit eigner Lebenserfahrung beglaubigen; will er seinem Leser mehr als das reine Lesevergnügen bereiten, muß er zusätzlich zu allen Qualen einer relevanten literarischen Gestaltung das Wagnis auf sich nehmen, Zeitgenosse zu sein. Muß sich als Teil des regionalen, nationalen, globalen Zusammenle-

13 Vgl. dazu »Weißer Mann – was nun?«, S. 23 ff. – An den wenigen Stellen, wo sich Europa bereits mit Grenzzäunen vor dem Ansturm aus Afrika schützt (Ceuta), läßt sich Nacht für Nacht beobachten, wie wir in ein neues (hochindustrialisiertes) Mittelalter hineingeraten werden. An der »Festung Amerika« werden mittlerweile Milliardenbeträge in High-Tech-Grenzwälle investiert, um die Patrouillen der »Minutemen« mit Hilfe von virtuellen Wassergräben und Zugbrücken zu verstärken. Auch von der »Festung Rußland« war schon zu lesen (*Die Welt*, 10. 10. 2006), die Topographie der postmodernen Welt verwandelt sich gerade wieder in eine vormoderne Landkarte.

14 Vgl. zum Folgenden S. 45 und 129. Schon im Herbst '97 fiel meine Antwort auf eine Anfrage der *Woche* zum Thema »Intellektuelle, rührt euch!« entgegen meiner früheren Überzeugung wie folgt aus:
Schriftsteller sind mehr als die Summe ihrer Bücher, andernfalls wären sie ja lediglich Textproduzenten: Das notorische Augen-und-Ohren-Aufsperren gehört genauso zu ihrem Beruf wie das fallweise Maul-Aufreissen. Freilich kann man's auch übertreiben, das Maul-Aufreissen und Moraltrompeten und Sich-öffentlich-Schämen; manche Gallionsfiguren der Altvorderen haben mittlerweile so oft gebrüllt, daß es in den Ohren von »uns Jüngeren« nurmehr als leitmotivisches Katzengejammer erklingt [...], das zum öffentlichen Getön unsrer Deutschland-Seifenoper längst dazugehört. – Besser allerdings, als auf diese Weise den Rest des Lebens auf der Couch zu vergrinsen, besser wär's für »uns Jüngere« allemal, wenn wir die Ärsche endlich selber mal hochbekämen. Für's bloße Ablästern nämlich gibt's inzwischen genug, die noch jünger sind als wir. (*Die Woche*, 14. 11. 1997)

15 »Pamukkale«, Susannenstr. 33–34, Hamburger Schanzenviertel.

bens begreifen, wie es aus der Warte eines Elfenbeinturmbewohners nie in all seiner Komplexität wahrzunehmen und entsprechend detailreich zu schildern gelänge.

Gehört man mit dieser Selbstverpflichtung zu teilhabender Neugier, zu neugieriger Teilhabe am Allgemein-Menschlichen bereits zur altbacknen Art des politischen Schriftstellers, wie er sich in Gestalt einiger bundesrepublikanischer Vorzeige-Mahner und -Warner gerade selbst überlebt? Erste reflexhafte Antwort: allerhöchstens immer mal wieder, vor allem wider Willen. Hastige Ergänzung: und auf keinen Fall im früheren, enggefaßten Verständnis desselben.[16] Ein politischer Schriftsteller, wie ich ihn verstehe, ist kein Debattenschwein vom Dienst, kein permanent auf stand-by geschaltetes Kontrollgremium des Kleingedruckten; das kann er getrost den politischen Autoren überlassen. Der politische Schriftsteller hingegen verkörpert die ästhetische Variante einer außerparlamentarischen Opposition; sein Nachdenken kann angesichts des derzeitigen Vakuums an Utopien nur ein verkappt philosophisches sein, und zwar ein freigeistiges, diesseits wie jenseits herrschender Meinungen, Parteien, Systeme, unter wechselnden Perspektiven und Prämissen, mit wechselnden Gesprächspartnern und Antipoden.

Dieser *neue* Typus des politischen Schriftstellers läuft in seiner emphatischen Weltzugewandtheit möglicherweise sogar aufs Gegenteil dessen hinaus, was frühere Vertreter des Genres in bemühtem Rollenspiel darzustellen suchten – den personifizierten Ernst des Lebens. Das Lamento dessen, der in der Gegenwart vorrangig Verfall einer besser strukturierten Vergangenheit sieht, versucht er so selten wie möglich anzustimmen; vielmehr huldigt er einer prinzipiellen Leidenschaft, die jenseits abgegriffner Schubladisierungen an allem lustvoll Anteil nimmt, was unser kulturelles, politisches, gesellschaftliches Umfeld ausmacht: Die Verse eines entlegnen karibischen Lyrikers sind ihm a priori genauso »hoch« oder »niedrig« wie die neuesten Trends der gesamtdeutschen Schamhaarfrisur. Seine Intellektualität ist wesentlich ungebundener, sein Begriff von Bildung ist wesentlich offener als derjenige früherer politischer Schriftsteller; und doch weiß er sich mit ihnen in einem wesentlichen Punkt überein: dem Wunsch, dieses schrecklich schöne Leben noch ein Stückchen schrecklich schöner zu machen.

16 Dafür wäre mittlerweile ja auch der Begriff des Politischen viel zu unpräzise geworden; gerade in der Betrachtung des scheinbar »Unpolitischen« (wie man es früher etikettiert hätte) dokumentiert sich derzeit nicht selten eine explizit politische Haltung.

Ist politische Schriftstellerei in diesem umfassenden Verständnis vielleicht selbst nur eine Utopie? Mit Sicherheit eine undankbare Aufgabe! Die Gefahr der Verbitterung über ubiquitär grassierende Mediokrität steigt durch anhaltende Beschäftigung mit derselben erheblich; dazu die Entsetzensschreie flüchtig rezipierender Leser, nicht selten als Häme notdürftig getarnt, sofern einer ihrer wunden Punkte berührt wurde. Selbst wenn man nicht beständig mit erhobnem Zeigefinger auftritt, wird man als politischer Schriftsteller vorrangig allein sein, sofern man sein Amt (mit all dem gebotnen Unernst) ernst nimmt – allzu breite Zustimmung wäre für einen, der sich jedem Lagerdenken verweigert, ja auch verdächtig.

Und das alles auch noch in postmodern entfesselten Zeiten, die unterm Alarmismus der medialen Katastrophen- und Feuermelder gerade zur Aftermoderne depravieren! Staunend registrieren wir die weltweite Renaissance unaufgeklärten Denkens – und hätten statt dessen im Wettlauf der Weltanschauungen längst Gegenvisionen zu entwickeln, die sogkräftiger, zukunftsträchtiger sind als die saturiert säkularen unsrer *décadence*. Komplizierte Zeiten, weit komplizierter als unter den dialektischen Herausforderungen der Nachkriegsära! Angemessen ausgewogene Antworten für das Chaos unsrer Gegenwart zu finden, kann da die Aufgabe des Schriftstellers als eines Fachmanns fürs Allgemeine nicht sein; es ist schon viel, wenn ihm die eine oder andere Frage gelingt, die den festgefügten Horizont unsrer Alltäglichkeiten für all die Experten aufreißt, die's dann ja sogleich besser wissen. Ein Schriftsteller wird keine schlüsselfertigen Lösungen anbieten, schließlich beglaubigt er seine wechselnden Ansichten mit nichts als den eignen – im Lauf des Älterwerdens wechselnden – Lebenserfahrungen. Wenn er damit aus der herrschenden Konsensessayistik ausschert, ja mit seinen spekulativen Thesen bewußt übers Ziel hinausschießt, um wenigstens mit rhetorischen Mitteln an der Verbesserung von Mitteleuropa mitzuwirken, so mag man das bitte noch lange nicht als seinen endgültigen Standpunkt mißverstehen. Je älter man wird, desto ferner gerät der Konsens, aber je älter man wird, desto größer wird auch die Sehnsucht, irgendwo zustimmen zu können![17]

Aus dieser Grundüberzeugung, als Schriftsteller jenseits des selbstreferenziellen Egotrips von Buch zu Buch auch eine gesell-

17 Wo sich die Zustimmung zum großen Ganzen von selbst verbietet, wird diejenige zum Kleinteiligen und Ausschnitthaften umso wichtiger.

schaftliche Bringschuld zu haben,[18] ist vorliegende Textauswahl zusammengestellt, als vorläufige Quersumme dessen, was sich im Abarbeiten am »Politischen« der großen Welt- wie der kleinen Alltagsgeschichte während der letzten Jahre als mein Standpunkt herauskristallisiert hat. Manches davon – das Selbstverständnis als europäischer Patriot, als Parteigänger einer kosmopolitischen Weltordnung – zieht sich seit je durch mein Denken; manch andres – Zweifel am spätdemokratischen Glücksversprechen der Aufklärung, Respekt für religiöse Welterklärungsmodelle – ist mir als dem bekennenden Nietzscheaner, der ich natürlich immer noch und vor allem anderen bin, erst in jüngster Zeit virulent geworden, da die grundsätzliche Krise des Westens auch die Orangenhaut ans Tageslicht brachte, die unsre von den *noch* Älteren ererbte Weltsicht mittlerweile bekommen hat.[19]

Wer von uns hätte noch vor zehn Jahren ernsthaft in Erwägung gezogen, daß ein ästhetisches Engagement auf moralische Lösungen hinauslaufen könnte? Daß Relevanz der Themenstellung wichtiger sein könnte als ihre artistische Gestaltung? Ja, auch in meiner Liebe zum Formalen bin ich älter geworden, ohne jung zu bleiben, und ich bin dabei mit mir im Reinen. Diese Textsammlung kann das bestenfalls »im Prinzip« belegen, schließlich bleibt jedes Buch hinter der Vision seines Verfassers zurück. Aber es wird ja wohl hoffentlich nicht mein letztes sein; und wenn ich im Verlauf weiteren Älterwerdens dem Ideal einer freigeistigen Zeitgenossenschaft noch ein Stückchen nähergekommen sein sollte, so gewiß nicht ohne Prager Protokoll bzw. die Gespräche, die es begleiten. Denn alles, was es im Leben zu erreichen gilt, erreicht man nur mit Hilfe seiner Freunde – oder gar nicht.

18 Dienstleistung am (literarischen) Text freilich ist und bleibt unter allen Umständen das Primäre, damit auch das unmißverständlich gesagt sei.

19 Prager Protokoll vom 17. April 2005, »gegeben zu København«.

II
Dick & durstig

Politik, Gesellschaft

Der Deutsche ist schüchtern

und schön, *seine Haut hat jenen geheimnisvollen Bronze-*
schimmer, den bereits die antiken Chronisten an ihm rühmten. Vom
tiefen Wunsche beseelt, ein Weltbürger zu werden, kauft er sich gern
Calvin-Klein-Unterhosen oder Chicago-Bulls-Kappen und bemüht sich
tapfer, alles cool zu finden. Ansonsten wirkt er am liebsten im Verborge-
nen – wenn er schweigt, dann schweigt er übern Sinn des Lebens; wenn
er singt, dann lassen sich sogar die Vöglein des Waldes zu ihm nieder
und haben ihn lieb.[20] *Gefällt ihm aber eine Charakteristik des eignen*
Wesens so gut wie diese hier, dann pfeift er ganz leise durch die Zähne
und sagt »wow«.

(1998)

---

20 »Piep, piep, piep – [...] Guildo hat Euch lieb«, – so sang sich der »Meister« alias Guildo
Horn im deutschen »Countdown Grand Prix 1998« auf Platz eins. Schon damals geriet ganz
Deutschland aus dem Häuschen, weil es mal einer wagte, den verschmockten Ralph-Siegel-Herz-
schmerz der deutschen Musikbranche auf die Schippe zu nehmen und durchgehend, bis in seine
Interviewstatements hinein, ironisch zu sein: Guildo Horn, die wandelnde Realsatire auf den deutschen Schlager, versetzte die Nation einen heißen Sommer lang in Partylaune, nahm er doch für
uns alle einen ersten Anlauf auf der Weltbühne, das alte Klischee vom Deutschen abzustreifen. –
Für ein neues Nationalverständnis war Ironie freilich zuwenig. Weshalb der Meister nach seinem
enttäuschenden 7. Platz im internationalen Grand Prix d'Eurovision dann auch ziemlich zügig
wieder in der Versenkung verschwand. Das heißt ... Für Juli 2006 wurde im SWR eine TV-Talkshow
mit geistig Behinderten angekündigt, Moderation Guildo Horn. Was immer das zu bedeuten hatte
oder hat.

Wir waren Deutschland

Nirgendwo war das Bild des häßlichen Deutschen so allgegenwärtig wie in Deutschland selbst; wahrscheinlich gab es – trotz aufwendiger Imagekampagnen à la »Du bist Deutschland« – weltweit keine Nation, die so beharrlich mit sich haderte, deren Verhältnis zur eignen Geschichte so nachhaltig korkte, deren Vertreter sich im Ausland so systematisch voreinander verleugneten. Nation? Konnte man das Wort überhaupt noch gebrauchen, ohne von besorgten Bedenkenträgern als Nationalist, Faschist, Nazi, zumindest als erzkonservativ gebrandmarkt zu werden? Man mußte es sogar, sonst hätten es bald wirklich nur noch die »Rechten« verwendet; mit der Folge, daß es von den »Linken« wie viele andre unschuldige Vokabeln vor ihm auch zunehmend mit Bedenklichkeit aufgeladen und schließlich als »rechts« aus dem Sprachschatz verbannt worden wäre. Erstaunlich ohnehin, daß niemand während all jener politisch korrekten Selbstzerfleischungsjahre auf die Idee verfiel, das Wort »deutsch« zum Unwort des Jahrhunderts zu erklären, das durch den Verlauf unsrer jüngeren Geschichte so nachhaltig beschädigt, ja zum Quasisynonym für Unmenschlichkeit und Barbarei geworden sei, daß man es besser ... genau: gar nicht mehr in den Mund nehme. Zum himmelhoch jauchzenden, zu Tode betrübten Wesen des

Deutschen hätte eine derartige Selbstausmerzung eigentlich gepaßt.

Dann aber kam eines Tages Jürgen Klinsmann und mit ihm eine unverkrampft schwarzrotgoldene WM-Party, wie wir sie uns zuvor selber nie zugetraut hätten. Allerorten feierte man die längst überfällige Rückkehr der Deutschen zur Normalität im Umgang mit der eignen Identität – gerade auch im Ausland. Plötzlich war der, der jetzt noch fragte »Dürfen wir das? Mit *unsrer* Geschichte?«, selber ein Konservativer, jedenfalls einer, der nichts aus der Geschichte gelernt hatte: Im neuen Fußballpatriotismus verwandelte sich ja nichts abstrakt Bedachtes und auf den ideologischen Begriff Gebrachtes, keine Idee von Deutschland und womöglich dem Deutschtum, sondern jeder einzelne Deutsche, sogar in seiner Spielart als Türke, und zwar ebenso spontan wie unreflektiert. Allerdings so entschlossen, daß man seiner kollektiven Selbstumwandlung einen Wunsch zur Nachhaltigkeit nicht absprechen konnte: Würde er sich nach der WM wieder als die alte Dumpfbacke gerieren, deren deutsche Tugenden er insgeheim selber nicht sonderlich schätzte, er würde im In- wie im Ausland schlichtweg unglaubwürdig sein, seine konkrete Erscheinung würde einfach nicht mehr zum neuen Bild des Deutschen passen und wahrscheinlich als Aus-

nahme der Regel achselzuckend beiseite-
gelächelt. Im Ernst: Es wird nicht leicht sein,
diesem neuen möchtegernmediterranen
Selbstverständnis als Deutscher auch weiterhin gerecht zu werden; dahinter zurückzu-
fallen wird man sich aber einfach nicht er-
lauben können.

»Ein Land braucht eine jüngere Geschichte, auf die es stolz sein kann«, hatte
uns noch rechtzeitig vor dem Eröffnungsspiel
die amerikanische Philosophin Susan
Neiman empfohlen (SZ, 21./22. 1. 2006);
spätestens seit dem glücklichen Sieg gegen
Argentinien, dem tragischen Ausscheiden
gegen Italien und dem beherzten »Kleinen
Finale« gegen Portugal, für das uns selbst
Holländer und Engländer nicht länger hassen
konnten, haben wir wieder eine: Schließlich
wurden wir (»wir«) mit unserem dritten Platz
»Weltmeister der Herzen«, und darauf kann
man als Deutscher wirklich stolz sein. Insbesondere im Ausland: Ob wir nebenbei auch
noch aus dem Land der Dichter und Denker
kommen oder doch eher aus dem der Richter
und Henker, wird dort erfahrungsgemäß die
allerwenigsten interessieren – sofern der

deutsche Fußball auch weiterhin so attraktiv
bleibt.

Aber ja, so erschreckend einfach erringt
man bei weiten Teilen der Weltbevölkerung
Sympathie oder eben nicht; wenn in Zukunft
auch deutsche Rucksacktouristen nationale
Embleme aufs Gepäck nähen (wie Vertreter
anderer Nationen schon lange), so wird das
mehr über die schlichten Mechanismen unsres Selbstverständnisses aussagen als jeder
komplizierte Essay. Und falls wir zu dieser
neuen Lockerheit in Zukunft ab und zu auch
außerhalb von Spaß- und Freizeitkultur
fänden, könnte aus dem Flirt mit der Fahne
tatsächlich eines Tages noch eine ganz ver-
nünftige Liebesbeziehung werden. Ob sich
Fußballpatriotismus allerdings dabei zum
Verfassungspatriotismus läutern läßt, wie
ihn Jürgen Habermas so beharrlich für uns
alle anmahnt, mag bezweifelt werden. Ganz
ohne Patriotismus wird es indessen auch bei
uns nach diesem berauschenden Sommer
2006 nicht mehr gehen, und wir tun gut
daran, seine Kanalisierung nicht wieder nur
den radikalen Kräften unsrer Gesellschaft zu
überlassen.

Weißer Mann – was nun?

Ein Nachruf zu Lebzeiten

Wer sich ein bißchen außerhalb Europas herumgetrieben hat, weniger als Tourist denn als Reisender, und dabei manchmal, wie ich, gerade noch mit dem Schrecken davongekommen ist, wird vielleicht schon ahnen, was ich im folgenden schlaglichtartig zu beleuchten suche, wenn ich vom »Untergang des Weißen Mannes« spreche. Ich gebrauche den Begriff ausdrücklich nur in polemischer Absicht – als Kürzel für das, was ich unter der kerneuropäischen, nach wie vor der Aufklärung verpflichteten Spielart westlicher Kultur verstehe; mit der Hautfarbe im engeren Wortsinn hat er lediglich metaphorisch zu tun. Daß die gewählte Metapher zu einigen Karl-May-haften Assoziationen reizt, darf nicht davon abhalten, sie für komplexere Gedankengänge zu funktionalisieren; die Wirklichkeit läßt sich nun mal am besten demaskieren, wenn man sie erst einmal auf ihr Klischee reduziert.

Für die Recherchen zu meinem Roman »Herr der Hörner« lebte ich einige Monate auf Kuba, im schwarzen Süden der Insel, und zwar nach Möglichkeit nicht wie ein Dollar-Tourist, sondern auf Peso-Basis: eine unvergeßliche Zeit, in deren Verlauf ich sämtliche Positionen, für die ich früher fraglos einstand, zu überdenken hatte. Eine Zeit auch, in der ich mitunter den Tränen nahe war, so hart empfand ich sie, körperlich wie seelisch. Die Brutalität des alltäglichen Lebens, keinerlei Rücksicht auf die moralischen oder gar ästhetischen Standards eines Alten Europäers nehmend, häufig noch nicht mal die allermindesten Höflichkeitsformen beachtend, diese ungebremste Wildheit des Willens, die sich nicht selten in schierer Gewaltanwendung Bahn brach – durfte ich sie als Mangel an Kultur verachten? Oder hatte ich sie als Überschuß an Vitalität zu bewundern, angesichts dessen ich von vornherein den kürzeren zog? Daß man sich, nach ein, zwei Stunden Schlangestehen für ein Brot, schließlich um den Einlaß in die Bäckerei prügelte, konnte ich noch verstehen; daß man das auch um einen Sitzplatz im Bus tat, schien auf mehr zu deuten als den puren Kampf ums Überleben, auf einen Kraftüberschuß zumindest, von dem man sich im saturierten Europa keine Vorstellung macht. Wohlgemerkt, es ging nicht um die Lust randalierender Banden, sich an Schwächeren auszutoben, sondern um spontane Energieentladung einzelner, bei denen sich ganz offensichtlich so viel angestaut hatte, daß sie's bei erstbester Gelegenheit ablassen mußten.

Wohingegen ich? zunächst stirnrunzelnd danebenzustehen suchte, wenn sich die archaische Grobheit des Alltags mal wieder Bahn brach, auf Dauer aber so nicht weiterkam. Was tun? Mitunter war ich so restlos beschämt von diesen Eruptionen physischer Macht – und sie spiegelte sich für mich noch in der machohaften Heftigkeit gewisser Begrüßungscodes –, daß ich mir einzureden suchte, in meiner weißen Haut die epochale Erschöpfung der gesamten Alten Welt zu spüren; es half mir gar nichts, die schiere Schwäche angesichts des Faktischen als Überlegenheit einer verfeinerten Vernunft zu camouflieren. Im Gegenteil, bald spürte ich die Kraft dieser Menschen auch dann, wenn sie nur herumlungerten und mich vom Straßenrand beobachteten, da lag mitunter ein Lauern in der Luft, daß man sich als Europäer jedenfalls arg zusammenreißen mußte, um erhobnen Hauptes seiner Wege zu gehen.

Die größte Massenschlägerei habe ich freilich gar nicht in Kuba, sondern im schwarzen Südzipfel von Indien erlebt, auch hier in der Rolle des (einzigen) Weißen, der seine körperliche Unterlegenheit mit der Überlegenheit dezenter Zurückhaltung zu kaschieren suchte: in Trivandrum, einem tristen Millionendorf, dessen Sehenswürdigkeiten selbst von Gutwilligen innerhalb eines halben Tages abgehakt sind. Bleibt ein Besuch im Zoo, warum nicht, und erstaunlicherweise wartet man vor dem Eingang nicht allein, zusehends gesellen sich Paare und Passanten dazu, und als das Kassenhäuschen dann endlich öffnet: herrscht im Handumdrehen eine solch ernsthafte Schlägerei um die Plätze, jeder will der erste sein – nicht in einer Bäckerei, deren Angebot aller Voraussicht nach nicht ausreichen wird, nein!, sondern in einer Freizeitanlage, bei deren Besuch man zwischen traurig dahinsiechenden Tieren eine Art Freizeitdepression erleiden wird. Zuvor aber, ich übertreibe nicht, mußte die Polizei anrücken, um mit wahllos ausgeteilten Schlagstockhieben wenigstens vorübergehend eine Ordnung wiederherzustellen: Klaglos nahmen die potenziellen Zoobesucher die Prügel hin, duckten sich Richtung Kassenhäuschen, denn von ihrem Ziel ließen sie nicht ab, um wenig später, wenn man ihnen drinnen wieder begegnete, den müßigen Flaneur zu geben.[21]

Was ist da eigentlich eben passiert? fragt man sich, während man das vereiterte Knie eines Lamas betrachtet: Welch ein gewaltiger Wille steckt in jedem einzelnen dieser ausgemergelten Kerle, daß sie allesamt vor dem bräsig abwartenden Europäer Einlaß fanden? Und wieso ist man in derartigen Szenarien stets der einzige, der sich zur Pauschalironie dessen flüchtet, der's angeblich besser weiß? Während alle andern auf ganz unbeirrbare Weise ihr konkretes Ziel verfolgen, dafür einen Preis in Kauf nehmend, der bei unsereinem allenfalls die Frage aufwirft, ob man davon bleibende Schäden davontragen, ob man sie dann wenigstens bei irgendeiner Versicherung geltend machen könnte.

Und die bedrohlichste Erfahrung des Belauertwerdens? Nach wie vor wird mir unwohl, wenn ich an eine Situation in Burundi denke, die sich nur auf den ersten Blick als friedliche Straßenszene darstellte: Während einer der Pausen im damaligen Bürgerkrieg zwischen Tutsi und Hutu, der bereits zu nächtlichen Abschlachtereien unvorstellbaren Ausmaßes geführt hatte, fuhren wir auf einem umgerüsteten Lkw in die Hauptstadt des Landes ein, Bujumbura, und ich spüre noch heute dies intensive Lauern, das uns vom Straßenrand entgegenkam, aus jedem Hauseingang. Geradezu körperlich zu registrieren, selbst von instinktgeschwächten Weißen, daß es hier jeden Moment vorbei sein könnte mit der trügerischen Ruhe, daß sich etwas Bahn brechen könnte, bei dem höchstwahrscheinlich auch wir und unser Lkw auf der Strecke bleiben würden.

Wünschten wir uns in dieser Situation wenigstens Waffen? Nicht mal das wagten wir, anerkannte Kriegsdienstverweigerer oder jedenfalls überzeugte Humanisten, die wir waren, hatten im übrigen ausreichend zu tun, unsre schlimmsten Befürchtungen voreinander zu verbergen: Um Gottes willen, die würden doch nicht? die waren doch wohl denselben ethischen Werten verpflichtet wie wir? die konnten doch nicht einfach, aus heiterem Himmel? Oh, die würden sehr wohl, die waren überhaupt nicht, die konnten.[22]

21 Zugegeben, das Szenario ist vor allem eines: absurd. Ein krasseres Beispiel liefert mittlerweile die Massenpanik am 4.2.2006 vor einem Stadion in Manila: Dort waren es nicht nur einige Dutzend, sondern 35 000 Menschen, die sich gewaltsam Einlaß verschaffen wollten – und warum? Um an der Aufzeichnung einer Fernsehshow teilzunehmen, bei der man allem Anschein nach gute Gewinne machen konnte. Resultat: mehr als 70 Tote.

22 Keine Frage, auch die Gewaltbereitschaft von Weißen hat in der vaterlosen Gesellschaft rasant zugenommen, und das nicht mehr nur in den sozialen Problemschichten, sondern schon auf ganz »normalen« Schulhöfen: »Happy Slaps is da future of entertainment«, schreibt ein Jugendlicher in einem Internetforum (zit. nach: SZ, 29.6.2005), und obwohl es dabei »nur« um die englische Variante des »arbiträren Verdreschens« geht, wie es Heimito von Doderer als »eine Art von miniatürem physiognomischen Weltgerichte« beschrieb (»Es ist nur wegen Ihres Gesichts und tut uns ansonsten aufrichtig leid.« Zit. nach: Ders.: Die Merowinger oder Die totale Familie. München 1965, S. 128, 131), spielt das Abfilmen der Szenen per Handy dieselbe Schlüsselrolle wie bei Vergewaltigung und sogar Mord unter Minderjährigen: Berühmtwerden durch Gewaltausübung, und sei's nur auf den einschlägigen Seiten des Internets.

An dieser Stelle fällt mir die Geschichte eines Farmers aus Zimbabwe ein, die durch die Presse ging: Zu Zeiten grassierender Zusammenrottungen schwarzer Landarbeiter, bei denen es, von Staats wegen stillschweigend gebilligt, zunehmend zu Exekutionen weißer Großgrundbesitzer kam, fragte der besorgte Farmer seine eignen Arbeiter, ob sie ihm etwa Ähnliches anzutun gedächten, schließlich sei er ihnen doch jahrzehntelang ein guter Dienstherr gewesen. Bewahre! dementierte man: Jeder der ihren gehe ausschließlich zu benachbarten Farmen, sei der Weg auch noch so lang.

Wie beruhigend![23] Und daher skizziere ich jene Erlebnisse ja: Nicht einer heimlichen Sehnsucht nach Gewalt zollen sie Tribut, sondern der schieren Angst, wie man sie in dieser Form in Mitteleuropa gar nicht mehr kennt – am deutlichsten in Schwarzafrika, heftig noch in den karibischen Slumgegenden, in homöopathischer Dosis selbst in einem Land wie Indien zu spüren, sofern man die touristischen Hochburgen verläßt und sich einem Leben konfrontiert sieht, dem man in seiner archaischen Härte erst einmal nichts entgegenzusetzen weiß, nichts.

Denn selbstredend kann es nicht angehen, unsre kulturelle Entwicklung hin zu einer relativ friedliebenden und gesittet miteinander kommunizierenden Spezies rückgängig zu machen, das wäre die reinste Bankrotterklärung. Überdies ist das Problem kein rein physisches; im Fernen Osten erfahren wir unsre Kraftlosigkeit eher auf intellektueller Ebene, als Versagensangst angesichts eines wirtschaftlichen Expansionsstrebens, dessen ungebremste Energie uns weniger mit spezifischen ethischen Bedenken als mit einem grundsätzlichen Gefühl der Ohnmacht erfüllt, gerade auch in Alltagssituationen. Wer sich je in solch kapitalen Megametropolen wie Seoul, Tokio oder neuerdings Shanghai seinen Weg bahnen mußte, der kennt den kleinen Schrecken, wenn die Fußgängerampel auf Grün springt und sich Hunderte phalanxartig aufeinander zu bewegen, in offensichtlicher Weise zielstrebiger und entschlossener als man selber; kennt den großen Schrecken, wenn der Hochgeschwindigkeitszug Shinkansen mit 300 Stundenkilometern am Bahnsteig vorbeischießt wie eine Langstreckenrakete. Sekunden später wird alles wieder von einer trügerischen Höflichkeit unkenntlich gemacht, bald weiß man nicht mehr, in welchem Film man gerade ist.

23 Angst vorm Schwarzen Mann? Das Thema wird verräterisch schnell für obsolet erklärt, als könne die Wahrung einer politisch korrekten Diskurshoheit verhindern, daß sich schlichte Weisheiten wie die des neunmaligen Olympiasiegers Carl Lewis herumsprechen: »Körperlich sind wir Schwarzen in vielen Fällen einfach besser ausgestattet.« (SZ, 16. 6. 2005) Unter dem Titel »Schwarze Haut, weiße Angst« gab es bei Arte dazu einen ganzen Themenabend (24. 1. 2006).

Immer nur lächeln? Die Aggressivität, die den Turbo-Kapitalismus in Fernost so erfolgreich und für uns so bedrohlich macht, läßt nur unter Alkoholeinfluß kurz die Maske sinken: »Natürlich wollen wir die Welt beherrschen!« hört man dann von betrunkenen japanischen Managern, ihr ökonomischer Größenwahn sattelt auf einem bestürzend ungebrochnen nationalen Sendungsbewußtsein, einem ungeschmälerten Stolz auf die eigne »überlegene« Kultur. Die europäischen Märkte seien im Grunde sogar leichter zu erobern als das neuerdings erwachte China, erfährt man an solch denkwürdigen Abenden; und in der Tat, auch von Maos Erben wird mit beänstigender Energie an der Zukunft gebaut. Daß dabei ohne Skrupel abgerissen, umgesiedelt, Vergangenheit geflutet wird, daß dabei komplette Großstädte auf dem Reißbrett entstehen, sind nur die überdeutlich sichtbaren Indikatoren einer weit tiefergreifenden Entwicklung, hin zu einer neuen Unfreiheit des einzelnen zugunsten des florierenden Gesamtsystems – war Kapitalismus zu Zeiten des Kalten Krieges nicht mal so was wie der kleine Bruder der Freiheit gewesen?

Schön ist das alles nicht. Aber in einer verwirrend faszinierenden Weise massiv da. Und effizient. Selbst der deutsche Transrapid darf in Shanghai längst fahren, ohne jede Diskussion mit etwelchen grünen Bedenkenträgern; und mit dem langen Atem eines unbeirrbar starken Willens – Kraft äußert sich in dieser Weltregion weniger als eruptiver Impuls denn als ausdauernde Beharrlichkeit – ist man drauf und dran, die Schlüsselindustrien zu erobern: Spitzentechnologie ist keine Domäne des Westens mehr, die globale Arbeitsteilung ist schon heute in Frage gestellt. Angeblich können die USA ihre wirtschaftliche Führungsrolle derzeit nur deshalb noch halten, weil 40 Prozent ihres High-Tech-Sektors von asiatischen Einwanderern betrieben werden; die PC-Produktion von IBM ist de facto bereits von der chinesischen Lenovo übernommen, die Fernsehsparte der Firmen Schneider und Thomson von TCL:[24] Vor wenigen Jahren hätte man derartige Meldungen als Aprilscherz abgetan.

Die Weltwirtschaftsordnung ist aus den Fugen geraten, die kulturelle wird es als nächstes tun, Stichwort chinesische Regisseure, chinesische Modemacher, chinesische Starlets, chinesische Bestsellerautor(inn)en. Während die deutschen Goethe-Institute weltweit auf dem Rückzug sind und in den vorhandenen

24 *Die Zeit*, 16. 6. 2005; Lenovo, mittlerweile weltweit Branchendritter, bewirbt seine IBM-Computer mit dem Slogan »Wir sind die Zukunft«. TCL ist bereits Branchenführer, will heißen: ist größter Fernseheersteller der Welt. – Was spektakuläre Übernahmen betrifft, so hat auch Indien mittlerweile Geschichte geschrieben: Im Juli 2006 wurde der luxemburgisch-belgisch-französische Stahlkonzern Arcelor durch das indische Mittal Steel übernommen, und das auch noch »feindlich«! – Im Oktober kündigte sich eine weitere Großfusion an: Der indische Stahlgigant Tata Steal will den niederländisch-britischen Konkurrenten Corus übernehmen. Und auch dabei wird es nicht bleiben: Die Tata-Gruppe hat angekündigt, in den kommenden 3–5 Jahren weltweit 26 Milliarden Dollar zu investieren. (SZ, 18. 10. 2006)

bald keiner mehr eine Sprache lernen will, die sich in ihrer rasant betriebnen Selbstauflösung überflüssig gemacht hat, sind die chinesischen Konfuzius-Institute auf dem Vormarsch, das nächste seiner Art soll in Berlin entstehen.[25] Denn die fernöstliche Innovationsbegeisterung ist niemals abgekoppelt von einem kulturellen Sendungsbewußtsein zu denken: Im weltweiten Globalisierungswettlauf ist man nur deshalb so erfolgreich, weil man die Riesenschritte in die Zukunft aus einem intakten historischen Selbstverständnis heraus tut.[26] Ein lebendiges Erbe ist ja nicht zuletzt auch ein Fundus an gespeicherten Denk-, Struktur- und Verhaltensmöglichkeiten, ein Inspirationsquell für alle Art aktueller Aufgabenstellung.

Wohingegen wir in Mitteleuropa? drauf und dran sind, die letzten Reste unsres eignen Jahrtausenderbes – die Vielfalt der Sprachen und damit verknüpfter Identitäten – zugunsten einer grassierenden Pseudoamerikanisierung preiszugeben.[27] Und damit das, was sich in der Vernetzung kulturell höchst eigenständiger Einzelleistungen als unser Standort begreifen ließe, als unsre Spielart einer alteuropäischen Position, gegen ein haltloses Mitschwimmen im Strom der globalistischen Kulturindustrie einzutauschen: Zum schreckhaften Begreifen der eignen physischen beziehungsweise ökonomischen Schwäche bahnt sich als weitere Demütigung für Europa die kulturelle Ausrichtung auf eine neue Weltmacht an, die sich schon heute als selbstbewußter Global Player aktiv in den allgemeinen Weltkulturstrom einbringt.[28]

Bezeichnenderweise sieht man unser Defizit jedoch nicht von China aus am deutlichsten, sondern vom arabischen Raum – einer Weltgegend also, die de facto zwar vornehmlich Überbleibsel einstiger Hochkulturen vorzuweisen hat, dies freilich mit der Überzeugungskraft dessen, der sich seiner Superiorität trotz alledem sicher ist. Die zweifelsohne vorhandnen Kulturleistungen des Islam will ich nicht in Abrede stellen; aber mit der aktuellen Alltagswirklichkeit beispielsweise im Maghreb hat das Bild vom aufgeklärten Moslem herzlich wenig zu tun. Wo sonst in der Welt wird man so voller Verachtung gemustert, als Vertreter einer gottlosen Gesellschaft von Schlappschwänzen und Huren (wie man sie aus »schamlosen« Filmen und Videoclips zu kennen glaubt), wie in Marokko? Nun, in Jamaica kennt man in dieser Hinsicht auch keine falsche Zurückhaltung, die Rastas

25 Mittlerweile hat es den Betrieb längst aufgenommen, auf seiner Homepage (www.konfuziusinstitut-berlin.de) erfährt man, daß es sogar schon ein Konfuzius-Institut in Erlangen gibt, von Chicago und Singapur zu schweigen.

26 Und sei es, wie in Japan, daß man dazu die prekären Aspekte der jüngeren Landesgeschichte grundsätzlich verdrängt.

27 Vgl. dazu »Der amerikanische Holzweg«, S. 143 ff.

28 Angst vor der »Gelben Gefahr«? Zumindest im Schnellrestaurant; mit Andreas Bernhard denke man nur an den weltweiten Siegeszug des Glutamats und dessen verheerende Auswirkungen auf die Eigengeschmacklichkeit aller Speisen (*SZ-Magazin*, 21. 4. 2006): Ist der BigMäc in seinem Innersten vielleicht schon längst chinesisch?

bezeichnen die gesamte westliche Welt unverblümt als »Babylon«. Wer, zurückgekehrt nach Deutschland, die Dokumentation unsrer Verkommenheit in ekelhaft liberal sich gebenden Postkarten-Moralsprüchen (»Wer ficken will, muß freundlich sein«)[29] in Betracht zieht, mag den Rastas sogar versuchsweise recht geben.

Doch zurück zum juvenilen Potenzgeprotze, das im arabischen Raum besonders ausgeprägt scheint; kaum eine Kultur der Welt gibt sich dermaßen phallisch, und natürlich will man als Europäer nicht mithalten, wenn enthemmt balzende Jungmänner an vorzugsweise blonden Touristinnen ihren Testosteronhaushalt auszugleichen suchen. Natürlich? Natürlich! Das eigentlich Bestürzende hinter diesem Phänomen ist nicht etwa, daß wir als postemanzipierte Mitteleuropäer – schon in Ost- und Südeuropa ist man in dieser Hinsicht wesentlich breitbeiniger aufgestellt – mittlerweile auch im heiklen Bereich der Zwischengeschlechtlichkeit zu den allerheimlichsten Erwägungen gezwungen sind. Wer sich angesichts des maghrebinischen Machismo zu nichts anderem als zur Würde eines altersgerechten Auftretens bekennt, wer sich in die Überlegenheit dessen flüchtet, der »das alles ja schließlich gar nicht nötig hat«, ist im Spiel der Evolution jedenfalls verloren.[30]

Das Bestürzende an solchen Reiseerlebnissen ist weniger die Scham angesichts einer ungebremst sich inszenierenden Virilität, sondern die kulturelle, besser: weltanschauliche Schwäche, die wir nebenbei bitter zu fühlen bekommen. Selbst aufgeklärte Moslems handeln aus einer kohärenten Weltanschauung heraus, *haben* die Wahrheit schon immer, die wir als Individualisten von Fall zu Fall erst suchen müssen: eine Hase-und-Igel-Konstellation, bei der wir von vornherein als tendenziell Irrende dastehen; und erfuhr man in derlei Gesprächen früher mitleidige Belehrung, so ist der Ton seit Bin Ladens hochemotionalisierter Kampfansage deutlich rauher, ja unversöhnlich geworden.[31] Toleranz? Aber man ist doch im Besitz der alleinseligmachenden Wahrheit! Aufklärerische Skepsis? Ist die Weltsicht von Weicheiern; man selber hat dagegen das ungebrochene Pathos eines Glaubens, der 600 Jahre jünger ist als der christliche und daher, was seine Entfaltung im Lauf der Zeit betrifft, noch auf dem Entwicklungsstand der Inquisition steht. Insofern wäre's sogar als Zeichen eines islamischen Humanismus zu deuten, wenn

29 Und neuerdings auch in ekelhaft »lockeren« Wahlslogans: Mit »Poppen für 'ne sichere Rente« zogen die Grauen Panther in die Wahlen zum Berliner Abgeordnetenhaus 2006. S. auch S. 70.

30 Eine zumindest partielle Rückkehr zu alten Geschlechterrollen – zum Eva-Herman-Prinzip – betreiben seit jüngstem unsre Frauenzeitschriften, für die der anhaltende Geburtenrückgang freilich kein Kriterium ist.

31 »Rom wird von der Armee Mohammeds erobert. Sie werden die Zerstörung ihres Vatikans erleben. Sie werden den Papst weinen sehen.« Das z. B. lassen uns irakische Mudschahedin nach angeblich islamfeindlichen Äußerungen des Papstes via Internet wissen (zit. nach: SZ, 18. 9. 2006). Dessen promptes Einknicken vor dem Druck der islamischen Welt kann nur als Signal für Beschwichtigungspolitiker verstanden werden.

32 Angst vorm arabischen Mann? Der französische Philosoph Alain Finkielkraut beklagt den antiweißen Rassismus, wie er – oft Hand in Hand mit antijüdischem Rassismus – bei französischen Jugendlichen maghrebinischer Herkunft verstärkt festzustellen sei: Am Rande von Schülerdemonstrationen komme es zu regelrechten »antiweißen Treibjagden«, die Zusammengeschlagenen würden von den Angreifern mit den Worten »Weil ihr Franzosen seid« verhöhnt (SZ, 30. 5. 2005). Man reibt sich die Augen, militanter Rassismus geht mittlerweile auch von denjenigen aus, die sich traditionellerweise als Opfer von Rassismus fühlen.

33 Während es bis vor kurzem unter Intellektuellen als ausgemacht galt, die Formulierung vom »Kampf der Kulturen« als rechte Panikmache herunterzuspielen, gern auch unter spöttischem Verweis auf Oswald Spenglers »Untergang des Abendlands«, so schreibt mittlerweile selbst einer wie Joschka Fischer, daß Samuel P. Huntington mit seiner sprichwörtlich gewordenen These anscheinend »doch noch Recht bekomme« (SZ, 11./12. 2. 2005).

34 Sehr ähnlich John Updike im Spiegel-Interview (Nr. 32/2006), wenn er den »Verfall der traditionellen religiösen Vorschriften« in den USA beklagt: »Es ist offensichtlich, daß der Glaube bei uns ermüdet ist, egal ob es sich um das Christentum oder den Glauben an das eigene Vorwärtskommen oder das freie Unternehmertum handelt. [...] Insofern denke ich, daß ihm [= der Hauptfigur seines Romans ›Terrorist‹] angesichts dieses uferlosen Verfalls, dieser Mattigkeit und Stagnation, der Islam wie eine vitale, strenge, fordernde, beredte und lenkende Alternative vorkommt.«

35 Der nordamerikanische läuft auf die Herausbildung einer neuen politischen Elite hinaus, die in mancherlei Art »Jesus Camp« zu christlichen Fundamentalisten geschult wird, sprich, zum Kampf gegen den säkularen Staat: »Ich will, daß junge Leute ihr Leben genauso radikal für das Evangelium riskieren wie die Jugend in Pakistan oder Palästina für den Islam.« (US-Pastorin Becky Fischer im Dokumentarfilm gleichen Titels; zit. nach: SZ, 10. 10. 2006)

36 Selbstverständlich meine ich damit auch die Aufstellung einer europä-

man als touristischer Freigeist nicht mit Stockhieben, sondern nur mit Verachtung gestraft wird.[32]

Der Untergang des Weißen Mannes, wie er sich im »Kampf der Kulturen« abzeichnet,[33] hängt auf kategorielle Weise mit dem religiösen Vakuum zusammen, das wir zwar seit Feuerbach und Heine mit Ersatzreligionen anzufüllen verstanden, zum Beispiel mit »Kultur«, »Nation«, »Wiederaufbau«, deren letzte jedoch, die »Freiheit des Westens«, nach dem Zusammenbruch des Ostblocks eine Leerstelle zurückgelassen hat, die mit Spaßkultur nur vorübergehend zu besetzen war. Noch nie war unser Wertehorizont so leergewischt wie heute, noch nie waren wir als Vertreter einer spätdekadenten Zivilisationsstufe, von der man bereits in den USA kaum eine Ahnung, erst recht keinen Begriff hat – noch nie waren wir so hilflos angesichts außereuropäischer Herausforderungen wie heute. Bräuchte der islamische Raum vielleicht dringend eine kräftige Injektion kritischer Vernunft (wie man als Utopist grüner Provenienz sympathischerweise glaubt), oder brauchen, im Gegenteil, wir selber eine Reduktion derselben, um durch Vereinfachung einer allzu komplexen Weltsicht wieder an ihre vitalen Wurzeln zurückzukommen?[34]

Vielleicht kann man aus den Demütigungen, die man als Alter Europäer derzeit auf den verschiedensten Ebenen erlebt, vielleicht kann man von all jenen, die uns physisch, wirtschaftlich, kulturell und vor allem religiös herausfordern, eines lernen: die Herausforderung anzunehmen und ein gesamtgesellschaftlich getragenes Selbstverständnis zu entwickeln, das aus Verbrauchern wieder Menschen macht, Menschen, die ihr Glück jenseits von Renditeerwartung und Steuervorteil suchen. Und dies notfalls in einer Sprache zum Ausdruck bringen, die auch von Fundamentalisten verstanden wird; möglicherweise müssen wir sogar auf eine – ich kann's nicht anders als im Paradoxon ausdrücken – antifundamentalistische Weise fundamentalistisch, nein: fundamental werden.

Worauf aber könnte ein mitteleuropäischer Fundamentalismus hinauslaufen,[35] wenn nicht auf ein *robusteres* Mandat für Freiheit, Toleranz und Höflichkeit im Umgang mit all den Unhöflichen dieser Welt?[36] Es klingt absurd, nachgerade pervers, dieser altersschwach gewordenen Grundtoleranz des Westens jetzt einen Schuß Intoleranz beizugeben, auf daß sie überleben möge im weltweiten Wettstreit juveniler Weltbilder, und man sollte es auf keinen Fall nach Art amerikanischer Imperatoren tun. Doch es gibt eben nicht nur eine Toleranz der Schwäche, die rückgratlos alles abnickt, was der Fall ist,[37] sondern auch die der Stärke, die aus einer bewußt eingenommenen Position heraus erwächst und dem Fremden gegenüber so lange couragiert Distanz hält, bis es zur wechselweisen Anerkennung kommt.

Welchen Wert eine restlos aufgeklärte, sprich: gottlose Gesellschaft der (partiell) unaufgeklärten entgegenzusetzen hat – das ist das Grundproblem, an dem viele Hochkulturen zugrunde gegangen sind. Nun geht als nächstes also auch die Mission des Weißen Mannes zu Ende, wie sie seit der beginnenden Neuzeit betrieben wurde, nicht zuletzt aufgrund ihrer zunehmenden Konzentration aufs Diesseitige: Nahezu niemand außerhalb der westlichen Welt will aufs Dach einer schützenden, sinnstiftenden Transzendenz verzichten, wenn er dafür nur die fragwürdigen Früchte des Nihilismus erhält; die jahrhundertelang betriebne Aufklärung der Unaufgeklärten erfährt nun selber, da sie zur reinen Lehre vom Konsum verkommen scheint, so etwas wie eine Gegenmissionierung.

Selbst am Ursprungsort dieser Aufklärung müssen wir, die wir unser Leben so behaglich in ironischer Distanz zu jedweder Position eingerichtet haben, allenthalben Zeichen einer Sehnsucht nach festen Standorten wahrnehmen, die auf eine sanfte Gegenaufklärung hinauslaufen: auf eine neue, zunächst eklektische Religiosität aus esoterischen Versatzstücken, die sich bereits jeder dritte nach Gusto zusammensetzt, als behelfsweisen Reflex auf eine Glaubensintensität, mit der wir seit ein paar Jahren so massiv von außen konfrontiert werden. Ja mehr noch, sind wir letzten Aufklärer mittlerweile nicht vielleicht selber unsrer freischwebenden Ungebundenheit satt, sehnen uns nach einer neuen Verwurzelung und sind bereit, den Hiatus zwischen alles zersetzender Vernunft und irrationaler Vision zu wagen?[38]

Oft habe ich mich während meiner karibischen Monate gefragt, warum ich, erschöpft von der Vitalität der anderen, ausgerechnet in afrokubanischen Kulten wieder zu Kräften kam, ausgerechnet eine Geborgenheit während der Ausübung geheimbündlerisch anmutender Rituale der Santería und des Palo Monte verspüren konnte, die sogar noch im Alltag eine Weile nachwirkte: Gerade deshalb, so mußte ich mir gegen meinen Willen immer wieder antworten, weil die Aufklärung

ischen Streitmacht, wie sie der luxemburgische Premierminister Jean-Claude Juncker in seiner Eigenschaft als scheidender EU-Ratspräsident mit Nachdruck empfahl (Die Welt, 15. 6. 2006). – Erstaunlich, daß die Wertedebatte bei uns so zögerlich anläuft; Tilman Krause ist einer der wenigen, der lapidar feststellt: »Wir befinden uns im Krieg«, um sogleich darauf hinzuweisen, daß wir als konfliktscheue Vertreter einer Konsensgesellschaft die Bedrohung lieber verdrängen, als für unsre geistigen und moralischen Werte zu kämpfen. (Die Welt, 14. 10. 2006)

37 Oder auch erst der Fall sein könnte: Beschämend, daß man die Berliner Inszenierung des »Idomeneo« in vorauseilender Antizipation islamistischer Proteste hat absetzen können; mittlerweile hat sich die deutsche Islam-Konferenz dafür ausgesprochen, die Oper wieder aufzuführen, angeblich wolle man sogar persönlich eine Aufführung besuchen. (SZ, 28. 9. 2006)

38 Nur eine Frage! Wissenschafts- und Philosophiegeschichte, das ist ja beides nichts anderes als Emanzipationsgeschichte; und nun, da wir die Endphase der Emanzipation erreicht haben, den vom saisonalen Wechsel neuer Konsumanreize nur notdürftig verdeckten Nihilismus, sollten wir uns vielleicht für die nächste weltanschauliche Herausforderung rüsten: und uns auch noch von der Emanzipation emanzipieren. Vollkommen ohne das Irrationale läßt sich auf Dauer nämlich nur im Ausnahmefall leben, das haben wir wohl auch als hartgesottene Rationalisten endlich zu akzeptieren; allerdings käme's entscheidend darauf an, dies Irrationale nicht in den Untergrund einer wild wuchernden Privatreligiosität abzudrängen, sondern in ein rationales Gesamtkonzept einzubetten und damit zu bändigen. – »Glaubst du noch oder denkst du schon?« fragt bewußt polemisch eine Broschüre der Giordano-Bruno-Stiftung (»Aufklärung im 21. Jahrhundert«), indem sie die bekannte IKEA-Werbung paraphrasiert, und mit dieser altbekannt arroganten Vorabentscheidung wird sie kaum neue Antworten bieten. »Denkst du noch oder glaubst du schon?« wäre der provokantere Ansatz gewesen, ein »und« anstelle des »oder« sogar ziemlich aufregend.

nicht nur jede Menge gibt, sondern letztlich das Allerwichtigste nimmt, was uns das Leben leichter und das Glück erfahrbarer macht: Gewißheit jenseits des Wissens, Unerschütterlichkeit trotz aller Erschütterungen – und weil eben das von jedem praktizierenden Santero oder Palero glaubhaft vermittelt wird. Erst während ihrer stundenlangen Rituale habe ich wieder das kathartische Erschauern vor dem Jenseitigen verspürt, das sich insbesondre in der protestantischen Kirche zum Programm der Nächstenliebe verflüchtigt hat:[39] Wer will schon Brot und Wein, wenn er Blut und (Opfer-)Fleisch bekommen kann? Wer will schon einen gütigen Gott irgendwo im Abstrakten, der sich seiner eignen Schöpfung entzogen, dazu einen Oberhirten, der trotz Papst-Hype immer unsicher wirkt,[40] wenn er Priester haben kann, von denen er klare Anweisungen und Lebensgewißheit erhält, wenn er Tote haben kann, die mit ihm reden, wenn er Götter haben kann, die mit Wucht in ihre Jünger fahren, um mit ihnen zu tanzen, zu rauchen und zu trinken? Wer einmal miterlebt hat, mit welcher Ungebrochenheit in der Karibik noch geglaubt wird, mit welch afrikanischer Intensität, die immer auch Angst und Schrecken einschließt, Grauen und Entsetzen, bis hin zur Barbarei, der weiß, daß sich unsre gottlose Gesellschaft nicht auf Dauer mit individualistischer Privatesoterik dagegen rüsten kann.[41]

Denn was nützt uns all die »Freiheit wovon«, wenn wir sie nicht mehr als »Freiheit wozu« nützen können? Selbst das Projekt der Aufklärung, wie's als philosophische Spitzenleistung des Alten Europa einen Siegeszug um die Welt gemacht hat, markiert ganz offensichtlich noch längst nicht das Ende der weltanschaulichen Evolution, außer für die »happy few« einer freidenkerischen Elite, die jede Gesellschaft braucht. Aufklärung oder Gegenaufklärung, das ist die anstehende »Schicksalswahl«, die ganz gewiß nicht auf demokratische Weise entschieden werden wird. Wirtschaftswachstum – Innere Sicherheit – Vollbeschäftigung? Nein, Glaube – Liebe – Hoffnung, darunter scheint's auf Dauer auch bei uns nicht zu gehen; und eben das gilt es jetzt ohne Häme zu begreifen, selbst von überzeugten Atheisten, die das Zerschreddern unsrer vertrauten Welt im Mahlwerk des Globalismus unverdrossen mit rein politischen Mitteln verhindern oder gar betreiben wollen. Andernfalls sind wir schon morgen nichts als Nachwelt.

(2005)

[39] Eine Kirche, die nichts will, als mit allen den Dialog zu suchen, und dabei (fast) ohne jeden Ritus auskommt, sollte ihre Dienstleistungen vielleicht besser als »Bundesagentur für Werte« (Formulierung des EKD-Ratsvorsitzenden Wolfgang Huber, zit. nach: SZ, 25. 1. 2006) anpreisen. – Die evangelische Bischofskonferenz hat im Januar 2006 mit der Publikation einer kleinen Benimm-Fibel für Gottesdienstgänger ausdrücklich dazu ermuntert, nach einer guten Predigt zu klatschen. Ja, was ist denn eine Predigt, daß sich der gemeine Gläubige anmaßen dürfte, über ihre Qualität zu richten? Soll er beim Auschecken aus dem Gotteshaus demnächst auch auf einem Fragebogen ankreuzen, wie der Service des Hauses noch besser werden könnte?

[40] Wenn nicht gar von tiefen Zweifeln zermürbt. Nicht umsonst war Benedikt XVI. als Kardinal Ratzinger lange Jahre so etwas wie die intellektuelle Speerspitze des katholischen Glaubens – philosophisches Denken, Bedenken, Begrübeln befördert nicht gerade das vergleichsweise schlichte In-sich-und-dem-Glauben-Ruhen, wie es sein Vorgänger so überzeugend ausstrahlte.

[41] Um Mißverständnissen vorzubeugen: Der Verweis auf die Karibik ist nur beispielhafter Natur; es läßt sich dort in vergleichsweise friedlichem Rahmen studieren, wie religiöse Gesellschaften bzw. Subgesellschaften funktionieren. – Zu »rüsten« haben wir uns selbstverständlich gegen die »Ungebrochenheit« des Glaubens, mit dem uns weite Teile der islamischen Welt konfrontieren.

Unser Recht auf Ungläubigkeit

Ist Deutschland ein Übernahmekandidat? Man bedenke, daß der voangehende Essay im Spätsommer '05 geschrieben wurde, zu einem Zeitpunkt, da Karikaturenstreit, Aufstand der Migranten in den Pariser Vorstädten, Foltermorde an Juden (ebenfalls in Frankreich), Wahlsieg der radikalpalästinensischen Hamas, ein weiterer Krieg zwischen Israel und seinen Nachbarn in weiter Ferne lagen – und mit ihm der ganze Themenbereich »Kampf der Religionen« bzw. eigentlich: der Weltanschauungen. Daher wurde er mit folgender Einleitung versehen:

Nun ist es plötzlich vorbei mit Abwarten-und-Jammern, die allgemeine Verzagtheit in Deutschland weicht zusehends einer unerwartet betriebsamen Aufbruchsstimmung. Eifrig werden Leitartikel geschrieben und Manifeste verfaßt, ja vor allem auch ersehnt, verlangt, mitunter gewaltsam herbeigezwungen, als ob man auf diese Weise wenigstens anderen schon mal die Entschlossenheit unterschieben könnte, die man selber noch nicht hat: Der schleichende Niedergang der Parteiendemokratie [Vgl. dazu »Jungs, nehmt den Finger aus'm Arsch, es gibt Arbeit«, S. 42 ff.] und »Weniger Demokratie wagen«, S. 55 ff., wie wir ihn als Telekratie seit Jahren miterleben müssen – als Simulationsterror der Meinungsbarometer und Talkshows, die mit ihren Standardmoralkeulen fast jedes authentische Sprechen unmöglich machen –, hat ein gefährliches Machtvakuum bewirkt, das nicht etwa nur von »Frustrierten«, sondern vor allem von der intellektuellen Mitte unsrer Gesellschaft wieder neu gefüllt werden will.

Doch selbst wenn das gelänge (und nebenbei das Kunststück, aus einem hochverschuldeten Sanierungsfall ein florierendes Restart-up-Unternehmen BRD-II herauszulösen), stünde dahinter nach wie vor als weit größeres, zentraleuropäisches Problem: der drohende Abstieg des ehemaligen »Westens« als eines seit Generationen gepflegten Lebens- und Kulturprinzips, vergleichbar demjenigen der habsburgischen k. u. k. Monarchie nach dem Ersten Weltkrieg. Mit der Postmoderne und ihrem zersetzenden »Anything goes« haben wir das Ende der Aufklärung erreicht, ist die Skepsis der Freigeisterei so weit fortgeschritten, daß sie anstelle ernsthafter Visionen nurmehr eine müde Generalironie entwickelt, ein achselzuckendes Laissez-faire, Tarnvokabel »Toleranz«, gegenüber allem und jedem: Das entsprechende Erstarken inter- wie intranationaler »Ränder« wird uns eine Unzahl an Sub- und Parallelwelten bescheren, wird am Ende auf eine radikale Parzellierung der Gesellschaft hinauslaufen – nicht zuletzt aufgrund passiver Eliten, die dem Zerfall des Ganzen zur bloßen Summe seiner Teile nichts entgegenzusetzen haben und dies auch längst nicht mehr wollen.

Jenem uneuphorischen Auftakt zum Trotz: Hier schreibt kein resignierter Ex-Rot-Grüner, am allerwenigsten ein verkappter Rechter, der mit seiner These vom »Untergang des Weißen Mannes« erst sämtliche Frauen- und Multikultibeauftragten hinwegbeleidigen und anschließend eine krawattengeschnürt neokonservative Revolution ausrufen möchte. Im Gegenteil, das ist ja bereits Teil des Problems, die meisten, mit denen ich in letzter Zeit gesprochen habe, gehören – obwohl allesamt überzeugte Demokraten – einer viel zu lang schon schweigenden Mehrheit an, die unter ihren politischen Repräsentanten kaum noch einen ausmacht, von dem sie sich angemessen repräsentiert fühlt: Deshalb kommt ja nun endlich, wo diese parteipolitisch entwurzelte, gefährlich hin und her schwankende Mitte zu einer neuen Sprache finden muß, eine Diskussion in Schwung, die ein verschärftes Aufmucken freischwebender Intellektueller jenseits des überkommenen Links-Rechts-Denkschemas erkennen läßt.

Damals, nach dem Scheitern von Rot-Grün und dem Vorziehen der nächsten Bundestagswahl auf den 18. September, standen Pro und Contra eines grundsätzlichen Kurswechsels deutscher Innenpolitik auf der intellektuellen Agenda; daß es in weiten Teilen der Welt gerade spürbar ungemütlicher wurde und man das nicht beliebig lange als atavistisches Getöse von Globalisierungsverlierern würde marginalisieren können, ließ sich im allgemeinen Aufbruchstaumel leicht als störende Panikmache beiseite schieben. Heute, ein ernüchterndes Jahr später, spricht jeder von der Rückkehr der Religionen, die man im Zeitalter der Digitalisierung gar nicht mehr, und schon gar nicht so heftig, erwartet hätte. Tut dies freilich auf solch kennerhaft selbstverständliche Weise, als hätte man's insgeheim trotzdem schon immer gewußt, daß – ja, was denn? Daß wir uns seit dem 11. September 2001 im weltweiten Kampf der Kulturen befinden, einer geostrategischen Neuaufteilung der globalen Landkarte wie zu Zeiten des Kal-

ten Krieges? Nur daß es jetzt ein Heiliger Krieg ist und also zukünftig auch kein Eiserner Vorhang, sondern ein Eiserner Schleier sein wird, der die Demarkationslinie zwischen »gläubigen« und »ungläubigen« Gebieten markiert? Wer könnte mittlerweile noch so tun, als sei dem nicht so; wer könnte's noch wagen, die alte Zauberformel vom »Dialog der Kulturen« herunterzubeten, wenn die al-Quaida in der ihr eignen markigen Diktion »die ganze Welt als offenes Schlachtfeld« deklariert und »Muslime überall [auffordert], zu kämpfen und Märtyrer im Krieg gegen die Zionisten und die Kreuzfahrer zu werden« (Videobotschaft, zit. nach: SZ, 28. 7. 2006)?

Denn natürlich meint das nicht nur Israelis und Amerikaner, das meint – und spätestens mit den Fernsehbildern von brennenden deutschen Fahnen (anläßlich einer im Grunde pazifistischen Äußerung des Papstes im September 2006) müßte das sogar hartgesottenen Multikultiträumern klargeworden sein –,[42] das meint auch uns, meint uns alle. Ein Großteil der islamischen Welt *sucht* die Konfrontation, und daß dieser Kampf der Weltanschauungen von einigen Feuilletonisten alter Schule stereotyp als »dumpf« etikettiert wird, trägt wenig zur Erhellung des komplexen Problems bei. Im Spätsommer '05 jedoch schien das Thema in seiner ungeschminkt entsetzlichen Konsequenz – Ermordung des islamkritischen Filmemachers Theo van Gogh am 2. 11. 2004 incl. Bekennerschreiben, dem Sterbenden mit einem Messer in den Bauch gerammt – erst in den Niederlanden angekom-

42 Alarmierend sind die Ergebnisse von Erhebungen des Harvarder Politologen Robert Putnam in amerikanischen Gemeinden, die mit dem Mythos des amerikanischen *melting pot* gründlich aufräumen: »Nicht nur, daß wir den Menschen nicht trauen, die anders sind als wir. Vielmehr trauen wir in gemischten Gesellschaften auch den Menschen nicht, die aussehen wie wir.« (Zit. nach: SZ, 10. 10. 2006)

men und also noch weit weg zu sein; entsprechend hoch schlugen die Wogen nach Veröffentlichung von »Weißer Mann – was nun?«. Daß sich die entzauberte Welt unsres spätkapitalistischen Turbo-Individualismus auf die Herausforderungen ganzheitlicher Lebensformen einzustellen habe (wie sie *jede* religiös strukturierte Gesellschaft anbietet), ging damals noch ans Eingemachte, rührte an ein Tabu, wie es in Zeiten transzendentaler Obdachlosigkeit anscheinend als ausgemacht gilt: »Alles Spirituelle ist suspekt«, so die stillschweigende Überzeugung unsrer mehrheitlich atheistischen Avantgarde, »und wer sich nicht zumindest ironisch damit auseinandersetzt, der ist es ebenfalls«. Typisch postmodern? Für die Unmengen an zustimmenden bis euphorischen Leserbriefschreibern – meist Menschen, die länger im Ausland gelebt hatten – war die Postmoderne zu diesem Zeitpunkt wohl noch nicht angebrochen oder schon wieder beendet.

So oder so, ein jahrzehntelang kaum ernsthaft hinterfragter Common sense der bundesrepublikanischen Gesellschaft war an einer empfindlichen Stelle getroffen; die Stellungnahmen, die man in Folge auf Diskussionspodien und in Rundfunksendungen von mir erwartete, waren entsprechend einseitig. Aber wie wären diese Erwartungen zu erfüllen gewesen? Wer Religion predigt, hat sie in der Regel verloren, das weiß man doch nicht erst seit gestern, ansonsten würde er sie schließlich praktizieren. Hat sie *unwiederbringlich* verloren; auch wenn ich mich als hartgesottener Atheist auf Kuba immerhin an die Vorstellung gewöhnen mußte, daß Gläubige mitnichten »simpler gestrickt« waren als Glaubenslose, daß sie sich durch ihre Ausrichtung auf ein Jenseits keinen Deut »unfreier« im Diesseits

fühlten, daß sie sich trotz ihrer Offenheit gegenüber dem Mysterium keineswegs als »irrationale«, »unaufgeklärte« Vertreter einer niedrigeren Zivilisationsstufe abtun ließen. Und das, obwohl ich es nicht mit irgendeiner diffus gefühligen fernöstlichen Schweige- oder indianischen Schwitzhüttenreligiosität zu tun bekommen hatte, sondern mit ziemlich deftigem Hardcore, der hierzulande selbst in seiner Voodoo-Klischeeform ein unwohles Gruseln erzeugt.

Mit wie vielen Ausrufezeichen hatte ich mich in diese afrokubanischen Kulte hineinbegeben, in der Haltung des hochmütig-ethnologischen Beobachters, der alles, was er sehen und erleben würde, schon im vorhinein als Mumpitz rubriziert hatte; und mit wie vielen Fragezeichen war ich zurückgekehrt nach Deutschland, in die vertraute und doch mit einemmal merkwürdig öde Geheimnislosigkeit einer säkularen, im Grunde gottlos-hedonistischen Gesellschaft. Noch heute habe ich eher Fragezeichen als Ausrufezeichen zu diesem ganzen Themenkomplex anzubieten, betone aber gern auch an dieser Stelle, daß ich mich nach wie vor im Zweifelsfall, ohne eine Sekunde zu zögern, auf die Seite des Individualismus und des Rechts auf Ungläubigkeit schlagen würde. Gerade deshalb, weil ich ganz genau weiß, wo ich stehe, habe ich an den Fragen, wie ich sie im Jahre 2005 gestellt habe, auch jetzt kein einziges Wort zurückzunehmen.

Und gar im anstehenden Weltkonflikt! Der hat in seiner fundamentalistischen Grundierung nichts, aber auch gar nichts mit den Mysterien gemein, wie man sie in den polytheistischen Ritualen der Karibik erleben kann; gegen einen militanten Monotheismus (nicht etwa nur den islamischen) gibt es nur ein einziges Mittel: das robuste Mandat, wie es in meinem Essay ja benannt ist. Zunächst allerdings ist endlich zu begreifen, daß wir der transzendentalen Herausforderung nicht mit altgewohnter Blasiertheit Herr werden können:

Da verschickt ein 61jähriger aus dem Ruhrgebiet – und zwar mitten im Karikaturenstreit, überall auf der Welt brennen dänische (und verwechslungshalber auch Schweizer) Flaggen, gibt es Tote bei moslemischen Massenaufmärschen, werden von Fanatikern sogar vereinzelt Priester ermordet –, da verschickt einer Toilettenpapier mit dem Aufdruck »Der Heilige Koran« an Fernsehanstalten und islamische Einrichtungen, im Begleitschreiben bezeichnet er den Koran als »Kochbuch für Terroristen«. Selbstverständlich protestiert die iranische Regierung beim Auswärtigen Amt, gibt es Morddrohungen, muß der Mann untertauchen. (SZ, 24. 2. 2006) Hallo, *Titanic*? Leider nein. Ein bißchen mehr Achtung vor den Wahrheiten und Werten einer Weltreligion stünde uns als den möglichen Verlierern der globalen Kräfteverschiebungen gut an.

»Jetzt zeigen sie so 'nen Quatsch schon am Nachmittag«

Vier Fragen nach dem Anschlag aufs
World Trade Center

Erstens. Als meine 80jährige Mutter am Tag des Anschlags auf die amerikanischen Nationalsymbole beim nachmittäglichen Zappen ziemlich zeitnah mit den ersten Katastrophenbildern konfrontiert wurde, schaltete sie den Apparat erbost aus: »Jetzt zeigen sie so 'nen Quatsch schon am Nachmittag«, wetterte sie in der festen Überzeugung, an einen Science-fiction-Film geraten zu sein, und da sie derlei »absurde« Horrorszenarios nicht goutiert, war der Fernsehnachmittag gelaufen. – Auch ich dachte an jenem Dienstag, angesichts all der entsetzt gen Himmel staunenden Menschen in den Straßenschluchten von Manhattan (das World Trade Center stand zu diesem Zeitpunkt noch), an Science-fiction: an Roland Emmerichs 1996 gelaufnen Film »Independence Day«. Nur ist es darin kein normales Passagierflugzeug, sondern wenigstens ein riesiges UFO, das den Traum von der amerikanischen Unverwundbarkeit beendet. Allerdings nicht nur den! Ähnlich gigantische UFOs tauchen zeitgleich über London auf, über Paris, Berlin usw. – im Film, bloß im Film![43] Doch die Blicke der ungäubigen gen Himmel starrenden Menschen waren in realitas die gleichen. Nachdem sich die wirkliche Wirklichkeit angeschickt hat, die Visionen des Kinos einzuholen, bedarf es für künftige Schokker wahrscheinlich gar keiner UFOs mehr: Die nächste Welle an Hollywood-Produktionen wird uns präziser zeigen, wohin unser aller Horrortrip geht, als jeder Leitartikel, der zur Zeit geschrieben wird. Könnte's sein, daß der Science-fiction-Film in puncto Welterkenntnis mittlerweile der Schulphilosophie und sogar der Talkshow den Rang abgelaufen hat?

Zweitens. Viel ist zur Zeit die Rede vom Ende des (seit Amtsantritt von Bush jr. im Januar 2001 wieder offen grassierenden) Antiamerikanismus, wie er insbesondre unter Intellektuellen angesagt gewesen und dem ich für meine Person nur entkom-

43 Was die *tatsächliche* Geschichte der Angriffe auf den »Westen« betrifft, haben sich Madrid und London mittlerweile mit ihren Namen hinter demjenigen New Yorks eingereiht (Terroranschläge auf den jeweiligen öffentlichen Nahverkehr am 11. 3. 2004 bzw. 7. 7. 2005).

44 Vgl. dazu z. B. »Europäische Ästhetik«, S. 137 ff., und »Der amerikanische Holzweg«, S. 143 ff.

45 Die Blumen sind längst verschwunden, die Absperrung nicht: Eine der schönsten Straßen Hamburgs scheint auf Dauer blockiert zu sein – der Krieg um Palästina bzw. den Vorderen Orient findet auch, als Stellungskrieg, an der Alster statt.

46 Wie die USA das komplexe Problem durch Benennung von Hauptschuldigen zu personalisieren suchten (man erinnere sich des im Irak verteilten Kartensatzes der »Most wanted persons«, allen voran Saddam Hussein), wissen wir inzwischen; daß es sich mit konventioneller Kriegsführung (Einmarsch in Afghanistan, Einmarsch im Irak) nicht lösen läßt, wissen wir allerdings auch.

47 Mittlerweile hört man erste Stimmen, auch Israel werde sich auf Dauer nicht gegen die Übermacht seiner islamischen Feinde behaupten können, selbst Einmauerung des eignen Staatsgebiets werde nichts nützen, keine demilitarisierte Zone, keine UN-Friedenstruppe. Ein antijüdisches Ressentiment, so darf man unterstellen, spielt in derartige Überlegungen nicht hinein, im Gegenteil. »Ich glaube nicht, daß Israel sich dort langfristig halten kann«, sinnierte SWR-Intendant Peter Voß im »Presseclub« der ARD (30. 7. 2006) und faßte seinen Nahost-Pessimismus in der aufsehenerregenden Formulierung zusammen: »Ich glaube, wir werden die Israelis irgendwann wieder in Europa aufnehmen.« Was es für den Staat Israel in den Augen derartiger Pessimisten einzig seitens der Historie geben kann, ist – Aufschub.

48 Erstaunlich, wie schnell sich die USA sämtliche Sympathien wieder verscherzt haben, die ihnen nach dem 11. 9. 2001 nahezu weltweit entgegengebracht wurden; daß sich aufgrund ihrer konfrontativen Politik der Stärke so schnell ihre Schwäche zeigte, sollte uns auch als Alter Europäer nicht freuen.

men war, indem ich seinen negativen Grundimpetus in einen positiven umzumünzen suchte: Bereits Ende der 90er fand ich's erstrebenswert, eine neue Identität jenseits alter Nationalklischees zu gewinnen und mich als europäischer Schriftsteller zu begreifen, sprich, der amerikanischen Herausforderung auch im Bereich der Literatur mit einem dezidiert europäischen Gegenkonzept zur Seite zu treten.[44] Doch jetzt, wo mir's selbst beim Dauerlauf rund um die Hamburger Alster die Kehle schnürt, nämlich dort, wo man an der blumengesäumten Absperrung des amerikanischen Konsulats vorbeiläuft,[45] jetzt ist auch einer wie ich gern bereit, sich probeweise als »Amerikaner« zu begreifen. Als Teil also der weltweit vernetzten westlichen Wertegemeinschaft, und tatsächlich verspüre ich sogar die Verlockung, die amerikanische Erschütterung als meine ureigne zu begreifen. Doch was wird auf diese große Sympathiewelle folgen, sobald Bush zum Gegenschlag ausgeholt hat? Wahrscheinlich zögert er nur deshalb noch, weil ihm partout kein passendes islamisches Symbol einfällt, das es im Gegenzug zu zerstören gälte – die einzig angemeßne Kaaba liegt nun mal nicht im Irak, sondern auf dem Territorium eines Bündnispartners. Womit sich der traditionelle Vorzug des amerikanischen Denkens, komplexe Probleme auf einfache reduzieren und ihnen ein Gesicht geben zu können, in einen strategischen Nachteil verwandelt hat: Die Hydrastruktur des aktuellen Gegners hat nun mal tausend Köpfe.[46] Steht damit aber nicht auch von vornherein fest, daß die USA – und die hektisch betriebene Beförderung Bin Ladens zum Märtyrer in spe wird ihre nächste Niederlage bewirken –, daß die USA, was immer sie auch zerbomben werden, in diesem Kampf der Symbole nicht gewinnen können?[47]

Drittens. Noch vor wenigen Jahren herrschte auf der Welt das Gleichgewicht des Schreckens, kein Mensch konnte sich vorstellen, daß ein Riesenreich wie die UdSSR einmal auf vergleichsweise friedliche Weise implodieren und die USA als alleinige Supermacht übrigbleiben würden. Seither kann (und will) sich niemand vorstellen, daß den USA ein ähnliches Schicksal bevorstehen könnte, unter den neuesten Auspizien freilich eher als unfriedliche Explosion. – Die neue Verwundbarkeit macht die USA zwar wieder sympathisch, doch eben auch besiegbar;[48] wäre sie's nicht, könnte sie's sich ja leisten, den Tag des Terroranschlags zum Nationaltrauertag zu erklären und die Welt zu verblüffen: indem sie auf Gegenterror verzichtet. Und statt dessen alle islamischen bzw. islamistischen Führer zum Gespräch nach Ground Zero einlädt – auf ebenjenen Schuttberg, der einmal World Trade Center hieß. Aber die USA haben ihre einstige Handlungssouveränität schlagartig eingebüßt, und indem sie jetzt so übereifrig das zentralasiatische Machtvakuum für sich entdecken wollen, zeigen sie vor allem, daß sie bereits während der kurzen Phase des selbstgewählten Isolationismus unter Bush von der Supermacht zur Großmacht geschrumpft sind. Wenn aber das 20. Jahrhundert zu Recht das amerikanische genannt wird: Könnte der Sieger des neuen »grauen« Krieges, in dem sich islamische und westliche Welt zermürben werden, könnte der »lachende Dritte« nicht ebenfalls schon feststehen – und haben wir also vor wenigen Tagen zwar noch nicht den Anbruch, aber immerhin das Präludium des chinesischen Jahrhunderts erlebt?[49]

Viertens. Oder hat die alte Weltordnung doch noch eine Chance? Kriege, die im Namen Christi geführt wurden, sind durch den Verlauf der europäischen Moderne ad absurdum geführt worden – welch ein Segen für die gesamte Menschheit, daß wir sukzessive »abgefallen sind vom rechten Glauben«, daß wir Ungläubige geworden sind, die sich trotzdem einen Minimalkonsens übers Miteinander-in-Frieden-Leben bewahrt haben! Wie, wenn wir das heilsame Gift der Aufklärung in die islamische und, leider sieht's in gewissen Teilen der israelischen Bevölkerung ja nicht minder orthodox aus, in die jüdische Glaubenswelt hineinzuträufeln suchten, allerdings ex negativo: Höchste Zeit auch dort für einen Gottesstaat! Vergleichbar unserm Kirchenstaat und auch entsprechend winzig dimensioniert, zwecks Kanalisierung überschüssiger Glaubensenergien, die damit vom restlichen vorder- bzw. mittelasiatischen Raum abgezogen würden – das Konzept hat bei uns ja schließlich schon mal funktioniert! Aber kann man ein Erfolgsrezept überhaupt wiederholen – die Deklaration Gesamt-Jerusalems zur hochheiligen Zone, zur Schutzzone gewissermaßen für Fundamentalisten *jeder* Religion, bei gleichzeitiger Säkularisierung der restlichen Welt, die derzeit noch unter dem Syndrom antiquierter Glaubensdoktrin leidet? Ach, wahrscheinlich ist das nur ein unfrommer Wunsch in entsetzlich fromm anbrechenden Zeiten,[50] eine Frage mehr an den letzten Ausläufer einer Epoche, die unter der Last ihrer Antworten bald beendet sein wird.

(2001)

49 »Die Regierung Bush denkt inzwischen das Undenkbare: daß das internationale System langfristig seine westliche Prägung verlieren könnte.« (Jochen Buchsteiner am 6. 3. 2006 in der *Frankfurter Allgemeinen Zeitung*) Entsprechend offensiv umwerben die USA in den letzten Jahren Indien als neuen Partner (indem sie ihn stillschweigend als Atommacht akzeptieren) – gegen China.

50 Der Respekt vor »frommen« Lebenskonzepten (s. »Weißer Mann – was nun?«, S. 23 ff.) muß in keinerlei Widerspruch dazu stehen, daß die »unfrommen« Errungenschaften der aufgeklärten Welt gegen jeden Machtanspruch des Religiösen zu verteidigen sind.

Breitleinwandschlacht der Weltanschauungen

Aufnotiert wurden diese vage gehaltnen Fragen sechs Tage nach dem Anschlag auf die Zwillingstürme, zu einem Zeitpunkt, da sich die Schlagzeilen überstürzten und mit ihnen die sachverständigen Erklärungen von Islamkundlern, Amerikanisten, Politologen, Verschwörungstheoretikern, Nahost- und Terrorexperten jedweder Couleur. Inzwischen liegen weitere Jahre weltweiten Terrors hinter uns, in deren Verlauf die Bombeneinschläge nicht nur sprichwörtlich näher kamen; man bekommt die Chronik der laufenden Ereignisse in der bloßen Erinnerung gar nicht mehr lückenlos zusammen, so häufig war von Entführungen, Geiselexekutionen, Selbstmordanschlägen, Massendemonstrationen, Fahnenverbrennungen und regelrechten Kriegen (Irak, Palästina, Libanon, Somalia ...) die Rede. In summa von einer dezentralisierten Schlacht der Weltanschauungen, die nicht zuletzt mit Hilfe der Medien und der prägenden Botschaften ihrer Bilder geschlagen wird.

Wie aber wird es weitergehen? Die aktuellen Produktionen der Massenkultur sind wahrscheinlich auch weiterhin Seismographen zukünftiger Entwicklungen: Im 2006er-Actionstreifen »Tal der Wölfe«, erfolgreichster türkischer Film aller Zeiten, rächt sich die während des Irakkriegs durch die USA gedemütigte Türkei in Person ihres TV-Serienhel-

den Necati Şaşmaz. Der bringt den christlichen US-Schurken am Ende mit einem Dolchstoß zur Strecke und befriedigt damit religiöse wie nationale Emotionen – nicht selten soll es zum Schluß der Vorführung Beifall gegeben haben. Der Zentralrat der Juden in Deutschland sprach von einer »Attacke auf die Werte der westlichen Zivilisation« (Charlotte Knobloch, zit. nach: SZ, 18./19. 2. 2006) und appellierte an die Kinobetreiber, den Film wegen antisemitischer Aspekte aus dem Programm zu nehmen.

Es geht indes noch drastischer. In seinem Thriller »Prayers for the Assassin« (erschienen März '06) entwirft der amerikanische Autor Roberto Ferrigno eine USA des Jahres 2040 als islamistische Republik, regiert von Seattle aus. Der Plot: Nach Atomschlägen auf New York und Washington kommt es im ganzen Land zu bürgerkriegsbedingten Verwüstungen; in der Hoffnung auf Sicherheit und Ordnung wendet sich die Bevölkerung sukzessive dem Islam zu. Nur diejenigen, die auch zuvor schon über einen festen Glauben verfügten, können sich dem neuen Trend entziehen: die Juden durch Flucht; die Turbo-Kapitalisten durch Errichtung eines »Freistaats Nevada«; die bibelfesten Südstaatler; die Mormonen um Salt Lake City. Daß die Religionspolizei im neuen Staatswesen eine unheilvolle Rolle spielt, versteht sich; daß es auch innerhalb des islamischen Territoriums fundamentalistische wie moderate, ja modernistische Kräfte gibt, desgleichen – Gut und Böse stehen sich nun innerhalb der Elitetruppe der Fedajin gegenüber. Das Buch jage dem Leser, schreibt Jordan Mejias in der *Frankfurter Allgemeinen Zeitung* (6. 3. 2006), »kulturkämpferische Schauder über den Rücken« und lasse »das patriotische Blut in Wallung geraten«: »In seinem Zukunftsbild stauen sich die Ängste der Gegenwart.«

Ob auf Papier oder auf Zelluloid, für Amerikaner scheinen in jedem Fall schwere Zeiten anzubrechen. Doch nicht nur für sie! Auch für die Europäer hält der angebrochene Kampf der Kulturen albtraumhafte Zukunftsszenarios in petto: Wird Europa bei Ferrigno schlichtweg durch Ein- und Unterwanderung zu einem islamischen Erdteil – in der wirklichen Wirklichkeit wurde ebendies dem Dekan von Pappenheim von einem türkischen Passanten prophezeit (»Sie hatten seit langem nur zwei Taufen; bei uns kommt mindestens das Zehnfache nach. In zehn Jahren gehört Pappenheim uns.« Zit. nach: SZ, 18. 9. 2006) –, so

rechnet ein türkischer »Schundroman«, der kurz nach den gescheiterten Beitragsverhandlungen der EU mit der Türkei Schlagzeilen machte, weit grundsätzlicher mit der Alten Welt ab: indem er sie in einen dritten Weltkrieg verwickelt. Die von der Europäischen Union endgültig enttäuschte Türkei verbündet sich mit Rußland, das die Demütigungen der Rußlanddeutschen nicht länger tatenlos hinnehmen will, und erobert Mitteleuropa; das Zentrum einer *neuen* EU verschiebt sich nach Istanbul. Titel und Autor des Romans? Habe ich als Bürger der alten EU umgehend verdrängt.

PS: Im Herbst 2006 läuft in den USA der britische Fernsehfilm »Death of a President«, der in einer Mischung aus Archivmaterial und gestellten Szenen die Ermordung von George W. Bush im Jahre 2007 »zeigt« (SZ, 4. 9. 2006). Obwohl nicht einmal das Weiße Haus protestiert hat: Die Freiheit der Kunst rechtfertigt nicht alles, auch die Würde eines suspekten amerikanischen Präsidenten sollte unantastbar sein.

»Jungs, nehmt den Finger
aus'm Arsch, es gibt Arbeit«

Neulich, während einer halbverträumten U-Bahn-Fahrt, fiel mein Blick auf ein Plakat, und wie ich während des kurzen Halts halbautomatisch zu lesen begann, wurde ich Zeile für Zeile wacher: Welch eine lächerliche Werbung, fuhr ich am Ende fast vom Sitz, vollkommen unverständlich! Im Anfahren glitt mir der Blick dorthin, wo der Name des beworbenen Produkts zu erwarten gewesen wäre und wo statt dessen zu lesen stand: »Poesie in die Stadt«. Ach so. Ja dann. Kurzer Anflug von Ärger, daß hier Lyriksimulation an gutgläubigen U-Bahn-Probanden betrieben wurde – wer hatte diesen Käse denn ausgewählt und damit die ganze Aktion verschenkt? –, an der nächsten Station aber schon achselzuckendes Ist-doch-egal. War ja nicht das erste Mal, daß Verschwurbelt-Krautiges als Geniestreich angepriesen wurde, in Feuilletonkritiken, bei Preisverleihungen, meinetwegen auch an U-Bahn-Stationen; mehr, als dagegen mit den Achseln anzuzucken, lohnte nicht.

Wirklich nicht? In jenen Sekunden aufblitzender Empörung samt sofort sich anschließender Resignation war mein Lebensgefühl der letzten Jahre in nuce enthalten: Zähneknirschend hatte ich mich daran gewöhnt, daß es nicht nur in der Lyrik, nicht nur in der Literatur insgesamt und den Künsten, sondern auch im Fußball, in den Medien, der Wirtschaft und last not least natürlich der Politik mit Volldampf Richtung Mittelmaß ging, angeführt von einem Kanzlerdarsteller mit geschröderten Haaren und einer Opposition, die bislang bloß bei der Sixt-Werbung die bessere Frisur zeigte –[51] abhaken, weiter, eine andre Wahl hatte man ohnehin nicht.

Wirklich nicht? Deutschland wird zur Zeit in allen Disziplinen gedemütigt, als Insasse Deutschlands lebt man halbgeduckt voran, in der Gewißheit, daß es selbst nach der nächsten Wahl nicht besser werden wird. Gibt es eigentlich noch irgend etwas,

51 Der damalige Bundeskanzler Gerhard Schröder hatte per Unterlassungsklage verboten, seine Haare, die ob ihrer Pracht zu allerhand Spekulationen anregten, als gefärbt zu bezeichnen; auch Angela Merkel, seinerzeit noch Oppositionsführerin, war wegen ihrer Frisur im Gerede, allerdings aus entgegengesetzten Gründen. Ein findiger Werbegraphiker montierte die designierte Kanzlerkandidatin kurzerhand in ein Cabrio, mit vom Fahrtwind nach oben gezausten Haaren – nicht unschrill.

das mich herausreißen könnte aus dieser grundsätzlichen Untergangsstimmung, gibt es irgend etwas in unserem Land oder wenigstens unserem Literaturbetrieb, das zur Hoffnung zwingt?[52] Bitte jetzt bloß keine Buchempfehlung! Sobald ich mich im Ausland befinde, vermisse ich die selbstreferenziellen Aufgeregtheiten unsres Feuilletonbetriebs am allerwenigsten: Aus der Distanz erscheint das meiste verdammt egal, was in Deutschland gedacht oder vielmehr nicht gedacht, was dort diskutiert, politisch korrekt verwässert, zum Kompromiß zerredet, auf die lange Bank geschoben wird, nicht mal mehr in den unmittelbaren Nachbarländern interessiert man sich noch dafür.

Und gar die deutsche Gegenwartsliteratur, für was sollte man sich denn da noch begeistern?[53] Außerhalb Deutschlands hat man das meiste, an dem sich unsre Autoren beharrlich abarbeiten, mittlerweile zu den Akten gelegt, weil man – gewiß: irrtümlich – glaubt, daß es daran gar nichts mehr zu bewältigen gibt. Nur bei den Deutschen ist man mit Vergangenheitsbewältigung immer auf der sicheren Seite, wir bewältigen einfach zu gern.[54] Ausgerechnet in dieser selbstgerechten Konzentration auf den Dreischritt unsrer jüngeren Nationalgeschichte – NS-Zeit, Teilung, Wiedervereinigung – frönen wir auf indirekte, immer gleich betroffene Weise unserem Nationalismus.

Wie langweilig! Wie irrelevant! Jedenfalls für 99,9 Prozent der Weltbevölkerung. Noch bleiben von der deutschen Gegenwart, natürlich, einzelne Personen, einzelne Autoren, Kritiker. Aber so ganz grundsätzlich gesprochen? Suche ich derzeit eher im Ausland nach neuen Impulsen, obgleich manchmal einem Wutausbruch nahe, wenn ich die Vitalität sehe, mit der dort an der Zukunft gebaut wird, wenn ich die Verachtung spüre, mit der man mir als politisch korrektem Schlappschwanzeuropäer entgegentritt. »Wir leben nicht unter den letzten Atemzügen einer ersterbenden Epoche, wir stehen am Morgen einer kerngesunden Zeit, es ist eine Lust zu leben!« So liest man es um 1900 in der Zeitschrift Jugend,[55] die Rede war von Deutschland.

Während an den Demarkationslinien der Kulturen die Kontur unsrer alten europäischen Welt gefährlich bröckelt, vom Niedergang der USA mal ganz zu schweigen, verhandeln deutsche Intellektuelle weiterhin mit Vorliebe Deutsches bzw. Deutsch-Deutsches aus »dunkler« oder zumindest »schwerer« Zeit, man könnte meinen, um sich vor dem Blick in eine Zukunft zu drük-

52 Erstaunlich, daß sich durch eine erfolgreich absolvierte Fußball-WM die Stimmung mittlerweile gedreht hat; erstaunlich nicht minder, daß die pessimistische Selbsteinschätzung der Deutschen hinsichtlich ihrer ökonomischen Lage trotzdem derjenigen von ausländischen Beobachtern hinterherhinkt – so ganz ohne Selbstzweifel fühlen wir uns einfach nicht wohl.

53 Alle paar Jahre schafft es ein auf deutsch geschriebener Unterhaltungsroman zum internationalen Bestseller, das wohl.

54 Vorerst jüngstes Beispiel: die unsäglich selbstverliebte Sommerlochdebatte des Jahres 2006 um Grass' späte Offenbarung seiner jugendlichen Mitgliedschaft in der Waffen-SS. Während die wirklich wichtigen Fragen der deutschen Zukunft (Entsendung deutscher Truppen im Rahmen eines UN-Mandats nach Palästina) zur gleichen Zeit von der Bundesregierung entschieden wurden, ohne daß sich eine ähnliche moralische Grundsatzdebatte auch nur im Ansatz entwickelt hätte – die deutschen Intellektuellen waren ja mit sich selbst beschäftigt.

55 Ganz offensichtlich irgendwann ohne Angabe der Quelle exzerpiert – und nun auch mit Hilfe von Google und Yahoo! nicht mehr zu belegen. Die Schlußwendung ist bekanntlich von Ulrich von Hutten, doch von wem ist der Rest?

ken, die weiß Gott nicht unbedingt leichter werden dürfte: Mayer-Vorfelder übernimmt die SPD, Ex-Mannesmann-Chef Esser wird als Bundeskanzler vereidigt, Schlingensief inszeniert das Drama der Rechtschreibreform, Deutsche Elf unter Waldemar Hartmann im 8-2-0-System von Österreich vermöbelt ... Ein ganzes Land als Valentin-Musäum, da bleibt tatsächlich nur noch Novalis: Nach innen geht der geheimnisvolle Weg ...[56]

Wirklich? Daß ich mit meiner achselzuckenden Verärgerung nicht allein stehe, bewies mir das jüngste Elmauer Treffen: Seit einigen Jahren kommen dort Autoren, Lektoren und Kritiker der Nach-68er-Generationen zusammen, um eine Art Theorie-Slam mit anschließender Rundum-Diskussion zu veranstalten.[57] Was, ganz ohne thematische Vorgaben, als überraschend präzises Stimmungsbarometer funktioniert, sozusagen als spielerische Analyse bundesrepublikanischer Befindlichkeiten. Heftig beklagte man diesmal[58] die Opakheit der Gesellschaft, sehnte sich nach neuen Standpunkten und positiven Utopien, zumindest nach neuen Spielgestaltern und Rädelsführern, um am Ende, zunehmend verärgert über die eigne sich im Kreis drehende Jammerei, zumindest begriffen zu haben, daß es so nicht weitergehen konnte: daß man zumindest schon mal im eignen Bereich anfangen mußte, *selber* anfangen mußte, nach neuen ästhetischen und womöglich moralischen Kriterien Ausschau zu halten – wer hätte das gedacht, nach all dem selbstreferenziellen Schlingern, ein zukunftsweisender Mehrheitsbeschluß, der Beginn einer ästhetischen Debatte, das Ende der Beliebigkeit![59]

Was freilich noch lange keine tatsächliche Veränderung garantiert, mit dem Handeln tun wir uns – die 78er und nachfolgende Generationen – weiterhin schwer, die mittlerweile größte Bevölkerungsgruppe beschränkt sich in der Regel aufs Beobachten. Mentalitätssache? Wie anders im Ausland, vorzugsweise im afrikanischen, karibischen, lateinamerikanischen, wo sich jeder in alles ungebeten einmischt und es auch gleich besser weiß! Auf Kuba wohnte ich während der letzten Jahre[60] neben einer, gelinde gesagt, kleinkriminellen Bande, die sich zur Mittagszeit mit Vorliebe zum Kiffen im Hof zusammenrottete. Wehe aber, es fuhr die Chefin unter sie, vielleicht die Mutter des Anführers, jedenfalls schwer und schwarz und wuchtig, mit Lockenwicklern im Haar: »Jungs, nehmt den Finger aus'm Arsch, es gibt Arbeit!« Manchmal wollte ich mich nach einer solchen Locken-

56 Blütenstaub, Nr. 17. Zit nach: Novalis Werke. Hrsg. von Gerhard Schulz. München 1981, S. 326.

57 Die Elmauer Treffen »Ohne Titel« fanden von 2001 bis 2005 auf Schloß Elmau in der Nähe von Garmisch-Partenkirchen statt. Der Teilnehmerkreis – jeweils 40 Personen in jährlich wechselnder Zusammensetzung – war nicht ausschließlich auf die 78er-Generation beschränkt, diese stellte jedoch bei weitem die Mehrheit. Anfang August 2005 wurde das Schloß durch ein verheerendes Großfeuer weitgehend zerstört; seitdem sind die Treffen »bis auf weiteres« ausgesetzt. Vgl. »Ohne Titel«, S. 107 ff.

58 Beim Treffen vom 2. bis 4. 5. 2004.

59 Im Jahr darauf, beim Elmauer Treffen vom 29. bis 31. 5. 2005, wurden dann in der Tat Kriterien einer neuen Ästhetik diskutiert, Bausteine einer deskriptiven Theorie zeitgenössischer Literatur, auf daß man damit die verbliebnen Versatzstücke der überholten Nachkriegstheorie endlich ersetze. Genaueres s. »Relevanter Realismus«, S. 102 ff., und die entsprechende Nachbemerkung.

60 Während meiner Recherchen zu »Herr der Hörner«, 2001–2004.

wicklerin sehen, die mit derbem Befehl die allgemeine Apathie auch in unserm Land beende.[61]

Was freilich, selbstredend, das Letzte wäre, was wir angesichts all unsrer eignen lautstark krakeelenden Lockenwickler, Schönfärber und juristisch abgesicherten Nichtschönfärber hier noch gebrauchen könnten, im Gegenteil: Niemand andrer als die Bedenkenträger par excellence, die Schriftsteller, sind meiner Meinung nach nun gefordert, sich ins große Ganze zurückzubegeben, raus aus ihren egomanischen Biotopen, rein ins Offne des gesellschaftlichen Gesprächs. Ja, ich habe ein altmodisches Bild vom Schriftsteller als Intellektuellem, der sich nicht allein als Schreibtischtäter begreift; ein Autor ist für mich, diesseits wie jenseits seiner Bücher, vor allem durch seinen Standpunkt definiert, das Recht auf ein radikal individualistisches Leben bedingt auch die Pflicht zur Anteilnahme am Allgemeinen.

Und das gilt nicht nur für die Vertreter der Flakhelfer- oder der 68er-Generation, sondern auch und gerade für die ewigen Verweigerer unter ihren skeptisch-distanzierten Nachfahren, das gilt auch für meine eigene Generation. Nicht daß ich mir eine Handvoll neuer »Großintellektueller« wünsche, die bei näherem Hinsehen allenfalls als Scheinriesen Respekt erheischen! Was unsre niedergehende Gesellschaft bräuchte, wäre eine Vielzahl an Autoren mittlerer Jahre, die nicht an der Verlängerung ihrer Pubertät bis ins Rentenalter arbeiten, sondern mit dem bewußten Abschied von ihrer Dauerjugendlichkeit bereit sind, ihr reales Alter und damit die Pflichten eines Erwachsenen anzunehmen: soziale Verantwortung jenseits der eignen Werkabfolge. Politisch engagierte Literatur, das wäre mir ein Greuel; politisch engagierte Autoren hingegen, ein Netzwerk freier Radikaler, die unbestechlich und ungebeten überall dort ihre Meinung einbringen, wo man das Wort Integrität nicht mal mehr fehlerfrei buchstabieren kann – welches demokratisch verfaßte Gemeinwesen könnte auf Dauer darauf verzichten?

Phantasie an die Macht, hieß das früher. Phantasie an die Ohnmacht, wird es jetzt erst mal heißen, denn das ist der schlimmste Aspekt unsrer jahrzehntelangen Untätigkeit: daß wir in geradezu idiosynkratischer Abstinenz von aller Macht versäumt haben, Schlüsselpositionen zu besetzen, und daß dies Vakuum andre dazu eingeladen hat, es unter Vorspiegelung ethischer Positionen (»Der mündige Bürger kann alleine entschei-

61 Mittlerweile wurde diese Rolle, wenngleich mit schwäbischer Nonchalance und nur vorübergehend, von Jürgen Klinsmann besetzt. Sein unmißverständlicher Appell, man möge sich doch bitte auch endlich als deutscher Fußballfan zu einer »patriotischeren« Haltung durchringen, bewirkte tatsächlich jenen »Ruck«, den Politiker bislang nur immer beschworen.

45

62 S. dazu »Weniger Demokratie wagen«, S. 55 ff.

63 Daniel Küblböck, ein bemerkenswert talentloser Heros der Entertainmentindustrie: Als schräger Vogel bei »Deutschland sucht den Superstar« 2003 in allen Schlagzeilen, belegte er bei der ZDF-Internetabstimmung »Unsere Besten« über die »bedeutendsten Deutschen aller Zeiten« den 15. Platz. Im Februar 2004 raste er dann freilich (ohne Führerschein) in einen Gurkenlaster der Firma Develey, im September 2005 verschwand er im »Big Brother«-Dorf.

64 Daß hier kein grundsätzlicher Systemwechsel gemeint ist, am allerwenigsten ein totalitärer, versteht sich.

65 »An die Macht bringen«, das heißt hier ja nichts weiter als: vom Rand des gesellschaftlichen Gesprächs zurück in dessen Mitte bringen – dorthin, wo die wesentlichen Entscheidungen diskutiert bzw. gefällt werden –, und zwar auf dem Weg der demokratischen Abstimmung. »Wer in seinem Herzen Demokrat ist«, der wünscht sich eine Ausweitung unsres politischen Spektrums weit über die derzeitige Parteienlandschaft hinaus, der sehnt sich danach, daß alle diejenigen, die ihre Zeitgenossenschaft vor allem schweigend ausüben, kopfschüttelnd, ins Private zurückgezogen, wieder mit Verve in die Auseinandersetzungen zurückkehren – welch eine Lust wäre es dann, zu einer Wahl zu gehen und seine Stimme für einen jener Solitäre abzugeben!

66 Um Mißverständnissen vorzubeugen, sei auch an dieser Stelle ausdrücklich betont, daß ich damit nicht etwa auf eine Neuauflage der »Konservativen Revolution« abhebe (s. Anm. 12). Eine gesellschaftliche Revolution, wie ich sie mir wünschte, wäre diejenige aller Intellektuellen bzw. diejenige von Intellektuellen jeder politischen Couleur: eine qualitative Selbstreinigung des gesamten demokratischen Spektrums, um der grassierenden Mediokrität Einhalt zu gebieten. Im übrigen wäre damit eine politische Ausrichtung nach »Links« oder »Rechts« noch längst nicht ausgemacht – und ohnehin obsolet.

den«) zu tun: Quote ersetzte Diktum, Prominenz ersetzte Substanz, Meinung ersetzte Vision – die zur Elite Prädestinierten haben sich dagegen fast vollständig ins Unverbindliche zurückgezogen. So leben wir, bitter zu denken, nicht nur in der Endphase des Kapitalismus, sondern gleichermaßen in der Endphase der Demokratie, zumindest in ihrer fragwürdig gewordnen Form als Parteiendemokratie.[62] Denn wenn die Besten einer Gesellschaft (und die Rede ist längst nicht mehr nur von Schriftstellern) Besseres zu tun haben, als von ihren Führungspositionen aus mit sanft undemokratischen Mitteln den Rest der Gesellschaft anzuleiten, dann tun dies eben die Zweit-, schließlich auch die Zehntbesten, dann ist der gesamtdeutsche Küblböck obenauf:[63] Medienrummeldemokratie als kaum verkappte Diktatur der Gaußschen Glockenkurve, vulgo: des Proletariats.

Wer in seinem Herzen Demokrat ist, der muß nun schleunigst undemokratisch denken,[64] nicht von der Mitte, sondern vom Rand der Gesellschaft her, der muß Minderheiten zurück an die Macht bringen,[65] zum Wohle dessen, was dann vielleicht sogar mal wieder in eine echte Demokratie übergehen könnte. Mittlerweile nämlich sind wir auch im größer gewordnen Deutschland fällig, und als überzeugtem 78er gefällt mir die Niederschrift dieses Wortes überhaupt nicht, fällig für eine neue gesellschaftliche Revolution. Diesmal allerdings für eine elitäre, jenseits des alten Lagerdenkens und angezettelt nicht etwa bloß von einer Task Force im Beckenbauer-Format, sondern im Sinne von Platons Konzept einer Herrschaft der Besten;[66] andernfalls unsre, die Schuld der »Nachgeborenen«, nicht mehr wiedergutzumachen sein wird.

(2004)

Rückkehr der Eliten

Die Elite, deren Rückkehr ins Zentrum des gesellschaftlichen Gesprächs gegen Ende des vorangegangenen Aufsatzes angemahnt wird – welch ein Schindluder ist mit diesem Begriff getrieben worden! Schon der Klang des Wortes läßt jeden Altlinken erschauern – ein jahrzehntelang nicht hinterfragter Pawlowscher Reflex –, wittert er doch in jeder Elite eine faschistische Keimzelle. Zumindest einen arg rechtslastigen Geheimbund, Stichwort George-Kreis.

In unserer postmodernen Gesellschaft wirkt das egalitäre Mißtrauen gegenüber der intellektuellen Elite unhinterfragt fort, vor allem unter den Intellektuellen selbst, sogar auf den Begriff des Intellektuellen färbt es bis zu einem gewissen Grad ab: Die Intellektuellen mißtrauen einander auf eine ganz grundsätzliche Weise, am allermeisten dann, wenn sie sich als virtuelle Gemeinschaft imaginieren – keiner will so recht zugeben (außer neuerdings Universitätsrektoren), daß er Eliten befürwortet, nicht mal diejenigen, die ihr fraglos angehören würden.

Die »Elite«, ein von der Linken nachhaltig pejorativ besetzter Begriff, wahrscheinlich müßte man – nach dem Muster der Striptease-Schuppen, die man mit der Umetikettierung zu Tabledance-Bars über Nacht wieder salonfähig machte –, wahrscheinlich müßte man nur ein neues, unbelastetes Wort für sie finden, um auch die Sache wieder in neuem Licht erstrahlen zu lassen: am besten durch Übernahme eines fremdsprachigen Terminus, den wir nicht wirklich verstehen, dessen Klang jedoch eine heitere Selbstgenügsamkeit fern aller Machtgelüste suggeriert. Oder zumindest durch ausschließliche Verwendung der Pluralform, um durch die Vielheit verschiedener Eliten eine Art parlamentarisch parzelliertes Debattenforum zu suggerieren, in dem sich die einzelnen Vertreter desselben hoffentlich gegenseitig in Schach halten.

Wie auch immer wir sie nennen wollen, um die Sache selbst kommt auch ein demokratisch strukturiertes Gemeinwesen nicht herum, will es auf Dauer nicht nachhaltig Schaden nehmen. Im Gegenteil, je lebhafter all die verschiednen Funktions- bzw. Kompetenzeliten einer Gesellschaft an deren politischem Leben teilnehmen, desto systemstabilisierender wirken sie, trotz all der systemkritischen Denkansätze, die sie in die öffentlichen Debatten einspeisen; und zwar schlicht durch die Tatsache, daß sie auf eine unüberschaubar heterogene Weise da sind und sich angesichts ihrer Wachsamkeit nichts unter der Hand oder im Alleingang beschließen, gar umsetzen läßt. Weswegen sonst all die Säuberungsaktionen totalitärer Herrscher, ob Hitler, Stalin, Mao, ob Rote Khmer oder lateinamerikanische Caudillos? Vernichtung

47

bzw. Vertreibung intellektueller »Ratten und Schmeißfliegen« (Franz Josef Strauß) ist geradezu notwendige Voraussetzung, um die verbliebene »Masse Mensch« auf die Rolle passiver Mitläuferschaft hinzutrimmen.

Denn jede Elite ist vor allem: ein extrem flexibles, beständig sein Kräftefeld veränderndes Sammelsurium an schwer kontrollierbaren, tendenziell aufmüpfigen Selbstdenkern. Habituell mißtrauisch gegenüber den Gelüsten einzelner oder einzelner Interessengruppen, übernimmt diese Sub- bzw. Supragesellschaft aus schierem Eigeninteresse eine nicht zu unterschätzende Verantwortung fürs Gemeinwohl, sichert durch ihr beständig kontrovers geführtes Gespräch die fortwährende Verteidigung der gemeinsamen humanistischen Grundlagen. Womit sie, die stellvertretende Stimmenvielfalt der »schweigenden Mehrheit«, den Raum des Bürgertums überhaupt erst definiert und, nicht zuletzt, darin einen gewissen Standard der Diskussion aufrechterhält (die ansonsten bald vollkommen in die Weblogs abwandern würde), bei der das technokratische Auflisten von Zahlenkolonnen nicht von vornherein als Beweismittel gilt, und schon gar nicht als Haltung.

Nur im Idealfall, ich weiß! Ebenjenen jedoch wünschte ich mir in den Schlußpassagen meines – wohlgemerkt: zu einer Zeit tiefster Politikmüdigkeit verfaßten – Zustandsberichts zum Sommer 2004 herbei. Denn die Demokratie wird nicht nur von Machtgelüsten einzelner bedroht, sondern auch von der Gleichgültigkeit aller; und wenn die Welt plötzlich nur noch von Expertengutachten und Sachzwängen regiert wird, als seien diese mysteriös schicksalhafte Naturgewalten, wäre es allein die Elite einer Gesellschaft – die Summe derer, die auch jenseits *ihres* kleinen, bescheidnen Expertentums am Gespräch der Gesamtheit teilzunehmen wagen –, die durch ihren (lediglich durch ethische Richtlinienkompetenz legitimierten) Dilettantismus den Standpunkt einer allgemeinen Menschlichkeit in die fachkompetenten Spezialdebatten zurückzubringen in der Lage ist. Bei allem Respekt, der Trainer einer Fußballnationalmannschaft allein kann das nicht.

Wo aber, so fragt man sich, ist diese Elite heute? Nämlich in Deutschland, nicht in Frankreich, wo man sich bekanntlich schon zur Elite rechnet, sobald man einen herumstotternden Touristen über den falschen Gebrauch des Subjonctifs belehrt hat. An einzelnen Intellektuellen ist kein Mangel, auch nicht unter den 78ern, den 89ern und allen sonstigen Generationen »Nachgeborener«, wie sich an der Repolitisierung der Literatur ab dem Wahlkampfsommer des Jahres 2005 ablesen läßt: Gesellschaftsabgewandtheit gilt nicht mehr a priori als schick; die in den Feuilletons vergossenen Krokodilstränen, nach dem endgültigen Abtreten unsrer bundesrepublikanischen Überväter rücke niemand nach, der sich »kümmere«, sind vor allem Zeichen beginnender Vergangenheitsverklärung. Aber eine Elite, gar eine engagierte (um eine weitere Vokabel zu bemühen, die durch den inflationären Gebrauch der 68er zum Reizwort geworden ist), vielleicht sogar eine, die sich aus linksliberalen Wurzeln speist und den neokonservativen Kreisen die Stirn bietet? Also ein wechselndes Konsortium all derer, die das politische Geschick und vor allem auch das politische Ungeschick unsres Landes in schöpferischer Leidenschaftlichkeit begleiten und durch ihre versammelte Kompetenz vielleicht sogar mitbestimmen? Mitbestimmen!

Ich spreche hier bewußt nicht von »Gestalten«, aber natürlich denke ich diesen Aspekt in visionslosen Zeiten klammheimlich mit.

Nun, wo ist sie, unsre Elite? Gewiß, die Rolle der Medien hat sich grundsätzlich geändert, Eventjournalismus und marktschreierische Zuspitzung sämtlicher Wortmeldungen auf ihren Knalleffekt (auf daß durch solche »Hingucker« das eigne Organ ein Profil bekomme) sorgen nicht gerade für die seriöse Grundstimmung, die eine subtile Diskussionskultur überhaupt erst ermöglicht. Überdies ist der öffentliche Raum bis hinein in seine Nischen übersetzt, es gibt ganz einfach zu viele Fernsehkanäle, zu viele Zeitungen, aber auch zu viele Journalisten, zu viele Schriftsteller, summa summarum: Es gibt zu viele Stimmen im öffentlichen Gespräch, so daß man sich manchmal vor lauter Lärm am liebsten die Ohren zuhielte und weit, weit weg wünschte. Wie sollte man aus dem allgemeinen Krakeel noch dasjenige heraushören können, was jenseits des auf Häppchenformat Zurechtgestutzten Relevanz hätte; und wem, der eigentlich etwas zu sagen hätte, wäre es zu verargen, wenn er sich angesichts des anhaltenden Getöns lieber wieder dorthin zurückzieht, wo er vielleicht noch gehört und sogar verstanden wird – ins Private?

Doch daran liegt es selbstverständlich nicht. Es liegt an der individualistischen Grundverfaßtheit der 78er, daß eine neue Elite, eine auf neue Weise heterogene Gemeinschaft höchst unterschiedlicher Intellektueller, noch immer nicht im deutschen Kulturleben absehbar ist und zu unseren Lebzeiten vielleicht auch niemals in Erscheinung treten wird. Alsdann, so müssen wir es, nach Habermas, Walser, Grass, Enzensberger & Co., weiterhin jeder für sich anpacken, sofern uns das Gewissen treibt, und darauf hoffen, daß wir mangelnde Synergien der Vernetzung mit persönlicher Leidenschaft wettmachen. Denn eine in ihre Sub- und Parallelgesellschaften zerfallene Interessengemeinschaft der Vorteilsnutzer und Bescheidwisser, deren gemeinsame Werte nur noch in den Depots der großen Fondsgesellschaften zu finden sind – und auf nichts anderes läuft ein postideologisch pragmatisches Staatswesen ohne jedes metaphysische Korsett ja hinaus –, können wir auch als überzeugte Einzelgänger nicht mit einem bloßen Achselzucken quittieren.

Dick & durstig oder
Wisch & weg?

Wie aus der SPD die »SPD« wurde und warum
die nächste Wahl immer die schlimmste ist

Ich bin bereit«, verkündete – einen Tag nach der gewonnenen Niedersachsenwahl[67] – eine ganzseitige Anzeige in der überregionalen Presse; und der, der dazu seinen Schröder-Schädel in erschreckend übermenschlichen Dimensionen zur Schau stellte, ließ seine Betrachter keine Sekunde im Zweifel, wozu er bereit war: zu allem.

Ein Bild verrät bekanntlich mehr als tausend Worte, insbesondre solche, die über Politikerlippen gleiten; und dieses Schwarzweißphoto mit all seiner I've-got-the-look-Pose und der bewährten Schlagschattenästhetik, die jede harmlose Hautfalte als Signum männlicher Entschlossenheit inszeniert, verriet vor allen Dingen eins: Für Gerhard Schröder geht es am 27. September nicht so sehr um den Sieg seiner Partei, sondern um einen höchstpersönlichen Triumph.[68] Einen Moment lang vergaß er sich, der ansonsten ja mit dem beharrlichen Grinsen eines Pferdeflüsterers zu punkten weiß und überhaupt drauf & dran ist, als Sexsymbol für Rentnerinnen das Rennen zu machen –, vergaß sich einen einzigen Moment lang und zeigte sein wahres Gesicht: das des zukünftigen Machers, der als erstes »den Dicken«[69] mit links wegwischen und sich dann auch den Rest seiner Amtszeit nicht damit begnügen würde, rohe Kartoffeln oder Meerschweinchen mit der bloßen Faust zu zerquetschen.

Selbstverständlich verschwand dies verräterische Schröder-Photo samt seiner verräterischen Willensbekundung umgehend aus der Werbekampagne der SPD, selbstverständlich heißt deren Slogan seitdem wieder »*Wir* sind bereit«, und der ästhetische Vorschein einer neuen Brutalität, der eine Anzeige lang das besserwisserische Gutmenschentum der restlichen Genossen als bloßes Hofnarrengedöns am künftigen Herrscherhof enttarnte, ist dem gewohnten Bild gewichen: Zwar werden die Paladine der Schröder-Partei nicht müde zu betonen, auch *sie* seien bereit;

67 Im März 1998.

68 Dieser gelang. Eineinhalb Amtsperioden, Herbst 1998 bis Herbst 2005, präsidierte er einer personell wechselnd besetzten rot-grünen Koalition.

69 Kennt man ihn überhaupt noch? Helmut Kohl, den »Kanzler der Einheit«, der sich 16 Jahre lang im Regierungssessel hielt, indem er Probleme aussaß. Der von »blühenden Landschaften« schwärmte. Und mit seiner Begriffsprägung »Rentnerschwemme« – zum Unwort des Jahres 1996 gewählt – unsterblich wurde.

aber weil sie ihre Kampagne diesmal nach amerikanischer Wahlkampfstrategie führen: als Nullbotschaft, die durch keinerlei konkrete Ideen, gar Konzepte, gar Versprechungen von ihrer Generalentschlossenheit ablenken soll, und weil sie sich in einer Mischung aus Zeitgeist-Opportunismus und Größenwahn von ihren Stammwählern verabschiedet und als »SPD light« an eine ominöse Neue Mitte angewanzt haben:[70] deshalb ist auch bei ihnen kein Zweifel möglich, wozu sie bereit sind – zu nichts.

Zu nichts anderem nämlich als zu dem, was die CDU ohnehin seit Jahr & Tag betreibt: rhetorisch kaschierte Abwicklung des tagespolitisch Nicht-länger-Aufschiebbaren, vulgo Weiterwursteln.[71] Woraus der Schluß zu ziehen wäre, auf der SPD stehe zwar noch immer SPD drauf, sei aber längst nicht mehr SPD drin, im Gegenteil: Ihr Vorsitzender verabredet sich ungeniert mit – nun? – Herrn Stoiber, obendrein zum – ja? –, zum Golfen; und sein Gefolge, jahrzehntelang ein Sammelbecken für Toleranzlobbyisten und Betroffenheitsverwalter, geriert sich derweil als schnelle Nichteingreiftruppe, als Vorhut einer endlich anbrechenden – na? – »Moderne«. Unsere ehemaligen Volksparteien, inzwischen kann man sie allenfalls noch an den Etiketten und den aufgedruckten Verfallsdaten auseinanderhalten; und weil sie das im Grunde selber wissen, die eine aber weiterhin dort bleiben möchte, wohin die andre erst noch will, deshalb stürzen sie sich mit Eifer auf das einzige, das sie tatsächlich noch trennt: »Keep Kohl« – über dies postmodern kalauernde Rudimentärbekenntnis definiert sich der *offizielle* Teil der CDU; »der Dicke muß weg!« – darüber definiert sich ihr *inoffizieller* Teil, der noch immer der Moderne zustrebt und deshalb ganz offiziell SPD heißt.

Was, außer dem Namen, hat diese SPD eigentlich noch gemein mit derjenigen, die vor 30 Jahren, unter Willy Brandt, beherzt zur Weltveränderung antrat? Für diese SPD hätte ich gern meine Stimme gegeben – leider aber war ich erst vierzehn. Ein paar Jahre später durfte ich dann; zwar konnte ich »nur« noch für Helmut Schmidt votieren, aber auch der erschien mir als eine integre und jedenfalls absolut wählbare Persönlichkeit: »Was waren das für Zeiten!«

Und seither? Gehe ich, linksliberal aufgewachsen zwischen Kohls Kriegsgeneration, zu der auch mein Vater zählte, und Schröders 68er-Generation, brav zu jeder Wahl – ich kann nichts dafür, ich bin so erzogen! –, und von Mal zu Mal wird es schlim-

70 Dies tun sie nach wie vor. Ihr neuer Parteivorsitzender Kurt Beck forderte in mehreren Interviews, seine Partei müsse sich »wieder stärker« um die Mitte der Gesellschaft kümmern. Die Beschwichtigung seines Generalsekretärs, dies sei keine »Richtungsänderung«, sondern nur eine »neue Akzentuierung«, wäre eigentlich gar nicht nötig gewesen. (SZ, 31. 8. 2006)

71 Dies muß im Rückblick auf sieben Jahre Rot-Grün berichtet werden: Bei der Rechtschreibreform setzte sich die Regierung mit Entschlossenheit gegen Volkes und sämtlicher Experten Wille durch. Auch in Sachen Dosenpfand beschränkte sie sich nachweislich nicht aufs Weiterwursteln. – Was anderes als Weiterwursteln, so fragt an dieser Stelle mein Lektor, betreibe denn Merkels schwarzrote Regierungskoalition seit nunmehr einem Jahr im Amt?

mer: Vogel, Rau, Lafontaine, Scharping ... was ist das andres als eine exponentielle Zunahme an Mediokrität?[72] In ebenjener Partei, die einst die bundesdeutschen Bildungseliten für sich zu begeistern wußte – ein Gartenzwergszenario aus allen deutschen Untugenden, absolut unwählbar. Kann es denn überhaupt noch schlimmer kommen?

Es kann; und folglich muß ich – ich *will* ja nicht! – am 27. September zur bislang schlimmsten Wahl meines Lebens. Zwei naturidentische Gallionsfiguren zweier naturidentischer »Volksparteien«, in gleichem naturidentischen Maße klug, skrupulös, ideenreich, brillant, sympathisch, der eine im siebten, der andre im zwölften Frühling, mit einem Wort: zwei Auslaufmodelle der alten Bundesrepublik buhlen um meine Stimme – Dick & durstig gegen Wisch & weg.

Aber halt, obwohl sie beide gleich alt aussehen in ihrer pseudojovial bemäntelten Visionslosigkeit, ist der eine eben schon im zwölften, der andre hingegen erst im siebten Frühling. Woraus letzterer – Herr Schröder bzw. der »amerikanische« Wahlkampfstratege seiner Partei – dreist folgert, seinen ganz persönlichen Egotrip, seinen ganz persönlichen Marsch durch die Institutionen, sein ganz persönliches Coming-out als »Kohl light« zu einem personenübergreifenden, zu einem längst überfälligen, zu unser aller jahrzehntelang erhofften Generationenwechsel aufbauschen zu dürfen.

Holla, welcher Generationenwechsel? ist da zu fragen: etwa der von unsern physischen zu unsern geistigen Vätern? Nein, danke, dafür sind wir nicht 40 geworden, als daß das jetzt auch die nächsten 40 Jahre so weitergehen könnte. Gespräche mit *meinen* Generationsgenossen, den 78ern – gerade weil sie qua Geburtsdatum keiner der beiden Kernwählergruppen angehören, weder den Siebzigjährigen, für die ein Kohl steht bzw. sitzt, noch den Mittfünfzigern oder eigentlich Fast-schon-Sechzigern, die ein Schröder repräsentiert – Gespräche mit den 78ern, die im kommenden September die entscheidenden Wechselwählerstimmen abgeben werden, bestätigen, daß es ihnen, daß es uns allen so geht: Die nächste Wahl wird die schlimmste unsres Lebens.

Wo ist denn der niedersächsische Clinton, lamentieren wir unisono, wo der pfälzische Tony Blair, den man aus freien Stükken wählen könnte,[73] wo wenigstens ein oberbayrischer Viktor Orban, dessen ungarisches Original vor wenigen Wochen, 35jäh-

72 Nach der Wahl von Kurt Beck zum Parteivorsitzenden äußerte ein führendes SPD-Mitglied in einer Berliner Hotelbar seine Erleichterung: Nun habe man »zum ersten Mal seit 15 Jahren wieder einen seriösen Vorsitzenden«.

73 Auch diese einstigen Lichtgestalten haben im Rückblick viel von dem verloren, das sie einst zu Hoffnungsträgern machte. Wahrscheinlich wird auf Dauer *jeder* Amtsinhaber durch die Fülle tagespolitischer Kratzer, die man ihm verpaßt, seines Glanzes beraubt.

rig, von seinen Landsleuten zum Ministerpräsidenten bestimmt wurde? Ja, erfolgreiche Autoren, Musiker, Journalisten, Verleger … erfolgreiche *Unternehmer* haben die Babyboomer[74] zuhauf hervorgebracht, allen voran Bill Gates, auch einen Jost »Quereinsteiger« Stollmann.[75] Aber Berufspolitiker von Rang, jenseits der Musterschülerei eines Westerwelle, haben wir nicht vorzuweisen. Und weil wir folglich in den Plenarsälen oder an den Präsidiumstischen der Parteitage gar nicht vorkommen,[76] steht – egal, ob Kohl, ob Schröder das große Septemberrennen machen wird – schon der Verlierer dieser Wahl fest: Das sind in jedem Falle wir.

Vielleicht ist das politische Hofschranzentum aber auch gar nicht die Rolle, in die wir rechtzeitig hätten hineinaltern sollen; vielleicht hat es durchaus seine Richtigkeit, daß wir, die habituellen Sich-aus-allem-Raushalter, bis auf den heutigen Tag (fast) ohne Sitz und Stimme sind im Parlament: weil wir im Kritisieren aus der Distanz viel besser sind als im engangierten Für-eine-Sache-Einstehen, gar für ein parteipolitisches Programm. Dann aber sollten wir diese Rolle, die wir in unsern privaten Besserwisserzirkeln seit je spielen, auch endlich *öffentlich* wahrnehmen: die Rolle einer ehemals linksliberalen, inzwischen freischwebenden APO-Intelligenzija, die sich überall dort zu Wort meldet, wo uns vom Chor der Berufspolitiker bloß kleine und große Terzen vorgesungen werden.

In dieser neuen Rolle der 78er kann's mit ironischer Kommentierung freilich nicht mehr getan sein. Nein, die »Partei der Nichtwähler« zu wählen, wird man sich dann verkneifen müssen, das Kokettieren mit einer »Anarchistischen Pogo-Partei Deutschlands« (»Arbeit ist Scheiße!«) ohnehin.[77] Nein, »Guildo for President!« oder die stammtischmäßig betriebne Suche nach einer deutschen Cicciolina (Verona F.?), der man mit aller angestauten Wut auf die »etablierten« Parteien seine Stimme geben könnte,[78] das alles reicht dann nicht mehr, wenn man die Partitur unsrer Bonner Seifenoper durch öffentliches Dazwischentönen mitschreiben und dadurch tatsächlich einmal etwas verändern will.[79] Reicht fürs erste vielleicht ein zerknirschtes: »Also gut, wir wählen Schröder, weil wir Kohls Gesicht nicht mehr ertragen – aber nur, wenn wir damit auch gleichzeitig das Superweib, Claudia Nolte, den Kaiser und den Bundesberti, Uli Wickert, Rita Süßmuth, Lea Rosh, DJ Bobo, Waldemar Hartmann

74 Die Generation der geburtenstarken Jahrgänge, also der 1946 – 1964 Geborenen; die 78er im engeren Sinne wurden von Reinhard Mohr (Zaungäste. Die Generation, die nach der Revolte kam. Frankfurt am Main 1992) auf die Jahrgänge 1952 – 1962 beschränkt, machen also zumindest den Löwenanteil deutscher Babyboomer aus.

75 Schon wenige Jahre später fragt man sich freilich: Jost Stollmann? Er sollte, obwohl ursprünglich sogar CDU-Mitglied, 1998 in Schröders Regierungsmannschaft Wirtschaftsminister werden; Lafontaine, als Genosse uralten Schlages, sorgte mittels anhaltenden Kompetenzgerangels dafür, daß es dazu nicht kam.

76 Das kann man seit dem Amtsantritt von Angela Merkel, Jahrgang 1955, nun allerdings nicht mehr sagen.

77 Sie traten bei der Bundestagswahl 1998 ebenso an wie die »Partei Bibeltreuer Christen«, die »Alternative spirituelle Politik im neuen Zeitalter – Die Violetten«, die »Initiative Pro D-Mark« und die »Autofahrerpartei«. Resignation und Flucht ins Absurde, ein deutsches Phänomen? In Dänemark wurde 1995 ein Komiker ins Parlament gewählt, der »Rückenwind für Radfahrer«, »besseres Wetter an Sonntagen« und »größere Weihnachtsgeschenke« versprach (*Berliner Zeitung*, www.berlinonline.de).

78 Die ungarische Pornodarstellerin Ilona Staller, Künstlername Cicciolina, kandidierte für die italienischen Grünen, wurde 1987 als Direktkandidatin der Partito Radicale ins Parlament gewählt.

79 Durch den Umzug des Parlaments von Bonn nach Berlin hat sich die Partitur der Seifenoper nicht wesentlich verändert; durch den Amtsantritt von Frau Merkel schon: seriöse Langeweile als Quotenkiller.

und Sabine Töpperwien und ...«? Nein, das reicht längst nicht mehr, wir sind umzingelt von Gesichtern, die wir viel zu lange ertragen haben, als daß wir sie jetzt, mit einem einzigen Kreuz gegen Kohl, alle auf einmal entsorgen könnten.

Da müßte sich schon etwas Grundsätzliches ändern, und wir selbst sind es, die damit anzufangen hätten. Unsre jahrzehntelang kultivierte Kunst der Zurückhaltung wird dabei nur bedingt helfen; für die allfällige Entsorgung nämlich dürfte man sich nicht länger zu fein sein, die entsprechenden Tonnen auch aufzustellen – das haben wir während unsrer grünen Inkubationszeit doch eigentlich gelernt! – und erst mal Prügel zu kassieren von denen, die entsorgt werden sollen. Z. B. für die These, daß die Abschaffung des bayrischen Senats,[80] die Halbierung von aller Art Abgeordnetensitzen,[81] die Berufung von Quereinsteigern in die Bonner Weiterwurstelmaschinerie, daß das alles nichts als kosmetische Korrekturen sind; daß »draußen im Lande« längst unser komplettes politisches System zur Debatte steht und daß diese Debatte auch endlich öffentlich geführt werden müßte. »Das alte bundesrepublikanische Demokratiemodell hat ausgedient«, so hört man's allerorten munkeln; um dessen Kerngedanken gegen den bevorstehenden Spartakusaufstand der Arbeitslosen, Autonomen und rechten Glatzen zu schützen – und welcher 78er wollte das nicht! –, dafür müßten dringend die nichtdemokratischen Elemente unsrer Demokratie gestärkt werden. Zum Beispiel Institutionen, die nicht erst durch Volkes Wille legitimiert sind – so munkelt's –, sondern bereits durch den Willen einer kompetenten Minderheit.[82] Ein riskantes Gedankenspiel, sicher; und derjenige, der es mißverstehen will, tut gut daran, sofort die politisch korrekt justierte Protesthaltung einzunehmen. Eines jedoch habe ich endlich begriffen – anläßlich einer Volkspartei, die es nur noch auf dem Papier ist, und eines Spitzenkandidaten, der von ihr auf »demokratische« Weise Besitz ergriffen hat, um seinen Willen zur Macht auszuleben: daß ich nicht länger bereit bin, das lediglich mit einem resignierten Kreuzchen »fürs kleinere Übel« zu quittieren.

(1998)

80 Von der kleinen ÖDP 1997 erfolgreich als Volksbegehren eingebracht, am 8. 2. 1998 per Volksentscheid beschlossen und im Jahr darauf vom Bayerischen Verfassungsgerichtshof als verfassungskonform bestätigt: ein wegweisendes Beispiel, wie man durch Reduktion des demokratischen Apparats das Gefühl fürs Demokratische »an sich« stärken kann.

81 Ein weiteres Volksbegehren der ÖDP, »Schlanker Staat Teil 2« (Verkleinerung des Landtages etc.), verlief 1998 leider im Sande. Auch die Zusammenlegung von Bundesländern könnte die unselige Anzahl der »Listenabgeordneten«, vulgo »Hinterbänkler«, reduzieren.

82 Zur Rolle einer neuen Elite s. »Rückkehr der Eliten«, S. 47 ff.

Weniger Demokratie wagen

Zwei Essays kurz vor bzw. nach Beginn der Ära Schröder, ein Thema: Krise der Parteien (zu derjenigen der Grünen s. »Sitzpinkler«, S. 61 ff.), Krise des demokratischen Systems. Wie sieht das heute, nach dem Amtsantritt von Frau Merkel und ihrer Großen Koalition, aus? Kurz gesagt: kein bißchen weniger besorgniserregend als damals.

Die Umfragewerte der großen Volksparteien sind seit Monaten im Keller, der Grund dafür ist in beiden Fällen derselbe: Man weiß schlichtweg nicht mehr, wofür sie eigentlich stehen. »Die SPD hat ihren Markenkern in der Sozialpolitik und als Friedenspartei verloren«, konstatiert der Meinungsforscher Klaus-Peter Schöppner (*Die Welt*, 16. 8. 2006); sein Kollege Manfred Güllner sieht sie deshalb bereits in einer »existentiellen Krise«: »Sie geht in die Auflösung, wenn sie das weiter ignoriert.« (ebd.) Nicht besser steht es um die CDU: »Viele klassische Unionswähler sehen das Christdemokratische in der Regierung nicht«, moniert die CSU an ihrer Schwesterpartei (SZ, 8. 8. 2006); auch in den eigenen Reihen regt sich Protest über den Kurs von Angela Merkel: »Wir verlieren offensichtlich bisherige Stammwähler, ohne neue Wählerschichten zu erschließen«, mahnt Brandenburgs Innenminister Jörg Schönbohm: »Es sei nicht erkennbar, ob die Partei einer Linie folgt, und wenn ja, welcher.« (Zit. nach: SZ, 7. 8. 2006)

»Programmatisches Aquaplaning« (Edmund Stoiber, zit. nach: SZ, 4. 9. 2006) hier wie dort – nur folgerichtig, daß sowohl CDU wie SPD während des Sommers 2006 mit Standortsuche beschäftigt waren, daß sie Grundsatzdebatten führten und Richtungsweisendes erwogen. Selbstverständlich war dabei wieder viel von der »Mitte der Gesellschaft« die Rede, der neue SPD-Vorsitzende Kurt Beck rückte sie ins Zentrum eines rundumerneuerten Selbstverständnisses seiner Partei: Lösungen politischer Fragestellungen solle man nicht mehr quasi automatisch vom unteren, sondern vom mittleren Drittel der Bevölkerung andenken. Gut, aber wurde das von der Sozialdemokratie nicht schon immer so oder ähnlich gesagt, getan? Und war Anbiederung an den Mainstream nicht das Problem aller größeren Parteien während der letzten Legislaturperioden, die Angleichung der zur Wahl stehenden Produkte bei gleichzeitigem Versuch, sie durch rhetorische Aufladung mit Lebensgefühl als Marke kenntlich zu halten, als Label? Die herrschende Praxis der mehr oder weniger stillschweigenden Anverwandlung ursprünglich parteifremder Themen bzw. Thesen ging bereits damals so weit, daß es selbst für Profis schwer war, tatsächliche Unterschiede zwischen den Positionen zu benennen: Unter www.wahl-o-mat.de konnte sich derjenige, der trotzdem an der Bundestagswahl 2005 teilnehmen wollte, nach Beantwortung von 27 Fragen seine eigene Parteipräferenz ausrechnen lassen. Vom Ergebnis dieses Tests wurde ich übrigens nicht wenig überrascht, war ich bis dato doch fest entschlossen gewesen, meine Stimme einer ganz anderen Partei zu geben.

Der ich sie dessen ungeachtet dann auch gab; insofern wählte ich die Etikette anstelle des Inhalts – nicht gerade eine demokratische Hochleistung. Gleichwohl ein Beitrag zu einer entscheidenden Richtungs-, ja Schicksalswahl, zu der sie damals von allen Seiten hochstilisiert wurde und bei nächster Gelegenheit wieder hochstilisiert werden wird. Welches Schicksal? ist da allerdings zu fragen. Als ob sich unter einer wie auch immer zusammengestellten »schwarzen« oder »roten« Bundesregierung irgend etwas Grundsätzliches ändern würde! Wer muß denn heute noch Angst vor einer CDU/CSU haben, in der kein einziger Franz Josef Strauß herumpoltert, wer vor einer SPD, in der kein einziger Herbert Wehner den Proleten gibt?

Derart widerständige Charaktere haben die Volksparteien nicht mehr vorzuweisen, obendrein werden ihre theoretischen Profilierungsversuche von den eignen Mitgliedern nach Kräften konterkariert: Ausgerechnet Roland Koch, nicht gerade für sein soziales Engagement bekannt, gibt sich als warmherziger Laudator bei einer Jubiläumsfeier der hessischen Gewerkschaft (SZ, 31. 8. 2006); Franz Müntefering, noch als Heuschreckenjäger in Erinnerung, bemüht sich im Rahmen der Großen Koalition oft händeringend, originäre CDU-Konzepte gegen den Willen der eignen Basis durchzupauken; und selbstverständlich kommt es auch auf Landesebene zu den abenteuerlichsten Cross-over-Projek-

ten, vorläufiger Höhepunkt: Zur Cottbuser Bürgermeisterwahl am 22. 10. 2006 tritt ein CDU-Mann an, der bereits vorab eine Koalition mit FDP, Unabhängigen, Frauenliste und Linkspartei/PDS geschmiedet hat (SZ, 30. 8. 2006).

Nun mutete schon seinerzeit einer wie Otto Schily nicht selten wie die Personifikation der konservativen Assimilation an, und das als ehemaliger Grüner. Aber unter der alles ausgleichenden Regie von Angela Merkel sind die jahrzehntelang verteidigten Lager in Deutschland wirklich aufgebrochen, endgültig aufgebrochen, hat sich politisches Handeln zur undogmatischen Bewältigung anstehender Fragen reduziert. Was aus der Sicht eines Nach-68ers ein Segen ist, für den die pragmatische Lösung von Problemen schon immer wichtiger war als die Frage, ob man sich dabei als »rechts« oder als »links« verstand, ist für die beiden Volksparteien freilich ein Fluch:

Nachdem der Abschied von einer bipolar strukturierten Nachkriegsgesellschaft auch auf der Ebene der Tagespolitik vollzogen ist, zeigt sich, daß in unsrer Öffentlichkeit ganz andre Gegensätze aufbrechen, als sie die großen Volksparteien bis eben noch zu repräsentieren schienen.[83] Wir leben im Zeitalter der Hyperindividualisierung; die neuerdings so gern beschworene Drei-Drittel-Gesellschaft ist de facto in zahlreiche Parallelgesellschaften und diese wiederum in allerkleinste Grüppchen zersplittert. Kein Wunder, daß die

83 Ihre Mitgliederzahlen sinken entsprechend dramatisch: Die SPD verzeichnet gegenüber 1990 einen Rückgang von 40 Prozent, die CDU immerhin von 25 Prozent; und das ist aufgrund der Überalterung in beiden Parteien noch lange nicht das Ende der Entwicklung. Derzeit sind je 1,4 Prozent der Deutschen in SPD oder CDU organisiert; bald wird man wirklich nicht mehr von »Volksparteien« reden können. (Zahlenmaterial: SZ, 16. 10. 2006)

Zeit der bürgerlichen Parteien abläuft, wenn für uns auch im engsten Umfeld nur noch der einzelne von Relevanz ist. Möglich, daß an ihre Stelle demnächst eine Vielzahl spezialisierter Kleinstparteien tritt, sozusagen Stände- und Spartenvertretungen mbH (etwa für alleinerziehende Mütter, arbeitslose Akademiker); und wie sich allein durch ihre Existenz das gesamte politische System verändern wird, hat die Schill-Partei bei der Hamburger Senatswahl 2001 angedeutet (19,4 Prozent der Stimmen!), auf Bundesebene 2005 auch das Bündnis Linkspartei/PDS. Leider ist nicht wirklich zu hoffen, daß es auch in Zukunft nur bei einmaligen Protestwahlen bleibt, daß sich unser politisches Klima durch den schlagartigen Auf- wie Abstieg radikaler Splitterparteien nicht nachhaltig erhitzt.

Was bleibt der bürgerlichen »Mitte«, um die sich CDU/CSU und SPD derzeit im Glauben bemühen, es gäbe sie noch, was bleibt ihren versprengten Vertretern angesichts der grundsätzlichen Deregulierung des Gesellschaftlichen? Keine Parteien, keine Programme. Aber doch wohl einzelne Personen, die nicht erst demokratisch gewählt werden müssen, sondern qua Amt (am besten: als Papst) oder Stimme (am besten: als »Kaiser«) legitimiert sind, sich im Sinne dieser nurmehr gefühlten Mitte mit ihrer Stimme zu artikulieren. Unabhängige Bürger aus dem Wissenschafts- und Kulturleben; weit eher jedenfalls als Parteipolitiker, deren beständig auf maximale Zustimmung berechnete Vertuschungsrhetorik mittlerweile einen Grad an Unverbindlichkeit erreicht hat, der sie für viele so glatt und austauschbar erscheinen läßt wie Fußballspieler, wenn sie sich zum eben beendeten Spiel äußern. Nicht nur Politiker haben

auf diese Weise ihre emotionale Strahlkraft verloren, der gesamte Prozeß des öffentlichen Gesprächs ist über Jahre hinweg zunehmend medial überformt und damit sukzessive ausgehöhlt worden: Die fernsehgerechte Inszenierung *sämtlicher* demokratischen Rituale wird von einer bestürzenden Zahl von Bürgern mittlerweile als »Theater« empfunden, bei dem sie nicht mehr mitspielen wollen; eine »ehrliche Politik«, wie sie in schöner Regelmäßigkeit von den Parlamentariern versprochen wird (zuletzt von Jürgen Rüttgers, der damit prompt beim CDU-Parteitag in die Schranken gewiesen wurde), scheint ihnen ein Widerspruch in sich.

Mediendemokratie, ist sie wirklich nichts andres als die geschickte Manipulation von Meinungen mittels medial erzeugter Affekte; ist für den Erfolg eines Politikers heutzutage tatsächlich seine Medienkompetenz ausschlaggebend, nicht seine Sachkompetenz? Man erinnere sich der beiden Kanzlerkandidaten und ihrer Fernsehduelle im Sommer 2001: Was nützten Stoibers Zeterzahlen, wo ein Schrödersches Lächeln bereits für Abhilfe sorgte? Und wäre selbst das mittlerweile egal, weil sich das Kräfteverhältnis zwischen Politik und Ökonomie sowieso massiv zugunsten letzterer verschoben hat? So daß die gewählten Volksvertreter, ob medienkompatibel oder nicht, vollauf mit Moderation, Beschwichtigung und Austarieren der diversen wirtschaftlichen Interessen beschäftigt wären? Immer häufiger hört man, die konkrete Regierungsarbeit sei durch die Macht der Lobbyisten bereits arg beschränkt, ihrem gewachsenen Einfluß sei es zuzuschreiben, daß manche Gesetze vom Visionären scheibchenweise aufs angeblich Gerade-noch-Machbare zurechtgekürzt – oder sogar, in juristisch komplexen Fällen, von den Rechtsabteilungen der entsprechenden Verbände bis in die Gesetzesformulierungen hinein erarbeitet und in den Fachausschüssen dann nurmehr abgenickt – werden.[84]

Professionelle Anpassung an die Naturgesetze der Globalisierung, die derzeit aktuelle Form des Darwinismus? Fraglos ist, daß wir gegenwärtig einen gewaltigen Paradigmenwechsel erleben, die angebliche Eigendynamik eines weltweiten Umbruchs, der mit dem stereotypen Hinweis auf ökonomische Sachzwänge unser aller Handlungsspielraum einengt, auch denjenigen von Parlamentariern.[85] »Höhere Gewalt«! Längst haben wichtige Konzerne und Verbände in unmittelbarer Nähe der Regierungsgebäude Niederlassungen eröffnet, von denen aus zeitnah operiert werden kann; übernationale Global Players diktieren den Regierungen ganz offen, welche Autobahnen man zu ihrem Werk bauen und wie lange man ihnen die Steuern erlassen müsse, auf daß sie das angeblich unrentable Wirtschaften in diesem Lande nicht auf der Stelle einstellen und ostwärts ziehen: Die tatsächliche Macht ist von den Politikern – und nicht nur in Deutschland – auf Wirtschaftsbosse und Verbandspräsidenten übergegangen, ist damit sehr viel diskreter geworden, undurchschaubarer, mit einem Wort: unde-

mokratischer. Was wir an demokratischer Willensbildung via Medien miterleben, ist oft nurmehr Simulation demokratischer Prozesse, ohne tatsächliche Folgen gewärtigen zu müssen – man erinnere sich der Debatte um die Rechtschreibreform und die dahinterstehenden wirtschaftlichen Interessen –, unsere traditionellen Repräsentationsstrukturen sind ornamental geworden.

Ein neoliberal dereguliertes Staatswesen verschiebt die Macht mit jeder Liberalisierungsentscheidung eines nationalen oder europäischen Parlaments bzw. Gerichtshofs ein kleines Stückchen weiter Richtung Shareholder's value. Während die offizielle Politik diesen Machtverlust als »schlanken Staat« zu bemänteln sucht, erhebt sich in der Öffentlichkeit immer häufiger der Ruf nach »mehr Demokratie«, die Zahl der Volksbegehren und Bürgerentscheide ist während der letzten Jahre kontinuierlich angewachsen, manch einer wünscht sich blauäugig die ganze Berufspolitik zum Teufel und an ihrer Statt einen ständig tagenden Bürgerkonvent. Direktdemokratie! Und wie die entsprechenden Schlagworte alle heißen; übersehen wird dabei die grundsätzliche Politikmüdigkeit, die uns in Form einer habituellen Resignation mittlerweile alle mehr oder weniger ergriffen und unsere politische Mündigkeit arg reduziert hat. Schon an der Uni schlug derjenige, der eine langwierige Entscheidungsfindung der Lächerlichkeit preisgeben wollte, im aufgeregten Ton älterer Tugendwächter vor, man möge doch bitte darüber abstimmen: Die demokratische Urgeste als symbolhaftes Eingestehen von Entschluß- und Handlungsunfähigkeit.

Und mittlerweile? Die Anzahl der Wahlverweigerer stellt seit langem unsere größte

---

84 Paradebeispiel: die Beratungen von CDU- und SPD-Politikern über einen besseren Nichtraucherschutz. Diskussionsgrundlage: eine Tischvorlage vom »Verband der Cigarettenindustrie«. Die Grünen, als die Sache aufflog: »Große Sauerei«. (SZ, 29.9.2006) Anschließend: Schlammschlacht zwischen CDU und SPD, wer das Papier denn überhaupt »eingebracht« habe. Ergebnis: Wer auch immer es angenommen haben mag, eingebracht hat es ein Lobbyist des Raucherschutzes.

85 Zu den dabei unweigerlich anwachsenden Interessenskonflikten s. Fußnote 120.

»Volkspartei« dar, und ein Ende des unheilvollen Trends ist nicht in Sicht: »Die Zahl der Politikverweigerer wächst und wächst«, konstatierte Stephan Lebert schon vor der Bundestagswahl 1998: »Heute kann man wohl schon eine weitverbreitete Abkehr von der Demokratie beklagen« (SZ, 27. 7. 1998). Dabei lag die fiktive Partei der Nichtwähler zum Beispiel bei den damaligen Wahlen zum Berliner Senat erst bei 32 Prozent, also bei Volksparteienstärke; mittlerweile verweigern mitunter schon weit über die Hälfte der Wahlberechtigten den Gang zur Urne, wie man dem Online-Portal der Bundeszentrale zur politischen Bildung anläßlich der Landtagswahlen 2006 entnehmen kann: »Sachsen-Anhalt stellte einen Negativrekord auf: Lediglich 44,4 Prozent der etwa 2,1 Millionen Wahlberechtigten fanden den Weg zur Urne. Das ist die bundesweit geringste Wahlbeteiligung, die es je bei einer Landtagswahl gegeben hat. Auch in Baden-Württemberg fiel die Wahlbeteiligung mit 53,4 Prozent auf einen historischen Tiefstand ...« (Bundeszentrale für politische Bildung, www.bpb.de)

Zum Vergleich: »Bei einer Auslastung von unter 80 Prozent würde jeder Theaterintendant vom zuständigen Kulturausschuß geschaßt werden.« (Adrienne Goehler, 8. 9. 2006, mdl. Mitteil.) Traurig, aber unvermeidbar, sich zu fragen, ob man angesichts eines derartigen Repräsentationsvakuums überhaupt noch von einer demokratisch gewählten Volksvertretung sprechen kann. Noch trauriger, sich einzugestehen, daß es sich bei jenen Wahlverweigerern keineswegs nur um gesellschaftliche Verlierer oder rechte Dumpfbakken handelt, im Gegenteil, gerade diejenigen, die sich früher besonders engagierten, kehren dem Staat enttäuscht den Rücken. Mehr

Demokratie? Wenn es unser politisches System nicht schafft, sich auf seinen Wesenskern zu besinnen, sprich, sich an den Rändern von überflüssigem Blendwerk zu trennen, wird das Macht- und Repräsentationsvakuum, das sich in unserer Gesellschaft derzeit bildet, womöglich bald auf unschön derbe Weise gefüllt werden. Und das kann kein wahrer Demokrat wollen.

Weniger Demokratie wagen – welch ein Tabubruch! Und wo sollte man da überhaupt anfangen? Mit der Abschaffung jedweder Umfrage-Betriebsamkeit zum politischen Klima, mit PISA-Tests für Wahlberechtigte, mit Modifikationen des Wahlrechts zugunsten parteiunabhängiger Einzelpersonen, mit dessen Beschränkung auf die Über-Vierzigjährigen wie im alten Rom? Vielleicht erst einmal: mit dem Abhalten aller Landtagswahlen an einem einzigen Datum, am besten in der Mitte der Bundestags-Legislaturperiode, um aus der Tretmühle eines fortgesetzt auf Quoten schielenden Politpopulismus herauszukommen; mit Verkürzung von Wahlkampf- und Verlängerung von Wahlperioden, auf daß substanzielle Reformen ohne ständige Angst vor Politbarometern durchgeführt werden könnten; auch: mit Entschleunigung der Berichterstattung, Verringerung des Mediendrucks, mit freiwilliger Selbstbeschneidung medialer Empörungskultur, auf daß politisch nicht ganz korrekt formulierte Ideenimpulse nicht immer gleich unter der Moralkeule von Tugendwächtern enden – was weiß denn ich. Und schließlich – schließlich! – wäre zu bedenken, ob in einem demokratischen Staat wirklich alles und jedes demokratisch entschieden werden muß oder ob sich hinter diesem weitverbreiteten Lippenbekenntnis nicht nur eine andre Form von Totalitarismus verbirgt.

Die schiere Mehrheit ist in vielen Fällen der schlechteste Ratgeber; was aber wäre die Alternative? Ökodiktatur des Rats der Weisen? Offne Übernahme der Macht durch den Bundesverband der deutschen Industrie? Oder doch lieber wieder ein König? Stärkung aller nichtdemokratisch legitimierten Institutionen als Qualitätskontrolle gegenüber den Fehlentscheidungen der Quotenpolitik? »Deutschland ist strukturell verhärtzt«, schreibt Stefan Kornelius in einem Leitartikel der *Süddeutschen Zeitung* (26. 9. 2005), es stehe »am Rande einer Staatskrise«, weil es »sich verhakt hat in einem sich selbst kontrollierenden und strangulierenden System«. Auch unser Land könne einen Jimmy Carter gebrauchen, der sich als pensionierter US-Präsident entschlossen habe, die Kommission zur Reform des Wahlrechts zu leiten, weil »zu viele US-Bürger kein Vertrauen mehr haben in den Wahlprozeß« (O-Ton Carter). Stefan Kornelius kommt im Hinblick auf Deutschland zum Schluß: »Vielleicht bedürfte es einer Kommission, nicht zur Reform des Wahlrechts, sondern zur Belebung des Systems.« Darin müßte sich freilich dann auch jemand finden, der den gordischen Knoten des Systems ganz, ganz vorsichtig aufschneidet. Nicht die demokratischen Institutionen gälte es dabei zu schützen, sondern das demokratische Prinzip.

Sitzpinkler

Die Grünen als Rasselbande, als Partei, als Witz

Erst verbieten sie die Formel-1, dann das Pinkeln im Stehen und schließlich das Furzen ohne Kat« – so habe ich es an der Bar des »Frank & Frei« erlauscht,[86] einer durchschnittlichen Hamburger Eckkneipe: Nicht erst seit gestern sind die Grünen zum Witz geworden. Spätestens seit Ende der 8oer, da sich die veränderte weltpolitische Großwetterlage zusehends auf unser aller Leben auszuwirken begann, konnten sie nurmehr diejenigen neu für sich gewinnen, die vor dem rapiden gesellschaftlichen Wandel in altbekannten Utopien Zuflucht suchten; was einmal eine durchaus avantgardistische Massenbewegung war, ist heute ein Sammelbecken für rückgewandte Nostalgiker.[87] Selbst der ästhetische Sprung von Joschka Fischer in die maßgeschneiderten Probleme des Jahrtausendwechsels kann keinen darüber hinwegtäuschen, daß er eine zusammengekleckerte Schar an unzeitgemäß sich gebärdenden SelbstgeißlerInnen anführt,[88] die – »Ja, ja! Nein, nein!« rufend – allenfalls noch als wundertätige HeiligInnen den Strom der neuen Zeit anhalten könnten.

Nun leben wir in einer daxistischen Zweidrittelgesellschaft, die mit *sämtlichen* Ideologien und den darin enthaltenen Utopien abgeräumt hat, einer Gesellschaft, der's bereits als Intellektualitätsnachweis gilt, sich auf keine Meinung festzulegen, sondern mit seinen postmodernen »Widersprüchen« zu kokettieren, einer Gesellschaft, deren ironischer Grundkonsens *jeden* Fundamentalismus zersetzt, auch einen grünen. Die einzig adäquate Haltung angesichts des unmittelbar bevorstehenden Anbruchs zynischer Zeiten wäre's wohl, Ironie und Utopie zu verbinden,[89] sprich, der beispielsweise grünen Weltanschauung eine Außenhaut an Esprit und Charme zu verpassen, ihren alten Furor mit neuen spielerischen Elementen zu versetzen. So daß aus ihrer starren 7oer-Jahre-Doktrin eine flexible Struktur an Kernideen

86 Im Winter '98/'99. Der Tresenredner mokierte sich über »das grüne Verständigungsgesülz«, offensichtlich fielen die handfesten Verbalinjurien von Joschka »Mit Verlaub, Herr Präsident, Sie sind ein Arschloch« Fischer für ihn nicht unter »grün«.

87 Die *tatsächlichen* Grünen von heute sind nebenbei zwar meist noch grün, im wesentlichen aber globalisierungskritisch und also bei Attac: »Ökonomische Alphabetisierung« hat die ökologische abgelöst.

88 Auch das ist mittlerweile Geschichte; im Sommer 2006, nachdem für die Grünen kein Regierungsamt mehr zur Verfügung stand, zog sich das »Parlamentsvieh« (Fischer über Fischer) nonchalant aus dem politischen Leben zurück, Richtung Princeton. Nun sind diejenigen an der Parteispitze, die er – ein verkniffen – verknatterter Ringelnatz-Wiedergänger – so gern als seine »Stuten und Fohlen« (zit. nach: SZ, 23.6.2006) gemaßregelt hat.

89 Zur Ironie s. S. 132 ff.

entstünde, die an den Rändern stets aufnahmefähig wäre für alles, was ihr der Zeitgeist an neuen Widerständen entgegenstemmt – selbst für vorübergehende Inkohärenzen.

Auch Ideologien unterliegen nämlich dem Prozeß der Auslese; und gerade weil der Kapitalismus inzwischen drauf & dran ist, als einzige Art zu überleben, bräuchten wir schleunigst qualitative Mutationen bei *allen* noch verbliebnen Gegenvisionen, um uns nicht im Hamsterrad eines hedonistischen Gegenwartsfetischismus totzulaufen. Was im engeren politischen Sinne doch wohl hieße: Gerade weil sich jetzt auch die SPD zur Abwicklungsgesellschaft von Sachzwängen reduzieren will,[90] bräuchten wir eine grüne Gegenpartei, die auf der Höhe ihrer Zeit und also dort stünde, wo sie auf undogmatisch unbeirrbare Weise ganz grundsätzlich gegensteuern könnte.

Eine grüne Gegenpartei? Waren die Grünen denn jemals eine Partei? Oder vielmehr eine wilde Rasselbande, deren Kleinstkonsens – abgesehen von einer diffus ökologischen Grundaufgeregtheit – darin bestand, dagegen zu sein?[91] Gegen alles, was für sie die verstaubte »Mitte« der alten Bundesrepublik repräsentierte, Staatsapparat – Bürgertum – Institutionen, bei gleichzeitiger Pauschaltoleranz gegenüber allem und jedem, das von den »bunten«Rändern kam.Womit die Grünen desJahres 1999, kaum daß sie aus der Rolle des Rundum-Oppositeurs heraus- und in eine staatstragende Rolle hineingewählt wurden, einem unaufhebbaren Widerspruch unterliegen und sich im Grunde auf besagten ökologischen Grundimpetus beschränken müßten. Was sie freilich nicht können, ist er doch längst selbstverständlicher Teil von unser aller Mülltrennungsalltag geworden – und von sämtlichen anderen Parteiprogrammen: Eine grüne *Regierungspartei* ist entweder a priori handlungsunfähig oder eine (aufgeregtere) Variante dessen, was die andern mittlerweile auch sind[92] – und also in jedem Fall zum Scheitern prädestiniert.

Aber die Grünen, wie gesagt, sind ihrem Wesen nach ja gar keine Partei, und das könnte sich in nicht allzuferner Zukunft wieder zu ihren Gunsten auswirken. Was geschah denn zwischen den 70ern und den 90ern, da sich die Grünen im wesentlichen darauf beschränkten, grün bzw. bunt zu sein, was geschah denn da mit den andern, den »richtigen« Parteien? Eine ganze Menge; in einer Serie an stets flacher ausfallenden Programmen, Standortbestimmungen, Wahlplattformen versuchten sie fast

90 Sieben Jahre nach Niederschrift dieses Satzes scheint mir die Reduktion vollendet zu sein: Die SPD hat im Gefüge der Großen Koalition ihren letzten Rest an Visionskraft preisgegeben; um eine neue Grundsatzdebatte führen zu können, wird man Ghostwriter bereits als Stichwort- und Ideengeber verpflichten müssen.

91 Auch Attac ist derzeit noch ein fraktales Netzwerk von Gruppen und Vereinen mit einer halbwegs verbindlichen Grundidee bei gleichzeitiger Vielfalt an eigenständigen Initiativen. Nach dem Gesetz der Serie ist damit zu rechnen, daß es sich demnächst auch als Partei organisiert und … irgendwann mal sogar in einer Regierungskoalition mitarbeitet. Und dann? S.o.

92 Daß die Grünen mittlerweile versuchten, den Hegemonieverlust über grüne Themen mit »buntem« Multikulti-Gefasel rund um einen militanten Toleranzbegriff wettzumachen, hat ihrer Partei alles andere als ein Vollprogramm verpassen können; wenn sie neuerdings versuchen, sich mit »realistischen Gegenkonzepten« als »Opposition plus« zur Großen Koalition zu positionieren, so sind sie selbst bereits diejenigen, die sich von anderen die Ideen abkupfern: »Grüne Marktwirtschaft«, »gerechte Globalisierung«, »fairer Wettbewerb« und was auch immer man in ihrem neuesten »Fahrplan« liest (Zitate nach: SZ, 1. 9. 2006), es klingt verdammt nach – Attac. Hingegen der Slogan »Sozial. Gerecht. Beschäftigt.«, mit dem sie im Juli '06 hanseatische Diskussionsveranstaltungen bewarben, der ist eindeutig von – der SPD.

ausnahmslos, ihre ursprünglichen Konturen zu verwischen, sich einander anzugleichen – inzwischen wollen sie alle, mit Ausnahme von CSU und PDS, von ihrer ehemaligen Identität (lies: von ihrer ehemals klar begrenzten Stammwählerschaft) nichts mehr wissen und drängeln in einer unisono beschworenen Neuen Mitte. Auch die Grünen? Seit kurzem auch sie, jedenfalls soweit sie nach der letzten Bundestagswahl jäh in den 90ern erwacht sind und sich im Krawattenbinden üben: Auf Dauer kann man den Krawattenträger nämlich nicht spielen, auf Dauer wird man Krawattenträger.

Wenn sich freilich alle aus taktischen Überlegungen im Mittelfeld positionieren, wenn keiner mehr die langen Pässe nach rechts- oder linksaußen und von dort zurück ins Zentrum schlägt, dann fehlt dem öffentlichen Politspektakel weit mehr als nur die Spannung. Eine in der Mitte erfolgreiche Politik läßt sich nämlich – wie beim Fußball – nur über die Flügel gestalten, nur von den Rändern her, wo sich die Grünen ja ursprünglich sehr erfolgreich in Szene gesetzt hatten. Wollte man sie jetzt vor der Sozialdemokratisierung bewahren – »In Gefahr und Not bringt der Mittelweg den Tod« –, man müßte ihnen dringend zuraten, sich wieder auf ihren angestammten Platz als Oppositionspartei bzw. -haufen zu besinnen[93]: Lediglich dort, wo's noch Protest und Leidenschaft gibt, gibt's eine Zukunft, die den Namen verdient; die »strukturelle Regierungsunfähigkeit«, die man den Grünen zur Zeit überall bescheinigt, ehrt sie – bloß müßten sie ihre Not auch als ihre höchst spezielle Tugend begreifen.

Denn als Verwaltungsbeamter einer US-amerikanischen Überseekolonie, und eine gewichtigere Rolle auf dem politischen Parkett könnte auch der aufmüpfigste deutsche Minister nicht dauerhaft spielen,[94] darf man ja nicht einfach leidenschaftlich drauflosregieren: Im Mainstream der Weltpolitik hat sich jedes noch so wild dahinsprudelnde Seitenflüßchen am Ende in den (meist) träge dahinflutenden Gesamtstrom zu ergießen. Nur einige wenige vermögen es, sich diesem allgemeinen Verwässerungsprozeß zu entziehen; im Grunde sind Parteien nichts weiter als strukturbildende Maßnahmen zwecks Beförderung jener großen einzelnen, auf daß diese noch größer und mächtiger werden, im Grunde sind Parteien nichts weiter als demokratiesimulierende Notlösungen:[95] Sobald jene Unverwässerbaren – ob gewollt, ob ungewollt – ihren Kurs ändern, dreht

[93] Dies haben sie nach der Bundestagswahl 2005 zwar getan, ob sie dadurch jedoch zu einer neuen Authentizität zurückgefunden haben, muß bezweifelt werden.

[94] Nicht erst unter Angela Merkel wurde der Kurs der deutschen Außenpolitik wieder transatlantisch eingenordet. Bereits Schröders rot-grüne Regierungsmannschaft war bis zu ihrer Abwahl bestrebt, das freche Ausscheren aus der »Allianz der Willigen« (zwecks Einmarsch im Irak 2003) scheibchenweise wieder zurückzunehmen.

[95] Die undemokratische Tiefenstruktur des Demokratischen ist nicht von vornherein zu beklagen; schlimm wird es erst, wenn die Parteien keine großen einzelnen (mehr) hervorbringen. Vgl. »Dick & durstig oder Wisch & weg«, S. 50 ff. Joschka Fischers vollmundiges Eigenlob, er sei »einer der letzten Live-Rock-'n'-Roller der deutschen Politik, jetzt kommt in allen Parteien die Playback-Generation« (zit. nach: *SZ*, 23. 6. 2006); ist zwar ebenso platt wie falsch, gibt dem allgemeinen Zweifel an *allen* jüngeren Politikern aber Stimme.

die gesamte Partei bei (im Falle der neuen SPD) oder sie gerät ins Krängen und Schlingern (im Falle der Grünen, die eben nicht alle bereit sind, ihre gutmenschlichen Glaubwürdigkeitscodes gegen eine Handvoll Manschettenknöpfe einzutauschen).

Parteien als Notlösungen zwecks Mehrheitsbeschaffung für Einzelpersonen – sitzt hier die Wurzel der Politikverdrossenheit, die uns seit Jahren bescheinigt wird? Und sind wir also nicht etwa der Politik überdrüssig, sondern der Parteien, aller Parteien, weil es sie als Plattformen ideologisch klar definierter Alternativen ohnehin nicht mehr (und ihre realpragmatischen Restbestände nur noch als ineinanderfließende Schemen) gibt? Und bräuchten wir vielleicht bloß ein paar neue Parteien, die – nach dem Vorbild Italiens – den ganzen Selbstverdauungsapparat des Zentrums von den Rändern her aufrollen würden:[96] freie Wählerschaften, Stattparteien, graue und, natürlich, grüne Panther, eine Partei der Kleinaktionäre und eine der Microsoft-Opfer und eine des ...?

Nein, das Parteiensystem *als Ganzes* hat in der uns bekannten Form keine Zukunft mehr, weder ein personeller Verjüngungsprozeß kann hier dauerhaft helfen noch eine neue Partei, die innerhalb weniger Jahre vom System der Fraktionsdemokratie ausgezehrt und damit ebendort wäre, wo sich die alten Parteien schon heftig aneinanderdrängen: im Auge des Hurrikans. Nein, wir leben in wirbelstürmischen Zeiten, am Ende jeglicher gewachsnen Verwurzelung, am Beginn einer hypertransparenten Unübersichtlichkeit und einer sehr prinzipiellen Vereinzelung – die relevanten Themen werden in zunehmendem Maße von relevanten einzelnen besetzt[97], die bei all dem einen gewissen Überblick behalten. Oder jedenfalls so tun, und deshalb täte's dringend not, diese einzelnen auch wieder stärker in staatspolitische Strukturen einzubinden: Um wirklich Bewegung in unsre Politik zu bringen, brauchen wir nicht nur ein paar versprengte Quereinsteiger, derer sich die SPD aus Mangel an eignen Glanzlichtern versichert hat, sondern ein Wahlrecht, das uns erlaubt, (mit der Zweitstimme) Parteien *oder* Personen zu wählen – letztere nämlich als Einzelpersonen und nicht als Apparatschiks irgendeines obsoleten schwarzen, gelben, roten, grünen, grauen Dachverbands.

Mag sein, daß solch ein »optionales« Persönlichkeitswahlrecht zunächst einmal zu einer allgemeinen inner- wie außer-

96 Lieber nicht. Spricht man mit italienischen Politikern über die Zerschlagung der beiden einstigen Volksparteien (Democrazia Christiana und Sozialisten), so sieht man selten leuchtende Augen: Eine Koalition vieler kleiner Parteien sei auf Dauer kaum zu stabilisieren, jeder Kompromiß aufs neue mit allen Partnern zu verhandeln, das Regieren in summa noch schwieriger geworden als zuvor.

97 Zum Beispiel von einigen Zeitungsherausgebern bzw. Feuilletonchefs, die sich obendrein darüber im Vorfeld miteinander abstimmen. Kein Wunder, daß sie mit ihren Buchpublikationen regelmäßig Debatten lostreten und Trends setzen, zu deren Initiierung dem normalen Parteipolitiker schlichtweg die mediale Vernetzung fehlt.

parlamentarischen Verwirrung führt, mag sein. Für einen wie
mich freilich, dem's schon an der Uni – umkreist von gschaftl-
huberischen Flugblattwedlern, Megaphontrötern, Solidaritäts-
bekundern – eine Selbstverständlichkeit gewesen, *nicht* dazugehören zu wollen, *nirgendwo* dazugehören zu wollen, für unsre
ganze Generation an Flugblattignorierern, Nichtdemonstrie-
rern und notorischen Wechselwählern wäre's sicher erlösend
(und für die noch Jüngeren wohl ohnehin), wenn wir von der
Zwangsverpflichtung auf Parteien entbunden würden und versuchsweise mal eine kunterbunte Mischung an direktdemokra-
tischen »Volksvertretern« wählen dürften: Joschka Fischer als
Kanzler, Gregor Gysi als Außenminister, Guido Westerwelle als
Minister für Gedöns, Robert Gernhardt als Bundespräsidenten –
ob solchen Querverbindungen nicht eine ganz neue Schubkraft
innewohnen könnte?

Wobei wir endlich wieder bei einer Utopie wären, der Utopie
nämlich, daß sich unser Demokratieverständnis auf diese Weise
gegen den weitverbreiteten Wunsch nach einem neuen »starken
Mann« verteidigen ließe: durch eine Vielzahl an starken Einzel-
gängern nämlich,[98] deren Wählbarkeit gerade darin läge, nicht
vorab auf irgendwelche Programme und Doktrin festgelegt zu
sein. Und hier wären wir auch wieder bei den Grünen, jedenfalls
bei den Grünen, die sie vor ihrer Verkrustung zur Partei einmal
waren und die sie nach dem Zerfall in einen Joschka-Fischer-
losen Verbund von Trümmerfrauen und -männern[99] vielleicht
auch wieder werden könnten: eine glaubwürdige Bewegung derer, die stark genug sind, für sich selbst zu stehen.

(1999)

---

98 S. dazu S. 45 ff.

99 »Zerfall ... -männern«: nachträg-
licher Einschub, der sich nicht verkneifen
ließ.

Der grüngoldne Schiß

Wenn man in Amerika derzeit verlauten läßt, vorzugsweise als Präsident, man wolle »die Freiheit in die ganze Welt tragen«, so heißt das im Klartext, daß man die Cowboystiefel anzieht und sich aufmacht, ein paar neue Waffensysteme in aufmuckerischen Schurkenstaaten zu erproben (Antrittsrede bzw. -kleidung von George W. Bush zum Beginn seiner zweiten Amtszeit). Wenn man sich in Deutschland am gleichen Tag – es war der 21. 1. 2005, Tag der Veröffentlichung von Aktenzeichen 34-9185.68 beim baden-württembergischen Landwirtschaftsministerium – die Freiheit aufs Panier schreibt, so kämpft man für die Würde der Kuh: die beim voralpenländisch beliebten »Kuhbingo« angeblich mißachtet werde, einer Art Kuhfladenroulette auf einer schachbrettartig unterteilten Wiese, wo's für die Wettenden um den (mit bis zu 100 000 € dotierten) »Goldnen Schiß« geht. Und tatsächlich nehmen sich die Sachbearbeiter der Ministerien derlei grasgrüner Proteste an, vergeben Aktenzeichen, äußern Verständnis, schreiben »tierschutzrechtliche Bewertungen«. Ist beim Kuhbingo vielleicht auch die Würde der Wiese in Gefahr? Und wirft sich als nächstes irgendeine Institution für die Rechte der Rinder in die Bresche, die zur Amtseinführung amerikanischer Präsidenten in Form von Cowboystiefeln herhalten müssen?

Die militant tolerante Initiative zum Schutz der Intimsphäre beim verdauenden Rindvieh – mitnichten ein Schildbürgerstreich. Gutmenschentum kennt keine Ironie, die Sache war ernst gemeint und wurde auch seitens der politischen Apparate mit Ernst und Sachverstand erwogen, als Aktenvorgang archiviert, diskutiert, entschieden. Daß man sich im »Ministerium für Ernährung und Ländlichen Raum in Baden-Württemberg« der Sache so nachhaltig angenommen hat, statt einfach nur darüber zu lachen, lag – jedenfalls *nicht* daran, daß das Amt derzeit in der Hand der Grünen gewesen wäre. Sondern, sozusagen im Gegenteil, in derjenigen der CDU. Im Gegenteil?

Was beweist, daß man mittlerweile in allen Parteien grünes Gedankengut umzusetzen vermag, selbst in Form seiner todernst inszenierten Selbstparodierung. Und: daß die Würde der Kuh auch nicht von Fladen-Voyeuren antastbar ist. Das baden-württembergische Landwirtschaftsministerium entschied nämlich wie folgt: »Die Empfindungen einer Kuh, die beim Absetzen von Kot von einer größeren Anzahl von Menschen beobachtet und gegebenenfalls angefeuert wird, entziehen sich derzeit der wissenschaftlichen Nachprüfbarkeit.« (*news aktuell*, www.presseportal.de)

III

Betreutes Wohnen

Alltag, Kultur, Alltagskultur

Erotiker bevorzugen bekanntlich

das Konvexe, Ästhetiker dagegen das Konkave: Für sie beginnt die Fremdheit des Weiblichen in der – von hinten betrachteten – Fessel, in der verhängnisvollen Partie zwischen Ferse und halber Wadenhöhe; sie mündet nach oben in einem Versprechen, das demjenigen des Augustiner-Weißbierglases nahekommt, nach unten im Hacken des Stöckelschuhs, dessen idealtypischer Absatz den Verlauf der Achillessehne infamerweise auch noch spiegelt.

Die Inszenierung der ästhetischen Schlüsselstelle[100] findet jenseits wechselnder Moden statt; sie ist schwarz, spitz und frei von Mätzchen – immer mal wieder erschreckend gut begriffen von Gucci, Stuart Weitzman oder Stephane Kélian[101]: als Wiedergutmachung dessen, womit sich ein Prada-Schuh am männlichen Blick versündigt. Die Vorzeigeprodukte der Gucci-Fraktion sind für den Ästhetiker indessen kein Grund zur reinen Freude; wo sonst wären weibliche Macht und männliche Ohnmacht so auf den Punkt gebracht wie im Absatz eines Stöckelschuhs?

Doch die Wege, die auf, in und mit ihm beschritten werden müssen, sind lang und zahlreich die Fehler, die dabei begangen werden: Fehler bei der Auswahl des Schuhs (zu hoch, zu hübsch, zu heiß, zu halbherzig), Fehler vor allem beim Tragen desselben. Schon das Gequengel über seine mangelnde Bequemlichkeit indiziert ein tragisches Mißverständnis; das kurze belüftende Herausziehen des Fußes und womöglich schamlose Präsentieren einer verstärkten Strumpfhosenspitze weiß sogar Stammwähler der Grünen zu verschrecken. Regelrecht fatal die falsche (arschschwenkende) Art, darin zu gehen; fatal, sich seiner im Beisein irgendeines Betrachters zu entledigen: Einen Stöckelschuh zieht man niemals aus[102], im Vergleich zu seiner auratisierten Künstlichkeit müßte sich ja selbst der schönste Fuß als bloßes Füllmaterial zu erkennen geben, als allzumenschliches Naturprodukt.

---

100 Das ist stark untertrieben, der Schuh inszeniert die Haltung und damit den gesamten Körper. Mehr noch: die gesamte Körpersprache, den Gestus der Persönlichkeit. Manche meinen sogar: die Rolle, die man im Leben spielt.

101 Dazugekommen sind Manolo Blahnik (»Meine Manolos«), Sergio Rossi und Christian Louboutin.

102 Mittlerweile noch nicht mal beim 80-m-Lauf, veranstaltet als »Stiletto-Run« auf dem Berliner Ku'damm, Preisgeld: 10 000 Euro. 100 Läuferinnen hatten sich dafür qualifiziert, ihre Absatzhöhe durfte 7 Zentimeter nicht unter-, die Absatzbreite 1,5 Zentimeter nicht überschreiten. Siegerzeit: 12 Sekunden. (SZ, 21. 8. 2006)

In 99 von 100 Fällen wird der Ästhetiker demnach den erlösenden Frustrationsschock erleiden und befreit wegsehen; dieser eine aber, der hundertste Fall reicht leider noch immer völlig aus, um ihn lebenslänglich in einem Abhängigkeitsverhältnis zu halten: Das Schöne ist des Schrecklichen Anfang – und der Stöckelschuh dessen willfähriger Gehülfe. Sein öffentliches Zur-Schau-Stellen ist nichts weniger als Gewaltausübung und sollte durch umgehende Beschenkung mit modisch aufgepeppten Marken-Badelatschen geahndet werden: Erst das interesselose Unwohlsein, das sich angesichts jener zwei weißen Tiefseewesen einstellt, wie sie in obszöner Offenherzigkeit aus einer Christian-Dior-Latsche herausschielen, erst die große Gleichgültigkeit gegenüber dem, was unter andern Umständen der Anfang alles Weiblichen wäre, verbürgt die Emanzipation des Mannes. Womit wir das Tragen von Badelatschen nicht mehr nur als Selbstverstümmelungsversuch von fashion victims begreifen müssen, sondern als das, was es im tiefsten Sinne ist: gelebter Humanismus.

(1999)

Sexuelle Belästigung

Die fortschreitende Pornographisierung unsrer Gesellschaft hat mittlerweile Bereiche erfaßt, die selbst während der Blütezeit sexueller Befreiung als unantastbares Refugium des freien Geistes galten. Ein Blick auf die Wahlslogans zur Bundestagswahl 2002:

■ »Steck ihn rein« (eine halbwegs attraktive Plakatfrau der Hamburger Jungen Liberalen, dafür werbend, zur Wahl zu gehen)

■ »Das ist erst das Vorspiel, der Höhepunkt kommt noch« (Jusos)

■ »Wir machen's gleich« (Die Grünen zur Homo-Ehe)

■ »Heute popp' ich, morgen kiff' ich, übermorgen wähl' ich die PDS«

■ »Lieber bekifft ficken als besoffen Auto fahren« (noch mal die Julis, die sich auch nicht entblödeten, die URLs www.steck-ihn-rein.de einzurichten sowie www.bekifft-ficken.de)

Welch ein Verständnis von Demokratie verbirgt sich eigentlich hinter derartiger Sprücheklopferei? Und welch ein Verständnis vom jeweils anderen Geschlecht? Was waren das für Zeiten, als sich nicht alles gleich um den rohen Akt drehte, sondern um, zum Beispiel, den Anblick einer perfekten Frauenfessel in einem perfekten Schuh! Längst ist die massive Penetration unsres gesellschaftlichen Lebens mit sexuellen Codes, Subtexten, Wortspielen und Icons an ihre Übersättigungsgrenze gestoßen, die Ästhetik dabei weitgehend auf der Strecke geblieben. Und nicht nur diejenige untätowierter Fußrücken und unberingter Zehen; es gibt auch eine Ästhetik der Umgangsformen zwischen den Geschlechtern, die im Zuge der Emanzipation fast vollständig verlorengegangen ist, eine Kunst der Nuancierung, wie man sie noch im südlichen und östlichen Ausland pflegt. Es ist gar nicht so lange her, da konnte man auch in Deutschland am Gang einer Frau ihren Charakter erkennen, an der Art, wie sie sich die Tür aufhalten ließ, durfte man erahnen, ob sie sich anschließend auch aus dem Mantel würde helfen lassen.

Nicht, daß ich mir ein voremanzipatorisches Zeitalter herbeisehne, nein! Aber daß ich neuerdings mit einer Taxifahrerin körperlich darum ringen muß – ja, körperlich, der Hausmeister ist mein Zeuge –, ob ich meinen Koffer selber von der Tür zu ihrem Auto tragen darf, geht zu weit; und daß ich mich auch noch die ganze Fahrt über zu rechtfertigen habe, daß ich ihren Dienstleistungsversuch abgelehnt hätte, weil mein Blick auf unsre beiden Geschlechterrollen »vormodern verkürzt« sei, übersteigt meinen bisherigen Begriff von Weiblichkeit beträchtlich. Falls ich ihr die Taxitür aufhalten oder gar aus dem Mantel hätte helfen wollen, stelle ich mir vor, sie hätte mir eine Anzeige wegen sexueller Belästigung angedroht. Oder gleich eine Ohrfeige verpaßt.

Betreutes Wohnen auf der Bühne

Vier Jahrzehnte im Dienst der Anti-Aging-Forschung:
die Rolling Stones auf immerwährender
Welttournee

W as ist von einem Sechzigjährigen in knallengen
Hosen zu halten, der sich im Schritt kratzt und dabei
versichert, er könne und könne und könne nun mal
keine Befriedigung finden – hat der etwas besonders falsch
gemacht oder besonders richtig? Würde man ihn zum Vater haben wollen, zum Patenonkel, Bewährungshelfer, Konkursver-
walter; wäre man womöglich selber gern so einer, allzeit bereit?
Leicht ist's, über die Stones zu spotten, und über Mick Jagger
ist's am allerleichtesten. Dabei ist er doch längst eine tragische
Figur.

Das Spotten über die Stones hat Tradition. Bereits im Juni '82,
als ich ihren spektakulär schlechten Auftritt im Münchner
Olympiastadion aus 15 Metern Entfernung miterlebt hatte, notierte ich, daß außer Bill Wyman nichts gewesen war: »Jagger
einfach nur peinlich«, »Sogar Peter Maffay [im Vorprogramm]
besser« – die Stones hatten sämtlichen Kredit bei mir verspielt.
Nie wieder, schwor ich mir, nie wieder. Dabei hatte ich schlichtweg nicht begriffen, daß die Stones schon seit Mitte der 70er
unglaubwürdig waren, Schauspieler ihres niederen Selbst, gesegnet mit dem Talent, das Prinzip Jugend in all seinen aufmüpfigen Facetten idealtypisch darzustellen: die sauberste dreckig-
ste Rockband der Welt, voll familientauglich. Und hatte erst
recht nicht begriffen, daß die Stones mittlerweile nicht etwa zur
härtesten und lautesten Rockband der Welt mutiert waren, wie
ihre PR-Maschine suggerierte, sondern zu einer Look-alike-
Combo, die eine Marktlücke entdeckt hatte: die härteste und
lauteste Rockband für die Welt zu *spielen*.

Daß die Stones schon 1982 zu keinem Zeitpunkt des Konzerts
an ihre auf Vinyl dokumentierte Benchmark herankamen, war
für die restlichen 59 999 begeisterten Zuschauer kein Einwand,
sie feierten ihre Idole als Inkarnation einer Weltanschauung.

Musik galt den Stones schon damals eher als Mittel zum Zweck, ihre musikalische Mission war mit »Exile On Main St« seit langem beendet, der Rest ihrer Karriere zielte in letzter Konsequenz auf Außermusikalisches, auf wertkonservatives Hüten eines Weltkulturgutes. Selbstredend unter ständigem Rekurs auf jene frühere Mission und des darin inkorporierten Lebensprinzips – schon als 40jährige demonstrierten sie am liebsten »ungebrochne« Virilität, inszenierten ihren grandios potenten Gegenentwurf zum »seriösen« Älterwerden: Bloß nicht weise werden und impotent![103] Heute, gut 20 Jahre später, tun sie's noch immer, gerieren sich nicht etwa als gutgelaunte alte Säcke wie beispielsweise die Herren von ZZ Top[104], sondern weiterhin als die *bad boys*, die ihre beneidenswerte Stellvertreterexistenz für uns alle führen, auch um den Preis – wie Mick Jagger unlängst bekannte –, sich dazu mit Kräutertee und Ballettstunden in Form halten zu müssen.[105]

Viel Spaß beim Seniorenabend, wünscht man mir sarkastisch, als ich mich nun doch wieder aufmache ins Münchner Olympiastadion.[106] Meine Entfernung zur Bühne beträgt diesmal 100 Meter, absurd klein ist die Realität des Ereignisses gegenüber seiner medialen Vermittlung auf einer Riesenvideoleinwand: Fernsehen mit Live-Charakter, Deutschland besucht seine Superstars. Alles, aber auch alles an diesem Abend ist vorprogrammiert, einschließlich Mick Jaggers peinlicher Anbiederungsversuche auf deutsch (»Ihr seid ein geiles Publikum!«) wie seines kurzen Ausflugs an die Hüften der Backgroundsängerin. Und am Ende, nach einem zweistündigen Potpourrie »Unsre schönsten Erfolge« samt abschließendem Konfettiregen? 60 000 schunkelnde Zuschauer, o ja, diesmal bin ich mit von der Partie, und obwohl ich noch nie eine solch schwache Fassung von »Jumping Jack Flash« (als Zugabe) gehört habe, rutsche ich begeistert dazu in meiner Sitzschale. Wie konnte das passieren?

Sicherlich ein gutes Omen war es, daß sich Keith Richards schon beim allerersten Riff kräftig vergriff, das hat Kultcharakter,[107] und auch, daß Mick Jagger im Silberblouson auflief, darunter ein bauchfreies T-Shirt in Stones-Zungen-Rot, bediente die Erwartungshaltung perfekt: Hie der große Untote der Rockgeschichte, der sein verwittert-verwegenes Äußeres mit allerhand Glitzerschmuck Richtung Voodoo-Zombie überhöht hatte; da der tuntenhaft herumgockelnde Berufsjugendliche, die große

Auf meine Frage, ob er mit Sechzig auch so »drauf« sein wolle wie Mick Jagger, lachte mich der Taxifahrer, der mich zum Konzert brachte, kräftig aus: Nein, im Gegenteil, an die Jugend »anwanzen« wolle er sich nicht. Beherzt der eignen Impotenz entgegenzuleben, erschien ihm als das mutigere Lebenskonzept, er sagte sogar: das männlichere.

104 Diese beschäftigen sich auf der Bühne, ganz in Schwarz gekleidet, ausschließlich mit ihren Instrumenten, lassen dazu fallweise Go-go-Girls um sie herumtanzen. *Lassen* tanzen; wohingegen Mick Jagger noch immer selbst die Animierdame gibt.

105 Mittlerweile braucht er trotzdem einen Teleprompter auf der Bühne. »Es wäre doch höchst peinlich, wenn er beispielsweise die Worte von ›Satisfaction‹ vergißt, das er seit 40 Jahren singt«, zitiert die *Süddeutsche Zeitung* ein Bandmitglied, das ungenannt bleibt. Auch der Name der Stadt, in der die Stones gerade auftreten, wird auf dem Teleprompter angezeigt. (SZ, 30. 8. 2006)

106 Konzert vom 6. 6. 2003. Meine damals annähernd 83jährige Mutter hingegen wunderte sich ganz offen, daß ich mir »das ein zweites Mal antun wolle«: »Eigentlich fandest du die Who doch besser?« Obwohl sie statt der Who auch zehn andere Gruppen hätte nennen können, hatte sie natürlich recht – für die Generationen nach den 68ern waren die Stones kein primärer Bezugspunkt mehr.

107 Ein Jahr später erfahren wir, daß Keith das Koksen eingestellt hat: Drogen seien für ihn mittlerweile zu schwach, sie hätten nicht mehr die gleiche Wirkung wie früher. (SZ, 22. 9. 2006) Es ist zu befürchten, daß er bei zukünftigen Auftritten die Töne wieder trifft.

Animierdame für Mittelständler und gleichzeitig doch auch der Uli Hoeneß der Musikbranche, der seine Band FC-Bayern-haft von einem Erfolg zum nächsten zwingt. Daß das Rollenmodell »Keith Richards« auf den Beliebtheitsskalen der Internetforen stets am höchsten notiert, wird den ehrgeizigen Mick Jagger schmerzen. Als ob die Fans trotz aller medialen Indoktrination wüßten, daß die Stones ihr einstiges Talent, »die Kunst zu beherrschen, jung zu sein« (so ihr damaliger Manager), längst verloren haben, daß sie allenfalls noch die Kunst beherrschen, jung zu wirken. Und in der Tat, wie lustlos stereotyp Mick Jagger da über die Riesenbühne zappelt, immer ein Beckenkreiseln hinter seinem eignen Mythos her, ist schmerzlich anzusehen. Wieso tut er sich das eigentlich an? Dekonstruiert sich schamlos in den Stadien der Welt, und wo man früher verächtlich über ihn schreiben durfte, er bewege sich wie ein »schwuler Schimpanse« (Charles Shaar Murray), befürchtet man jetzt lieber im stillen, er werde genau das auch noch in fünf oder 15 Jahren versuchen.

In der Person von Mick Jagger hat die Postmoderne die Moderne aufgefressen, übrig blieb ein hyperaktiv zuckendes Zitat – seine Kraftstrotzerei ist im Grunde nichts als Schwäche, das einmal gefundene Rollenmodell abzustreifen[108], ein Erstarren in einer Form, die früher genial, dann lange Zeit immerhin noch bemerkenswert war. Und ebenhier sind wir am tragischen Kern seiner strahlenden Erscheinung: Mick Jagger als einer, der schon vor 40 Jahren auf dem Höhepunkt seines Ruhmes stand, der seit 30 Jahren einem schleichenden Abwärtstrend mit selbstverleugnerischer Konsequenz entgegenarbeitet und dazu mit Gewalt ein Image konserviert, das die Menschheit von ihm fordert, Mick Jagger ist mit fortschreitenden Jahren zur Stellvertreterfigur unsrer Sehnsucht nach dem Unvergänglichen zwangsmutiert.

Statt sukzessive älter zu werden, sprich, die eine oder andre Erfahrung gemacht und daraus ein paar Konsequenzen gezogen zu haben, muß er für die Öffentlichkeit ein im Grunde erfahrungsarmes Stadium seines Lebens konservieren, das James-Dean-Stadium, und da ihm die Gnade eines frühen Todes versagt war, läuft er als prominentestes Opfer der globalisierten Kulturmatrix nervös von einem Bühnenende der Welt zum nächsten und läuft und läuft: Jagger reloaded. Jagger re-reloaded.[109]

108 Im Gegensatz zu einer Madonna, die sich fast ein wenig zu oft neu erfunden hat.

109 Bill Wyman vermutet, daß seine ehemaligen Bandkollegen »nur deswegen noch auf Tour gehen, weil sie nicht wissen, was sie sonst mit ihrer Zeit anfangen sollen«. (*SZ-Magazin*, 6. 6. 2003)

Noch auf dem Sterbebett wird er, um ein letztes Mal in die Klatschkolumnen zu kommen, einer Krankenschwester in den Hintern kneifen, nicht wahr?

Ja, es ist leicht, über Mick Jagger zu spotten. Wie anders altern Carlos Santana, Peter Gabriel, Robert Plant, um nur einige zu nennen, die es geschafft haben, immer wieder musikalisches Neuland für sich zu entdecken, selbst der schlagersingende Slipsammler Tom Jones hat sich mit »Sex Bomb« vollkommen neu erfunden, selbst der.[110] Während Mick Jagger seine Jugend schon so früh verlor, daß er keine Chance aufs Altern mehr hatte. In dieser Tragik übertrifft er selbst Keith Richards, der mittlerweile nicht mehr über die Bühne wieselt, sondern strauchelt, der nicht mal mehr genial kurze Gitarrentupfer zum Gesamtereignis beisteuert – macht nichts! ist wahrscheinlich besser so! –, sondern pure Anwesenheit: Der einst »beste schlechteste Gitarrist der Welt« (Alexis Korner) ist nun der schlechteste schlechteste Gitarrist, den man noch auf eine Bühne läßt, und bezahlt wird er vornehmlich dafür, nicht zu spielen. Das tut statt seiner Ron Wood, der notorische Poser, das tun statt seiner acht vorzügliche Begleitmusiker – die Stones sind brutto eine Big Band –, und es ist zu vermuten, daß es auch auf dieser Tour noch etliche andre tun, indem sie aus dem Off Tonkonserven beimischen: Schließlich leben wir im Zeitalter der Produzierbarkeit von Kunstwerken, erlaubt ist, was gefällt, und authentisch ist da nur noch das Publikum. Was aber das Altwerden mit Keith Richards betrifft, so bedeutet es inhaltlich zwar das Gegenteil des Jungbleibens mit Mick Jagger, nichtsdestoweniger läuft es strukturell aufs gleiche hinaus, auf die überdimensionierte Zurschaustellung eines Leidenswegs: Held wie Antiheld des Mysterienspiels »Die Rolling Stones auf immerwährender Welttournee« tänzeln bzw. taumeln voller Hybris über die Bühne, auf daß wir die Katastrophe im Geist antizipieren.

Doch die wird noch eine kleine Ewigkeit auf sich warten lassen, denn selbstredend ist auch Keith Richards vor allem Schauspieler, überzeugender Darsteller der Rolle eines Keith Richards, und überdies haben die Stones ja bestens vorgesorgt: Wo ihnen heute die Roadies neue Gitarren herbeischaffen, werden sie in ein paar Jahren Betablocker reichen oder einen schnellen Schluck aus der Sauerstoffflasche. Und sofort zur Stelle sein, wenn einer in Atemnot geraten oder gar eine Herzdruckmassage nötig ha-

110 Auch als Rolling Stone kann man älter werden, sprich, der musikalischen Verkrustung entgegenarbeiten, muß die Band dazu allerdings verlassen: Bill Wyman, bis 1992 Bassist derselben, spielte als Mitglied der »Rhythm Kings« (Gary Brooker, Georgie Fame etc.) mehrere CDs mit alten Nummern der 50er und 60er ein, ganz einfach, weil er sie als Jugendlicher gern hatte und: weil sie nicht nach den Stones klangen. Gefragt, ob ihm das Touren seinerzeit Spaß machte: »Geht so. Zwanzig Jahre lang haben wir dieselben Songs gespielt. Das ist nicht das, was ich unter Fortschritt verstehe.« (SZ-Magazin, 6.6.2003)

ben sollte – die Stones brauchen keine Pflegeversicherung. Wo andre einen Piepser am Halsband tragen, um im Notfall von herbeieilenden Johannitern gerettet zu werden, haben sie einen Modellversuch »Betreutes Wohnen auf der Bühne« gestartet, dessen Happy-End garantiert scheint: »Ich gehe davon aus, daß mich meine Jungs notfalls im Rollstuhl auf die Bühne schieben«, äußerte sich Keith Richards schon vor fünf Jahren. Und von der Bühne runter natürlich erst recht. Oder ist es *keine* beglückende Vision des Todes, daß man ihn nicht erst durch artgerechtes Altern erarbeiten muß?

Möge der Weg dorthin noch lang sein! Was das aktuelle Konzert im Münchner Olympiastadion betrifft, so hatten sich die Stones beim 14. Stück endlich warmgespielt, und als dann der »Midnight Rambler« losstampfte, wurden sie sogar von einer Art Spielfreude ergriffen. Spätestens zu diesem Zeitpunkt war auch ich versöhnt, unüberhörbar verwalten die Stones ein musikalisches Œuvre, das zum Fundus der Modernen Klassik zählt[111] – wer all diese Hymnen ans Leben schuf, hat das Schöne in der Welt um ein Beträchtliches vermehrt und ist vor Gott selbst als bekennender Sympathisant des Teufels gerechtfertigt. Mag die Live-Darbietung auch oft ans Stümpertum grenzen, wir hören die Stücke ja ohnehin aus der Erinnerung heraus, Vorsprung durch Feeling, und Dabeisein ist alles: So viel Glück wie die Stones haben wenige unter den Menschen verbreitet. Wer einmal miterlebt hat, wie ein ganzes Stadion den Refrain zu »Sympathy For The Devil« maunzt, »Uh-uuuh«, wie dazu von der Gegentribüne vielhundertfach rote Ansteckzungen blinkern und wie die Lichtkegel der Bühnenscheinwerfer durch einen Nachthimmel kreisen, in dem zu allem Überfluß die Mondsichel genau an der rechten Stelle hängt, dem darf ein Schauer der Dankbarkeit übern Rücken laufen.

Denn die Stones mögen so uralt sein oder so jung tun, wie sie wollen, ihr Publikum verjüngen sie seit Jahrzehnten auf verläßliche Weise: Schneller als all die Anti-Aging-Mittel der Kosmetikindustrie sorgen sie für glatte Haut, strahlenden Teint, und daß die Ausschüttung von Endorphinen bei ihnen ganz ohne Hormondragees funktioniert, macht sie zum veritablen Bioprodukt. So, wie sich bei der neuesten Wundercreme von Dior ein synthetischer Molekülfilm über die Haut legt und sie, »Triumph der Wissenschaftler über die Zeit«, ganz langsam zusammen-

111 Und ein dazugehöriges Lebensgefühl, das ebenfalls zum Fundus der Moderne zählt. Oder mittlerweile eher umgekehrt?

zieht,[112] so legt sich bei anhaltendem Live-Konsum von Stones-Krachern ein Melodiefilm über den Hörmuskel und zieht ihn auf Minimalgröße: ein Jungbrunnen für jeden, der das mit seinem musikalischen Gewissen vereinbaren kann.[113]

Ja, wenn's so simpel wäre. Dann wär's am konsequentesten, Stones-CDs auf Rezept zu verabreichen und vor Risiken und Nebenwirkungen zu warnen: vor dem Problem der Maske nämlich, die im Lauf eines Lebens mit dem eignen Gesicht zusammenwächst, zum eignen Gesicht *wird*, und dem der Würdelosigkeit. Aber halt, gegen letzteres bieten die Stones schon seit 40 Jahren ein Patentrezept an, es heißt Charlie Watts und sitzt mit solch immergleicher Freundlichkeit hinter seinem Miniaturschlagzeug, daß auch einer wie ich sein Rollenmodell an diesem Abend findet: Älter werden und schließlich offensiv alt sein wie der weißhaarige Charlie Watts, eine Art stillvergnügter Ehrenpräsident, den man schon aufgrund seiner bescheidenen Zurückhaltung bewundern kann, das muß es wohl sein in einer Zeit, da allenfalls Pfarrer und Mafiosi noch nach Würde streben.[114] Oder gibt es einen würdevolleren unter den Schlagzeugern, gibt es überhaupt jemand, der so viel Würde im Showgeschäft verstrahlt wie er, der sich immer ein wenig zu schämen scheint für das Treiben seiner Bandkollegen, seit vier Jahrzehnten?

Was das in letzter Konsequenz für ihn bedeutet haben mag, schon vor Zeiten so würdevoll alt zu sein – oder zu wirken? – wie jetzt, das soll uns die Freude an ihm nicht trüben. Auf *stilvolle* Weise alt zu werden, das ist bloß die konsequente Fortsetzung dessen, was als stilvolles Jungsein einst begonnen hat, und damit gerät man in Dimensionen, die einem Mick Jagger ebenso wie einem Keith Richards traurigerweise verschlossen bleiben müssen. Welch stille Ekstasen warten wohl auch auf uns nach *Sex and Drugs and Rock 'n' Roll?* Eine Antwort darauf scheint uns Charlie Watts verschmitzt zu verschweigen, und angesichts seiner unspektakulären Größe dürfen wir uns heimlich sogar fragen, ob das Leben jenseits der Sexualität nicht der allerletzte Thrill sein könnte, den unsre übersexualisierte Gesellschaft für uns bereithält.

(2003)

112 So die damalige Verlautbarung von Dior. »Wie sollen Falten allein durch Kosmetik nach einer Stunde verschwunden sein?« fragt sich *Brigitte*-Redakteurin Christa Möller (Nr. 4/2003); worauf ihr der wissenschaftliche Dior-Berater zu verstehen gibt: »Na ja, sie sind natürlich nicht weg. Man sieht sie nur nicht mehr so stark.« Unabhängig davon liefert uns die Schönheitsindustrie immerhin seit Jahr und Tag ermutigende Wortneuschöpfungen, und damit nichts weniger als Sinn: führt sie ihren Stellvertreterkrieg gegen den Tod doch aus einer Vision heraus, der letzten vielleicht, auf die sich unsre alt gewordene Gesellschaft stillschweigend geeinigt hat.

113 Wo bei der Dior-Creme starke Feuchtigkeitsbinder für pralle Polsterung sorgen, greift bei den Stones noch immer das, was ihren routinierten Stadionrock seit je ausmacht: ein satter Baß, ein unwiderlegbar simples Schlagzeug, ab und zu ein sehr, sehr knappes Votum der Gitarre, und all das zur vollen Dröhnung abgemischt, mit der Sahnehaube eines kreischenden Mick Jagger versehen.

114 Und Bluesmusiker – John Lee Hooker, Muddy Waters, B. B. King usw. –, die sich bei ihren Konzerten dann auch ungeniert mal für ein, zwei ruhigere Nummern auf einen Stuhl setzen, um auszuruhen. Fußballer schaffen es mitunter schon im Alter von knapp über Dreißig, als »große alte Herren« verehrt zu werden – so der Hymnus des ARD-Kommentators auf die französischen Spieler, nachdem sie die junge spanische Mannschaft im WM-Achtelfinale besiegt hatten. (27.6.2006)

»Kann seinem Tourplan zufolge nicht vom Tod eingeholt werden«

Daß ich aufgrund dieses Artikels reihenweise Fan-Post bekam, versteht sich; daß es sich bei den Briefschreibern nicht um Fans meines Artikels handelte, auch. »Neben einem Mick« sei ich offensichtlich »ein armes Würstchen«, bescheinigte man mir, ja, ein »armer Wichser«; eine Schreiberin aus dem Schwäbischen versicherte mir, sie sei mittlerweile zum x-tenmal in einem Stones-Konzert gewesen und beim Anblick Jaggers auch jetzt wieder »auf der Stelle naß geworden«.

In der Tat, derlei gilt – wir reden hier immerhin von Lesern der *Zeit* – als Argument. Auf der Homepage des deutschen *Rolling Stone* kann man den Meinungsaustausch von Stones-Fans anläßlich der 2003er-Tour übrigens noch heute nachlesen (www.rollingstone. de/forum/archive/index.php/t-2954.html). Ein »begabter Lohnschreiber«, der sich in der *Zeit* an Mick Jagger »die Krallen wetzt«, kommt darin auch vor; zunächst einmal versichert ein gewisser Jörg König, des Lohnschreibers Kritik sei »wirklich gut«, wird aber postwendend in die Schranken gewiesen:

Der Autor hat sich in erster Linie selbst gefallen. [...] Solche Artikel schreibe ich Dir auch 3 Stück die Woche, wenn Du mich dafür bezahlst. Aber seit 40 Jahren ein Top-Rockstar sein, der auch mit 60 noch die Stadien rockt und die jungen Dinger kriegt, das kriegt so schnell keiner hin. Wer sich über

Jagger in diesem Maße, mit diesen Kritikpunkten, aufregt ist ein armer Kerl. Oder schlichtweg ein Spacken.

(Jan Wölfer, 15. 6. 2003)

Hin und her, betreutes Wohnen oder Cote D'Azur, berechtigt oder einfach gemein: die Stones sind eine Band, bei der Millionen von Leuten RICHTIG nass geworden sind. Punkt.

(»Direktwech«, 15. 6. 2003)

Die Zeit? Pah! (»tops«, 16. 6. 2003)

... immerhin schaffen es die alten Säcke, dass hier endlos über sie diskutiert wird, was mich sehr amüsiert.

(»zappa1«, 19. 6. 2003)

Ein Freund von mir war beim Konzert im Circus Krone in München. Er fand es aber nicht so toll. Dieses Urteil will aber nichts heißen, er hat von Musik nämlich keine Ahnung.

(»Siddharta«, 21. 6. 2003)

Dann aber regt sich im Forum doch ein leiser Zweifel, ob die Stones angesichts des fortgeschrittnen Lebensalters ihrer Protagonisten noch ein nächstes Mal auf Tour gehen können. Was die lebhafte Digitaldebatte auf nachgerade poetische Weise ausklingen läßt:

Machen Mick'n'Keef weiter falls Charlie stirbt? Meiner Meinung nach, ganz sicher nicht. Dann werden sie wohl langsam einsehen, dass sie alt werden/geworden sind. Und wer hat eigentlich gesagt Charlie stirbt als nächster? Bei Keiths (angeblichen) Lebenswandel ist alles jederzeit möglich...

(»Fetenguru«, 24. 6. 2003)

wenn Charlie stirbt, was ich ned glaube, würden sie sich meiner meinung nach nur nicht mehr »Rolling Stones« nenne, aber touren ...

(»Ego«, 24. 6. 2003)

Charlie Watts würde seinen Tod bekanntgeben und die Drumsticks weglegen.
Mick Jagger würde seinen Tod leugnen und weitermachen.
Keith Richards würde den Tod davon überzeugen, dass er längst abgeholt worden ist.
Bob Dylan kann seinem Tourplan zufolge vom Tod nicht eingeholt werden.
Paul McCartney würde den Tod mit Songs einlullen.
Van Morrison würde den Tod ohne Abendbrot ins Bett schicken.

Johnny Cash würde den Tod in eine theologische Grundsatz-Diskussion mit untheologischem Vokabular führen.
Bruce Springsteen würde dem Tod eine Geschichte vom Leben erzählen, dass der Tod sich zu Tode schämt.
Robbie Williams würde den Tod nicht in seine Garderobe lassen.
Madonna würde dem Tod einen ihrer Filme zeigen; der Tod würde vor Langeweile sterben.

(Jörg König, 24. 6. 2003)

Ich glaube Keith würde Tod auffordern gemeinsam mit ihm in den Spiegel zu schauen, worauf Tod seine Sense an Keith weiterreichen und »DANN HABE ICH JA JETZT ENDLICH ZEIT, MICH UM MEINE ROSEN ZU KÜMMERN!« sagen würde!

(Jan Wölfer, 25. 6. 2003)

Noch touren die Stones, auch wenn sie immer häufiger Konzerte kurzfristig absagen müssen. Und wenn sie dann doch einmal gestorben sein sollten ... müssen sie in der Hölle gewiß weiterspielen, bis zum Jüngsten Tag.

Letzter Spieltag

Warum es auch im Fußball keine höhere
Gerechtigkeit geben darf

Das Zweitbeste setzt sich durch – mit dieser selbstge-
bastelten Allerweltsweisheit wartete ein Freund zur Stu-
dienzeit immer dann auf, wenn's nach vielem Hin und
Her schlußendlich ans brutale Geschäft des Wertens ging: die
Beatles vor den Kinks, Goethe vor Kleist, Thomas Mann vor
Musil, FC Bayern vor Borussia Mönchengladbach; die Welt- und
Wirkungsgeschichte sei voller Ungerechtigkeiten, weil sie Mas-
senkompatibilität favorisiere, sprich: weil das wirklich Große
nicht das größtmögliche Glück der größten Zahl bewirke. So
einfach sei das, jedenfalls für einen Engländer.

Als Borussia Dortmund die Bundesligasaison '64/'65 als Meister beschloß, wußte ich von dieser simplen Wahrheit noch
nichts, lag reglos in der Badewanne, eine Fichtennadelkom-
prette perlte still vor sich hin, und lauschte den Reporterstim-
men, die der *Bayerische Rundfunk* in seiner Sendung »Heute im
Stadion« für mich zum allsamstäglichen Weltweben zusam-
mentönen ließ. Irgendwann war diese atemlos spannende Zeit
zu Ende – hing wohl mit der Tatsache zusammen, daß dem FC
Bayern mit dem Erfolg auch das Geld und mit immer mehr Geld
auch immer *mehr* Erfolg zuwuchs: Das Erringen von Titeln, so
war schon in den 70ern deutlich zu sehen, geriet zunehmend zu
einer Sache der geschickten Transfers, zu einer Sache des Ma-
nagements. Trotzdem wurde's im Verlauf der 8oer bei Intellektuellen wieder schick, sich als Fußballfan zu outen, vorzugsweise als einer des SC Freiburg, das kam gut – und hatte mit
echter Leidenschaft, die sich ihr Objekt ebenso vernunft- wie
hoffnungslos wählt, kaum mehr was zu tun. »SC Freiburg«, das
konnte man so beiläufig sagen, wie man »Don DeLillo« sagte,
wie man »Beaujolais Primeur« sagte, und wenn man dazu noch
ein paar Abstiegssorgenfalten über die Stirn legte, zeigten sogar
weibliche Gesprächspartner Rührung.

115 Im Mai 2005 eröffnet; schon wenige Monate darauf wäre der TSV 1860, gemeinsam mit dem FC Bayern Eigentümer desselben, um ein Haar bankrott gegangen, nicht zuletzt wegen der saisonalen Garantiesummen für die »Business Seats«. Ausgerechnet der FC Bayern mußte den Lokalrivalen retten, indem er 100 Prozent der Besitzanteile übernahm.

116 Dem Anpfiff voraus ging in etwa folgendes: Lange Zeit hatte es so ausgesehen, als ob sich die Mannschaft von Bayer Leverkusen auf beschwingte Weise einem sicheren Titelgewinn entgegenspielte; nach dem 31. Spieltag war sie mit 4 Punkten Vorsprung Tabellenführer. Dann wurde sie plötzlich nervös und patzte, während die Verfolger, Borussia Dortmund und Bayern München, kontinuierlich aufholten. Dann der 33. Spieltag, an dem das Team um Michael Ballack überraschenderweise mit 0:1 in Nürnberg verlor, wohingegen Dortmund und Bayern jeweils auswärts drei Punkte holten. An der Spitze der Tabelle sah es vor Anpfiff des letzten Spieltages folgendermaßen aus:
1. Dortmund, 60:32 Tore, 67 Punkte
2. Leverkusen, 75:37 Tore, 66 Punkte
3. Bayern, 62:23 Tore, 65 Punkte

117 Die entscheidenden Paarungen des 34. Spieltages:
Dortmund – Bremen
Leverkusen – Hertha
Bayern – Hansa Rostock
Werder Bremen war an diesem Spieltag sicher der schwerste Gegner, wollte er doch seinen UEFA-Cup-Platz gegen die punktgleichen Mitbewerber verteidigen. Hertha war bereits sicher für den UEFA-Cup qualifiziert (ansonsten aber chancenlos, die Bayern vom 3. Platz zu verdrängen); Hansa Rostock hatte sich uneinholbar von der Abstiegszone abgesetzt. Wenn Leverkusen mit seinem beherzten Offensivfußball also doch noch Meister werden wollte (was Fußballdeutschland bis zum vorletzten Spieltag fest geglaubt hatte und jetzt immer noch hoffte), dann würde es gewinnen – und Dortmund gleichzeitig allenfalls unentschieden spielen müssen.

118 Die erste Halbzeit:
10. Minute: Leverkusen – Hertha 1:0
17. Minute: Werder gelingt in Dortmund das 0:1, Dortmund ist damit erst mal »raus«, Leverkusen auf Meisterkurs.

Mittlerweile ist aus dem Fußball ein fester Programmpunkt in unser aller Reality-TV geworden, und ohne Tschechen, Niederländer, Brasilianer und ungezählte weitere schwarze Perlen läuft dabei gar nichts mehr: Um die deutsche Meisterschaft spielen in der Hauptsache saisonal beschäftigte Söldner, und weil sich hier die Gnadenlosigkeit des Globalismus in seiner verwirrendsten Flüchtigkeit zeigt, sprechen wenigstens die Namen der Stadien eine unmißverständliche Sprache: BayArena, Gottlieb-Daimler-Stadion, AOL-Arena, demnächst auch Allianz-Arena (in München).[115]

Als der letzte Spieltag der Saison 2001/02 am 4. Mai um 15:30 Uhr angepfiffen wurde,[116] saß ich im Samstagsstau auf der B 9, Richtung Donau. Wie vor 30, 40 Jahren hörte ich »Heute im Stadion«, und in der Tat, das hatte noch immer den verheißungsvollen Klang der großen weiten Fußballwelt, sofort war ich probeweise mit Haut & Haaren dabei.[117] Da die Leverkusener mit 1:0 führten, den Bayern aber bis kurz vor Halbzeitpfiff kein Tor gelang und Dortmund sogar 0:1 hinten lag, war sogar die Rede vom Fußballgott, der im rot-schwarzen Trikot schlafe, zu ertragen.[118]

Zur Halbzeitpause hatte ich den Stau hinter mir gelassen, in einem hübsch herausrenovierten Nest namens Neuburg fand ich eine Wirtschaft mit *Premiere*-Übertragung und somit Anschluß an die Jetztzeit. Durch die offne Lokaltür sah man Dutzende, die sich ganz offensichtlich nicht um die seltene Dreierkonstellation im Endspurt um den Titel kümmerten, nur ich saß hier mit sieben traurig trinkenden Fachmännern und einer witzig dazwischen herumquirlenden Bedienung. Als Ballack das 2:0 für Leverkusen schoß, durfte man heimlich aufatmen: Zumindest der FC Bayern würde wohl heute das Nachsehen haben. Nein, die hätten's in dieser Saison wirklich nicht verdient, nickten selbst die Neuburger: Und wenn der deutsche Rekordmeister demnächst auch die Chance nutze, sich im Qualifikationsspiel für die Champions League zu disqualifizieren, würde ihm wohl ein bundesweiter Sympathieschub widerfahren wie schon lang nicht mehr.

Weil am Ende aber doch noch Borussia Dortmund und damit das Prinzip Aktiengesellschaft das Rennen machte, nicht das Prinzip »Meister der Herzen«,[119] blieb den kapitalkräftigen Bayern immerhin der Trost: daß man heutzutage nicht nur Kamps oder Compaq kurzerhand aufkaufen kann, sondern bei Gelegenheit auch die Borussia aus Dortmund, und sei's durch eine feindliche Übernahme. Kein Grund also für starke Emotionen an der Isar. Und in Dortmund? Wenige Minuten vor dem Abpfiff, die Meisterschaft ist längst entschieden, ein sekundenweiser Schwenk der Kamera zur Tribüne, auf der Otto Schily ins Visier gerät, amtierender Innenminister,[120] wie er einen Dortmunder Fehlschuß aufspringend erlebt, ach was, erleidet, wie er die Hand durch viel Luft schlägt, die wohlbekannte Stellvertretergeste des ohnmächtigen Fans, und dazu laut, doch unvernehmlich, eine kleine Klugheit absondert: Wie Schily also da so unvermittelt schuljungenmäßig auf- und ins Bild springt und zur Unzeit den Leidenschaftlichen mimt – es steht bereits 2:1 für Dortmund, und ein Fehlschuß übern Bremer Kasten kann ja nichts mehr kaputtmachen –, wie Herr Schily also so tut, als schlüge in seiner Brust ein ewig junggebliebenes Fußballerherz, durchzuckt mich inmitten meiner schweigenden Neuburger Herrenrunde ganz kurz der Gedanke: Bloß nicht mit Siebzig so tun, als sei man noch ein jugendlicher »Heißsporn«, voller »ungezügelter« Affekte![121] Als nähme man weiterhin jeden Samstag sein Fichtennadelbad, mit Live-Schaltung zur großen weiten Welt der Jungenträume. Als könne man, unbelastet durch Alter oder Amt, jederzeit von seiner Männerleidenschaft »davongerissen« werden und Klugheiten ablassen wie ehedem – bloß kein Schily werden! Auch wenn man vielleicht ganz aufhören müßte, ein Fußballfan zu sein. Und die Lücken dadurch noch größer werden sollten, die sich im Weltbild eines Mittvierzigers ohnehin schon arg unkaschiert zeigen.

Hingegen in Leverkusen? Versteht man schon lange vor jenem Dortmunder Schuß übers Bremer Gehäuse die Welt nicht mehr, annähernd schweigend, nachgerade würdevoll.[122] Und am Ende dieses durch und durch desillusionierenden Tages doch noch ein versöhnlicher Abschluß: der nächtliche Auftritt von Reiner Calmund, spätestens seit dem vorletzten Spieltag in ganz Deutschland berühmt als einer, der sich für seine Fußballtränen nicht zu schämen braucht,[123] im ZDF-*Sportstudio*. Nein, da taucht nicht etwa Ballack auf, der zweifache Leverkusener Torschütze, und auch der verknitterte Klaus Toppmöller[124] wird Gott sei Dank nur mit einer kurzen Zuspielung bedacht – Spieler wie Trainer sind mittlerweile zu Marionetten geworden, zu weltweit

39. Minute: Bayern geht durch ein Eigentor der Rostocker 1:0 in Führung, schiebt sich also vorübergehend auf den 2. Platz. Die Mannschaft ist zwar anschließend nicht mehr von der Siegerstraße abzubringen, aufgrund der gleichzeitigen Spielstände in Leverkusen, späterhin auch in Dortmund, wird die Partie freilich als Freundschaftsspiel fortgeführt. Endergebnis: 3:2

41. Minute: Dortmund gleicht zum 1:1 aus; das reicht jedoch noch nicht, Leverkusen (in rot-schwarz gestreiften Trikots) ist Halbzeit-Meister.

119 Die zweite Halbzeit:
51. Minute: Leverkusen erhöht zum 2:0 (das 2:1 in der 83. Minute spielt schon keine Rolle mehr).
74. Minute: Dortmund geht mit 2:1 in Führung und zieht damit an Leverkusen vorbei; Leverkusen hat nur dann noch eine Chance, wenn Bremen der Ausgleich gegen Dortmund gelingen sollte. Was Dortmund durch druckvolles Angriffsspiel zu verhindern weiß.

120 Nach dem Ende der rot-grünen Regierung wurde Schily Aufsichtsrat, charmanterweise bei zwei Firmen, die sich auf biometrische Aspekte der Ausweisgestaltung spezialisiert haben (Byometric Systems AG, Mitterfelden, und SAFE ID Solutions AG, Unterhaching), deren Einführung er als Innenminister bundesweit durchgesetzt hatte. Das erinnert an Gerhard Schröder, der als Bundeskanzler noch zehn Tage vor seiner Abwahl den russischen Präsidenten Putin traf, um den Bau einer direkten Gaspipeline zwischen beiden Ländern zu besiegeln; wenige Wochen nach seiner Abwahl ließ sich Schröder von seinem Freund Putin zum Aufsichtsratsvorsitzenden just jener Gesellschaft (Nordeuropäische Gaspipelinegesellschaft, NEGPC) berufen, die den Bau der Pipeline verantwortet.

121 Schily ist Jahrgang 1932.

122 Ahnte man etwa Schlimmes, noch Schlimmeres? Bayer Leverkusen scheiterte in dieser Saison wenige Tage später auch im Pokalfinale sowie im Endspiel der Champions League: am 11.5. (2:4 gegen Schalke 04) und am 15.5. (1:2 gegen Real Madrid). Unglaublich: Leverkusen hätte als erster deutscher Verein »das Triple machen« können. Und wurde am Ende doch überall nur Zweiter.

verschacherten Gladiatoren ohne Aura, erschreckend schnell ersetzbar, vergeßbar, jedenfalls vom durchschnittlichen Fernsehpublikum.

Im Studio dagegen sitzt ein tapfer trauriger Mann, der keinen einzigen dummen Satz sagt, der nicht mal schwitzt, dem die Sympathien der Zuschauer nur so zufliegen. Da mögen die zugeschalteten Dortmunder noch so eifrig betonen, daß im Fußball nicht die Haltungsnoten entscheidend seien; sie sind es nämlich, entgegen Dortmunder Vermutung, sehr wohl.

Was war der Manager eines Fußballvereins denn früher (falls er damals überhaupt schon so hieß)? Ein Sakkoträger im Hintergrund, zwischen Rotlichtmilieu und Mafia vermutet, willentlich übersehen zugunsten der Spieler, die man liebte. Was ist der Manager heute? Ein Bieder-, mitunter Saubermann à la Hoeneß, ohne jedes Schillern in Richtung Unterwelt, im Gegenteil, in seiner Freizeit mitunter sogar mit Golfspielen beschäftigt. Immer? Nicht immer ... Schon Sekunden nach dem Schlußpfiff zeigte Reiner Calmund, was ein Manager sein kann, wie er da, ein trauernder Koloß von Leverkusen, inmitten seiner Verlierertruppe auf dem grünen Rasen stand und per Mikrophon der Fußballwelt gestand: »Ich weine hier und jetzt aus Überzeugung und weil mir danach ist.«

Keine Frage, lieber mit einem Reiner Calmund trauern als mit Matthias Sammer feiern, der Dortmunder Euphoriebremse. Bayer Leverkusen ist in dieser Szene so tragisch wie einstmals nur Borussia Mönchengladbach, wahrscheinlich *ist* Leverkusen nichts andres als ein reinkarniertes Mönchengladbach – das jedenfalls wäre der Mythos, den zukünftige Dramatiker daraus stricken könnten. Daß die Wucht der Tragik dabei nicht mehr nur von den Spielern oder vom Trainer zu erleiden ist, sondern stellvertretend von deren Manager, macht die Katharsis so neu, so wirksam. Wer wird in zehn Jahren noch von diesem Brasilianer reden – wie hieß er doch gleich? –, der 49 Sekunden nach seiner Einwechslung das entscheidende Tor für Dortmund erzielte? Aber eines Reiner Calmund im Leverkusener Anstoßkreis, das ist sicher, werden wir gedenken.[125]

Und weil das so ist, darf sich auch weiterhin nur stets das Zweitbeste durchsetzen, Fußballgott hin oder her, es darf selbst bei der schönsten Nebensache der Welt keine höhere Gerechtigkeit geben: Das ist die ewig gleiche Lehre, nach der wir uns ins-

123 Vgl. Fußnote 116: Im Grunde verspielte Leverkusen bereits an diesem Spieltag die Meisterschaft.

124 Seinerzeit Trainer der Leverkusener und prompt zum »Trainer des Jahres« gewählt. Im Jahr darauf (als die Mannschaft in akute Abstiegsgefahr geriet) entlassen. 2004 auch aus denselben Gründen beim HSV entlassen. Mittlerweile (noch?) Nationaltrainer Georgiens.

125 Hoppla, das tun wir mittlerweile leider auch auf juristischer Ebene: wegen des Verdachts der Untreue, ausgerechnet! Calmund soll 380 000 € aus der Vereinskasse an die kroatischen Spielervermittler »Branko« und »Dino« aus dem Hamburger Rotlichtmilieu übergeben haben, die mit dem Geld verschwanden. Calmund verweigerte bislang präzise Angaben, weil das, in den Worten seines Anwalts, »für ihn auf dem Balkan das sichere Todesurteil« wäre. – Was hatte ich da über frühere Manager geschrieben, »zwischen Rotlicht und Mafia vermutet«? Und hat sich Calmund, zumindest in den Augen eines Fans, nicht sogar im Scheitern als treu erwiesen? Doch daß die einstige Inkarnation von Bayer Leverkusen – »Das war mein Verein. Aber das ist er nicht mehr« (zit. nach: *Die Zeit*, 16. 3. 2006) – nun Aufsichtsratsmitglied von Fortuna Düsseldorf geworden ist, war das wirklich nötig?

geheim sehnen, weil sie auch unser Leben zu ertragen hilft: Wenn sogar einem Reiner Calmund das Glück nicht vergönnt ist, warum sollte es uns vergönnt sein in unserm viel banaleren Weben und Streben?

Alsdann, zu guter Letzt an diesem traurigen Tage, das ZDF-*Sportstudio*: mit Reiner Calmund, der Inkarnation des zum Manager mutierten Fans, dem einzigen, der in Zeiten glatt abgesonderter Unverbindlichkeiten aus Spieler- und Trainermund noch glaubwürdige Formulierungen findet, der einzige, der in einem durch und durch verlogenen Gewerbe für ein wenig Ehrlichkeit steht.[126] Und natürlich für das, was wir gerade heute so dringend brauchen, für Dauer im Wechsel: Brasilianer kommen und gehen,[127] selbst Ballack wird vom FC Bayern geködert, ein Calmund bleibt.[128]

(2002)

---

126 Daß man als Fan auch ziemlich lächerlich sein kann, hat uns während der WM 2006 Maradona vorgeführt, indem er bei jedem Spiel seiner Mannschaft von der ersten bis zur letzten Minute ein Argentinien-Trikot schwenkte: ein Fall für sich.

127 Die emotionale Bindung eines Spielers an seinen Verein, »so oberflächlich wie ein Kuß in Los Angeles« (Carlos Santana, SZ, 1.9.2006).

128 Nun! Nach der WM 2006 sieht es so aus, als ob uns – nein, nicht Jürgen Klinsmann, der sich zwar taktisch geschickt, aber eben doch enttäuschenderweise als Symbolfigur des deutschen Fußballs entzogen hat – letztendlich nurmehr die Kommentatoren bleiben: Netzer/Delling vorneweg, Kerner und seine beiden »ZDF-Experten« (wie man sie beharrlich untertitelte, um eine Markenbindung der Herrschaften zu suggerieren) dichtauf, der omnipräsent kommentierende Beckenbauer sowieso, dann aber auch schon in wilder Folge und Zusammenstellung Boris Becker, Herbert Grönemeyer, Wolfgang Niedecken, Elmar Wepper, Günter Jauch, Sasha, Helmut Markwort ... Alle während der WM auf den verschiednen Kanälen als »Experten« gesichtet und erduldet.

Nie wieder Abseits-Lyrik: Nordkurve

Es ist keine große Leistung,
für den FC Bayern zu sein,
vor allem nicht, wenn sie gegen uns antreten,
»Also ich bin für Bayern!« – So einer lallt am liebsten
auch gleich was von Der-Bessere-möge-gewinnen!
Wieso der Bessere? Und gar jahrein, jahraus
diese Bayern, die schamlos alles zusammenkaufen,
was nicht bis drei bei Chelsea oder Barcelona
oder sonst auf einer fetten Palme ist!
Mit 'nem tibetanischen Gelbmützenlama als Libero
gewinn ich dir auch jedes Spiel,
mit 'nem Tanzbären aus Burkina Faso
und vor allem mit diesem Scheiß-Brasilianer im Sturm,
dem Dings, na, dem Dings-da,
dem mit den Zähnen, du weißt schon,
der hat am Anfang der Saison doch noch
ganz scheinheilig bei Schalke sein Gebiß gebleckt!
(oder beim HSV?) (bei der Borussia?) Dem,
vor allen andern, sollte mal einer der Unseren da unten
so richtig artig »Guten Tag« sagen!

(Und nebenbei eins gratis auf die Klöten geben,
daß sich seine brasilianischen Lederhosen
ganz von alleine ausziehen.)

München, heimliche Hauptstadt des Konjunktivs

Als ich vor sieben Jahren nach Hamburg zog, erstaunte mich's schon ein wenig, daß man mich, kaum daß ich den Mund auftat, sogleich als Münchner erkannte – wo ich doch bis dato der festen Überzeugung gewesen, Hochdeutsch zu reden:

»Also, ich hätt' gern das Tagesgericht.«

»Ja, hätt' ich auch gern.«[129]

Was dem Süddeutschen der Konjunktiv, ist dem Hanseaten der fein näselnde Unterton; und wo man sich an der Isar erst mal ein bißchen bärbeißig gebärdet, um sich dann urplötzlich, von einer Silbe zur nächsten, in all seiner Gutmütigkeit zu erkennen und jede weitere Auskunft (einschließlich etwaig eingestreuter Witzworte) gleich doppelt zu geben, auf daß sie der Fremde auch wirklich verstehe, da fängt man an Alster und Elbe gar nicht erst zu reden an: Die Liebe zum Indikativ führt mitunter zu verdammt kurzen Sätzen. Wohingegen der Konjunktiv ...

Und genau das ist es, was ich als 7/8-Münchner in Hamburg am meisten vermisse: nicht etwa das Hofpfisterbrot, die großen ofenwarmen Biergartenbrezeln, die Torten.[130] Sondern den Konjunktiv mit all seinen segensreichen Nebenwirkungen, seinen versteckten Offenbarungen und offenkundigen Kaschierungen, mit seinen diversen Intonationen, die vom devot Untertänigen bis zum Größenwahnsinnigen reichen, mit seiner eleganten Weitschweifigkeit und weise ums Wesentliche herumholpernden Lebensklugheit, mit seiner zutiefst *warmen* Anmutung, die selbst im Fluchen noch eine Art Herzlichkeit herstellt. Und im übrigen hauptverantwortlich dafür ist, daß man selbst mit Saupreißn auskommt, »Ja mei, im Prinzip waar i scho aa der Meinung ...«[131] – so umständlich das klingt, so umstandslos klären sich ganz nebenbei, sozusagen zwischen den Worten, die eigentlichen Dinge. Denn auch die indirekte Gesprächsführung,

129 In der *Welt*-Fassung des Artikels stand hier als Replik: »Wollnse oder wollnse nich?« Tatsächlich wurde ich vor Jahr und Tag mit dieser Formulierung vom Metzger abgebürstet, als ich meinen Kaufwunsch geäußert hatte; es scheint jedoch, daß ich – zum zweiten Mal in meinem Leben – nach dem Umzug in eine mir fremde Stadt dort zunächst in die Berlin-Falle geraten bin. Das erste Mal, im Vorschulalter, übrigens in München: Meine Mutter hatte mir den anstehenden Umzug mit dem Hinweis schmackhaft zu machen versucht, ich würde dort gewiß gleich Bayerisch lernen; als ich dann nach dem ersten Spieltag mit den neuen Nachbarkindern heimkam, verkündete ich strahlend: Ja, Bayerisch könne ich jetzt. – Nun? – Ich, stolz: »Det is dufte!«

130 Hanseatische Backkunst kulminiert bekanntlich im Butterkuchen.

131 Auf hamburgisch knapp und indikativisch: »Mich is eins.«

nicht selten mit grantelnder Exposition (weil man knallhart in-
dikativische Fragen in Bayern bloß als kategorische Imperative
zu verstehen vermag), auch das indirekte Miteinander-Reden
führt zu sehr direkten Ergebnissen.

»Ich bekomme das Tagesgericht.«[132]

»Eahm schaug oo. I tät hoit sagn, daß ma jetz erst amoi ...«[133]

Tja, und schon ist man als Norddeutscher der Meinung,
Münchner seien ebenso unfreundlich wie umständlich. Dabei
bräuchte man nicht erst die menschenverbrüdernde Starkbier-
zeit abzuwarten, um sich vom Gegenklischee zu überzeugen; es
reicht, an einem beliebigen Tag des Jahres bis zum Anbruch der
Sperrstunde auszuharren. Dann freilich begebe man sich direkten Wegs zu einer der einschlägigen Absturzkneipen, beispielsweise zur »Koralle«[134], und ... erlebe das Wunder der Münchner
Kommunikationsfähigkeit.

Natürlich wird es Abende geben, an denen auch hier die viel-
zitierte bairische Bierruhe herrscht, Abende, an denen sich die
Herrschaften mit wechselweisem »Leck mich (fett)«[135] ausreichend verständigen – im Indikativ! In der Regel allerdings ist
dem Münchner zu dieser Uhrzeit längst das Herz aufgegangen,
und er sträubt sich nicht mal mehr, die Schultern eines Orts-
fremden zu betätscheln. Binnen kurzem wird *der* dann in einem
Gesprächsnetz gefangen, das auf abenteuerliche Weise um den
gesamten Tresen und mehrfach quer durch die restliche Kneipe
geknüpft ist – hier redet jeder mit jedem bzw. an jedem vorbei,
und man darf sich wundern, daß wenigstens vorübergehend
einer sein Maul hält und für all das Hätte-wäre-würde der andern ein Ohr hat. Erst wer eine derart redselige Münchner Nacht,
in der man freilich auch mal ein »grünes Bier«[136] übers Sakko
geschüttet bekommt, erst wer eine derart aus allen grammatikalischen Fugen geratne Münchner Nacht schon mal überlebt hat,
weiß, was Habermas mit seiner Theorie des kommunikativen
Handelns eigentlich sagen wollte: »Quatsch ma's áus«[137] – aber
bitte im Konjunktiv.

Und wer dies unbändige Drauflos- oder eigentlich Drumher-
umpalavern dann nicht als zutiefst human begreift, wem inmitten dieser Generalverbrüderung mit dem Leben nicht *auch* das
Herz aufgeht, der hat wahrscheinlich keines. Oder kommt, wer
weiß, aus Hamburg.

(2002)

132 Auch für Hanseaten etwas herb.
Netter wäre: »Kannich das Tagesgericht?«
Darauf der Kellner: »Weiß ich nich, ob du
das kanns.«

133 Auf hamburgisch: »Nu laß ma
stecken, Alter. Ob du das bekomms, weiß
ich nich. Aber du kannst es ja mal bestel-
len.«

134 Bauerstr. 3. Laut Selbstdarstel-
lung »Bar, Pils Pub, Bistro«.

135 Ähnlich karg der Schweigetrinker
des Nordens (der »Schnacker« ohnehin
»nich ab« kann): »Ich sach dir, Alter.«
Alternative Wortmeldung: »Also ich weiß
nich.« Im eruptiven Absondern von Null-
botschaften ist man im *westfälischen*
Platt noch eine Spur redefauler: »Kuck
siehste.«

136 »Gott sitzt in München / und
trinkt grünes Bier. Wir / müssen zu ihm
und / ihn fragen / warum.« (Charles
Bukowski: Axt und Klinge. In: Ders.:
439 Gedichte. Hrsg. und übers. von Carl
Weissner. Frankfurt am Main 2003, S. 33)

137 Habermas ist gebürtiger Düssel-
dorfer, das erklärt vieles. Sein Denkansatz
ist für einen Hanseaten schwer nachzu-
vollziehen, dessen bayerische Zusammenfassung schlichtweg unübersetzbar.

Da nich für

Erkennt man den Hamburger außerhalb seines Stadtgebiets überhaupt als Hamburger, wo er doch der felsenfesten Überzeugung ist, er rede Hochdeutsch? Über spitze Steine stolpert er längst nicht so oft, wie man's ihm unterstellt, und jenen gönnerhaften Millionärston, den man südlich von Harburg als zumindest patzig empfindet, kann man jenseits der Main-Mosel-Linie gar nicht mehr exakt verorten. Summiert daher alles halbwegs arrogant Intonierte unter »preußisch«; womit man dem stets auf Form bedachten Hamburger 'n büschen[138] unrecht tut, denn mit dem schnodderigen Proll-Charme des Berliners hat er nun wirklich nichts gemein.

Wei's wurscht is![139] Wenigstens in der »Freien und Hansestadt Hamburg« selber gibt es Örtlichkeiten, wo sich der herbe Liebreiz des Nordens auf unverwechselbare Weise offenbart. Daß in einer schmucklosen Trinkstube namens »Silbersack«[140] ab Mitternacht nur noch Hans-Albers-Lieder aus der Musikbox wummern, wird ein Münchner zwar zunächst als gebrauchsfolkloristische Zwangsberieselung mißverstehen; doch daß dazu

fast ausschließlich Szenegänger trinken und sich immer häufiger auch lockertanzen, wird ihn sukzessive eines Besseren belehren. Spätestens bei »Auf der Reeperbahn nachts um halb eins« grölt die ganze Belegschaft wie ein eingeschworner Haufen Wikinger auf Landgang, jeder schunkelt mit jedem, auch als Quiddje wird man in diese Eruption hanseatischer Herzlichkeit gern einbezogen:

»Moin-moin, Alter!«

»Ja, kruzitürken, wann steht's 'n nachad ihr hier auf?«[141]

Indem der Münchner befremdet Bier um Bier bestellt,[142] von der ihn umbrausenden, sich über jede Hemmschwelle hinwegsetzenden Lebensfreude ebenso überfordert wie von der Vielfalt der angebotnen Marken (»A Helles« – »Kein Thema, min Jung,[143] hell sind sie alle: Astra, Jever, Flens, Holsten, Becks ...«), wird er schließlich eine der größten Herzlichkeiten erfahren, derer man im Norden teilhaftig werden kann: Bevor der »Silbersack« endgültig die Leinen losmacht und auf große Fahrt geht, dem Sonnenauf-

---

138 zutiefst

139 Diese großartige Generalbegründung ist mit einem »Allens kloar!« kaum angemessen übersetzt; die zugrundeliegende Pauschalbekundung von Sympathie und Weltbehagen fehlt dem hamburgischen Idiom denn doch.

140 Silbersackstr. 9. Eingangsschild: »Zum Silbersack – Solide Preise«.

141 Auf hamburgisch etwa: »Beinhart! Morgen is auch noch 'n Tach.«

142 »Oans geht no.« – »Wat mut, dat mut.«

143 Wäre die 80jährige Wirtin nicht gar so »plietsch«: »Wo bis du denn wech von?«

gang entgegen, wird Tante Erna nämlich auch ihn ins Herz schließen – »'n lüttes Helles, min Jung?« –, ihm 'nen Sauren übern Tresen zuschieben und, vorausgesetzt, der Gast bedankt sich auch artig für die Gratisrunde, einer kurzen Innigkeitsanwandlung erliegen:

»Da nich für!«

Möglicherweise ist es das Kardinalproblem des Hamburgers, daß man ihn selbst in solch kostbaren Momenten, da er sich gerade »ohne Not« über alle Hemmschwellen hinweggelabert hat, meist nur mißzuverstehen weiß: Da nich für? Ja, wofür denn sonst?

Oha. Den Minimalismus nördlicher Redseligkeit wird ein Münchner niemals begreifen, erst recht nicht aktiv teilen können – nur wer sich, stets höflich und korrekt, eine ganze Woche lang strebend bemüht hat, kann am Freitag abend dermaßen die Sau rauslassen. Keine weitschweifigen und -maschigen Gesprächsnetze, kein Hätte-wäre-würde, nein! Sondern klare Ansagen, selbst beim Besaufen, »und tschüs«.

Das also wäre das Geheimnis des Hamburger Indikativs?

Ich sach ma: Dascha 'n Problem. Nech? Tut das not, du?

Inszenierte Wirklichkeiten

Johannes Nawrath – Landschaftsmalerei 1985–2005

Als ich zum ersten Mal Johannes Nawraths Wohnung betrat, in der festen Absicht, fremdländischen Rotwein zu verkosten und dabei womöglich eine fidele Zeit zu verbringen, konnte ich nicht ahnen, daß ich damit bereits mitten in sein Atelier geraten war und es nicht eher verlassen würde, bis ich mich durch Erwerb eines Bildes wieder freigekauft hatte. Um die Wahrheit zu sagen, der Kauf war reinste Lustbefriedigung, ich hatte mich Hals über Kopf verliebt – aber nicht etwa in eines seiner grandiosen Seestücke oder Landschaftspanoramen, die in ihrer stillen Leere weit hinter das führen, was gemalt gerade noch als Horizont zu erkennen ist, Sehnsuchtsbilder, die von einer Welt hinter der Welt künden, zu der die Spuren des Vordergrundes allesamt weisen und sie dennoch nie erreichen. Nein, ich verliebte mich in ein Bild, das man mit nüchternem Kopf gewiß nur als Nebenwerk in Nawraths Œuvre betrachten wird, bereits durch sein Format als bloßes »Memory« vom Maler selbst in die zweite Reihe seines Schaffens gerückt. Allein, ich kann es nicht ändern, mein Blick fiel darauf und – konnte sich nicht mehr davon lösen. Warum?

Ich spreche vom 30. Januar 2004, ich spreche von der einen oder andern Flasche »Baron Rothschild«, ich spreche von Nawraths Opus 140, einem 40 × 40 cm-Acrylgemälde, das hinten auf dem Keilrahmen als »Viehtransport-Anhänger« betitelt wurde, im Gespräch wohl auch als »Viehwagen auf Rügen«; ich selbst, gewiß noch unterm Einfluß des Restalkohols, notierte mir anderntags den völlig falschen Titel »Viehwagen in der Uckermark«. Was dann auch schon wieder egal war, weder von Rügen noch von der Uckermark ist viel ins Bild eingeflossen; umso mehr vom Viehwagen, gewiß kein zentrales Motiv der Kunstgeschichte, man ist versucht, sich bei Betrachtung von Nawraths Opus 140 zum Satz hinreißen zu lassen: Soviel

Viehwagen war nie! Soviel *leerer* Viehwagen; und eben das führt uns zurück zur Frage des Titels: Denn auf der Rahmung vermerkt findet sich, mir zuliebe, noch ein weiterer Titel, und er zeigt sehr deutlich, was in einem Bild von Nawrath alles drinsteckt, obwohl es auf den ersten Blick ganz harmlos daherkommt und einen entsprechend harmlosen Titel trägt. Eben dieser gefiel mir nämlich an jenem langen Abend ganz und gar nicht, »Viehtransport-Anhänger«, mein Gott, das sah man auch so, das war für mich als Titelformulierung verschenkt. Der Viehwagen war mir ja nicht bloß irgendein altes, reichlich mit Patina gesegnetes Nutzfahrzeug, war vielmehr ein Symbol, entschied ich, und seine faszinierend konkret dargestellte Leere verwies auf eine ganz andre Leere, vielleicht eine kosmische, vielleicht auch, für politisch überkorrekte Betrachter, eine menschentransportmäßige, zumindest eine, die von der ganz und gar nicht zufälligen Abwesenheit jeglichen Lebens kündete: Das Rindvieh, das man sich in diesem Anhänger vorstellen mochte, fehlte auf eine beklemmend endgültige Weise, ich war mir sicher, daß es nicht etwa außerhalb des Bildrahmens dem friedlichen Geschäft des Grasens oder Wiederkäuens nachging, oh nein, keine Kuh nirgends, kein kleinstes Kälbchen! Und zurückkehren in diesen Anhänger würden die Tiere erst recht nicht: Alles Vieh, was je in diesem, ach was: in irgendeinem Viehwagen transportiert worden, war längst geschlachtet, möglicherweise war auch der Wagen selbst auf eine unspektakulär finale Weise abgestellt, seiner Hinfälligkeit anheimgegeben worden. Alles in allem: aufregend symbolhaltig, eine Art Weltenende; sämtliche Indizien, die darin auf ein früheres Leben wiesen, waren – Sie sehen, wir tranken wirklich einigermaßen über unsern Durst – mit den Augen eines vielfachen Mörders wahrzunehmen, wahlweise demjenigen, der dem Mörder auf der Spur war; unmöglich, eine Zwischenposition einzunehmen, hinter der nüchtern dargestellten Faktizität verbargen sich lauter Ausrufezeichen.

Nüchterne Faktizität? Nun! War das Dargestellte nicht weit mehr als ein Abbild des Faktischen, war's in seiner überdeutlich konturierten Realität nicht geradezu surreal, war's vielleicht nur ein Traumbild? Die bildhafte Verdichtung eines Alptraums, ja, das mußte es sein, jedenfalls für die betroffnen Kühe.

Wir nannten das Werk schließlich »Der Traum des Fleisch-hauers«, das österreichische Wort schien uns noch schauriger auf den Begriff zu bringen, was hier »eigentlich« gemeint war, als das norddeutsche »Schlachter«, gar das süddeutsche »Metz-ger«.[144] Mir zuliebe schrieb Nawrath auch diesen Titel auf den Keilrahmen, »Der Traum des Fleischhauers«, betonte freilich, daß er ihm überzogen erscheine, unangemessen für etwas, das er schließlich – und hier war für ihn Schluß mit lustig – eignen Auges so gesehen habe, in unmittelbarer Nähe von Kap Arkona, dies und nichts weiter, einen leeren, wie vergeßnen Viehwagen in einem vollkommen leeren, vergeßnen Feld. Kap Arkona! Was hätte das an weiteren Assoziationen geboten, dort soll ja eines der beiden Haupheiligtümer der Wenden gestanden haben, längst untergegangen und verschwunden wie das gesamte Volk[145], ach, was hätte man da nicht noch alles in das kleine Bild hineingeheimnissen können![146]

Übrigens spielte Nawraths Frau an jenem Abend im Nachbar-zimmer Klavier, aufgrund einer phantastischen Erfindung aus dem Hause Yamaha hörte man freilich keinen einzigen Ton, nur das beständige Klappern der Tasten, nachgerade befremdlich, dem Bilde durchaus angemessen; als es dann schließlich auch noch ans Erschrecken über die Höhe des Preises ging, mußte mich Nawrath mit seinem Wortwitz erst einmal wieder an die Oberfläche des Abends zurückholen: »Bedenken Sie, je öfter Sie auf das Bild schauen, desto billiger wird es.«

Mittlerweile war ich ein paarmal in seinem Atelier zu Gast, bildbetrachtenderweise, und zu Hause habe ich anhand der di-versen Katalogtexte und Vernissagenreden[147] das nachzubereiten versucht, was ich am ersten Abend vielleicht auf den ersten Blick begriffen hatte und im Verlauf meiner Interpretationsver-suche gleich wieder verlor. Erfuhr dabei, daß man Nawraths Bilder als distanzierte Expeditionsberichte an Nebenschauplätze aller Art verstehen kann, als Inszenierung moderner Einsam-keit, ihn selbst als »Genie des Unterkühlten« (Peter Rühmkorf) und »gebrochnen« Romantiker; der Ursprung seiner Arbeiten liege in der »Neuen Sachlichkeit«,[148] sie seien ebenso statisch wie unsentimental. Daß er damit alles andre als ein Photorealist sei, wird mehrfach versichert, schließlich male er auf abstrakte Weise konkret, arbeite solcherart an der Verrätselung des Ver-trauten – ich muß zugeben, daß alles, was ich über Nawraths

144 Das ist nicht ganz wahr. »Schließlich«, nämlich beim allerletzten Glas, hatten wir selbst Titelformulierun-gen wie »Der Traum des Stiers« und na-türlich »Herr der Hörner« durchdekli-niert; als alle Scheu erst einmal überwun-den war, »Himmel und Herde« oder, nun war ja wirklich alles egal, »Der Herbst des Einsamen«. Bei der Verabschiedung dann »Ruf des Ostens«, »Lob des Hinterschin-kens«, »Raus!« (sofern man eine letzte Kuh im rechten hinteren Teil des Wagens unterstellte), »Bloß weg hier«.

145 Auf die Spuren der Wenden be-gibt sich Jens Sparschuh in seinem melan-cholisch-humorvollen Expeditionsroman »Eins zu eins« (Köln 2003), einer Art lite-rarischem Roadmovie durch die ostdeut-sche Provinz.

146 Und auch die Signatur, nachge-rade druckbuchstabennaiv in die rechte untere Ecke gepinselt, Vor- und Nachname ausgeschrieben, hätte man nicht wenig-stens hier ein bißchen mehr – ja, nun sage ich's direkt: etwas dicker auftragen kön-nen, etwas beschwingt Künstlerhaftes vortäuschen können, was in Wirklichkeit nichts weiter war als der korrekt angege-bene bürgerliche Name, sofort und ohne Mühe lesbar, wie das gesamte Bild? Nein, so der Maler, das Bild sei bloß das Bild – und seine Signatur auch nichts weiter als die Signatur. Natürlich begriff ich an je-nem Abend noch nicht, daß in dieser Ant-wort eine ganze Menge von Nawraths künstlerischem Ethos steckte.

147 Zu Nawraths Werk äußerten sich bislang u. a.: Friedrich Gross (Lakonische Bildpoesie, 1997), Thomas C. Garbe (Ein-samkeit, Licht und Stille, 1999), Robert Gernhardt (Eine Schule des Sehens: Ein-fach mal wahrnehmen, was ist, 2001), Guntram Vesper (Lichtungen, 2002), László F. Földényi (Im Labyrinth der Rät-sel, 2002), Wolfgang Büscher (Johannes Nawrath – Maler der Wege, 2003), Wolf-gang Schömel (Pedant des Übergangs, 2006). – Zitate und Verweise im folgenden aus den genannten Texten.

148 Nawrath selbst nennt als weitere Vorbilder C. D. Friedrich (explizit z. B. des-sen »Mönch am Meer«, auf das sich sein – Nawraths – op. 245, »Wanderer im Watt«, beziehe), Felix Vallotton, Vilhelm Hammershoi.

Bilder las, verständlich und luzid war, als ob seine Werke nicht nur auf den stummen Betrachter, sondern auch auf den kunstsinnigen Interpreten reinigend wirkten, zur Erdung der Gedankengänge verpflichtend. Angenehmer Nebeneffekt! Beständig nickend las ich von Einsamkeit, Licht und Stille als den Grundparametern in Nawraths Schaffen, las von der Andacht, die in seinen Werken herrsche, als habe da einer mit der Besessenheit des Verlorenen die meditativen Altarbilder seiner inneren Landschaft zu bannen versucht. Mythisch nannte man sie gar, seine Konzentrate, etikettierte sie versuchsweise mit dem Begriff »Magischer Realismus«, um ihn sogleich zu verwerfen; und während die einen davon schwärmten, wie zart und durchsichtig er male, behaupteten andre, seine Bilder seien »etwas roh, etwas sprunghaft«, gerade darin jedoch auf kraftvolle Weise eigenartig.

Viel habe ich begriffen, indem ich über Nawraths Bilder las. Leider nicht die Bilder selbst, sie entziehen sich auf eine lakonische Weise der Entschlüsselung, die mich immer wieder von neuem sprachlos macht, und das ist, bei meinem Beruf, kein ganz angenehmer, gewiß kein erstrebenswerter Zustand. Aber ich kann es nicht ändern, und indem mir das treffende Wort versagt, mit dem ich mich über das Gesehene beruhigen könnte, indem mir das Ureigenste nicht mehr zu Gebote steht, erkenne, ach was: erleide ich die Macht des Bildlichen. In Nawraths bedrückend menschenleeren, irgendwie grundsätzlich unbelebten Landschaften hebt eine Kunst der Darstellung an, der ich als Mann des Wortes nur durch Schweigen gewachsen wäre – ausgerechnet! Immerhin weiß ich, daß man nicht dann am schlechtesten schweigt, wenn man ununterbrochen redet, und so will ich noch ein paar Worte anfügen. Es gibt nämlich ein weiteres seiner Bilder, das mich über Gebühr beschäftigt hat, das ich auf den ersten Blick so ganz zu verstehen glaubte und dem ich im Laufe wiederholter Inaugenscheinnahme zunehmend ratloser entgegentrat: Opus 112, »Strandkörbe«.

Es ist, im Gegensatz zum »Viehtransport-Anhänger« (bei dem mir des Malers Humanismus größere Dimensionen erspart hat) in einem der typischen Nawrath-Formate gehalten, 90 × 120 cm; Wolfgang Büscher hat es einmal en passant als »Konvent der gestrandeten Strandkörbe« bezeichnet[149] – und damit ansatzweise eben das gemacht, was all jene Bilder nahele-

149 S. Anm. 147.

gen: Er hat den Dingen mit Hilfe von Worten ihre Tiefendimension abzuinterpretieren versucht; eine Rotweinflasche weiter wären wir vielleicht bei Titelformulierungen wie: »Der Konvent wendet sich ab«, wenn wir vollendet betrunken werden sollten, bei: »Die Vertrauensfrage«, »Der Entzug des Vertrauens«, »Das versammelte Schweigen der Neinsager« usw. usf. All das hat das Bild selbstredend gar nicht nötig, es wirkt ohne jede intellektuelle Verkrampfung bedrängend genug: Weitgehend im typischen Nawrath-Blaugrau gehalten, strahlt es eine unheimliche Ruhe aus, nicht unbedingt die Ruhe vor, eher diejenige nach dem Sturm, am ehesten vielleicht eine Ruhe, die niemals mehr von einem Sturm erlöst werden wird – die visuelle Darstellung eines emotionalen Hallraums, in dem auch das leiseste Zischeln, wie man's sich zwischen den Strandkörben gerade noch vorstellen könnte, gleich wieder verschluckt wird, ein Wall der Dinge, die sich gegen ihre ursprüngliche Bestimmung verschworen und gegen ihren Schöpfer verbündet haben, eine Kriegserklärung in Form eines Stillebens.

Ich gestehe, daß ich vor diesem Bild einen Heidenrespekt habe, man braucht schon ein gerüttelt Maß an Selbstgewißheit, um all die schroffe Zurückweisung darin zu goutieren. Natürlich gelingt es mir auch in diesem Fall nicht, mein interpretatorisches Kalkül zu beschwichtigen; anders als der Schöpfer des Bildes kann ich mich mit der demütigenden Abfuhr seitens der Dinge nicht abfinden, ertrage sie ohne das Palliativ der Sprache nicht. Wo Nawrath alles in der Schwebe hält, indem er den Strandkörben das Terrain überläßt – und in anderen seiner Werke mögen es die Furchen eines Ackers sein, die Lichterfluten über Meer und Watt, die Reifenspuren am Strand, Traktorenspuren auf Feldwegen –, wo Nawrath auf Augenhöhe mit den Dingen seinem ruhigen Geschäft der Weltabbildung nachgeht, stehe ich, der nichts als Worte zur Verfügung hat, am Ende meiner Kunst und knirsche mit den Zähnen. Wer sich in den kühlen Rückseiten dieser angeblich so bescheidnen Weltausschnitte verliert, sollte ihren existenziellen Abgrund nicht aus dem Auge lassen – vielleicht sind diese Bilder nicht so sehr Abglanz einer gebrechlichen Welt als Warnung vor ihrer Unerbittlichkeit: Ein Schritt hinein in diese trügerischen Oberflächen, und sie werden sich gegen dich wenden! Letztendlich hilft da nur ein Humor, mit dem der Schöpfer jener antiidyllischen Bilder in der Tat reichlich gesegnet ist; ich wage zu behaupten, daß er verbal all die Pointen und Gags nachliefert, die er sich und uns in seinen Bildern erspart, auf daß er sie im nachhinein überhaupt ertragen kann.

Nawrath, der Melancholiker, der seine Bilder selbstironisch als »gemalte Kalauer« bezeichnet – mit diesem Gelächter, das mir im Halse steckenbleibt, möchte ich nicht schließen. Denn es gibt noch etwas anderes an seiner Kunst, das mich beeindruckt: der Tatbestand, daß von den derzeit knapp 250 Gemälden des Werkes[150] schon gut zwei Drittel verkauft sind. Nawrath ist nicht nur beängstigend produktiv, er wird in seiner Kunst auch von einem wachsenden Kreis an Sammlern verstanden – und das, obwohl über seinen Bildern nicht der unsichtbare (desto deutlicher lesbare) Schriftzug »Achtung, Kunst!« steht oder eigentlich wie das sattsam bekannte Damoklesschwert hängt. Im Gegenteil, seine Bilder wirken wie Fenster, als ob in ihnen die reinste, die wirkliche Wirklichkeit zu betrachten sei, ihr Wiedererkennungswert ist entsprechend hoch, und manch einer kommt dabei so voll auf seine Kosten, daß er nichts weniger als glücklich wird: »Neulich, da hab ich was gesehen«, erzählte ihm einer seiner Sammler, »da hab ich an Sie gedacht, das wär' was für Sie gewesen« – was kann man als Maler Schöneres hören!

Denn was nützt uns all die Lobhudelei rund um die sogenannte Avantgardekunst, wenn diese häßlich ist?[151] Was hilft all das Übermalen, Auf-den-Kopf-Stellen von Motiven, was hilft's, wenn man ein Leben lang nur den immergleichen blauen Hund malt, ein Glas oder gar Zahlen, sofern der Welt dadurch nicht etwas gegeben wird, das sie auf einmalige Weise schöner macht? Die Deutschen haben eine fatale Neigung, alles Unverständliche für tief zu halten, alles Abstruse mit einem »Aaah, interessant!« abzunicken, wohingegen ihnen das restlos Ungescheiterte verdächtig, jedenfalls nicht annähernd so groß erscheint: keine einzige Verwerfung, nichts Verstörendes, Randständiges, Inkommensurables, keine Realitätszertrümmerung oder zumindest ein Konzept, sondern nur ein klares Motiv, ein präzis gesetzter Ausschnitt, perfekt inszeniert? Genie ist doch gerade das, was man *nicht* mehr kapiert!

Das Gegenteil ist der Fall. Alle große Kunst kommt mit der Demut dessen daher, der seinen Tiefsinn an der Oberfläche versteckt, und sie blickt aufs Wesen der Dinge, indem sie sich mit dem Auge des unglücklich Verliebten auf deren Außenhaut kon-

150 Bei Niederschrift dieser Anmerkung malte Nawrath gerade an – ausgerechnet! Vgl. S. 97 – Opus 267, »Sieben Bojen«.

151 »Avantgarde is a french word for bullshit.« (John Lennon)

zentriert. Auch die (sur)realistischen Bildräume eines Johannes Nawrath sind mitnichten bloßes Abbild dessen, »was man ohnehin sieht«, sondern bewußt arrangiert und bis in die Farbnuancen hinein genau kalkuliert. Das zu begreifen ist freilich schwerer, als das offensichtlich Unverdauliche mancher modernen Kunst achselzuckend zu schlucken und sich seiner schon im selben Verdauungsprozeß als »Geniestreich« zu entledigen – es wäre einmal an der Zeit, diese längst überfällige Abrechnung mit dem deutschen Avantgardebegriff zu führen.

Schon dafür, daß Johannes Nawrath vollkommen unbeirrt jeglicher gewollten Verschlüsselung seiner Kunst entgegenarbeitet, daß er seine Sezierung der Stille in nachvollziehbaren Einzelschritten verrichtet, daß er seine Schule des Sehens gegen das anhaltende Gebrause zeitgenössischer Bilderfluten betreibt und uns darin sowohl die Würde der einzelnen Dinge zurückgibt wie auch die unheimliche Wesentlichkeit der Welt als ganzes zu ertragen lehrt – das ist vielleicht *seine* Form eines Relevanten Realismus –, schon allein dafür ist ihm nicht genug zu danken. Ich danke also, und wenn ich mich zukünftig vor meinen kleinen unheimlichen »Viehtransport-Anhänger« stelle, so weiß ich jedenfalls, daß die Dinge wichtiger sind als ihre Interpretationen, daß die Interpretationen nichts über ihren Wert entscheiden und daß ich das gefälligst auszuhalten habe. Schweigend.

(2005)

Inszenierter Realismus

Was malt Johannes Nawrath, der Tiefgänger der Oberfläche, am häufigsten, vielleicht auch am besten, wo fühlt er sich »ganz in seinem Element«? Ich vermute: bei seinen Seestücken, bei der Darstellung des Wassers in seinen verschiednen Zustandsformen. Nicht zuletzt als unspektakulär ruhige Meeresoberfläche, die quasi nebenbei mancherlei Gegenständliches reflektiert und gerade durch dessen flüchtigflirrende Verzerrung aufs Wesentliche reduziert: Ein gegenständlicher Maler arbeitet sich offensichtlich just an jener Schnittstelle ab, wo seine Kunst ins Ungegenständliche übergeht, in die Darstellung der Dinge an sich, vor allem aber auch: in die Darstellung des Elementes an sich. Selbst Nawraths wunderbare Boote, Bojen und Leuchttürme werden dabei zu bloßen Accessoires, ausschnitthaft ums Wesentliche drapiert, als indirekte Akzentuierung dessen, was letztendlich vielleicht gar nicht direkt malbar ist – die Idee des Wassers. Und diese Idee wiederum als Teil einer dahinterstehenden, weit größeren Idee begriffen, derer wir uns nur mit der ahnungsvollen Ahnungslosigkeit des reinen Schauens anzunähern vermögen.

Abstraktes und realistisches Malen, das ist freilich ebensowenig ein Gegensatz wie derjenige zwischen »ernstem« und »unterhaltsamem« Schreiben (um den in den 90ern heftige Feuilletondebatten geführt wurden); beides gehört zusammen, beflügelt einander wechselweise, nicht zuletzt dort, wo der künstlerische Eros aufs Höchste zielt und sich dazu aufs scheinbar Banalste konzentriert. Seltsam, daß die Kritik das so selten erkennt, noch seltener schätzt, so gut wie nie bejubelt: Dabei ist das Komplizierte, das Schräge (das sie durch ihren interpretierenden Intellekt so gerne aufwertet) vergleichsweise simpel zu erstellen, hingegen das, was seine Tiefe nicht künstlich verschlüsselt, verteufelt kompliziert: Das Einfachste ist das Allerschwerste.

Auf konkrete Weise abstrakt arbeiten, auf abstrakte Weise konkret – wie leicht sich das sagt! Und doch steckt in diesem scheinbaren Paradoxon ein komplexes künstlerisches Credo, das im wesentlichen, ob im Felde der Malerei, ob im Felde der Literatur, auf konsequente Ausarbeitung aller sichtbaren Details auf die unsichtbare Idee des Ganzen hinausläuft. Beziehungsweise, andersherum gesagt, auf Behandlung des Themas ausschließlich an der gemalten respektive erzählten Oberfläche, unter Verzicht auf bedeutungshubernde Steuerungsmaßnahmen, dafür mit jeder Menge subkutan wirkender Signalelemente: auf daß ein Werk vollkommen unbeschwert, im Zweifelsfall auch ohne jedes Vorwissen genießbar sei, ja mehr noch, von einer »leichten« Diesseitigkeit, dessen gewichtige weltanschauliche Grundierung man in keinem Moment der Rezeption bemerken und dadurch mittragen muß.

Das jedenfalls ist mein Verständnis eines inszenierten und dadurch für den Betrachter/Leser im Einzelfall auch wirklich relevanten Realismus. Im Grunde greife ich nur auf das zurück, was ich als Lob der Oberfläche schon vor acht Jahren angestimmt habe (Die Farbe der Vokale. München 1998), im bewußten Rekurs wiederum auf Nietzsche. Man versteht dessen perspektivisches Philosophieren nicht, wenn man es nur als Kaleidoskop »widersprüchlicher« Notate zur Kenntnis nimmt. Man versteht Nawraths Bilder nicht, wenn man die Melancholie übersieht, die der Schönheit all seiner Weltausschnitte zugrunde liegt. Und man versteht, Pardon, auch meine eigenen Texte nicht, wenn man ... (da capo con improvvisazione).

Das Realistische von seiner Idee her begreifen – wie leicht sich das schreibt! Anstatt mich in den Tiefen eines (wieder einmal) neu zu fassenden Realismusbegriffs zu verlieren, will ich lieber noch eines von Nawraths neueren Werken erwähnen, Opus 260, »Sieben Boote« – und zwar schlicht deshalb, weil es sich im Sommer 2006 als ein weiteres Lieb-

lingsbild neben die beiden bereits Genannten drängte. Merkwürdigerweise zeigen alle drei Bilder vornehmlich die Rückseite der Dinge: der Viehtransport-Anhänger, die Strandkörbe, die sieben Boote, alle haben sich vom Betrachter abgewandt. Liegt das Anziehende der Motive für mich etwa darin, daß sie sich meinem Wunsch nach anteilnehmender Durchdringung entziehen? Daß ich das Dargestellte niemals umfassend zu sehen bekommen und also immer auf die Ergänzungskraft der Phantasie angewiesen sein werde?

Immerhin können sie sich nicht noch weiter vom Betrachter fortbewegen, die Dinge, sind in ihrer Abgewandtheit gefangengesetzt vom Maler, auch die sieben Boote: Abgeschlagen und verankert liegen sie da, überdies nicht etwa aufs weite Meer und seinen vielversprechend offnen Horizont ausgerichtet, sondern lediglich auf den schmalen Strandstreifen am andern Ufer der Bucht. Ein unsentimental sachlich inszeniertes »Keine Fluchtmöglichkeit in diese Richtung!«. Gewiß mit tieferer Bedeutung. Höchstwahrscheinlich symbolhaft. Mit Sicherheit relevant. Und nicht zuletzt mit einer Wasseroberfläche im Vordergrund, die in Wirklichkeit ein kunstvoll gewebter Brokatteppich ist, das reine Ornament.

IV
Relevanter Realismus

Europäische Ästhetik

Das Schlimmste an Büchern ist,

daß man sie lesen muß. Oder zumindest müßte. Und daß ihrer alljährlich immer mehr werden und mit ihnen die Menschen, die dieses oder jenes davon dringlichst zur Lektüre anempfehlen. So daß man sein schlechtes Gewissen eigentlich schon wieder mit halbwegs gutem Gewissen haben könnte: Denn 70 000 (deutschsprachige) Neuerscheinungen pro Jahr[152] sind ja beim besten Willen nicht zu schaffen, selbst von notorischen Schwarzlesern nicht, auf die man mitunter in den Gepäcknetzen alter Züge stößt oder bei Grabungsarbeiten in entlegneren Halden der Stadtbibliotheken.

Zum Glück gibt's auch Bücher, die man gar nicht lesen muß, noch nicht mal lesen müßte, Bücher, die man erwirbt, um sie zu besitzen – Bildbände, Atlanten, Lexika, die Mao-Bibel auf arabisch, den Koran auf chinesisch und den Rechtschreibduden auf niederbayerisch:[153] Bücher, die als eine Art Kleinstmöbel angeschafft werden und uns darob noch nicht mal heimlich gram sind.

Schließlich und endlich aber gibt's sogar Bücher, die im Lauf der Jahrzehnte, Jahrhunderte immer weniger werden und dabei – unter beständiger Absonderung ihres beredten Innenlebens in unhörbar leisen Grunz- und Quieklauten – vom Werk zum Kunstwerk zusammenschrumpeln, Bücher, die am Ende ihres Lebens still vor sich hin brummeln, wenn man sie einfach bloß bestaunt, bestreichelt oder beschnüffelt: kauzige Sonderlinge aus der alten Zeit.[154] Das Schönste an Büchern ist, daß man sie dann auch ganz einfach schön finden darf.

(1998)

---

152 Mittlerweile sollen es über 100 000 sein.

153 Dazugekommen mittlerweile der Duden »nach neuer Rechtschreibung«, wie sie sich von Auflage zu Auflage immer weiter Richtung alte Rechtschreibung verschiebt: Sein Besitz ist nach den diversen Beschlüssen der Kultusministerkonferenz quasi oberste Bildungsbürgerpflicht, sein systematisches Studium wäre dagegen nachgerade bildungsfeindlich.

154 Anlaß des Artikels war die Hamburger »quod libet«, die größte Antiquariatsmesse in Deutschland mit ca. 70 000 Exponaten: Der gesammelte Gesamtbestand aus allen früheren Jahrhunderten entsprach damit in etwa der damaligen Jahresproduktion an aktuellen Neuerscheinungen. Der damaligen!

»Ein Buch wird durch Lesen nicht besser«

Das Schlimmste an Büchern ist, daß sie, ob wohlsortiert oder in wild wuchernden Halden, den Spielraum unsres Alltags auf Dauer zunehmend einengen. Das gelegentliche Ausmisten des Bücherregals gehört daher zur geistigen Hygiene – nur der Sammler strebt nach Maximierung, der tatsächliche Leser hingegen nach Minimierung einer Bibliothek aufs Wesentliche.

Doch was, wenn das Großreinemachen vorüber und die unwesentliche, die ungute und unnotwendige Literatur in Pappkartons zusammengetragen ist? Zum Antiquar damit, für einen Euro das Stück, und vom Erlös gleich neue Bücher kaufen? Das wäre ein Bärendienst an zukünftigen Käufern und womöglich Lesern, schließlich weiß man ja, daß jedes der aussortierten Bücher vor allem eines ist: überflüssig. Also weg damit, schon aus Nächstenliebe, und zwar zum Altpapiercontainer!

Wegwerfen? Bücher? Das gedruckte Wort steht nicht per se unter Artenschutz, selbst die dezentral betriebne Bibliothek der Welt hat nur begrenzte Speicherkapazität, der Dienst am Guten darf vor dem Vernichten des Schlechten nicht zurückschrecken. Und wenn es stimmt, daß unter Buchhandelsvertretern der Spruch kursiert, ein Buch würde durch Lesen nicht besser – sogar der eine oder andere Vertriebschef soll sich gegenüber Verlagskollegen entsprechend geäußert haben –, dann stimmt es erst recht, daß ein schlechtes Buch durch erneutes Lesen ganz gewiß nicht zu einem guten wird.

Der weiß von Liebe zur Literatur nichts, der nicht das allermeiste davon verachten müßte. Das (Aus-)Sortieren beginnt nicht erst im eignen Regal; hat man ästhetische Ansprüche – und nicht bloß schöngeistige –, fällt das meiste schon nach dem Anlesen unter »irrelevant«.

Allen Besorgnisverwaltern und Kultur-um-der-Kultur-willen-Bewahrern sei prophylaktisch versichert: Nein, ein Buch ist keine naturgegebene Autorität, seine Entsorgung hat nicht im geringsten mit Bücherverbrennung zu tun. Sondern mit sukzessiver Selbstfindung: Das Schönste an Büchern ist, daß man sie am Ende als geistige Essenz des eignen Lebens für eine Weile auf dieser Welt zurücklassen darf.

Relevanter Realismus

Gemeinsames Positionspapier von ████████ ██ ██████, ███████ ██████████, Matthias Politycki und ███████████ █████████████[155]

Mitte

Vorn, ganz vorn sind immer noch die großmäuligen Alten, die Deutungshoheiten mit und ohne Pfeife.[156] Dicht gefolgt von den einst nicht minder lärmenden Damen und Herren um die Sechzig, den Emanzipierten um jeden Preis, die sich in splendider Isolation eingerichtet haben und aus dieser von Zeit zu Zeit mit steiler Geste zu Wort melden. Hinten und deshalb auch wieder ganz vorn, sobald der Betrieb plötzlich kehrtum macht (hat er das nicht schon?), die Dienstleister gestriegelter Populärliteratur und die mehrheitlich TechnikerInnen einer unerschöpflichen Ästhetik der Erschöpfung. Dazwischen – ja dazwischen das adulte Mittelfeld.

Man könnte sagen, das Mittelfeld zeichnet sich dadurch aus, daß es sich nicht auszeichnet. Der diskrete Charme dieser Gruppe ist ihre Gelassenheit gegenüber der Macht, ihre Empfindlichkeit gegenüber allem Lauten, ihre hartnäckige Weigerung, die Hand nach dem Ruder des gesellschaftlichen Diskurses auszustrecken. Im Mittelfeld trifft man meist freundliche Menschen, die zu früh gelernt haben, daß, wer nicht zurückschlägt, auch nicht mehr geschlagen wird, Leute, die Größe nie unter ihresgleichen suchen würden und einen gut begründeten Verdacht gegen politisches Engagement und öffentliche Intervention hegen. Sie verbindet, daß sie anscheinend nichts verbindet. Nichts Bewegendes. Der Weg vom Ich zum Wir scheint unendlich lang. Zonenkinder des Kalten Krieges, in ostwestlicher Spiegelsymmetrie aufgewachsen, wurden alle spätestens 1989 unverhofft ins Mittelfeld entlassen.

Könnte das Mittelfeld je die Mitte stellen? Es könnte. Wenn die vergangenen 15 Jahre nicht eine Zeit der Fäulnis, sondern der Reife waren, dann müßte jetzt mit den Erntearbeiten begonnen werden. Es ließe sich tatsächlich versuchen, »wir« zu sagen und herauszufinden, was passiert.

Die Zurückhaltung gegenüber den Machtinstrumenten des Betriebs aufgeben, parteiisch werden, eine inner- und außerliteraturbetriebliche Opposition gegenüber Verblödung und Depression aufbauen, die Waffe der Verschwörung nicht verschmähen. Die Epigonen des Familienromans, die raunenden Beschwörer des Imperfekts auf ihren Platz am Rand verweisen und die zwar unbequeme, aber aufregende Gegenwart zum zentralen Ort des Erzählens und des Erzählten werden lassen und sie so transzendieren. Sie verteidigen gegen belletristische Zukunftsängste und nostalgische Erinnerungsmümmelei. Eine neue Mitte konstituieren. Das wäre dann sogar ein Titel.

Keine Fluchtmöglichkeit!

Es wächst ja mit den künstlerischen Fertigkeiten auch die Ungeduld angesichts dessen, was einem wieder und wieder zwischen den Fingern zerrinnt. Da ist es beim Schreiben wie beim Lesen: Die Lebenszeit wird langsam zu kostbar für schlechte Bücher, und die sich selbst so elend schnell verkürzende Schreibzeit macht einem bewußt, daß es nicht mehr angeht, einfach nur auf das Gelingen zu warten. Hier liegt ein interessanter Konnex von Lebens- und Schreibwelt, so etwas wie ein biographisches Paradigma: Keine Fluchtmöglichkeit mehr!

Daß sich diese Erfahrung, die uns von den Jüngeren und Älteren gleichermaßen unterscheidet, weder in unserer Literatur noch in der Weise, wie wir im literarischen Feld agieren, adäquat abbildet, bedeutet jedoch viel mehr als nur die Notwendigkeit, unsere ästhetische Position zu überdenken. Sie ist Ausdruck eines Versagens und eines Mangels, dessen Konsequenzen weit ins Feld des Politischen hineinreichen. Daß es uns zunehmend als Verschwendung vorkommt, das Debatten-Feuilleton zu füttern, ist dabei lediglich Symptom. Und Symptom ist auch das zunehmende Unbehagen an den gegenwartsversessenen Lebensmitschriften der jungen Kollegen.

Wir fragen uns, warum der deutschen Gegenwartsliteratur ein emphatischer Begriff des Romans abhanden gekommen ist. Gewiß: Es gibt Familienhistorien, NS-Aufarbeitungs-, Berlin-, Pop- und Enkelromane aller Couleur, doch bereits die um sich greifende Rubrizierung zeigt, wie sehr der Roman die Mitte des Diskurses meidet. Dabei ist gerade der Roman als durchlässigste, aufnahmefähigste Literaturgattung in dieser Mitte des gesellschaftlichen Diskurses entstanden und hat aus ihr heraus immer seine auch ästhetisch größten Entwicklungen vollzogen. Eine mögliche Antwort, warum das so ist, lautet natürlich: weil wir selbst in einem generationenalten Reflex die Mitte meiden. Doch die Scham der Faschistenkinder ist nicht die unsere. Während diese unverdrossen mit ihrer Vorliebe für Kleinformen und solipsistische Selbsterkundungen die Ränder und Schmollwinkel der literarischen Landschaft besetzt halten, ist es an uns, endlich die leere Mitte der Gesellschaft zurückzugewinnen.

Ein weiter Blick [157]

Wir sind zu jung, um unsere Erfahrung weiter in den stickigen Kathedralen einer selbstreferenziellen Literatur verglühen zu lassen. Gleichzeitig sind wir zu alt, um einem populistischen Begriff von Realität aufzusitzen, wie ihn die jüngere Generation zum Markenzeichen ihrer Pseudospontaneität gemacht hat. [158] Die Popliteratur ist tot, vorbei der Versuch, Problemdarstellung über die Infantilisierung der Gesellschaft zu betreiben.

An den vorlauten Zeitgeistverlautbarungen und den Berührungsängsten der Sprachartisten vorbei ist unser Ziel eine relevante Narration, denn wir glauben, daß dem Roman heute eine gesellschaftliche Aufgabe zukommt: Er muß die vergessenen oder tabuisierten Fragen der Gegenwart zu seiner Sache machen, er muß die Problemfelder, ob in lokalem oder globalem Kontext, in eine verbindliche Darstellung bringen. Die Forderung nach mehr Relevanz leiten wir nicht nur aus unserem Alter ab, sondern auch aus dem Zustand einer »unheimlich« gewordenen Welt. Ihre Bewohnbarkeit beizubehalten und weiter zu erschließen, ist die Aufgabe des Romans. Dies setzt voraus, daß der Schreibende eine erkennbare Position bezieht, die moralische Valeurs mit ästhetischen Mitteln beglaubigt.

Das Problem ist immer, wie man von einem Ort zum anderen kommt. Die Aufgabe ist deshalb, Brücken zu bauen, in diesem Falle nicht nur zwischen Realität und Fiktion, sondern auch zwischen Moral und Ästhetik. Weil wir weder an den Tod des Autors glauben noch einfache Ich-Posen behaupten, sehen wir uns eher als Mittler zwischen Subjekt und Gesellschaft. Und da sehen wir, jetzt und in Zukunft, Menschen, die von einem Ort zum anderen unterwegs sind. Reisende, Nomaden, Migranten mit unterschiedlich schwerem Gepäck. Sie kommen aus unter-

157 Der dritte Abschnitt war in unserem ursprünglichen Manuskript mit »Überführung (Overpass)« betitelt, bezogen auf das gleichnamige Photo von Jeff Walls als einer möglichen »Matrix zeitgenössischen Erzählens«.

158 Im ursprünglichen Manuskript (dessen dritter Teil für die Publikation sehr grundsätzlich bearbeitet wurde) folgt etwa an dieser Stelle die Präzisierung: »Wir haben die Entauratisierungen der Realitäts-Bilder erfahren, und das macht uns mißtrauisch gegenüber Primäremotionen und platter Mimesis. [...] Als Medienteilnehmer sind wir dafür sensibilisiert [...], daß die abgebildete Realität an unzulässiger Vergrößerung und Entstellung leidet. Den medialen Überinszenierungen der Realität müssen wir deshalb mit einem Realismus begegnen, der die Bruchstellen und Übergänge sichtbar macht, statt sie zu überblenden.«

schiedlichen Nationen, Ethnien, Milieus und Mentalitäten. Sie durchqueren Wüsten (auch solche der Zivilisation), gehen auf einer Überführung, befinden sich in Vorstädten: Der Ort der Narration ist ein für unsere Gegenwart typischer Nichtort, ein offener und immer neu zu beschreibender Zwischenraum. Dieser weite Blick für neue Gruppierungen und globale Zwischenräume ist gegenüber den engen Tälern und den technikfreien Naturreservaten zu reklamieren.

Relevanz

Wir leben nicht länger auf den Schultern, sondern auf den versatzstückhaften Trümmern von Riesen, doch was da von manchen als postmodernes Spiel des Anything goes betrieben wird, ist nach wie vor todernst: Erzählen ist die verkappte Äußerungsform des Moralisten, ausgeübt mit dem Pathos dessen, der darin nicht etwa nur der Lust zu fabulieren frönt, sondern sich der Pflicht entledigt, Zeitgenossenschaft aus der Mitte seiner Generation heraus zu betreiben, von einem ästhetischen Standpunkt aus, der immer gleichzeitig auch ein moralischer ist. Wer als Kritiker die existenzielle Dimension der Literatur nicht einklagt und statt dessen weiterhin das Lob der Bastelware singt, macht sich mitschuldig an der grassierenden Irrelevanz, die unser kulturelles Leben lähmt.

Denn wir sehnen uns nach nichts mehr als nach Büchern, die uns ergreifen, und sei es, gegen unsern Willen![159] Niemand außer den mittleren Angestellten des Literaturbetriebs goutiert eine in der x-ten Potenz geschwächte Avantgarde, aber auch niemand braucht das Kunsthandwerk fein geklöppelter Wirklichkeitsabbildungen.

Ein aus dem Druck zeitgenössischer Erfahrung resultierendes Erzählen könnte versuchsweise als »Relevanter Realismus« bezeichnet werden.[160] Ebenso weit entfernt von Pseudoavantgarde wie von Zeitgeisterei, arrangiert der Relevante Realist[161] seinen Stoff so kunstvoll zur Fiktion, daß sie beim oberflächlichen Lesen mit einem Abbild der Realität verwechselt werden könnte: inszenierter Realismus. Darunter freilich wirkt das, was wir als Standpunkt von jedem wesentlichen Buch fordern, wirkt die ästhetisch-moralische Verantwortung eines Schriftstellers, der alles Stoffliche arrangiert, um damit ein erzählerisches Ziel zu erreichen.[162]

159 Relevant ist ein Buch, wenn man seine Lektüre nicht dort unterbrechen kann, wo man es geplant hat. Wenn es in seinem Verlauf selbst für professionelle Leser nicht zu berechnen ist und also nicht durch Querlesen zu bewältigen. Wenn man davon zu Erkenntnissen und Gefühlen genötigt wird, die man nicht haben wollte. Wenn man das Buch am Ende nicht etwa nur interessant findet, sondern entsetzlich, schrecklich, ganz und gar wundervoll. Wenn man es nicht restlos begreift, darüber in ein nachhaltiges Grübeln gerät und in Streit mit anderen, die es gelesen haben. Wenn man sich noch nach Jahren, da die Details des Plots längst vergessen sind, an das Gefühl erinnert, von dem man während der Lektüre ergriffen wurde.

160 Ja, der Begriff »Realismus« ist schon leidlich vorbelastet; auf welche Variante hätten wir uns damals wohl bezogen: auf den »poetischen Realismus« des 19. Jahrhunderts, den »magischen« der südamerikanischen Literatur, den »sozialistischen« oder gar den »erweiterten«, wie ihn Tankred Dorst für seine mythisch angereicherten Dramen reklamiert? Expressis verbis wohl auf keinen derselben, eher auf die dahinterstehende Haltung, vermute ich, auf die Weltoffenheit seiner Wirklichkeitsauffassung, die auf auktoriale Bewertung oder gar weltanschauliche Belehrung innerhalb literarischer Texte verzichtet.

161 Auch Anführungsstriche wollen ernst genommen werden, nicht immer nur als Gänsefüßchen verniedlicht oder sogar achtlos weggestrichen. In unserem Manuskript: »der ›relevante Realist‹«.

162 Im ursprünglichen Manuskript hier der Einschub: »Man hört es am Ton, ob der Autor mehr zu bieten hat als puren Realismus, erst der erzählerische Surplus, der sich in Nebensätzen, Schlenkern oder der Wahl der Adjektive zu erkennen gibt, entscheidet über den literarischen Wert eines Werkes.«

Was also ist die Haltung des Relevanten Realismus? Stilistisch gesprochen: eine Gratwanderung zwischen dem, was als Erzählen aus der Mitte erlebten Lebens heraus seit je einzig angemessen, und dem, was von der einstigen Avantgarde als Kunstfertigkeit übriggeblieben ist.[163] Moralisch gesprochen: die beständige Sichtung unsrer untergehenden Welt und das Ringen um neue Utopien. Vielleicht sollten wir uns dabei mit dem Gedanken anfreunden, wir ewig Linksliberalen, daß wir am Ende wertkonservativ denken müssen, um des grassierenden kulturellen Kannibalismus Herr zu werden. Auch der Schriftsteller unsrer Generation wäre damit wieder an einem Ort, den er jahrzehntelang aus guten Gründen gemieden hat und den er jetzt nicht länger meiden darf: im Brennpunkt des gesellschaftlichen Diskurses, dort, wo es nicht nur zu sichten und stilistisch zu gestalten gilt, sondern auch Partei zu ergreifen. Was wir jetzt vor allem brauchen, ist: Unduldsamkeit.

(2005)

163 Dies ausdrücklich gegen alle Plotisten gewandt, die sich aus ihrem eignen Leben oder der Historie nichts als Stoffe zusammenraffen, aus denen sie mehr oder weniger kunstvoll ihre Geschichten entfalten.

»Ohne Titel«

Der kubanische Autor Pedro Juan Gutiérrez macht kein Hehl daraus, daß sein Realismusbegriff auf schriftliche Fixierung des Authentischen hinausläuft: »Am besten ist stets die Wirklichkeit, die harte Realität. Du findest sie auf der Straße. Du packst sie mit beiden Händen so, wie sie ist, und wenn du Kraft hast, hebst du sie auf und lässt sie auf die weißen Seiten krachen. Das ist alles. Ganz einfach. Keine Korrektur.« (Schmutzige Havanna Trilogie. Hamburg 2002, S. 115) Schreiben als Direktnotation dessen, was ist, Imaginationsvermögen und stilistische Feinarbeit als Behelfsmittel von Schwächlingen. Den Einwand eines kritischen Lesers, in seinen Geschichten »stimm[e] was nicht. Da ist deine Fantasie mit dir durchgebrannt«, kontert Gutiérrez im Brustton des habituellen Zeitzeugen: »Von wegen. Nichts davon ist erfunden.« (ebd.)

Man sieht es auf den ersten Blick: Sein Hardcore-Realismusbegriff ist nicht derjenige von ▮▮▮▮▮▮ ▮▮▮▮▮, ▮▮▮▮▮▮▮ ▮▮▮▮▮, ▮▮▮▮▮▮ ▮▮▮▮▮▮ und mir, den wir unserem damaligen Positionspapier stillschweigend zugrunde gelegt hatten, in seinem platten Abbildungsfuror eher dessen wirklichkeitsfanatisches Gegenteil. Oder –? Müßig, darüber zu spekulieren, wir haben es seinerzeit versäumt, uns darüber abzustimmen, der Fokus unsres Gesprächs lag allzu eindeutig auf dem Aspekt des Relevanten. Was im nachhinein gewiß als eine der zahlreichen, wenn nicht als die wesentliche Schwachstelle des Textes zu benennen wäre; wenn ich ihn jetzt aus meiner Warte weiterdenke und zum Ergebnis komme, es werde wohl ein »artistischer Realismus« gewesen sein, so ist das ja nur meine eigene Position, die der gemeinsamen von damals womöglich sogar zuwiderläuft. Vielleicht würde ich auch, in bewußter Verdrehung der Schillerschen Wortprägung, von einem »sentimentalischen Realismus« sprechen, also einem Realismus, der im Gegensatz zu jedem »naiven« Naturalismus der Darstellung auf einer idealistischen Haltung beruht. Würde gar, altmodisch formuliert, auf einen »durchgeistigten Realismus« verfallen, einen Realismus, dessen ursprüngliches Konzept mit Hilfe ironischer oder phantastischer Einsprengsel immer mal wieder bis zu seinem Gegenteil ausgedehnt wird.

Schwierig! Jedenfalls hätte ich erst noch gehörig nachzudenken, ehe ich mich auf eine Spielart des Realismus festlegte, und zum Glück besteht dazu im Moment ja keine Notwendigkeit. Ebenjenes Weiterdenken, wie es aufgrund der Postulierung eines »Relevanten Realismus« in Gang kommen könnte, war seinerzeit freilich der Hauptgrund gewesen, weshalb der Text überhaupt entstand: ist er doch nicht mehr als ein allererster Diskussionsbeitrag, genaugenommen wurde er sogar nur für eine ganz bestimmte Diskussion geschrieben.

Seit Mai 2000 trafen sich nämlich einmal im Jahr 40 Schriftsteller, Kritiker und Lektoren der Nach-68er-Generationen zur »Ohne Titel«-Tagung auf Schloß Elmau, um sich dort in Form eines Theorie-Slams über die Befindlichkeiten der Branche auszutauschen; und weil jeder nur exakt fünf Minuten Redezeit hatte, mußte das Vorgetragene von allen abfedernden Relativierungen freigehalten werden, auf daß seine wesentliche Stoßrichtung vom Plenum verstanden und womöglich in der anschließenden Diskussion aufgegriffen wurde. Was 40 kleine Grundsatzreferate ergab, deren thematische Schwerpunkte durch keinerlei inhaltliche Vorgaben eingegrenzt waren und die vielleicht gerade deshalb in summa so etwas wie einen komprimierten Befund dessen ergaben, was als »literarisches Leben« das vorangegangene Jahr über auf den diversen Podien, Feuilletonseiten und Lektoratskonferenzen stattgefunden hatte. Daß man darüber so offen, ja nachgerade vertrauensvoll miteinander sprechen und streiten konnte, lag gewiß auch daran, daß keinerlei Publikum oder Berichterstatter von außen zugelassen waren; im Rückblick wundere ich mich darüber schon ein bißchen.

Was bis zum Jahre 2004 programmatisch »Ohne Titel« stattgefunden hatte, bekam für das Treffen des Folgejahrs zum ersten Mal eine inhaltliche Einschränkung – zu stark war das Bedürfnis der Teilnehmer angewachsen, die theoretische Unterfütterung unsrer Literatur, wie wir sie in der feuilletonistischen Öffentlichkeit seit Jahren vermißten, endlich selber anzupacken. »Gefragt sind dabei weniger Manifeste und Programme«, hieß es im Einladungsschreiben, »als vielmehr subjektive Selbstvergewisserungen, z. B. die Besinnung auf thematische Vorlieben, Produktionsweisen, politische, moralische, stilistische Prämissen usw. usf. – lauter kleine Bausteine zu einer neuen (deskriptiven) literarischen Ästhetik.«

Für ebendies Elmauer Treffen vom 29. bis zum 31. Mai 2005 wurde der Text »Relevanter Realismus« geschrieben, als ein gemeinsames Diskussionspapier von vier Autoren, die Anfang Mai zu einer gemeinsamen Veranstaltung auf der Basler Buchmesse zusammenkamen und dabei ihre, weiß Gott, unterschiedlichen Positionen für die zu erwartende Debatte wenigstens ansatzweise miteinander abgleichen wollten. Am Gespräch nahm übrigens auch Katja Lange-Müller teil, doch da sie in diesem Jahr nicht am Elmauer »Ohne Titel«-Treffen würde teilnehmen können, blieben wir vier, um die Stichworte desselben – und zwar jeder für sich – in vier kurzen Abschnitten auszuführen. Dessen aneinandergestückeltes Ergebnis wir dann, die Elmauer Regel mißachtend (jeder Teilnehmer hatte eigentlich einen eignen Fünf-Minuten-Text vorzubringen, sobald sein Name aus der Lostrommel gezogen wurde), als gemeinsames Statement vortrugen.

Doch zu diesem Zeitpunkt war das »Ohne Titel«-Treffen auch schon ohne unsern Beitrag zu einer vehementen Abrechnung mit der Irrelevanz deutscher Gegenwartsliteratur geworden; bereits der allererste Redner des Tages, Thomas E. Schmidt, beklagte den »Intensitätsmangel« der aktuellen Literatur, bekundete den Wunsch, von einem Buch nichts weniger als »ergriffen« zu werden. Und so ging es, wenn ich meine stichwortartigen Mitschriften betrachte, mehr oder weniger den ganzen Tag lang weiter, ob man das »Übermaß an handwerklich gut gemachten Texten« beklagte (Wolfgang Hörner) oder dessen Gegenteil, das »Scheitern als literarisches Paradigma«, das ein Werk stets von seinen »Brüchen« her genieße (Ernst-Wilhelm Händler); statt dessen forderte man von der Literatur »Substanz« und von ihren Autoren »Sendungsbewußtsein«: Derzeit würden zwar immer wieder »gute«, aber eben keine »zwingenden Bücher« erscheinen, brachte es Sibylle Lewitscharoff auf den Punkt; Jochen Rack sah sogar einen »Triumph des Sekundären übers genuin Unverwechselbare«. Unser aller Forderung nach Relevanz war im Grunde eine einzige Klage über die Abwesenheit kanonischer Texte und den Verfall ästhetischer Wertung (an deren Stelle pure Geschmacksurteile getreten seien); Denis Scheck benannte »die Rekultivierung des öffentlichen Raumes in Deutschland« explizit als Aufgabe.

Selbstredend wurde unser Positionspapier in seinen Details dennoch sehr kontrovers diskutiert, Burkhard Spinnen schlug vor, anstelle des Begriffs »Relevanter Realismus« lieber den des »Demokratischen Realismus« zu verwenden, wohingegen Hans Pleschinski –

Ich stelle gerade fest, daß mir der Rückblick auf unsre Elmauer Gespräche unter der Hand zu einem kleinen Nachruf geraten ist. Das Schloß wurde nämlich kurz nach jenem letzten »Ohne Titel«-Treffen, am 7. August 2005, von einem verheerenden Großfeuer zerstört; noch immer ist man mit dem Wiederaufbau beschäftigt, und es steht in den Sternen, ob sich das neue Elmau – eine Verlegung des Treffens kommt ja nicht in Frage, zu sehr hat der Genius loci auf die Art der Diskussion eingewirkt – wieder zu dieser großzügigen Förderung entscheiden kann, die es uns immerhin fünf Jahre lang gewährt hat. So mag mit dem 2005er-Treffen in Sachen »Poetologie der neuesten, nämlich unsrer eignen Literatur« immerhin ein erster erregter Gedankenaustausch gelungen sein, dessen Fortsetzung durch den Versuch der Medien, die Sache nach ihrer Publikation kaputtzulästern (s. S. 110 ff.), allenfalls vertagt wurde. Nicht zuletzt deshalb halte ich auch heute noch zu unserem damaligen Positionspapier, »wie es steht und liegt«: Vieles gäbe es daran zu verbessern, genauer zu durchdenken, präziser zu formulieren. Aber nichts davon zurückzunehmen und schon gar nichts, wofür man sich in eine Anmerkung flüchten müßte.

Ein Manifest? Lächerlich! –
Kein Manifest? Empörend!

Für die deutsche Literatur geht ein turbulentes Jahr
zu Ende. Zeit für ein wenig Betriebshygiene

Wie bitte, kein Manifest? Nicht mal eine gemeinsame Stellungnahme? Das Erstaunen auf der Lübecker Pressekonferenz vom 6. Dezember 2005 war groß, als die anwesenden Autoren beharrlich allen Forderungen widerstanden, sich nun auch öffentlich zu dem zu bekennen, zu dem man sie unter dem Etikett »Lübeck 05« zuvor hochstilisiert hatte: zur Nachfolgeorganisation der Gruppe 47. Ein bloßes Treffen, um über Texte zu reden, das sollte alles gewesen sein? Und wo wäre dann die Pointe des Ganzen?

»Das *ist* die Pointe«, erkannte als einzige Maike Schiller im *Hamburger Abendblatt*;[164] und ebendamit ist dieser für Literatur wie Literaturkritik wahrlich einmal aufregende Herbst auf den Punkt gebracht: Seit Jahrzehnten waren Schriftsteller nicht mehr so heftig ins gesellschaftliche Gespräch zurückgekehrt wie seit Schröders Ankündigung vorgezogener Wahlen; nur zu einem Manifest sollte es dabei nie ... halt, Moment, da war doch was?

Ein Manifest? Schwachsinn! So in etwa reagierte die Presse zunächst ziemlich einhellig, als am 23. 6. 2005 in der *Zeit* ein Text von ███████ ███, ████████ ███, ████████ ██████████[165] und mir als »Manifest für einen Relevanten Realismus« veröffentlich wurde. Daß dieser Titel gar nicht von uns und die eigenmächtige Etikettierung seitens der Redaktion gewiß nicht die feine hanseatische Art war, hat sich mittlerweile herumgesprochen; alles hätte über unserem Text stehen dürfen, nur nicht das anmaßende 68er-Wort »Manifest«, das jede, wirklich jede damit verknüpfte Sache diskreditiert. Insofern hätte man Verständnis gehabt für einen Aufschrei der Empörung – nicht jedoch für die abschnödende Generalironie, die statt dessen einsetzte.[166]

Damit kein Mißverständnis aufkommt: Es geht hier keineswegs um eine Verteidigung unsres damaligen Artikels; das hat

164 8. 12. 2005. – Daß ich dessen ungeachtet, sogar in der »Verleger-*taz*« (*taz*, 15./16./17. 4. 2006), seitdem bisweilen als »Gründungsmitglied der Lübecker ›Gruppe 05‹« bezeichnet werde, wirft ein bezeichnendes Licht auf unsere Branche: Einmal von Google falsch erfaßt, schon ist man auch bei Wikipedia oder, z. B., auf www.formel-sammlung.de seiner eigenen Identität nicht mehr sicher: » Seine literarischen Vorbilder sind Hans Werner Richter und Günter Grass.« (ebd.) Oha.

165 In der Erstveröffentlichung ungeschwärzt; s. dazu Anm. 155.

166 Noch ein Jahr später beginnt Burkhard Spinnen seinen Artikel über das zweite Lübecker Schriftstellertreffen mit den Sätzen: »Eine wichtige Anmerkung vorweg: Das Folgende ist kein Manifest, geschweige denn das einer wie auch immer gearteten Gruppe; es ist lediglich eine Kurzfassung meiner Überzeugung.« (*Die Welt*, 31. 10. 2006) Auch das Mißtrauen, eigenmächtig einer Gruppe zugeschlagen zu werden, sitzt noch tief.

er gar nicht nötig, wie bereits die zunehmende Verwendung des Begriffs »Relevanter Realismus« in Rezensionen (z. B. in der Zeit)[167], Überblicksartikeln (z. B. im Spiegel)[168], Editorials (z. B. im Volltext)[169] und Poetikvorlesungen[170] belegt.[171] Ebensowenig kann es darum gehen, die Schwachstellen zu leugnen, die unser Text haben mußte;[172] was ist nach zwölfstündiger Diskussion von vier Autoren anderes zu erwarten als ein allererstes vages Positionspapier, eine Einladung an andere, auf dieser Basis weiterzudiskutieren?

Um was es hier einzig geht, ist der Modus der Auseinandersetzung, die »zynische Lustigkeit des Reportervölkchens«,[173] die sich sogleich auf ihre postmodern erprobte Weise an einer offensichtlich afterpostmodernen Sache schadlos hielt: Hat man keine Zeit, sich substanziell mit einem Text auseinanderzusetzen, läßt sich das bekanntlich am besten mit Polemik übertünchen.[174] Wäre es nicht interessanter gewesen, sich zu fragen, was vier Autoren angetrieben haben könnte, sich von ihrem notorischen Individualismus zu lösen und auf einen kleinsten gemeinsamen Nenner zu einigen? Nichts gegen Ironie. Gegen Ironie als Verfahrensweise, als Mittel zum Zweck. Ihre edelste Aufgabe: beinharte Thesen mit einem Firnis an Heiterkeit zu blattgoldisieren. Verselbständigung der Ironie zur Haltung dagegen ist ein Symptom der *décadence* – und standpunktlos waltende Generalironie der Gesang intellektueller Kastraten. Nach dem Ende der Postmoderne ist es, um im Bilde zu bleiben, höchste Zeit, sich zu ermannen; »irony is over« sollte, wenn überhaupt, als neue Meßlatte nicht nur an Primärliteratur angelegt werden, sondern an *jeden* Text, der ernster genommen werden will als der Teleprompter von Anke Engelke.[175]

Was ja nichts anderes heißt, als daß wir, die wir derzeit nach einem neuen Literatur-, vielleicht sogar Weltverständnis streben, vor allem eines zu mobilisieren hätten: den Mut, uns lächerlich zu machen. Die Zeit des Intellektuellen-Mikados, wie es Burkhard Spinnen nennt (wer sich zuerst rührt, hat verloren), ist vorbei; das neuerdings wieder vielbeschworene Engagement kann nicht damit beginnen, daß man vorsichtshalber immer erst mal dagegen ist. »Du bist nicht unbedingt Deutschland«, möchte man jedem zurufen, der sich am gesellschaftlichen Gespräch beteiligt, »aber immerhin: Du bist deutsches Feuilleton«, ob schwerpunktmäßig Schriftsteller oder Kritiker, ist voll-

167 »Relevanter Realismus‹. Seit Wochen geht einem der schöne Begriff nicht aus dem Kopf. Verbunden mit der Frage, was für ein Buch das sein könnte, das den relevanten Realismus beim Schopf packt und befriedigend abbildet. Vielleicht dieses, ein in jeder Hinsicht sehr empfehlenswertes Sachbuch […]« (Ursula März über eine Biographie von Roman Abramowitsch, 22. 9. 2005). – »[…] was nun folgt, ist wohl ein Beispiel dafür, was einige Schriftsteller aus Ulrike Draesners Generation mit ›relevantem Realismus‹ umschrieben haben. Die Autorin greift eines der aktuellsten Themen auf, das des global agierenden Terrorismus […]« (Paul Michael Lützeler über Ulrike Draesners Roman »Spiele«, 13. 10. 2005).

168 Nikolaus von Festenberg: Die Magie der leisen Töne, 11. 7. 2005.

169 Nr. 5/2005.

170 Burkhard Spinnen: Bedeutung oder Relevanz. Poetikvorlesung im LCB, 15. 11. 2005. – Als durchaus substanzielle Einlassungen sind mittlerweile u. a. dazugekommen: Klaus Siblewski: Wir Erben. In: *Wespennest*, Nr. 141; Harald Klauhs: Logo und Literatur – Die revolutionäre Zelle von Elmau. In: *Literatur und Kritik*, Nr. 397, September 2005. Klauhs weist darauf hin, daß Iso Camartin in seiner Eröffnungsrede zum Bachmann-Preis ʼ05 »mit der Gegenwartsliteratur ähnlich ins Gericht« ging wie »die ›Elmauer Viererbande‹«.

171 Der Begriff taucht mittlerweile vollkommen losgelöst von seiner ursprünglichen Prägung auf, z. B. in Jürgen Lodemanns Polemik »Ruhrliteratur? Hat hier jemand versagt? Eine Anfrage in Sachen ›relevanter Realismus‹« auf der Homepage des Literaturbüros NRW, 14. 12. 2005 (www.literaturbuero-ruhr.de). Oder in der Zusammenfassung einer Kritik koreanischer Erzählungen auf www.perlentaucher.de/buch/22286.html; in Ruth Schweikerts Rezension einer Benn-Biographie in der *Weltwoche* (Nr. 26/2006) usw. usf.: als ob mit dem schlagwortartigen Benennen schon eine halbwegs präzise Vorstellung verbunden wäre.

172 Auf herrliche Weise parodiert von Marc Degens in *Volltext*, Nr. 6/2005: »Die Hartzreise« des von ihm vorgeschobenen Autors Andreas Löschau, so Degens' Anmoderation, beziehe sich »ausdrücklich auf die Grundzüge« des Relevanten Realismus.

173 Martin Mosebach: Der Nebelfürst. Frankfurt am Main 2001.

174 Augenöffnend, wie – in völlig anderem Zusammenhang – zwei Leitfiguren des zeitgenössischen Feuilletons ihre Rolle definieren: »Das kontroverse Element wird immer der Grundimpuls für guten Journalismus bleiben. Nicht die konstruktive Rolle. Danach soll bitte niemand rufen. Das ist nicht unsere Funktion.« (Springer-Vorstandschef Mathias Döpfner im Gespräch mit Günter Grass und Manfred Bissinger, Der Spiegel, Nr. 25/2006) Und der Kulturchef des Spiegels, Matthias Mattusek, anläßlich einer Hommage an Heinrich Heine, in dem er den »Ersten unseres Berufstandes« nicht zuletzt deshalb ausmacht, weil er in seinen Feuilletons »nicht den Tritt unter die Gürtellinie« vergessen habe, um sich selbst »ganz oben auf dem Wellenkamm der öffentlichen Erregung« zu halten: »Da hatte er genau jene Betriebstemperatur aus Arroganz und Paranoia, aus Vernichtungslust und Nervosität, die einen großen Journalisten auszeichnet.« (Der Spiegel, Nr. 7/2006)

175 Im übrigen müßte es natürlich »sarcasm is over« heißen. Zur Ironie s. auch »Weltkulturerbe Ironie«, S. 134 ff.

176 Glücklicherweise eine Fehlprognose; Deutschland schied erst im Halbfinale aus, in den letzten Sekunden der Verlängerung gegen Italien: 0:1 durch Grosso in der 119. Minute – ein Schockerlebnis, das Fußballdeutschland noch jahrzehntelang beschäftigen wird (»Wo warst du, als das 0:1 fiel?«). Daß in der 121. Minute sogar noch ein 0:2 geschossen wurde, war bereits nebensächlich.

177 Bezeichnung von Günter Grass während der Pressekonferenz, der damit ad absurdum führen wollte, was man auf seiten der Medien erwartet hatte: einen wie auch immer benannten Zusammenschluß von Autoren zur Gruppe.

178 Grass hatte ursprünglich nur zum Gespräch über unveröffentlichte Texte nach Lübeck eingeladen; von einer Pressekonferenz war keine Rede gewesen.

kommen nebensächlich. Wenn Primär-, Sekundär- und meinetwegen auch Tertiärliteraten nicht mit vereinten Kräften neue Ideenbruchstücke zusammentragen und auf neue Weise verknüpfen, dann wird es mit dem Ruck, der in diesem Jahr jedenfalls schon mal durch die Feuilletons ging, spätestens mit dem Ausscheiden der deutschen Elf im WM-Viertelfinale[176] wieder zu Ende sein.

Noch mal, zur Sicherheit: Auch wenn ich nun auf die eingangs erwähnte »Marzipanschwein-Bande«[177] um Günter Grass zurückkomme, geht es weniger um das konkrete Ereignis als den davon evozierten Wunsch, es möge sich etwas Grundsätzliches in unserem kulturellen Gespräch ändern. War es im Fall des »Relevanten Realismus« das Übermaß an Ironie, das der Sache geschadet hat, so in dem der Lübecker Pressekonferenz das erschreckende Defizit derselben, das Bierernste, wie es in seiner Konsequenz auf strenge Lagerbildung innerhalb des Betriebs hinausläuft. Und hier muß man dann doch einmal persönlich werden, um den simplen Mechanismus zu verdeutlichen, der einen Autor mir-nichts-dir-nichts dem linken bzw. rechten, dem Pro- bzw. Contra-Grass-Lager zuteilt. In der Berichterstattung über das Lübecker Treffen hörte sich das etwa folgendermaßen an: »Was mich ebenfalls ärgert, ist, daß eine bürgerliche Seele wie Matthias Politycki nun zu Kreuze kriecht. Hat er nicht mit seinen Elmau-Tagungen ein Gegenkonzept zum wohlfeilen ›Engagement‹ der Gruppe-47-Nachbeter entworfen? Hat er sich nicht vom ›großmäuligen‹ Grass expressis verbis distanziert? Nun läßt er seine richtigen Impulse in Lübeck durch Umarmung ersticken.« (Die Welt, 10.12.2005)

Der das geschrieben hat, ist immerhin ein anerkannter Literaturkritiker, Tilman Krause, doch in seiner Vorliebe für prägnante Worte und Positionen schießt er weit übers Ziel hinaus. Als ob man bereits zu Kreuze gekrochen ist, wenn man ein Gesprächsangebot nicht von vornherein ablehnt![178] Hinter Krauses Mißverständnis steckt freilich etwas Grundsätzliches. Bereits unser Nichtmanifest zum Relevanten Realismus las er offensichtlich mit falschen Erwartungen, vermißte darin »eine klare Absage an die abgewirtschaftete Sozialdemokratie und ihre ideologischen Steigbügelhalter« (Die Welt, 25.6.2005) – dabei hatten wir lediglich eine Rückkehr des Schriftstellers in den »Brennpunkt des gesellschaftlichen Diskurses« gefordert, verbunden mit der Selbstermunterung: »Vielleicht sollten wir uns dabei mit dem Gedanken anfreunden, wir ewig Linksliberalen, daß wir am Ende wertkonservativ denken müssen, um des grassierenden kulturellen Kannibalismus Herr zu werden.«[179] Schon an dieser Formulierung kann man deutlich ablesen, was wir jedenfalls nicht wiederbeleben wollten: das Bild des engagierten Autors alten Schlages. Aber ist man deshalb gleich dessen Gegensatz, »eine bürgerliche Seele«? Ist es mittlerweile nicht sogar in den Volksparteien begriffen worden, daß traditionelle Links-Rechts-Schablonen keinerlei Erkenntnisgewinn mehr versprechen, daß man hingegen in der probeweisen Vernetzung scheinbarer Gegensätze auf neue Einsichten hoffen kann? Und daß man in einer zunehmend fraktal organisierten Kommunikationsgesellschaft, in der die traditionellen hierarchischen Gesprächskaskaden bereits an den allermeisten vorbeirauschen, daß man derlei Vernetzungsgeschäft als ein selber vielfach Vernetzter betreiben muß, als einer, der in alle Richtungen denkt und auch mit allen bereit ist, sich darüber »fraktionsübergreifend« auszutauschen?

Im übrigen weiß Günter Grass, daß ich seine Vorstellung vom parteipolitisch engagierten Schriftsteller ebensowenig teile wie Burkhard Spinnen[180]: Schon im Juli, als es um die (Nicht-)Bereitschaft ging, für die SPD in den Wahlkampf zu ziehen, hatten wir auf unserer Haltung insistiert, von wegen »durch Umarmung ersticken«! Umso mehr schätze ich es, daß Grass nicht auf der Konstatierung des Trennenden beharrt, daß er trotz allem den Dialog sucht. Das, lieber Tilman Krause, nenne ich nichts weniger als ehrenhaft – und als Versuch eines Brückenschlages nachgerade zukunftsweisend.

Es wäre fatal, wenn wir die Aufbruchsstimmung der literarischen Szene nur dazu nützen würden, uns in kleindeutschen Parzellierungsdebatten zu verzetteln. Ob vorwiegend Primär- oder Sekundärliterat, als Vertreter einer real noch existierenden bürgerlichen Hochkultur sitzen wir im selben Boot, auf einem reißenden Strom an Eventkultur, und haben allen Anlaß, uns nicht bei erstbester Gelegenheit gegenseitig ins Ruder zu greifen. Doch eben das tun wir, in alter Selbstherrlichkeit, als ob wir nicht gerade vom Rest der Welt – nunja, nicht vollständig abgeschafft, aber doch aus dem Zentrum ihres Selbstverständnisses hinaus- und in stillere Randgewässer abgedrängt werden. Nie-

179 Daß ich den Begriff »wertkonservativ« mittlerweile gern durch »linkskonservativ« ersetzt sähe, habe ich auf S. 13 f. dargelegt; die von Krause geforderte Absage an die SPD ist von mir im übrigen schon 1998 gemacht worden, vor dem Regierungsantritt von Gerhard Schröder: s. S. 50 ff.

180 Auch er war zum dezemberlichen Marzipanschweintreffen eingeladen gewesen, fehlte dann aber krankheitsbedingt.

mand außerhalb der Feuilletons nimmt unsere Polemiken noch ernst; was zwecks Abnabelung vom Literaturverständnis früherer Generationen notwendig war, Ironie und Lagerbildung inbegriffen, ist heute nachgerade kontraproduktiv. Die alten ästhetischen Bastionen sind ja längst geschleift, neue sind noch nicht mal ansatzweise in Sicht – und ebendort liegt das Problem: Nach wie vor fehlt unsrer Gegenwartsliteratur die theoretische Unterfütterung,[181] um sie ebenso überzeugt – weil auf nachvollziehbaren Prämissen und nicht bloß auf Geschmacksurteilen beruhend – ans Publikum vermitteln zu können, wie noch mit der Literatur der 70er Jahre geschehen. So grundsätzlich wird im öffentlichen Gespräch über Neuerscheinungen alles ausgespart, was in summa irgendwann eine deskriptive Poetik der Neuen Lesbarkeit ergeben könnte, daß selbst Lobeshymnen nur wie die seltsam verlornen Eruptionen einer längst vergessenen grundsätzlichen Begeisterung wirken: Man hört zwar das Getöse, weiß es allerdings nicht mehr recht einzuordnen und nimmt es, wie ein fernes Gewitter, achselzuckend hin.[182]

Wo der Resonanzraum fehlt, der den Einzelton aufs große Ganze bezieht, hilft auch Lautstärke nicht. Damit die Bedeutung eines Buches wieder angemessen vermittelt werden könnte, müßte ein gemeinsamer Referenzrahmen herausgearbeitet werden, eine Summe abstrakter Ideen, die ihm und zeitgleich erscheinenden Texten zugrunde liegt. Jede literarische Epoche, auch die unsre, ruht auf verborgenen ästhetischen Prämissen; sie aus den publizierten Werken wie aus den versprengt zu Protokoll gegebenen Meinungen ihrer Schöpfer zu rekonstruieren, wäre das Spannendste, was uns das Feuilleton in Sachen Gegenwartsliteratur bieten könnte.[183]

Nicht so sehr um Inhaltliches, gar Weltanschauliches müßte es dabei zunächst gehen, sondern um Formales: Was anderes als der Umgang mit Sprache ist es, der eine Literatur definiert – und auch die Gesellschaft als Ganzes? Und wie sehr ist diese unsre Sprache schon auf den Hund gekommen, korrumpiert durch politisch korrekten Wortmüll, durch überflüssige Anglizismen, durch eine grassierende Kurzsatzmode, die zum rasenden Schwund der Konjunktivformen geführt hat; selbst in preisgekrönten Büchern erschrickt man vor der Unfähigkeit, den grammatikalisch korrekten Gebrauch der indirekten Rede zumindest anzustreben! Während die Kritik das geflissentlich übersieht,

181 Das diffus Lustfeindliche der Nachkriegspoetologie, deren Versatzstücke noch von den letzten Adorno-Nachfahren reflexhaft ins Feld geführt werden (»Verwerfung«, »Widerständigkeit«, »Randständigkeit«, »Gebrochenheit« … und natürlich »Scheitern« als die deutsche Tugend), wird von jüngeren Kritikern neuerdings grell konterkariert durch das vollkommen Prinzipienlose einer mit Verve vorgetragenen Geschmacksurteilerei.

182 Geistreiche Unernsthaftigkeit, wie sie in den 90ern stilbildend wurde für die publizistische Ausdeutung unsres literarischen Lebens, ist kein adäquater Grundtenor, um dem Leser im Falle eines Falles eine glaubwürdige Empfehlung vermitteln zu können. Nicht von ungefähr ist, was den Einfluß aufs Kaufverhalten betrifft, die grundsätzlich unironisch agierende Frauenzeitschrift an die Stelle des Hochfeuilletons getreten.

183 Einer der wenigen Literaturkritiker, der eine Buchkritik jenseits persönlicher Vorlieben, Unterstellungen und »Interessensvermutungen« fordert, ist Thomas Steinfeld: Indem er darauf hinweist, daß im Genre der Literaturkritik mittlerweile das Gerücht, der Verdacht und die Suche nach persönlichen Motiven ein intellektuelles Urteil weitgehend ersetzt haben, beklagt er ausdrücklich die »schwinde[nde] Fähigkeit der Literaturkritik, tatsächlich ästhetische Kontroversen auszutragen«. (SZ, 4. 10. 2006)

vielleicht schon nicht mehr erkennt, möglicherweise gar – eines komplexeren grammatikalischen Satzbaus selber nicht mehr mächtig – aufatmend als »lakonischen Stil« zu verbrämen sucht, versieht sie das Gegenteil mit dem immergleich halbherzigen Lob von der »Sprachbesessenheit«, sofern sie es nicht gleich als »Manierismus« eines »sprachverliebten« Autors anprangert. Ist denn Autorschaft schon dadurch legitimiert, daß da jemand mit Hilfe aneinandergereihter Wörter einen Plot vorantreibt? Als ob an der Wahl der Adjektive, ach: der Satzzeichen nicht die gesamte Weltanschauung eines Schriftstellers abzulesen wäre!

Ein Relevanter Realismus, wie ich ihn verstehe, hat hier und nur hier seine Wurzel: in einem Sprachgefühl, das aus der Fülle seines Materials auch wieder die Fülle der Gedanken ermöglicht; das aus der umfassenden Kenntnis grammatikalischer Strukturen unsre komplizierte Wirklichkeit einzig angemessen inszeniert; das vom mittelhochdeutschen »Slüzzelin« bis zum neuschwachdeutschen »Backshop« alles, aber auch wirklich alles berührungsangstfrei auf seine sinnstiftende Qualität abklopft, um damit das filigrane rhetorische Rüstzeug zu liefern, mit dem die Themen unsrer Zeit angemessen anzugehen wären. Nachdem der Taumel der Diskurse vorbei ist, ist der Mangel an Weltanschauung, der in unserem Leben seit dem Ende des Kalten Krieges herrscht, deutlich zu spüren. Dafür eine angemessene Sprache zu finden, gälte es durchaus.

(2005)

Schrebergartenbesitzer

Der deutsche Intellektuelle, insbesondere der mittleren Alters, ist nachgerade so gewieft darin, sich nirgendwo ernsthaft die Finger zu verbrennen, daß ihm die Hände in den Hosentaschen festwachsen. Selbst wenn er gelegentlich die Umfrage-Maschinchen der Zeitungen füttert, tut er das mit dem ›Ja, was fragen Sie ausgerechnet mich?‹-Gestus. Allenfalls schmuggelt er dabei ein paar hochartifizielle Ansichten von beschränkter Reichweite unter das Standard-Bekenntnis der ›splendid isolation‹ des Künstlers im nachideologischen Zeitalter. [...] Voraussetzung eines ästhetischen Diskurses unter der tollkühnen Parole der ›Relevanz‹, wie ich ihn mir wünschte, ist hingegen die Bereitschaft vieler Autoren, das eigene Schaffen nicht mit der Eifersucht des Schrebergartenbesitzers von dem der anderen abzugrenzen. Statt dessen: sich ins Benehmen setzen! Auch wenn das Kratzer am Lack des Selbstbildes macht.«

So Burkhard Spinnen in seiner bestechenden Replik auf »Relevanter Realismus« in der *Welt* (2. 7. 2005). Ich muß sagen, daß mich die erneute Lektüre der Zeitungsausrisse jener Zeit nicht gerade in einen Freudenrausch versetzte. Daß mich die Aufarbeitung all der Rundfunksendungen und Podiumsdiskussionen, die in besagtem Zusammenhang von, nunja: Relevanz gewesen waren und nun, bei Wiedervorlage des Themas, vielleicht auch wieder relevant gewesen wären, schlichtweg überforderte. Daß mir von den eignen Noten, die ich diesbezüglich in diversen Dateien aufstöberte, kein einziges den Impuls geben konnte, der im Aufgreifen einer Formulierung bereits zum Weiterdenken des ursprünglich Gedachten führt. Daß mich am Ende eine milde Gleichgültigkeit, um nicht zu sagen: eine sehr grundsätzliche Unbeschwingtheit zu erfassen drohte. Und daß ich nach der Lektüre von Spinnens Essay schlagartig wieder erfrischt und mit – fast – allem versöhnt war.

Scham bei Betrachtung schlecht strippender Dichter

Suche nach einem Gedicht, auf das man stolz
sein kann

Neulich beim Zappen, liegt schon ein paar Wochen zurück,[184] stieß ich auf einen deutschen Dichter, wie er eins seiner Gedichte vortrug – und obwohl bloßer Zufallszeuge, wurde ich von einer Scham erfaßt, vergleichbar in ihrer Heftigkeit nur derjenigen, die ich als Schüler empfunden, wenn sich auf der Theaterbühne mal wieder irgendwer auszog – das kam seinerzeit fast in jeder Inszenierung vor und stets so dilettantisch, daß Wegschauen auch ästhetisches Bekenntnis war. Nun aber hatte sich ein sogenannter Kollege um Kopf und Kragen gestrippt, und meine Scham wuchs nach dem Ende der Darbietung sogar noch, wuchs über Wochen und wurde dabei zu etwas Grundsätzlichem: wurde Scham über den Zustand der zeitgenössischen Lyrik, über den der Lyrikkritik nicht minder, die eine derart muffige Absonderung auch noch als Duft der großen weiten Welt zu inhalieren empfahl, Scham schließlich darüber, daß ich selbst womöglich qua Sippenhaft als Lyriker eine peinliche Figur war, irgendwie mitverantwortlich für den Gesamtzustand einer seit Jahrzehnten dahinsiechenden Gattung, ach, es war schlimm. Eine Handvoll mißglückter Verse hatte mich nachhaltig gekränkt; um mich von meinem ins Grundsätzliche gewachsnen Groll wieder zu befreien, sah ich nur eine Lösung: ein Gedicht zu finden, das mir mit ebensolcher Wucht den Glauben an die Gegenwartslyrik zurückgeben würde, eines, auf das man stolz sein und vielleicht sogar ein Leben lang zurückgreifen konnte. Dies gelang.

Nun wäre erneute Lektüre von Ror Wolf naheliegend gewesen, von Rühmkorf und Gernhardt und wie sie alle heißen. Zufällig geriet ich jener Tage aber an den gerade erschienenen Bukowski-Sammelband[185], und –? Von der ersten Seite weg ließen sich darin Gedichte finden, die mit ähnlich bescheidenen Erkenntnissen aufwarteten wie das beim TV-Zappen zufällig er-

184 Mittlerweile zwar ein paar Jahre – es war irgendwann im April 2003 –, doch das schale Gefühl ist nach wie vor sofort da, wenn ich mich daran erinnere. Welch nachhaltigen Einfluß schlechte Gedichte auf unsere Gemütslage haben! Und wie selten man darüber spricht.

185 Charles Bukowski: 439 Gedichte. Frankfurt am Main 2003.

tappte und trotzdem schamfrei gelesen werden konnten: »Das Essen kam. / Wir aßen es.«[186] Kann es schlichtere Verse geben? Aber aus den schmucklos rausgerotzten Scheiß-drauf-und-Prost-Schilderungen des dirty old man spricht eben nicht bloß ein intellektuell kalkulierender Kulturschaffender, sondern ein ganzer Mann und mit ihm, in den Leerzeilen vor allem, sein ganzer Männerkummer:

> Ich trimmte die Haare in
> den Ohren, dann die in der
> Nase und legte mich
> schlafen.[187]

Wenngleich die Welt, die er in seiner fast tausendseitigen Proletenpassion zum Erklingen bringt, dann doch bald wie eine Serie verschieden gut auf die Pfanne gelegter Rülpser klingt: Wo der Bukowski-Fundus aus Bier, Erbrochenem, mehr Bier, »schlingernden Ärschen«[188] und noch mehr Bier auf 100 Seiten unbestreitbar Sogkraft hat, scheinen die Abstände zwischen den wirklich großen Versen danach immer weiter zu werden: jedenfalls für mich, und nicht zuletzt deshalb, weil in jedem dieser Gedichte nur nackter Inhalt geboten wird, weil man genau das und nur das bekommt, was man bereits beim ersten Lesen wahrnimmt. Formale Abstinenz ist zwar eine Haltung, aber keine lyrische: Bukowski ist Prosapoesie gewordner Robert Crumb – weiter!

Auch Wondratschek schreibt bekanntlich primär als Mann, nicht als Künstler – jedenfalls spielt er das seinem Leser seit Jahrzehnten vor. Anders als Bukowski ist er dabei durchaus Formalist, und weil in jenen Tagen des Suchens ein dermaßen böswilliger Verriß seines neuen Lyrikbandes[189] erschien, bekam ich sofort Lust darauf: Wer seinem Rezensenten so viel Schaum vors Maul treiben konnte, der mußte schon was zu bieten haben. Und in der Tat. Vor allem aber finden sich darin serienweise bildkräftige Formulierungen,[190] ja ganze Strophen, neben denen die Produkte unsrer Stipendien- und Setzkastenpoeten vor allem eines sind: arg blaß. Dagegen der wuchtig seine Verse hinknallende Wondratschek, und das Ergebnis: mitunter leicht befremdlich,[191] weit öfter aber: schön! Beispielsweise, wenn sich der Anblick mexikanischer Landschaft zu den Schlußversen eines Sonetts verwandelt:

186 Kollege Ischariot. A. a. O., S. 66.

187 Ich liebte eine Schlampe. A. a. O., S. 102. – Der Prototyp zu all jenen Stellen: »Der Heizlüfter surrt. / Ich rauche und / starre die / Wand an.« (180 Dollar Verlust. A. a. O., S. 69)

188 »Das Girl strafft mal die linke, mal die / rechte Arschbacke [...] / und nach einem letzten Blick auf ihre Nägel / geht sie mit schlingerndem Hintern / zurück in ihren Hinterhof, gefolgt von / ihrem Hund, den seine Verstopfung völlig kalt läßt« (Die Weltlage, aus einem Fenster im dritten Stock gesehen. A. a. O., S. 386 f.).

189 Orpheus in der Sonne. München/Wien 2003. Eine Kompilation von vier früheren Zyklen.

190 »Ich haute die Absätze meiner Stiefel auf die Straße / wie Beethoven seine Schlußakkorde.« (Carmen. A. a. O., S. 51)

191 »Ich war von Gefühlen voll wie eine Sau nach der Mast.« (Carmen. A. a. O., S. 51)

Männer, die keine Arbeit hatten, hingen in Hängematten
zwischen Türpfosten. Im Schatten eine Frau, die stillt.
Vulkane im Vollrausch, die wunderbar und wild

wie Schlafende aufragen zwischen Himmel und Meer
als sei, was einmal Wunder war und Wiederkehr,
gefangen in dieses Bild[192]

Welch zart, ja zärtlich verklingender Schlußakkord! Nichtsdestoweniger stürzen sich Wondratschek-Rezensenten mit Vorliebe aufs Deftige. Davon gibt es in der Tat. Es herauszupicken
ist einfach, und daß man damit weltanschaulich begründete
Verrisse alswie mit formalen Beweisen garnieren und in Wirklichkeit den ressentimentalen Ursprung des Verrisses kaschieren kann, ist ein bewährter Rezensententrick: Was einem Amerikaner, etwa Bukowski, hierzulande zum Lob gereicht, wird
einem deutschsprachigen Autor dann prompt übelgenommen,
quod licet Jovi non licet bovi. Klar, Wondratschek gibt sich selbst
dort so breitbeinig wie Bukowski, wo er in Wirklichkeit noch
immer so »klein, weiß und unsichtbar« ist wie als Kind angesichts eines in Griffweite sich wölbenden Nachbarinnenarsches
(»hinfassen und dann wahnsinnig werden«),[193] und sein säufer-
seliges Selbstmitleid kann einem, am Stück nachgelesen, auf die
Nerven gehen. Doch im Grunde bringt er genau in dieser for-
cierten Haltung Wesentliches auf den Punkt, ob er nun über
emanzipierte Frauen schreibt, »die nur im Suff manchmal
schüchtern den Mut haben, / auf Gleichberechtigung zu verzichten«, oder über deren Gegenteil, bei dem's »für Ohrfeigen immer
einen Grund [gibt], auch ohne Streit«.[194] Solche Zeilen rühren
nicht etwa nur an uralte Klischees, sondern ebendarin an uralte
Wahrheiten, unser Leben ist nun mal kaum mehr als eine Anein-
anderreihung von Klischees, und am Ende stirbt man auch noch
daran – mögen sich die Zeitgeistbeauftragten des politisch Korrekten noch so sehr dagegen aufplustern. Im übrigen unter-
schlagen sie bei ihrer Polemik gegen Wondratscheks Machismo
all den Schmerz und die leidenschaftliche Sehnsucht, die noch
sein schlechtestes Gedicht als – nein: eben nicht nur als primiti-
ves Geprahle eines Taschenbuch-Bukowskis, sondern als rezi-
proken Hilfeschrei eines immer wieder an sich selbst scheitern-
den Romantikers beglaubigen.

192 Die Seelen. A. a. O., S. 20.
193 Carmen. A. a. O., S. 49.
194 Und wenige Verse später: »Weh
dem, der solche Frauen kennt und das
vergißt. / Sie werden dich zu Tode het-
zen, / aber den Trost einer Ohrfeige wissen sie zu schätzen.« (Carmen. A. a. O.,
S. 56)

Schlechte Wondratschek-Gedichte? Selbst wenn sie in Wirklichkeit von Herbert Grönemeyer geschrieben sein sollten oder von Udo Lindenberg, enthalten sie mehr Weltwahrheit als all die hochgepriesnen Papierprodukte von Menschen, die nichts erlebt haben und genau darüber schreiben, Menschen, die nicht einmal ihrem eignen winzigen Weltbild sprachlich gewachsen sind und deshalb mit Vorliebe an den Rändern des Sagbaren herumfaseln: Stubenhockerlyrik ohne auch nur ein Quentchen Lebenserfahrung, dafür mit jeder Menge exquisit verschwurbelter Chiffren. Der Kenner goutiert das als »verstörend«. Und macht sich, lustvoll zähneknirschend, ans Dechiffrieren. Angesichts der tatsächlichen Verstörung, die von einem Wondratschek-Text ausgeht, ohne daß man darin erst lange nach Inhalten oder wenigstens einem sinnvollen Satzbau fahnden müßte, kann man sich über Verstörungslyriker und ihre erfolgreich verstörten Interpreten nur wundern.

»Die schönsten Dialoge waren blutige Schießereien«[195] – diese Wondratschek-Zeile könnte auch bei Hellmuth Opitz stehen, als Kürzestzusammenfassung seines Männerfrauenbildes: Auch bei ihm endet die »Hörensage von Lieben / und Töten« mit einem »Ich hätte dich erschießen sollen, Liebes«.[196] Doch anders, als es ein Wondratschek täte, bringt der 16 Jahre Jüngere sein Gedicht damit nicht auf den Schlußpunkt, sondern fügt ein ironisch entschärfendes »Wir können ja Feinde bleiben« an. Und mag auch er von Alkoholverzehr und Einsamkeit der Männer künden, so verläßt ihn dabei nie sein grimmiger Humor:

> *Der Mann, der morgens Kaffee macht.*
> *Der sein Glas aufschraubt und zu den*
> *Instant-Körnern sagt:*
> *Jungs, es wird ein heißer Tag heute.*
> *Einige von euch werden nicht*
> *zurückkommen [...]*[197]

Ja, das war es, was ich schon immer mal lesen wollte und was mir die Lust auf deutsche Gegenwartslyrik endgültig zurückgab: Diese Zeilen werde ich den Rest meines Lebens nicht mehr vergessen.

Was mich am allermeisten für Opitz einnimmt und mich bei seinem Sammelband »Gebrauchte Gedichte«, eine Art Best-of-Werkschau bisheriger Publikationen, schon mit den ersten Zeilen fast vom Hocker riß, ist die Macht seiner Bildsprache: »Grau-

195 Carmen. A. a. O., S. 48.

196 Plunder. In: Ders.: Gebrauchte Gedichte. Poesie aus zwanzig Jahren. Bielefeld 2003, S. 94.

197 Maxwell. A. a. O., S. 110. Mittlerweile hat das Gedicht einen grundsätzlich überarbeiteten zweiten Teil; nach den bereits zitierten Zeilen schließen sich folgende Verse an:

So könnte eigentlich ein guter Amoklauf beginnen.

Der Mann, der morgens Kaffee macht. Der sein Glas zuschraubt und zu den Instant-Körnern sagt:

Ruhig, Jungs. Ihr kommt auch noch dran, einer nach dem andern.

getigerte Nachmittage katzbuckeln / jetzt wieder um die Nächte / mit ihren schwefligen Stunden, / diesem lichtscheuen Gesindel« – so beginnt der soeben erschienene Band, so steht es auch in seiner 82er-Erstpublikation,[198] und ich frage mich ernsthaft, warum ich davon und von dem großen Dichter, der sich darin ankündigt, bis heute nie auch nur eine Zeile in den überregionalen Feuilletons habe lesen können. Selbst wenn es dem damals gerade mal 24jährigen Verfasser, zugegeben, vor lauter Sprachgewalt ein paarmal die Metaphernsicherung und noch ein paarmal öfter die Wortspielsicherung durchgebrannt hat, so wäre doch spätestens sein furioser 96er-Band »Engel im Herbst mit Orangen« eine Fanfare wert gewesen, auch er von den ersten Zeilen an der reinste Kraftprotz: »Und dann kam der Januar. Ein riesiger / Kerl. Jesus! Ein Kreuz / wie ein Kühlschrank [...]«[199] – mit welch erfrischender Direktheit legt das los im Vergleich zu all den »Verstörern«, die sich in Lyrikanthologien so verwechselbar aneinanderreihen wie die liebevoll gehegten Vorgartenrabatten einer deutschen Kleinstadt: kaum zur Kenntnis genommen, schon vergessen.

Dagegen wirkt ein Opitz-Gedicht wie der reinste Urwald, ein Beweis mehr, daß das Geschäft des Lyrikers nicht im bloßen Beharken vager Befindlichkeiten besteht, sondern in deren gedanklicher Verarbeitung zu verwirrend dicht geknüpften Bildern. Bestenfalls entsteht dabei sogar ein eigner Sound, und ich möchte behaupten, daß man Opitz-Gedichte auch ohne Angabe des Verfassers eben daran erkennen kann: Fast immer halten sie das Versprechen, das die erste Zeile gibt; all die kummervollen Halbherzigkeiten, die einem das Leben so zumutet, sind mit Hilfe akribischer Sentenzenschleiferei in ihr Gegenteil geläutert. Eben darin, aus der Verwandlung des Mangels in einen Überfluß, besteht ja die Aufgabe des Lyrikers: »Mit halbem Herzen / hatte ich meine Geliebte gelöscht, / die andere Hälfte / stand am Fenster und lud / sich mit Licht auf und Unglück [...]«[200] – was mag der Mann gelitten haben, um derart »leichte« Verse zustande zu bringen!

Von den meisten Lyrikkritikern – wie jahrzehntelang auch Robert Gernhardt – aufgrund seiner Komik nur ungern zur Kenntnis genommen, und wenn doch, dann als Vertreter gehobner Spaßkultur schnell wieder weggelobt, wird Steffen Jacobs. Was man selbst als mißmutiger Rezensent zugesteht, ist seine

198 Graugetigerte Nachmittage ... A. a. O., S. 11; Opitz' Erstpublikation: An unseren Lippengrenzen. Gedichte. Bielefeld 1982.

199 Weißglut. In: Engel im Herbst mit Orangen. Gedichte. Bielefeld 1996, S. 9. – Opitz ist ein manischer Betexter der Jahreszeiten. Als ob er sich mit seinen expressiven Wetternachhersagen ein ganz eigenes Metaphernsystem geschaffen hätte, um seine »verschwiegenen Kostbarkeiten« (Drei Jahre danach ... Gebrauchte Gedichte, S. 22) wenigstens im Bilde abzuhandeln.

200 Die elektrische Nacht. In: Gebrauchte Gedichte, S. 88.

artistische Begabung, sein handwerkliches Können, das in der Tat seinesgleichen sucht – oder von welchem anderen Lyriker seines Alters könnte man auch nur vermuten, daß er die Form des Ghasels beherrscht?

Obendrein wimmelt es in seinen Gedichten, gerade auch in seinen jüngst publizierten, an Versatzstücken klassischer Bildung, an eingesampelten Versen andrer Autoren und Verweisen auf Kinofilme, selbst solche auf den Leadsänger von Lynyrd Skynyrd finden sich oder auf Erna Hinckemann,[201] deren lyrische Hommage schon lange einmal anstand. »Wahrlich, ein Haus aus vielen Schachteln ist dies«[202], möchte man mit Jacobs über den gesamten Band seufzen und sich gleichzeitig fragen, ob vielleicht auch das ein verstecktes Zitat ist, womöglich eines aus dem Buch der Bücher. Im Grunde genommen ergäbe all das zusammen eine hochraffinierte Mischung, so wäre zu vermuten, bei deren Verkostung Experten verläßlich ins Schwärmen geraten.

Im Fall von Steffen Jacobs fehlt ihnen dazu jedoch oft das rechte Grundverständnis. Denn der hat leider auch ziemlich viel Verspottungstalent, zuviel, um vor ihnen trotzdem als »ernster« Lyriker zu bestehen und als solcher dann auch ernst genommen zu werden. Soviel Bildung, soviel formale Perfektion und dann trotzdem munter draufloszoten? Das halten die notorischen Ernstmacher für oberflächlich, das stößt ihnen weltanschaulich zwar nicht so sauer auf wie ein Wondratschek-Gedicht, aber daß Scherz, Satire, Ironie und tiefere Bedeutung seit je wechselweise aufeinander verweisen, will man allenfalls französischen Autoren zugestehen (und *verstorbenen* Deutschen). Dazu Jacobs: »Offen gesagt halte ich Komik oft für die bessere Variante. Komik erkennt die Misere und setzt sie in die rechte Relation zum Glück.«[203]

Schon das Titelgedicht seines Bandes »Angebot freundlicher Übernahme« wirkt vor dem Rabattengrüngrau der Gegenwartslyrik geradezu wie mit einem Leuchtmarker geschrieben:

Hallo,
Muschi, Möse & Co.!
Wir wollen ja nicht stören.
Wir wollten nur mal hören:
Wie geht es euch denn so?

201 For Ronnie Van Zant. In: Angebot freundlicher Übernahme. Frankfurt am Main 2002, S. 98. – Star Wars oder Der amouröse Cineast spricht. In: A. a. O., S. 34.

202 Museum Lagos. In: A. a. O., S. 58.

203 Mdl. Mitteilung, Mai 2003.

Und derart frech-beschwingt geht es sechs Strophen lang weiter, alles hübsch doppeldeutig – lockeres Thema, strenge Form –, bis man im allerletzten Vers erfährt, daß hier als lyrisches Ich bzw. Wir eine »Sack, Schwanz & Pimmel GmbH« zeichnet.[204] Auf daß man die ganze schöne Schweinerei als Wirtschaftsgedicht goutieren darf, als Kritik an turbokapitalistischen Gepflogenheiten, wenn man sich schon zu fein ist, auch mal der Befriedigung »niederer« Lesebedürfnisse zu frönen. Aber nein, im Bereich der Lyrik will man in die Tiefe oder zumindest an Abgründe, je lustloser ein Deutscher Gedichte lesen kann und je weniger begreifen, worum es darin eigentlich geht, desto heftiger gerät dessen Verfasser in Genialitätsverdacht. Und einmal hat mir ein bekannter Kritiker im Gespräch sogar verraten, warum: Darum. Er möge halt schlichtweg keine Gedichte, die gute Laune machen, das sei nun mal so.

Was man auf diese Weise alles versäumt, läßt sich mühelos in »Angebot freundlicher Übernahme« nachlesen. Daß Jacobs, anders als Opitz, trotzdem im hochfeuilletonistischen Betrieb seinen Platz gefunden hat, merkt man nicht zuletzt an seinen gelegentlich eingestreuten Polemiken dagegen. Dezidiert verwahrt er sich gegen »Verse, wie mit abgespreiztem Kleinfinger geschrieben«: »Keine Ahnung, was das heißen will, / und von Kunst weit und breit keine Spur. // Das muß Lyrik sein«.[205] Gekonnt persifliert er das Geschwätz angeblicher Lyrikkenner (»Wenn Sie vom Gereimten / das Stimmungsmäßige abziehen, / was dann übrigbleibt, [...] / das ist dann vielleicht ein Gedicht«)[206], und wenn er die »Stiftung Stabreim« aufs Korn nimmt – »Rhabarbern am Ort der Täter« –, dann zieht er die aufgeblähte Verlogenheit unsres kulturellen Diskurses schlechthin durch den Kakao.[207]

Am stärksten ist er aber, wenn er dies alles für ein paar Zeilen vergißt, wenn er ein einfaches, verläßliches Reimschema wählt, die Rhythmusmaschine anwirft und in völlig unaufgeregter Manier eine Serie an genial simplen Reimen auswirft. Simpel? Was ist für den Schriftsteller schwerer, als den Eindruck der Leichtigkeit zu erarbeiten? Ausgerechnet »Vom Verstummen« betitelt und damit eine ellenlange Tradition lyrischen Wisperns parodierend, klingt eine von Jacobs' leichtesten Übungen so unwiderlegbar wie ein Gassenhauer: »Liebe Tante Trudi, / deine Braten / sind große Taten, / deine Torten / kaum faßbar mit

204 A. a. O., S. 20 f.

205 Erstlektüre, Zweitlektüre. A. a. O., S. 80. In seinem »poetologischen Fortsetzungsroman« »Lyrische Visite oder Das nächste Gedicht, bitte!« (Frankfurt am Main 2000) wird Jacobs auf erfrischende Weise deutlich: Von Friederike Mayröcker als der »Tante der Bewegung« (S. 203) über Grünbein, Kling, Schrott bis zu Waterhouse und Oleschinski bekommt fast jeder sein Fett weg, der »brillantines Geschreibsel« (S. 241) publiziert anstelle handwerklich und inhaltlich Nachvollziehbarem; selbst ein Schwundstufenpoet wie Dieter M. Gräf ist mit ein paar schallenden Ohrfeigen bedacht, und darauf kann er wirklich stolz sein: Denn Jacobs' Bibel wird, im Unterschied zu Gräfs pathetischer Schürf- und Schwitzhüttenlyrik, als Referenzwerk bleiben, als Vademecum für jeden, der die Form des Gedichts trotz allen grassierenden Mißbrauchs immer noch liebt.

206 Gespräch über Lyrik auf einer lauten Party mit zu vielen Gästen. A. a. O., S. 93.

207 Ready Made. A. a. O., S. 109. Im selben Zyklus: »›Gut, daß wir drüber geredet haben!‹ / [...] ›Gut, daß wir drübergeredet haben.‹« A. a. O., S. 107.

Worten [...]«[208] – wer hier nicht mitsingt, darf auch ergriffen schweigen.

Viel stiller geht es in den Gedichten des Schweizers Rudolf Bussmann zu; und obwohl er erst einen einzigen Gedichtband publiziert hat, gebe ich dafür gern das Gesamtwerk manches Büchner-Preisträgers. Keine Frage, Bussmann hat mit dem pointensicheren Humor eines Steffen Jacobs überhaupt nichts am Hut; allenfalls erweist er sich in seinen heitersten Momenten als ein verschmitzter Minimalist, z. B. wenn er ans Ende seiner bedrückend kurzen Beschreibung des Bussards (der, auf einer Telephonleitung sitzend, sein soeben geschlagenes Opfer zerfleischt) noch eine kleine Desillusionierungsmaßnahme anberaumt, gewissermaßen als entlastende Zugabe: »Zitternd läuft durch seine Krallen / Ein internationales Gespräch.«[209]

Nur durch wenige Seiten getrennt, in einem Sechszeiler auf den »Oktobertag«, scheint freilich eine andre Wahlverwandtschaft durch, bis in den Tonfall hinein hört man hier – »Träg hängen vom Sims / An langen Hälsen die Geigen«[210] – das Geplätscher heilignüchternen Gewässers. Der Verfasser ist so bildungsgesättigt wie Jacobs und Opitz, doch er benennt seine Vorbilder nicht, wie er uns überhaupt das allermeiste in seinen Texten vorenthält – selten wird auf so konzise Weise in der Gegenwartslyrik soviel verschwiegen:

> Der Tag zerlegt
> Unter silbernem Messer
> Kein Nebel kein Schatten kein Zweifel
> Durchsichtig der Himmel
> Bis zum linken Schuh Gottes
> Jede Feder am Erzengel abzählbar.
> Morgen soll's regnen.[211]

Wer glaubt, daß dieses »Föhn«-Gedicht nun alle Vorhänge aufreißen würde, der irrt: Keine einzige Zeile fügt Bussmann noch an, läßt uns allein mit einem lauen Versprechen und, vor allem, mit dem linken Schuh Gottes, den man in Zukunft wohl in jeder Gebirgsformation zu erkennen suchen wird, vorausgesetzt, das Wetter spielt mit.

Wie anregend ernste Lyrik sein kann, sofern sie der Autor selber ernst genug nimmt,[212] beweist Bussmann fast auf jeder Seite. Angesichts der tiefen Rätselhaftigkeit von Welt, Mensch, Ding bis hinab zum Bleistift[213] verstört er uns nicht noch zusätzlich

---

208 A. a. O., S. 115.

209 Ostwind Westwind. In: Ders.: Nimm die Dinge. Gedichte. Frauenfeld 2001, S. 15.

210 A. a. O., S. 20.

211 A. a. O., S. 10.

212 Nämlich nicht nur als willfähriges Begleitmedium eines selbstreferenziell tastenden Suchens, das die Mühsal des Findens dem Leser überläßt: Ein Setzkasten an kryptisch Notiertem ist *kein* Beweis lyrischen Tiefsinns.

213 »Steinalte Weise zu allen Streichen bereit / [...] / Das Mark voll schwarzer Gedanken / Betrug im Herzen und Meineid« – wer wäre vor Bussmann wohl dahintergekommen, was alles in einem Bleistift steckt? (Die Bleistifte. A. a. O., S. 39)

mit Unausgegornem, im Gegenteil: bleibt trotz seiner Verletz-
barkeit immer präzise, hat in seiner ironisch bemäntelten Zart-
heit eine Wucht, die eigentlich feuilletonkompatibel sein
müßte – warum hat man ihm dort nicht längst schon einen
Tusch geblasen?

Und dann noch ein Zufallsfund, und was für einer: »Das
grüne All. Ein Poem aus dem Regenwald«[214], als dessen Verfasser
gar kein genuiner Lyriker zeichnet, sondern ein renommierter
Verhaltensforscher, einer, der sich seit Jahren in den
verschiedensten Dschungeln herumtreibt und darüber auch
noch spannende Bücher schreibt – Volker Sommer. Nun hat er
nicht etwa einen Rettet-die-Schönheit-der-Tropen-Gesang angestimmt, sondern, im Gegenteil, einen auf das Grauen, das im
Herzen der Finsternis wohl schon des öfteren beschworen, meiner Kenntnis nach aber noch nie so detailliert beschrieben
wurde:

Am rabenschwarzen Schwanz,
kopfüber aufgehangen
im Geäst,
dreht zwischen flinken Tatzen
die Schleichkatze
den Mond rund [...]

So bildkräftig setzt das Epos ein, und schon wenige Zeilen später, wenn die verschiednen Geräusche und Gerüche beschrieben
werden, die den nächtlichen Urwald in einen Ort permanenter
Angst verwandeln, merkt man: Hier spricht einer, der vom Gegenstand seines Gedichts wirklich etwas versteht. Oben, im
»Chlorophyllgewitter« der »Wipfelwelten«, gibt es zwar »Gib-
bons und ihr[en] schäumende[n] Gesang / den sie an langen Ar-
men / durch die Feigenbäume hangeln«[215], unten aber auch jede
Menge Blutegel, Käfer und Ameisen, »die alles zermahlen / und
zu neuen Ameisen machen, / was ihnen in die Quere kommt«[216],
nicht selten regnet es dazu klebrigen Kot aus den Baumkronen,
der nach Honig riecht. Je länger man als Leser in diese Dämmer-
welt hineinlauscht, desto enger umfängt einen das stille Wu-
chern und Schlingen einer Urwelt, das geduckte Drauflosfressen
und schließlich Gefressenwerden, versetzt einen schließlich in
blankes Entsetzen: Da vertilgt ein Affe nicht etwa nur den
nächstkleineren Affen, sondern auch, mit würzenden Kräutern
vermengt, das zum blutigen Bündel zerschlagene Baby einer

214 Stuttgart 2002.
215 A. a. O., S. 13, 16.
216 A. a. O., S. 19.

ohnmächtig schreienden Affenmutter, keiner anderen obendrein als seiner zukünftigen Affendame: »Der graue Mann aß langsam, / saugte das warme Blut, / leckte das warme Fleisch, / schlürfte das warme Gehirn / bis der Schädel ganz hohl war«[217], und wenn er sich dann fast anschließend verpaart, um neue, *eigne* Nachkommen zu zeugen, so ist das in der oft matt nur um vage Befindlichkeiten kreisenden Gegenwartslyrik ein unerhörtes Ereignis.

Obendrein kein frei erfundnes, sondern ein durch die Feldforschung wissenschaftlich beglaubigtes; und der Wilderer ist am Ende dann natürlich auch keinen Deut besser als der Affe, der Wildhüter keinen Deut besser als der Wilderer. Selbst wenn dazu »die Horizonte / an bunten Sonnen kauen«, »die Galaxien / in matten weißen Lachen schäumen«[218]: Der kurze Aufschein des Schönen wirkt in dieser Welt aus lauter unguter Wahrheit wie ein Hohn, und das Epos erweist sich an seinem Ende als ein dunkles, sehr dunkles Gebet. Wahrhaft aus jedem lyrischen Rahmen fallend, was uns Volker Sommer da bietet, Verse, aus denen das Aroma verfaulender Elefanten aufsteigt, Verse, reich »an blauem und an schwarzem Schmerz«[219], Verse, so unbarmherzig bebildert mit den Gesichtern des Todes, daß danach kein Raum mehr bleibt für Angst und Schrecken: eine kathartische Reinigung durch Lyrik. Danke auch dafür, trotzdem.

(2003)

---

217 A. a. O., S. 32.
218 A. a. O., S. 56 f.
219 A. a. O., S. 51.

Traurig

Was die Publikation des vorangegangenen Essays betrifft, gab es ein Problem: den ersten Absatz. Der Lyriker, an dessen TV-Darbietung ich zufällig geriet, war nämlich nicht ganz unbekannt; die *Frankfurter Rundschau* legte mir nahe, in meinem Essay auf jede konkrete Anspielung zu verzichten. Und so soll es auch hier gehalten werden, schließlich geht es nicht um eine »Abrechnung« mit dem schlecht strippenden Dichter, weder damals noch heute, auch wenn ich mich jetzt mit dem monierten Gedicht etwas konkreter auseinandersetzen will.

Ein Text ist für seinen Leser bekanntlich auf zweierlei Weise zu genießen, inhaltlich, als eine Schule der Wahrnehmung, wie auch formal, als Wort gewordener Klang. Fangen wir mit der inhaltlichen Rezeption an und fragen uns, ob wir dabei eine Erfahrung machen können, ob uns in Rede stehender Text die Augen öffnet für etwas, das wir noch gar nicht oder nicht auf diese Weise gesehen haben. Das Gedicht besteht aus einer einzigen Strophe mit insgesamt 13 Zeilen, greifen wir ein paar markante heraus: »Alle Restaurants hatten Ruhetag / in Mindelheim an der Mindel.« Drei Zeilen später: »In Turin streikte die Müllabfuhr.« Dann: »Die Stille / über den Dächern von Pécs / war der Panik nahe.«

Scharf beobachtet, leicht, ironisch, wie von der Kritik seinerzeit gerühmt? Oder doch eher oberflächlich, ein wenig schlampig und – wie seinerzeit von mir behauptet – peinlich? Jedenfalls teilt mir der Text, damals wie heute, nichts mit, was ich nicht auch an x Stammtischen als Gemeinplatz bezeugt bekommen hätte, ja mehr noch: Er ist sich nicht einmal zu schade, das Weltwissen des Stammtischs in stammtischhafter Manier auf den Punkt zu bringen. Nachdem er insgesamt acht derartige Negativ-Impressionen aufgelistet hat, kulminiert er in der selbstzufriedenen Feststellung: »Noch am ehesten auszuhalten / war es unter dem Birnbaum / zu Hause.«

Das ist die Binsenweisheit von Couchkartoffeln, und wenn man weiß, daß das Gedicht just und nur darauf hinausläuft, geraten auch die vorangegangenen Verse in Schieflage, schielt die gesamte Strophe Zeile für Zeile nach nichts weiter als des Lesers kopfnickendem Einverständnis. Dabei bleibt die Darstellung des weltumspannend Mißlichen bezeichnenderweise abstrakt – »Auf Fidji strömender Regen« –, sie benennt angebliche Sachverhalte, faßt sie aber nicht ins sinnlich wahrnehmbare Bild. Wie ist der Regen? Natürlich »strömend«, das Adjektiv ist ihm durch ungezählte Schulaufsätze zum ständigen Begleiter geworden. Wenn der Text die vorgegebenen Sprachhülsen freilich doch einmal sprengt, dann wird das Bild sogleich schief: Die Stille, so sehr sich in ihr auch »etwas zusammenbrauen« mag, kann nun mal nicht selber von Panik erfaßt werden, das ist dem lauschenden Menschen vorbehalten. Und wenn wir schon beim Beckmessern sind: Ausnahmslos *alle* Restaurants werden selbst in Mindelheim nicht geschlossen sein – natürlich weiß ich, was damit jenseits des bloßen Sachverhalts nahegelegt werden soll, die leicht falsifizierbare Verallgemeinerung verspielt jedoch mein Einverständnis. »*Fast* alle Restaurants hatten Ruhetag« würde bereits glaubhaft und durch die scheinbare Abschwächung vielleicht auch stärker wirken als die uneingeschränkte Behauptung. Und schließlich Italien – was tut der Italiener am liebsten? Nunja, vielleicht am zweit- oder drittliebsten. »In Turin streikte *noch nicht mal* die Müllabfuhr« würde die grundsätzliche Beschwerlichkeit, die das Gedicht dem Leben außerhalb des eignen Refugiums zuschreiben möchte, immerhin eine Zeile lang ins Rätselhafte steigern: Was, die streiken noch nicht mal? Dann muß es wirklich schlimm um die Welt stehen.

Bleibt der Generalverdacht, der Dichter habe seine thesenhaften Notate gewissermaßen nur als Quasizitate aneinandergereiht, um damit den Spießer zu parodieren, der sich in den letzten drei Zeilen aufs biedermeierlichste entpuppt. Ich fürchte freilich, die Unterstellung einer lückenlos durchgehaltnen Ironie ist ein postmodernes Verrenkungskunststück, das nicht jedem gerecht wird, am allerwenigsten einem dezidierten Vertreter der Moderne. Ich will es an dieser Stelle mit der Versicherung bewenden lassen, daß ich drei Gedichtbände des betreffenden Autors gelesen und dabei in zahlreichen weiteren Texten den Eindruck bestätigt gefunden habe, daß er es mit der Beschwörung des häuslichen Birnbaumglücks durchaus ernst meint.

»Was würden wir [zu einem solch simpel gestrickten Gedicht] wohl sagen, wenn wir nicht wüßten, daß auch dies ein echter *** ist?« habe ich mich vor Jahren schon gefragt, in einer Rezension für die Münchner *Abendzeitung* (28. 3. 1995). Bliebe für einen Leser wie mich allenfalls noch der Genuß seiner Lyrik unter rein artistischem Gesichtspunkt, als Sprache gewordene Musik. Leider hat der Autor in puncto »Sound« aber nur geringe Ambitionen; man könnte ihn allenfalls als Minimalisten rühmen, der mit einem sehr begrenzten Reservoir sprachlicher Möglichkeiten – ja, was denn? Ich meine: immerhin eine unaufgeregt schlichte Prosa schreibt, deren Umformatierung in lyrischen Flattersatz zu vernachlässigen ist.

Womit das Gedicht ein Paradebeispiel für die grundsätzliche Problematik von Thesenlyrik abgibt, die meist aus einem bloßen Einfall heraus entsteht, nicht aus einem spontan sich einstellenden Bild (das sich zu weiteren Bildern öffnet) oder aus einer plötzlichen rhythmischen Verhakung von Silben (die sich zu einem Inhalt, gar einer Aussage, erst im Aufeinanderfolgen der Taktschläge verdichten). Die Idee – meist als Pointe am Ende des Gedichtes plaziert – ist für den Thesenlyriker entscheidend, der Rest bloßes Erledigen von »Hausaufgaben«, schließlich dient er nur dem Zweck, die These zu demonstrieren oder vorzubereiten. Und ist also von vornherein nur Wortmaterial zweiter Wahl, zum Dienen bestimmt, nicht sonderlich wichtig. Traurig! Und trauriger noch, daß derlei von der Kritik nicht schärfer unter die Lupe genommen wird, weil sich an die Lyrik kaum noch einer mit seinem normalen Menschenverstand herantraut, und an diejenige von *** schon gar nicht.

Wem die Stunde schlägt

Brauchen wir nach dem 11. September wirklich eine
andre deutsche Literatur?

Die neueste Kaffeekreation der New Yorker »Starbucks«-
Filialen, so wurde's auf der Frankfurter Buchmesse 2001
eifrig kolportiert, heißt? Osama bin Latte. Wo Gefahr
ist, wächst das Rettende auch, und so selbstverständlich, wie
nach Auschwitz weiterhin Gedichte geschrieben wurden, werden nach den Anschlägen aufs World Trade Center weiterhin
mittelgute Witze erzählt: Solange sich noch Pointen finden, ist
die Welt nicht vollkommen aus dem Lot. Was freilich *ebenfalls*
kolportiert und bereits in manch hochnobler Literaturbeilage
dokumentiert wurde, ist ein gegenläufiger Wille zu neuer Ernsthaftigkeit: »Nichts wird mehr sein, wie es war!« tönt es uns zunehmend aus den Feuilletons entgegen: auch die Literatur nicht!
Zur Buchmesse hat sich der anschwellende Gesang verdichtet
zur simplen Gleichung mit einer einzigen Unbekannten: 11. September = Ende der Spaßgesellschaft = Anbruch einer schwerge-
wichtigen, womöglich tiefsinnigen, jedenfalls ernsten Literatur.

Abgesehen davon, daß die Weltlage vielleicht gar nicht so
grundsätzlich anders geworden ist, als daß man mit einer an-
dersartigen Literatur darauf zu reagieren hätte, ist den Beschwö-
rern des neuen literarischen Ernstes zunächst einmal recht zu
geben – das bloße Bücherschreiben macht noch keinen Schriftsteller, er muß einen Standpunkt haben, eine Moral, eine philo-
sophisch fundierte Stellung zur Welt als Ganzes wie zum politischen Tagesgeschehen im einzelnen: eben all das, was den
Vertretern der Spaßliteratur notorisch abgeht. Wenn vom Terror-
anschlag auf die amerikanischen Symbole nunmehr ein abrup-
tes Ende all dessen induziert wird, das sich vor ein paar Jahren
unterm Deckmantel »Pop« in den Literaturbetrieb eingeschlichen
und vorübergehend mächtig breit gemacht hat, dann ist jetzt zu-
mindestens mal durch die Feuilletons der Republik ein Ruck gegangen, und zwar einer in die richtige Richtung.

Was an diesem hastig verkündeten, weil überfälligen Ende der Spaßliteratur freilich bedenklich stimmt, ist die gleichzeitig erhobne Forderung nach deren Gegenteil, nach genereller Verernstung des Erzählens, nach Büchern, die uns mit Vergangenheitsbewältigung und Gegenwartskritik, mit gesellschaftskritischen Analysen und dem notorischen Grundsatzkatalog des politisch Korrekten quälen sollen. Nichts gegen Ernst, Besinnung, Gesellschaftskritik! Die Ereignisse des 11. 9. waren eine Zäsur, und die Auseinandersetzung damit ist Pflicht für jeden, der ein Herz hat. Auch das Feuilleton mag sich in solch bewegten Zeiten als Feuermelder bevorstehender Paradigmenwechsel versuchen, mag meinetwegen sogar eine Zeitlang jedes künstlerische Produkt nach aktuellen Antworten auf die uns bedrängenden Fragen abklopfen. Doch muß es gleich eine neue Kunst einklagen?

Bereits beim Fall der Berliner Mauer wurde von gewissen Kritikern eine Literatur der aktiven Zeitgenossenschaft gefordert, man sehnte sich nach dem großen Wenderoman, dem großen deutsch-deutschen Wiedervereinigungsroman, schließlich nach dem großen Berlin-Roman, dem Berliner-Republik-Roman, und erhalten hat man – zum Glück – fast nichts dergleichen. Statt dessen freilich eine ganze Reihe von Büchern, in denen jene Aspekte der Zeitgeschichte als Hintergrundflimmern enthalten sind.

Und jetzt also erwartet man den großen American-Airlines-Roman, den kleinen Hamburg-Harburg-Roman (»Unter Schläfern«)[220], den antitalibanischen wahlweise -globalistischen, -bellizistischen Betroffenheitsroman? Kein Zweifel, solche Bücher werden bereits eifrig geschrieben – aber doch nicht von Schriftstellern! Sie können ihre Themen ja nicht freiwillig wählen, sie werden von ihren Themen gewählt, mitunter regelrecht überfallen und sind ein Leben lang beschäftigt, sie sich wieder vom Hals zu schaffen: Schreiben ist kaum mehr als der unbescheidne Versuch, sich von der Qual einer höchst privaten Vision auf Kosten der lesenden Allgemeinheit zu befreien.

Seltsam, daß Literaturkritiker so häufig etwas bei der Literatur einklagen, das sie auf ihre Sekundärtugenden zurückstutzen würde: ein im Grunde zutiefst humanistischer Automatismus, der immer dann einsetzt, wenn der Lauf der Welt ins Schlingern gerät. Aber damit auch ein durch und durch journalistischer Automatismus, der von politischen Umbruchsituationen vor-

220 Die am 11. 9. 2001 entführten Maschinen gehörten American Airlines; einige der Terroristen lebten zuvor als Studenten in Harburg.

schnell auf Umbrüche im Bereich der Kunst schließt bzw. aufs Bedürfnis der Künstler, diesen Umbrüchen in ihren Werken Rechnung zu tragen.

Doch gerade das tun sie in der Regel nicht, jedenfalls nicht auf direkte Weise; der Gang nach Canossa ist im »Parzival« ebensowenig verarbeitet wie die Schlacht von Waterloo in »Faust II« oder Bismarcks Reichsgründung im »Schimmelreiter«, selbst im »Simplicissimus« erfahren wir vom Dreißigjährigen Krieg nur dessen Alltagsgeschichte. Nur? Vermissen wir denn irgend etwas in den genannten Werken? Und überdies: Sollen Bücher etwa das leisten, was Zeitungsartikel oder Fernsehreportagen viel besser können? Oder gilt nicht auch in diesem Fall das Gesetz von der Komplementarität der Medien?

Einen direkten Reflex von Zeitströmungen könnte Literatur allenfalls um den Preis ihrer Indirektheit vulgo Literarizität leisten; im übrigen dauert Bücherschreiben ja auch viel zu lange, ist seinem Wesen nach eine Beschäftigung mit dem Nichtmehr- oder Nochnichtaktuellen. Das Leiden unter der Last diverser seit Jahren, Jahrzehnten mitgeschleppter Projekte; das eruptive oder planvoll-sukzessive Abarbeiten jener keineswegs freiwillig eingegangnen Verpflichtungen; die nichtsdestoweniger fortherrschende Einsicht, daß Schreiben kein Vergnügen, sondern ein mit ästhetischen Mitteln camouflierter moralischer Akt ist, eine mit zahlreichen Worten kaschierte Sprachlosigkeit; die niederdrückende Gewißheit, daß man all das größenwahnsinnig Geplante in einem einzigen Leben nicht wird schaffen können – das unterscheidet den Schriftsteller vom bloßen Bücherschreiber, und deshalb kann sein Werk beim besten Willen nur bedingt mit den Ereignissen eines 17. 6. oder 3. 10. oder 11. 9. zu tun haben: Literatur entsteht nicht durch Themen, sondern durch Visionen; für Tagespolitik interessiert sie sich schlimmstenfalls in vormärzlichen Zeiten, und dann stets zu ihrem eignen Schaden.[221]

Trotzdem schlägt jetzt die Stunde des erhobnen Zeigefingers, und unter dem Vorwand, man brauche ernste, gesellschaftsrelevante Texte[222], wird ein Rollback eingeleitet, das die literarischen Errungenschaften der 90er im Handumdrehen zunichte machen könnte. Wer, bittesehr, »braucht« denn jene ernsten Romane, mit denen man uns droht; wer wagte denn zu behaupten, daß alle Neuerscheinungen der letzten Jahre unernst gewesen wären?

[221] In ebensolchen »vormärzlich« bewegten Zeiten leben wir mittlerweile wieder, keine Frage; die Zuspitzung der weltpolitischen Lage zwingt jedoch keinen, sie in Romanform zu behandeln, im Gegenteil: In der erzählenden Literatur spielen die großen Schlüsselmomente der Geschichte selten die Hauptrolle; es sind eher schwächere Autoren, die ihren Werken durch Behandlung gesellschaftlich »bedeutender« Themen eine Aufmerksamkeit anzuheften suchen, die sie mit rein poetologischen Mitteln nicht erreichen. Von der Trivialliteratur ganz zu schweigen, die oft geradezu nach diesem Prinzip konstruiert ist.

[222] Nicht zu verwechseln mit »relevanten Texten«, nach denen die Sehnsucht auch Jahre später noch groß war; vgl. S. 102 ff.

Und *wem* schlägt denn da die Stunde, wenn man den Feuilletonauguren Glauben schenkt? Niemand anderem als dem, der sich mit solchen Parolen nicht in die Pflicht nehmen läßt, der von der ureigenen Freiheit der Literatur überzeugt ist, insbesondre der Freiheit vom Zeitgeist und den Forderungen, die dieser notorisch an sie zu stellen wagt: In Krisenzeiten haben Weltvereinfacher Hochkonjunktur, und all das, was freie Geister zuvor an Komplexität erstritten haben, droht, wieder auf klare Positionen zurechtgestutzt zu werden. Wenn man jetzt in manchen Feuilletons die Lufthoheit über den deutschen Ernst anstrebt, sollte man den Freigeist dort auch gleich öffentlich zur bedrohten Art erklären – Fundamentalismus setzt schließlich überall dort an, wo Freischwebend-Schillernd-Dreideutiges auszumachen ist. Mit einem Wort: wo man Ironie anstelle des gebotnen Ernstes wittert.

»Irony is over«[223] – das war der dümmste, weil reaktionärste Satz, der in den letzten Jahren als literarisches Postulat die Öffentlichkeit erreichte; erstaunlicherweise hat er mittlerweile auch bei ebenjenen Konjunktur, die der Spaßkultur entschlossen den Hahn abdrehen: »Wir sind der Ernst!« ruft uns das Feuilleton jetzt zu, und wer als Autor nicht menetekelt, drängende Fragen aufwirft, beredte Ratlosigkeit verbreitet oder wenigstens öffentlich an den Zeitläuften leidet, wird bald unter Belanglosigkeitsverdacht geraten.

Schwere Zeiten für alle, die dem Leser nicht auch noch mit ihren Büchern zur Last fallen wollen. Sondern davon überzeugt sind, daß ein heiliger Ernst beim Dichten am allerwahrscheinlichsten hohltönende Werke zeitigen wird, daß eine Weisheit, bei der nicht auch gelacht werden kann, auf eine schaurige Ideologie hinausläuft: Ernst ist das Leben, heiter ist die Kunst. Wer jetzt die Ironie zur Untugend erklärt, den haben die terroristischen Anschläge vom 11.9. tatsächlich erreicht; wer jetzt die Haltung eines freien Geistes aufgibt, der hat schon verloren im Kampf gegen Simplifizierer und Schubladianer: Fundamentalisten sitzen ja nicht bloß in Afghanistan; auch im Literaturbetrieb lauern »Schläfer«, die in Zeiten des Umbruchs – zum Glück nur verbal – aktiv werden.

Reicht es, darauf mit Ironie zu antworten?

Das würden sie als Dogmatiker nicht verstehen, weil sie das ironische Verfahren an sich nicht begreifen und dessen Grund-

223 Selbstabschaffungs-Bonmot der Popliteraten; kaum in Umlauf gesetzt, schon von jedermann zur verfälschenden Vereinfachung der Sicht auf die 90er-Jahre schlechthin herbeizitiert. Als ob die permanente Kultivierung des »Uneigentlichen« bis hin zur zynischen Lesart des allenfalls unfreiwillig Komischen etwas mit wohlverstandener Ironie zu tun gehabt hätte!

formel: Wer am lautesten lacht, hat auch am leisesten geweint. Als ob Ironie das reinste Vergnügen sei! Wo es doch vielleicht die sublimierteste Form des Leidens an der Welt ist, die luftigste, spielerisch leichteste Zustandsform der Schwermut! Zynische Schenkelklopferei à la Stefan Raab, Sich-lustig-Machen auf Kosten andrer hat mit Ironie nichts zu tun; wohl aber: den Dingen des Lebens durch ihre helle Außenschicht so lange auf den trüben Grund blicken, bis man tatsächlich glaubt, durch eine trübe Außenschicht auf ihren hellen Grund zu blicken. Was, wenigstens vorübergehend, ein freischwebendes Verhältnis zur Wirklichkeit ermöglicht – ein genuin aufklärerisches Verfahren, das wahrscheinlich mehr an politischer Wirkung gezeitigt hat als jeder gewichtig sich gebende Gesellschaftsroman.

Gewiß, Terroristen sind humorlos und ironieresistent; muß es Literatur in Zeiten des Terrorismus aber deshalb auch sein? Mehr denn je, so meine ich, sollte Literatur die Axt sein für die gefrorne Heiterkeit in uns; und die Zukunft des Romans, um's einmal naßforsch zu formulieren, wird humoristisch sein, oder sie wird nicht sein: Den steinharten Realitäten einen blattgoldnen Hauch anzudichten, das ist seit je das Geschäft des Schriftstellers. An diesem nachgerade *französischen* Wechselspiel von Oberfläche und Tiefe erkennt man hierzulande traditionellerweise meist nur die Oberfläche. Um dann von *deutscher* Literatur, so einfach geht das, mit Vorliebe Tiefe zu fordern, vorzugsweise in Zeiten, da die Oberflächen des konkreten Zusammenlebens aus den Fugen geraten.

Seit Mitte der 90er, als die jahrelange Feuilletondebatte um eine neue Gegenwartsliteratur entschieden war, haben wir eine Bandbreite an Literatur wie schon lange nicht mehr. Wollen wir diesen mühsam erkämpften Spielraum an Neuer Deutscher Lesbarkeit jetzt preisgeben zugunsten einer allerneuesten deutschen Beflissenheit? Wenn unsrer Gegenwartsliteratur tatsächlich am Nachmittag des 11. September die Stunde geschlagen haben sollte, dann nicht etwa den Autoren, sondern denjenigen ihrer Kritiker, die vor lauter Krisenbewußtsein vergessen, daß sie im Selbstverständnis einer Kulturgesellschaft nicht mehr und nicht weniger als deren stellvertretende Leser darstellen. Literatur ist ein Dienstleistungsgewerbe – Literaturkritik aber auch.

(2001)

Weltkulturerbe Ironie

Die Deutschen gelten zwar als Erfinder der Dialektik; worauf diese idealtypischerweise hinausläuft, haben sie freilich noch immer nicht begriffen. Jedenfalls, sofern sie im Literaturbetrieb tätig sind – wie die Debatten belegen, die dort während der letzten Jahre geführt wurden: Ob es um E- oder U-Literatur, um die alte Suhrkamp-Kultur oder eine neue, von amerikanischen Creative-writing-Techniken angeregte Erzählkunst (Mitte der 90er), ob es um »emphatische« oder »gnostische« Lesarten von Literatur ging (Mitte 2006), die Polarisierung in These und Antithese gelingt stets so fundamental, daß eine Synthese vollkommen undenkbar scheint.

Das war im Streit um Ironie und Pathos nicht anders, der kurz nach den Anschlägen aufs World Trade Center losgetreten wurde. Von wem? Weiß man gar nicht mehr so recht, überhaupt ist der gesamte Zirkus, wie er damals um einen neuen Ernst in der Literatur heraufbeschworen wurde, merkwürdig weit weggerückt, als ob er sich durch den Ernst der tatsächlichen (Welt-)Lage von selbst erledigt hätte. Das hingegen täuscht, der Zirkus ist mittlerweile nämlich Alltag geworden, unschwer lassen sich seine Grundparameter an den aktuellen Literaturproduktionen ablesen, an den Lobeshymnen, die darauf geschrieben, und an den Preisen, die dafür verliehen werden: Lobpreis gewinnt, und Ausnahmen bestätigen auch hier die Regel, vielleicht nicht gerade *jeder* todernste Roman; wer jedoch in seinem Text »Spuren in eine düstere deutsche Vergangenheit« zu legen weiß – mit derartigen Formulierungen deutet man im Klappentext am besten auch gleich darauf hin, der Kenner nickt, aha, wichtig! Dazu Hans Pleschinski: »Bloß keinen Heimatroman mehr übers Dritte Reich schreiben!« (Elmau, 30.5.2005) –, wer bei der Erforschung deutscher Historie in ein »unentwirrbares Geflecht von Schuld« hineinschreibt, die »bedrückende Präsenz« des Vergangenen in der Gegenwart »spürbar macht«, wer wahlweise das deutsch-deutsche Wiedervereinigungstrauma thematisiert oder den überregionalen Zeitgeist beim Schopf packt: wer dies tut und dabei den politisch korrekten Konsens des gemäßigt linken Mainstreams wahrt, ist schon mal auf der sicheren Seite. Ironie? Fällt weiterhin nicht unter die deutschen Tugenden. Das Komplizierte kompliziert darstellen, das ist der deutsche Sonderweg innerhalb der Weltliteratur, das Schwere schwer erscheinen lassen, das Schwergängige schwergängig, das Unentwirrbare unentwirrbar.

Daran wird kein Essay etwas ändern, und das ist umso betrüblicher, als mit den 78ern mittlerweile allüberall Vertreter ebenjener Generation an die Schaltstellen politischer wie medialer Macht gekommen sind, die Ironie zu ihrem spezifischen Markenzeichen erhoben hatte – ursprünglich als Form der Verweigerung gegenüber dem humorlosen Pathos der 68er, das jedes alltägliche Detail zum Grundsatzproblem erklären und darüber diskutieren und abstimmen wollte. Ohne uns! Darin war man sich stillschweigend einig, und weil man sich auf keinerlei inhaltliche Auseinandersetzung einlassen wollte, blieb nur dieser eine Weg: Ironie als achselzuckende Generalverweigerung.

Was während der 70er ein Segen war, wurde ab Mitte der 80er und vor allem während der 90er Jahre zum Problem, in deren Verlauf immer mehr 78er aus dem Schatten der 68er hinaus- und ins gesellschaftliche Gespräch hineinfanden – um es mit ihrer mittlerweile habituellen Spottbereitschaft bald unerträglich zu gestalten: Hybris der Ironie, am besten verkörpert in der Galionsfigur der Generation, in Harald Schmidt. Auf die Frage, ob er eigentlich Grenzen kenne, antwortete er: »Schon. Aber ich gehe so weit, wie es das Grundgesetz erlaubt.« (*Cicero* 4/2006) Man wählte ihn trotzdem oder gerade deshalb zum »zweitwichtigsten Intellektuellen der Republik« (ebd.) – einen Geist, der stets verneint und selbst beim Bejahen augenzwinkernd klarmacht, daß dies nur eine besonders perfide Form der Vernichtung ist. Als ob man mit der schmarotzerhaften Schmalspurhaltung eines Chefzynikers (gewissermaßen der Parodie auf jede mögliche Haltung) bereits ein Intellektueller wäre!

Daß sein Stern neuerdings rapide sinkt, läßt hoffen. Eine Sache durch Zynismus zu desavouieren ist leicht, das Prinzip »Harald Schmidt« (die Rede kann hier immer nur von der Medienfigur sein, nicht von der Privatper-

son gleichen Namens!) ist nichts weiter als permanenter Leerlauf eines durch unzählige Gagschreiber auf Pointe gesetzten Geistreichtums, der seine zugrunde liegende Armut trotzdem kaum kaschiert – die Unfähigkeit, einen einzigen eigenen Gedanken schnörkellos geradeaus zu denken, zum Wohle einer Sache oder gar einer Gesellschaft: Betäubungskultur, bei der kollektives Aufwiehern als Therapeutikum fungiert. Wir alle haben uns eine Weile lang mehr oder weniger jenes Prinzips bedient, um unsre Positionslosigkeit zu bemänteln, haben uns mittels grassierender »Dekonstruktion« – *dem* Zauberwort der Postmoderne – an der (Nicht-)Gestaltung des Gesellschaftslebens beteiligt; zu Beginn des neuen Jahrtausends, als die Methode offen pornographischen Charakter annahm, reichte es jedoch: Der fortgesetzte Terror des Uneigentlichen, vom Frühstücksradio bis zur Late Night Show, machte den Wunsch nach einer neuen Ernsthaftigkeit – ich will es ein zweites Mal betonen – mehr als verständlich.

Und doch! Der Deutsche neigt traditionellerweise dazu, von einem Extrem ins andre zu fallen und dabei das Kind mit dem Bade auszuschütten, also mit der Spaßkultur (samt Hohn und Häme, Schadenfreude, Witzelei und Sarkasmus) auch – die Ironie. Weshalb seiner allerneuesten Literatur ein Rückfall ins Pathos der Nachkriegsliteratur droht, das wir Mitte der 90er Jahre ja gerade erst überwunden glaubten. Und der Literaturkritik ein Rückfall in die alte masochistische Bewertungsmechanik:

1. Ernstes Thema – wichtiges Thema – wichtiges Buch!

2. Sofern es den Leser »fordert«, umso besser, der Autor hat es sich offensichtlich nicht leichtgemacht!

3. Wer's sich schwermacht, scheitert nicht selten; Scheitern ist groß, Scheitern ist die wahre Vollendung!

4. Das Gelingende hingegen – das Leichte – das Mühelose – das Oberflächliche: ist brotlose Kunst!

5. Und falls es gar unernst erscheinen sollte, dann ist es auch unernst!

Zum letzten Mal, wenigstens an dieser Stelle: Das genaue Gegenteil ist der Fall. Ironie, als Mittel eingesetzt und nicht etwa als Zweck (wie von den falschen Aposteln der Spaßgesellschaft), ist eine bitterernste Angelegenheit, verhilft dem pathetisch längst nicht mehr Sagbaren überhaupt erst zu einer erträglichen Form: These – Antithese – *Synthese!* Will heißen: Substanz, Relevanz, Signifikanz – gern. Aber bitte nicht immer auf substanzielle, relevante, signifikante Weise. Die 78er haben im Lauf ihres Älterwerdens eine Kultur des essenziellen, des *verbindlichen* Übermuts in unserer Kultur etabliert, die an eine enorme »Sprachigkeit« gekoppelt ist: »Mit ihrer Ironie«, so das größenwahnsinnige »Prager Protokoll« vom 21. Januar 2006 (gegeben zu Hamburg), »hat diese Generation ein UNESCO-Weltkulturerbe eigner Art geschaffen«. »Ein ungebrochnes Pathos«, so das nicht minder beschwingte »Prager Protokoll« vom 17. April 2005 (gegeben zu København), »hat nur der, der niemals richtig gute Rockmusik gehört hat«. Nun! Zumindest hat die sehr spezielle Heiterkeit der 78er unseren verbiesterten Nationalcharakter nachhaltig aufgehellt, so daß deutsche Komiker neuerdings sogar in Großbritannien Karriere machen können. Und deutsche Schriftsteller so schreiben können, wie Brasilianer Fußball spielen. Wenn es nach den Ernstmachern geht, fällt auch das demnächst unter »Deutschland. Ein Sommermärchen«.

Europäische Ästhetik

Europäische Ästhetik? Gott bewahre, auch das noch: Don DeLillo ante portas, Umstellung auf Euro-Ästhetik zum 1. 1. '99 ...[224]

»Die Frage, wie Europa erzählt und ob es anders erzählt, liegt mir schon lange am Herzen, im nächsten Jahr wird sich das ganze Programm darum drehen.« (U. Keller, Leiterin des Hamburger Literaturhauses)

»Warum haben die Deutschen denn immer solche Probleme mit sich selber, warum dürfen die nicht einfach 'ne neue *deutsche* Ästhetik entwerfen?« (A. Isenschmid, Feuilletonchef)

»Ich glaube, daß eine europäische Literarästhetik unterschwellig schon recht weit gediehen ist ... immer mit dem Ziel, die hypermodernen Strukturen der Vergangenheit abzustreifen.« (R. Moritz, Verlagsleiter)

»Gesetzt, so was gäbe's (aber das glaube ich nicht), dann hoffentlich als skandinavische, am liebsten als norwegische oder schwedische Ästhetik.« (M. Braun, Literaturkritiker)

»Lassen Sie das, schreiben Sie lieber Ihren neuen Roman, das können Sie besser.« (R. Baumgart, Germanistikprofessor)

»Machen Sie, machen Sie!« (S. Cramer, Literaturkritikerin)[225]

Ach, Europa. Aber was soll ich denn eigentlich machen, was besser lassen? Daß es eine typisch »europäische« Form, daß es einen typisch »europäischen« Stil – Bücherfestung Europa – geben könnte, wird ja doch wohl bei der Vielfalt an europäischer Grammatik, der Vielfalt an Sprech-, Seh-, Hör- und Denkmustern nicht zu erwarten sein?

Wirklich nicht? Woher kommt es dann, daß ich »Lola rennt« – nach rossinihaft[226] peinigenden Jahren voller angeblich deutscher Komödie und offensichtlicher Anbiederung ans Hollywood-Mäßige (bei der Verfilmung von Michael Endes »Unendlicher Geschichte« wurden die Szenen mit englischen Dia-

[224] Mit diesem Artikel startete die SZ Ende 1998, also vor Einführung des Euros, eine Serie mit dem Titel »Literatur in Europa«: Auf meinen Text (17. 12. 1998) antwortete Raoul Schrott (24. 12. 1998), auf diesen Karl-Markus Gauß (5./6. 1. 1999); es folgten Peter Michalzik (23./24. 1. 1999) und Felicitas Hoppe (30. 1. 1999).

[225] Mehrere der Genannten haben inzwischen ihre Wirkungsfelder gewechselt – Ursula Keller ist pensioniert; ihr Nachfolger am Hamburger Literaturhaus ist Rainer Moritz; Reinhart Baumgart ist gestorben.

[226] »Rossini oder die mörderische Frage, wer mit wem schlief« (Regie: Helmut Dietl, 1997) – der Titel sagt es bereits: Alle Klischees von der »Boheme« werden darin unter Beigabe eines angeblichen »Superweibs« erfüllt.

logen eingespielt und für den deutschen Markt nachträglich synchronisiert) –, woher kommt's, daß ich Tom Tykwers Überraschungserfolg nicht so sehr als eine *deutsche* denn als eine *europäische* Antwort auf die transatlantischen Vorgaben gesehen habe? Mit großer Begeisterung gesehen habe, ja mit Stolz: Als hätte mir bereits dieser eine Film die Würde des Kinobesuchers wiedergegeben, indem er mich *weder* mit deutschen »Autorenfilm«-Konzepten belästigte *noch* mit kalifornischer Einwegware beleidigte, weder mit verdruckster E-, noch mit enthemmter U-Technik, sondern mit ihrer EU-Mischung beglückte. Als hätte mir dieser eine Film bereits bewiesen, daß wir – und gemeint ist eben nicht nur Deutschland, sondern (mindestens Mittel-)Europa – nicht bereits vollständig kolonialisiert sind.[227]

Wenn ich das begründen müßte, so würde ich versuchen, nicht vom Inhalt des Films zu reden oder gar von den Hauptdarstellern, sondern von seiner Schnittechnik, vom ironischen Spiel mit diversen Genres, vom spezifischen Tempo des Erzählens ... und dann, spätestens dann würde ich mich um Kopf und Kragen reden, weil Begeisterung natürlich noch kein kompetentes Urteil verbürgt. Wovon ich trotzdem überzeugt wäre, ist die Parallelität der Entwicklung im neuesten deutschen Film und in der neuesten deutschen Literatur: All das, was es an »Lola rennt« zu exemplifizieren gälte, ist meiner Meinung nach auch ein Maßstab für die Produktionen unserer Gegenwartsliteratur – die grundsätzlich unpathetische, zuweilen offen ironische Umgangsweise mit dem Stoff, die Technik des beiläufigen Entfaltens von Nebenkriegsschauplätzen, das Spiel mit Traditionen ... und all das weitere, das man im besten Sinne als unamerikanische Erzählweise empfinden kann, sofern man hier einmal das »Amerikanische« (unter Ausklammerung der »europäischen Amerikaner« à la Begley) zum großen Gegenklischee des »Europäischen« verkürzen darf.[228]

Auch in der Literatur haben wir uns die letzten Jahre weidlich an den Erfolgsrezepten transatlantischer Vorgaben abgearbeitet – sei's durch eingängig glatte Adaption ihrer Creative-writing-Muster wie in Dietrich Schwanitz' »Campus«,[229] sei's durch Beharren auf eigensinnigen Sprachwelten wie etwa in den Romanen eines Reinhard Jirgl und dem daraus resultierenden unglatten, »widerständigen« Nicht- oder zumindest reichlich in-

227 Ein weiteres Beispiel wäre inzwischen »Good-bye, Lenin!« (Regie: Wolfgang Becker, 2003), als »Europäischer Film des Jahres« und als »Bester Europäischer Film« ausgezeichnet. Auch »Gegen die Wand« (Regie: Fatih Akin, 2004) wurde u. a. als »Bester Europäischer Film« ausgezeichnet. – Was war an diesen Filmen so »europäisch«, abgesehen vom Land, in dem die Filme produziert wurden? Vielleicht der vergleichsweise lange Atem, mit dem da erzählt wird?

228 An diesem Begriffspaar entzündeten sich seinerzeit nicht wenige Feuilletonpolemiken; damals war »amerikanische« Kultur – es ist erst ein paar Jahre her – noch nahezu durchgehend positiv konnotiert, zumindest bei Lesern, die an Hollywood-Filmen bzw. Bestsellerliteratur Gefallen fanden. Einer der wenigen, der mit den »Fließbanderzählern« aus den amerikanischen »Zuchtanstalten des Creative writing« abrechnete, war Karl-Markus Gauß: »Selbst mit peniblen stilistischen Analysen kann man an ihrer Prosa nicht mehr nachweisen, von wem sie eigentlich stammt.« (SZ, 5./6. 1. 1999)

229 Selbstredend hat die Gattung des Campus-Romans eine gewisse angelsächsische Tradition; am genannten Beispiel sind hier jedoch lediglich seine literarischen Techniken entscheidend.

direkten Erzählen der Erzählung. *Beide* Schreibkonzepte – das »amerikanische« einer dynamisch strukturierten Oberfläche wie das »deutsche« einer langsam-langwierigen Erkundung jedweder Tiefe (und sei sie künstlich simuliert) – haben sich freilich innerhalb der letzten Jahre als Endmoränen entpuppt, als Endmoränen zweier Literaturkonzepte, für die's im deutschsprachigen Markt zwar noch sehr viel Gegenwart, aber kaum mehr Zukunft gibt.[230]

Denn während in den Feuilletons der Streit um E- bzw. U-Literatur schon zugunsten letzterer entschieden schien, wurden plötzlich Bücher wie Jens Sparschuhs »Zimmerspringbrunnen« publiziert – Bücher, die weder tiefsinnig quälende E- noch harmlos vergnügliche U-Literatur boten, sondern deren souveräne Mischung: EU-Literatur, die als »reines Lesevergnügen« konsumiert werden konnte wie auch mit dem Anspruch dessen, der sich von einem Text subtilere Genüsse erhofft als eine spannende Handlung.

Freilich kam die Literaturkritik der überraschenden Wendung der Entwicklung nicht so schnell hinterher; in Ermangelung eines EU-adäquaten Instrumentariums feierte sie auch alle weiteren in die schematisch aufgeteilte Literaturlandschaft hineinsprudelnden Zimmerspringbrunnen gern als »Überraschungserfolge«, wußte sie ihren Lesern meist nicht besser zu empfehlen als durch die erstaunliche Wendung: Sie, die mehrfach codierten Produktionen einer »jüngeren deutschen Literatur«, seien erfrischend »undeutsch«. Zwei, drei Jahre lang habe ich derlei Etikettierungsversuche achselzuckend als Offenbarungseid eines im Grunde längst kriterienlosen, sprich: auf bloßen Geschmacksurteilen basierenden Rezensententums verstehen können – denn wieso sollte ein von einem deutschen Autor auf deutsch für ein deutsches Publikum geschriebnes Buch ausgerechnet dann, wenn es sich nicht dagegen sträubt, gelesen zu werden, wieso sollte es da »undeutsch« sein? Inzwischen sehe ich in jenem ersten hilflosen Herumtappen nach neuen Beurteilungskriterien, in jenem aus der Not gebornen allerersten Minimalpartikel eines zukünftigen (deskriptiven) Kriterienkatalogs auch eine Chance: die Chance zu einer neuen deutschen, Pardon: undeutschen Ästhetik,[231] die sich eben nicht mehr nur anhand der einheimischen Bundesligaerfahrungen konstituiert, sondern, zumindest, unter beständigem Schielen

230 In der Tat hat sich der Markt mittlerweile entscheidend verändert: Während die meisten jüngeren deutschen Erzähler das schlichte amerikanische (»lapidare«) Erzählen beherrschen, sind viele amerikanische Autoren der B-Liga aus den Bestsellerlisten verschwunden. Statt dessen kann darin nun Exotisches auftauchen, ein Katalane oder eine Inderin, sogar immer mal wieder ein Deutscher.

231 Die Chance besteht weiterhin: Acht Jahre später ist das Geschmacksurteil immer noch en vogue. – Zum drohenden Rückfall in die Kriterien der Nachkriegspoetologie s. S. 135 f.

auf die große weite Welt der Champions League: Europa – find' ich gut.

»Neue (un)deutsche Ästhetik«, muß das überhaupt sein, und warum dann gleich, ebenso größenwahnsinnig wie politisch oberkorrekt, auf diesem leidigen Europa-Niveau?[232] Wo hätte man da anzufangen, beim Groove der alten Grönlandgesänge, bei ciskaukasischer Novellenkunst, beim maltesischen Ritterroman? Und wäre da nicht – wollte man *wirklich* anfangen und ernst machen mit dem europäischen Gedanken –, wäre da nicht die Gefahr groß, daß man als Extrakt aller 42? 43? 44? Nationalliteraturen (es kommen zur Zeit ja laufend neue dazu) nichts entdecken würde als die jeweiligen Nationalklischees? Also in der französischen Literatur das Artistische, in der englischen den Humor, in der russischen die Schwermut, in der ungarischen, wer weiß, das Feurige ... und in der deutschen? Natürlich mal wieder den Tiefsinn. Als ob wir ihn, den »typisch deutschen Tiefsinn«, nicht gerade losgeworden wären! Oder jedenfalls durch Rückgewinnung der Erzähloberfläche dorthin zurückgedrängt haben, wo er auch wirklich hingehört (auf daß wir nicht schneller, als uns lieb ist, die freischwebende Oberflächlichkeit einer Neuen deutschen Plattheit erhalten)![233]

Gesetzt also, wir würden trotzdem und in voller Abs˙ ..t aus jeder Nationalliteratur das innewohnende Klischee herausdestillieren und zu einem Gebräu europäischer (Un-)Tugenden zusammenmixen: wären wir damit der Idee einer (gewissermaßen schon seit Jahrhunderten, Jahrtausenden in jedem europäischen Autor subkutan oder gar intravenös wirkenden) Euro-Ästhetik nähergekommen? Allenfalls unwesentlich; denn natürlich ist es schwer genug, die seit kurzem wieder völlig offnen ästhetischen Fragen überhaupt auf *deutscher* Ebene anzugehen; schwerer noch, mögliche Antworten im Hinblick darauf zu suchen, was »deutsche« Erzählweisen mit denen ihrer Nachbarliteraturen, mal mehr, mal weniger stark, *gemeinsam* haben. Ob sich da nicht herausstellen würde, daß es in unsrer Literatur – und zwar schon immer, jedenfalls immer wieder – nicht nur die sprichwörtliche Tiefe, sondern auch viel an »französischer« Oberfläche gibt, viel an »britischem« Humor, an »russischer« Schwermut usw.: und daß all das zwar interessante Wechselwirkungen innerhalb der gesamteuropäischen Literatur belegen mag, das Gemeinsame allerdings an ihr – die vielschichtig-komplexe, aus all ihren Tra-

232 Ob lange vor oder mittlerweile nach dem Scheitern einer gemeinsamen Verfassung, das Thema Europa ist merkwürdigerweise gleichbleibend negativ besetzt.

233 Die erhielten wir unterm Label »Popliteratur« freilich doch, für ein paar Jahre wurde autobiographische Plapperprosa junger oder junggebliebener Autoren sogar in den Hochfeuilletons als Literatur rezensiert.

ditionssträngen schöpfende formale Umsetzung – erst in diesen Jahren so richtig deutlich wird, wo's ein US-amerikanisches Alternativkonzept gibt?

Ebenjene langen, elendig langen Traditionsstränge sind's ja auch gewesen, die einen europäischen Autor – vorausgesetzt, er befand sich auf der Höhe seiner Zeit – schon immer dazu zwangen, die ganze Breite an formalen wie inhaltlichen Möglichkeiten zu bedenken, die auf einer leeren Seite lauern. Und immer wieder, bis zum heutigen Tage, ist es Autoren gelungen, den Fluch der Jahrtausende in einen Segen zu verwandeln, sprich: den mittlerweile schier überbordenden Pool an Schreibmöglichkeiten zu überschauen, ohne darin gleich baden zu gehen. *Deren* Bücher sind vor allem eines: ein sehr unaufgeregtes, ein sehr gelassen plätscherndes Spiel mit dem, was andre lediglich naß machen würde, ein Spiel, das für Leser, die vornehmlich an Kopfsprüngen und herbeigekraulten Bestzeiten interessiert sind, manchmal vielleicht ein wenig altmodisch und umständlich erscheinen mag. Ein Spiel aber auch, das für Leser, die nicht auf kürzestem Wege am gegenüberliegenden Beckenrand ankommen wollen, gerade *zwischen* den Wellenschlägen dessen, was so obenhin »erzählt« wird, allerhand Schwebstoffe und Lichtreflexe sichtbar macht, die man beim schnellstmöglichen Lesen Richtung letzter Seite vielleicht übersehen hätte.

Amerikanische Bestsellerliteratur gleich Tempo, europäische und insbesondre deutsche Literatur gleich Verweile-doch-du-bist-so-schön?[234] Vorsicht, eine Alternative ist *nicht* vornehmlich dazu da, beide Seiten gegeneinander auszuspielen und dann die eine – vorzugsweise die amerikanische – zum Sieger zu erklären, die andre dagegen mit den altbekannten Vorwürfen abzustrafen. Sondern dazu, die jeweiligen Eigenheiten besser zu erkennen wie auch das, was die eine Seite – vorzugsweise die deutsche – von der andern inzwischen gelernt hat: Die neue deutsche EU-Literatur hat die Drehbuch- und Bestsellerkonzepte der amerikanischen Schule nämlich längst durchlaufen (ohne zu ihnen übergelaufen zu sein), sie weiß ihre »Hooks« und ihre »Plot Points« zu setzen (ohne sich deren Diktat zu unterwerfen), sie kann das Erzähltempo forcieren, den Blick voll auf die Außenhaut der Ereignisse fixieren ... und sie kann das alles fallweise auch bleiben lassen. Vor allem aber hat sie, trotz beharrlich anderslautender Gerüchte, wieder die gleiche »Welthaltigkeit« wie

234 Das könnte man den deutschen Neuerscheinungen des Jahres 2006 nicht mal mehr böswillig unterstellen; ob mit der grassierenden Kurzsatztechnik auf Dauer auch der Gesamttext an Tempo gewinnt, wäre freilich in jedem Einzelfall zu prüfen. »Schnelle« Sätze nutzen sich, in Serie geschaltet, auch schneller wieder ab.

die amerikanische, und zwar gerade deshalb, weil sie *nicht* auf eine Metropole fixiert ist.

Diese Literatur der Neuen Deutschen Lesbarkeit, deren einzelne Publikationen auf den ersten Blick sehr wenig miteinander zu tun haben – aber sicherlich *noch* weniger mit denen der alten deutschen Unlesbarkeit! –, diese neue EU-Literatur braucht nach ihrem *praktischen* Durchbruch jetzt aber auch dringend einen *theoretischen* Background, auf daß sie nicht länger an den alten Urmetern gemessen wird, sie braucht ein vielfältiges theoretisches Hintergrundrauschen: braucht eine europäisch ausgerichtete Ästhetik.

Gewiß, ich habe erst einen blassen Schimmer, was das eigentlich sein könnte; ob es das im Singular überhaupt geben sollte, weiß ich ganz und gar nicht:[235] Jeden europäischen Film, jedes europäische Buch in Zukunft über denselben europäischen Leisten schlagen zu müssen, wäre mir ein Alptraum. Aber gerade *weil* ich Föderalist bin, muß ich auf einer anderen, einer sozusagen weltliterarischen Ebene auch »Europäer« sein, es hilft nichts: Anhänger nicht etwa einer *antiamerikanischen*, sondern einer *nicht-* bzw. *un*amerikanischen Ästhetik, die – meinethalben als willkürlich dekretiertes Mischkonstrukt – das amerikanische Erfolgsmodell nicht nur als ihren womöglich zu bekämpfenden Gegensatz begreift, sondern es als eine ihrer *eignen* Erzählmöglichkeiten aufsaugt als der dicke fette Kulturschwamm, der es schon immer war: prallvoll der verschiedensten Vergangenheiten und gerade deshalb auch prallvoll mit Zukunft.

Europäische Ästhetik? Immer her damit! Am besten gleich institutionalisiert und verbeamtet: in einer gut dotierten Brüsseler Planstelle, die (unter Vorsitz des unvermeidlichen Jack Lang) auf Einhaltung der entsprechenden EU-Richtlinien achtet, in einer Serie von Europahäusern in den USA und einem weltweit darüberschwebenden Gleichstellungsbeauftragten.

(1998)

235 Schließlich wäre in deren Zentrum der Begriff der Vielfalt anzusiedeln, die Gleichzeitigkeit des Ungleichzeitigen und wie sie alle heißen, die kosmopolitischen Gegenbegriffe zum Konzept einer weltweit kompatiblen und entsprechend vermarktbaren Einheitsliteratur, der man ihren Ursprungsort nicht mal mehr in homöopathischen Dosen abschmecken kann. Und deren Produkte sich dann, schon allein durch die Art ihrer pragmatisch »schmucklosen« Konzentration auf den Plot, immer ein bißchen wie New-York-Heimatromane lesen.

Der amerikanische Holzweg

Geht's ihr nicht gut, der allerneuesten deutschen Literatur, jetzt, wo wir vor lauter Frolleinwunder, Neuer Deutscher Lesbarkeit, Popliteratur und Renaissance des Erzählens gar nicht wissen, wie wir noch hinterherkommen sollen mit dem Lesen? Oh ja, es geht ihr wieder gut – fragt sich nur, wie lange noch: Steht sie doch unmittelbar vor ihrem Aus, die deutschsprachige Literatur, weil ihr Material nicht nachwächst, weil ihr Grundstoff, die Sprache, in zunehmende Differenz zu dem gerät, was sie abzubilden hat: die Wirklichkeit. Wenn uns aber für immer weitere Lebensbereiche die Wörter fehlen, weil wir zu träge geworden sind, sie für uns neu zu erfinden, ja, weil wir vorhandene Wörter sinnloserweise verramschen und dafür Anglizismen eintauschen, deren im Laufe von Jahrhunderten verinnerlichten Assoziationsklang wir nicht im geringsten abzuschätzen wissen, dann erhalten wir diese Wirklichkeit in immer stärkerem Umfang aus zweiter Hand, aus der Hand dessen nämlich, der sie für uns vorformuliert und damit geprägt hat – während wir selbst in die Hinterhand geraten und über kurz oder lang zum Hinterwäldler herunterkommen.

Mittlerweile sind wir über das Stadium partieller Wortübernahmen längst hinaus, inzwischen müssen es ganze Sätze sein – es soll schon einige deutsche Firmen geben, die ihre interne Verkehrssprache komplett auf Englisch umgestellt haben. Auf diese Weise knacken wir so langsam auch unsre grammatikalischen Strukturen und, weitgehender noch, den Tiefencode unsrer Sprache, die Art, wie wir denken und fühlen – wir manipulieren uns so geschickt um, daß wir es, da wette ich, im seltensten Fall noch bemerken. Ein Beispiel: »Das macht Sinn« – so kam es, als Direktübersetzung von »it makes sense« wie eine sprachliche Pest vor wenigen Jahren über uns, innerhalb von Monaten war das jahrhundertealte »Das hat Sinn« restlos ausgerottet. Ist das ein rein formaler Vorgang? Mitnichten! Es *hat* Sinn – darin schwingt etwas im sympathischen Sinne Tiefdeutsches leise mit: Es *hat* Sinn, nämlich ohne unser leisestes Zutun, aus sich selbst heraus wie die sprichwörtlich gewordne Mörikesche Lampe: Ob wir sie betrachten oder nicht, ob wir einen Sinn für sie haben oder nicht, sie trägt ihren Sinn in sich selbst, sie ist sich selbst genug, vielleicht *scheint* sie sich auch nur selbst genug, indem sie so vor sich hinscheint, das können wir von außen nie ganz sicher wissen – jedenfalls ist da irgendeine tiefere Instanz am Walten, die das Sinnhafte eines Dings oder eines Vorgangs verbürgt.

Bekennende Vertreter des Zeitgeists werden das als durchgeknallte Überinterpretation abtun; was aber würden die Unzeitgemäßen unter uns aus dessen Gegenteil heraushören, aus dem neudeutschen »Es macht Sinn«? Vor allem eine latente Frage: Wer sollte das denn sein, der den Sinn da erst *macht*? Doch nicht etwa wir selbst, indem wir die Sache so lange betrachtet haben, bis sie sich vor unsern Augen in ihre logischen Bestandteile aufgedröselt hat? Welch Vermessenheit! Und wenn nicht wir selbst, so muß hier doch in *jedem* Fall erst einmal gehandelt, aktiv eingegriffen werden, auf daß der Sinn entstehe – schlimmstenfalls eben von jenem ominösen »Es«! Wer oder was auch immer den Sinn macht, in diesem winzigen Sprachpartikel ist der gesamte Gegensatz von angloamerikanischem Rationalismus und deutscher Romantik enthalten: Im funktional-operativen Sinn-*Machen* fehlt jede Demut des Sinn-*Habens* – und das ist mehr als schade.

Die Summe solch salamischeibchenhaft vorangetriebner Entselbstung ergibt am Ende nämlich wieder eine ganze Wurst, und um die geht es mir – als einem, der auf die deutsche Sprache nicht nur angewiesen ist, sondern sie auch liebt. Wenn eben diese meine, Ihre, unsre Sprache die Assimilationskraft verliert, erstarrt sie – so muß es gewesen sein, als sich das Lateinische langsam auflöste, und etwas sehr Schönes dabei entstand, das Italienische. Bei uns wird es Anglogerman-Newhighpidgin sein, und insofern verheißt das ja den Anfang einer »anglogerman-newhighpidgin literature«, immerhin. Das damit zwangsläufig einhergehende Ende der deutschsprachigen Literatur will mir allerdings wenig wünschenswert erscheinen; und mit Nationalismus hat das wirklich nichts zu tun, im Gegenteil: Überlassen wir dies heikle Thema doch nicht denen, die es nationalistisch mißbrauchen könnten, besetzen wir es, ehe es andre tun!

Das Problem ist selbstverständlich nie ein rein sprachliches gewesen; seit dem Ende des Zweiten Weltkriegs hat eine Rekolonialisierung Europas (und eigentlich der Gesamtwelt außer vielleicht Bhutans oder Burundis) durch die USA eingesetzt, die zunächst sicher gut und notwendig war. Einige Jahrzehnte Kulturimperialismus haben allerdings dafür gesorgt, das Gesicht Europas völlig zu verändern: Dieses unser eignes Gesicht kennen wir inzwischen weit schlechter als zuvor, den Mittleren Westen dagegen nicht bloß bis in den hintersten Winkel seiner Wohnzimmer, sondern bis auf den Grund seiner Popcorn-Tüten, die man dort leert – das Wohnzimmer eines Bauern in Finnland ist uns so fremd wie das Innerste des einzelnen Popcorns. Doch wer weiß, ob sich dort, im Innersten des Popcorns, nicht inzwischen mehr entdecken ließe als in der gesamten Popcorntüte und jedenfalls im mittelwestlichen Wohnzimmer, wo man sie für uns, die Fernsehzuschauer, so immergleich leert, daß wir *selber* inzwischen in der Lage sind, nach Art der Luftgitarrespieler, bei unsern Kinoaufenthalten ein mittelwestliches Wohnzimmer zu simulieren, in dem man, popcorntütenleerend, gemeinsam Filme über Menschen sieht, die in ihren mittelwestlichen Wohnzimmern Popcorntüten leeren und Filme ansehen.

Daß wir nicht nur am Anfang vom Ende einer deutsch*sprachigen*, sondern gleichermaßen auch einer *deutschsprachigen* Kultur stehen, ist wohl schwerlich zu leugnen; ein gewisser Natan Sznaider behauptete sogar in einem völlig unironisch »Amerika, Du hast es besser« getitelten Artikel, die USA hätten nach 1945 dafür gesorgt, »daß wir alle [und er meint alle Europäer] zu Amerikanern werden konnten« (SZ, 29.10.1999) – *konnten*, Imperfekt! Und was für unsre gesamte Kultur als beschlossene Sache gilt, läßt sich in der Literatur selbstverständlich nicht aufhalten: Wir sind auch als Leser, ja als Schreiber von Romanen mit Verve dabei, uns zu amerikanisieren: In den Buchläden stapeln sich die Creative-writing-Importe aus USA; die heimische Literatur, so etliche nicht uneinflußreiche Kritiker in beständigem Ceterum censeo, tue gut daran, davon zu lernen und die gleichen Patentrezepte anzuwenden. Wie aber, wenn sie dazu nicht etwa unfähig ist, sondern es gar nicht will? Den unterhaltsamen One-Way-Roman liefern, der nach einmaligem Lesen rückstandslos und grundwasserneutral auf der Erinnerungsdeponie zerfällt – ist das denn noch Literatur, die sich für einen *non*creative writer zu schreiben lohnt?

Ja, da kommen sie in ihren vanillepuddingfarbenen Anzügen über den großen Teich, heißen Tom Wolfe, haben im Grunde kaum mehr zu bieten als eben jenes krampfhaft aufrechterhaltne Dandytum, und dann reißen sie bei ihrer jüngsten Lesereise durch die Republik (im Sommer 2000) auch noch ungestraft das Maul auf, sondern Besserwisserisches über die europäische Literatur ab! Ja, wer ist denn ein Tom Wolfe, frage ich mich? Jedenfalls keiner, von dem ich, weder als Leser (der auf anspruchsvolle Weise unterhalten sein will) noch als Autor (der Techniken abgucken möchte), auch nur eine einzige Zeile in meinem Leben vermissen würde!

Zeit für die Gegenoffensive: Die US-Literatur à la Wolfe, Boyle, Auster etc., die seit Jahren unsre Buchläden verstopft – versteht sich, daß ich hier nicht von DeLillo, Gaddis, Brodkey usw. rede –, ist in ihrer kalkulierten Aufgeregtheit furchtbar langweilig: Das kennt man doch alles schon aus jeder x-beliebigen Fernsehserie und Plakatwerbung; wieso sollte man es auch noch lesen, wo es doch ersichtlich nichts mit unserm Leben zu tun hat? Der vielgepriesnen Unterhaltsamkeit wegen? Die wäre in der deutschen Literatur inzwischen ebenso günstig zu haben, und außerdem, in den Worten Martin Hielschers, Lektor bei Kiepenheuer & Witsch (mittlerweile bei C. H. Beck), »ist Unterhaltsamkeit eher ein Nebeneffekt eines interessanten Buches oder Textes, zentral ist, ob man damit eine Erfahrung machen kann«.

Nein, der Literaturstandort Deutschland ist gewiß nicht in Gefahr, und es geht mir nicht um »Weltgeltung« einer wie auch immer gearteten deutschen Literatur. Weltgeltung erlangen immer nur einzelne Autoren, und auf dieser Ebene ist es wahrlich egal, woher sie kommen. Wenn sich die Welt für sie interessiert, so ist es vielleicht aber gerade ihre regionale Wurzel, die sie überregional so interessant macht, und *das* treibt mich auf die Barrikaden: daß wir nicht nur die besseren Amerikaner sein wollen, sondern daß wir dabei bereitwillig unsre sogenannten »nationalen« Identitäten abwickeln, und zwar *nicht*, wie die gängige Schutzbehauptung heißt, zugunsten einer durch internationale Synthese entstehenden Welt-, sondern zugunsten einer weltweit vereinnahmenden US-amerikanischen Monokultur.

Nun bin ich kein Vertreter einer linken oder rechten Antiamerikanistik; was aber früher richtig war, kann heute längst falsch sein und morgen, kehren wir zur deutschen Literatur zurück, vielleicht sogar tödlich. Mittlerweile steht ja nicht mehr nur ein wie auch immer zu definierendes Deutschtum zur Disposition, sondern unsere Identität als Europäer, die gesamte Alte Welt ist dabei, sich in eine Art Ersatz-USA zu verwandeln: Weil wir versäumen, uns übereinander auszutauschen, füreinander zu interessieren, weil wir uns fremd geworden sind wie schon lang nicht mehr. Die heutige Übersetzungspraxis favorisiert überall das Mediokre, das in kantenloser Durchschnittssprache Geschriebne und somit schnell, sprich, kostengünstig zu Übersetzende. Aus derartigen Büchern, die nicht mehr mit einem eignen Ton von der Lebenswelt ihrer Verfasser und vielleicht eines ganzen Landes erzählen, aus solchen Allerweltsbüchern erfährt man nur immer das, was man ohnehin bereits weiß – ich rede hier von *ästhetischen* Erfahrungen –, womit sich Neugier am benachbart Fremden zunehmend erübrigt. Ja, man meint inzwischen in manchen Verlagen, daß wir Bücher aus benachbarten Lebenswelten bereits *schwerer* verstünden als diejenigen aus USA, und entscheidet sich immer öfter gegen eine Übersetzung! Hier droht etwas Grundsätzliches in Vergessenheit zu geraten: daß es gerade die (zugegeben: schwer übersetzbare) Fremdheit eines Buches sein kann, die dessen Attraktion verbürgt, daß man liest, um etwas *andres* zu erfahren als sich selbst. Im Ausland ist auf diese Weise bereits ein recht einseitiger Begriff von deutscher Literatur im Umlauf, ein um seine aufregenden Ränder rundum betrogener Kernbegriff von deutscher Literatur à la Grass-Süskind-Schlink; und wer weiß, welch verzerrtes Bild *wir* inzwischen von der französischen Literatur haben, von der finnischen mal ganz zu schweigen. Wahrscheinlich nehmen auch wir gerade nur deren Bücher wahr, die ebensogut aus den USA kommen könnten – wäre's nicht dringend geboten, dem durch ein neues Selbstwertgefühl *als Europäer* Einhalt zu gebieten? Andernfalls wir nämlich in absehbarer

Zeit nicht nur am Anfang vom Ende einer deutschen, sondern aller nicht-US-genormten Literatur stünden?

Meine Gegenutopie ist die Vision einer europäischen Ästhetik, die der amerikanischen gleichwertig zur Seite tritt. Wenn die Uhr der Nationalliteraturen übermorgen abgelaufen sein wird, so werden wir mit einem an deutscher Gegenwartsliteratur gewonnenen ästhetischen Urteil ohnehin nicht mehr weit kommen – wir haben ja gar keine andre Wahl mehr als eine europäische. Eine europäische allerdings, die den Blick nicht nur bis Gibraltar und zum Ural schweifen läßt; nein, immer her mit den guten amerikanischen Büchern, unterm Schlagwort »europäische Ästhetik« lauert ja nicht der Regionalismus auf dem Pannenstreifen, sondern die Überholspur für ein Komplementärmodell. Wenn wir uns der Frage nach dem eignen Standpunkt aber weiterhin *nicht* stellen – man könnte derlei ja als Liberalismus ausgeben –, sollten wir deutschen Autoren wenigstens Konsequenzen ziehen, sollten »Faust II« nach Creative-writing-Muster durchbürsten und anschließend ins Anglogerman-Newhighpidgin übersetzen, damit das in Zukunft noch jemand versteht, sollten im übrigen nurmehr in vanillepuddingfarbenen Anzügen auftreten, auf daß man uns überhaupt noch als Schriftsteller erkennt.

Was also könnte das sein, das ich in Ermangelung alternativer Möglichkeiten »europäische Ästhetik« nenne, obwohl ich natürlich weiß, daß der Singular ein Widerspruch in sich ist? Jedenfalls keine geographische Kategorie – ja, ausgerechnet Nabokov will mir dafür als der beste Gewährsmann erscheinen. Und es geht mir damit auch nicht um die gleichmacherische Einführung einer normativen Ästhetik zwecks zwangsverordneter europäischer Einigung, etwa als eine Art Quersumme der jeweiligen Nationalklischees. Sondern gewissermaßen um deren Gegenteil, um das deskriptive Erkennen tiefsitzender »europäischer« Gemeinsamkeiten *hinter* all den nationalen Ausprägungen – fangen wir doch bei einem Blick auf Frankreich an, der hat uns noch nie geschadet! Auch damit werden wir dem Ende einer deutschen Literatur bedeutend näher gekommen sein; ein *voll*-europäisiertes Ende fände ich jedoch, verglichen mit dem, das ihr durch schleichende *Teilamerikanisierung* noch unmittelbarer bevorsteht, geradezu großartig.

Was also könnten wir als kleinsten kulturellen Nenner gegen die derzeitige Vormacht der Creative-writing-Ästhetik (samt ihrer Schwundstufen in der allerneuesten deutschen Prosa) ins Feld führen? Vielleicht fürs erste:

1. Liebe zum *Detail* statt zum Plot: das erzählte Beiwerk nicht nur als funktionaler Teil einer Summe, sondern als Selbstzweck, der keiner weiteren Letztbegründung – etwa im Hinblick auf den Gesamtaufbau der Geschichte – bedarf.

2. Sinn für *Atmosphäre* statt für maximaleffektive Informationsvermittlung: atmosphärische Verdichtung nicht als retardierendes, die Erzähldynamik hemmendes Moment, sondern als Genuß, der zusätzlich zum Genuß der Geschichte gewährt wird.

3. Kunst des *Nicht-Erzählens* statt immer nur erzählen, erzählen, erzählen: Jetzt, wo man selbst in Deutschland die amerikanische Lektion absolviert hat, müßte auch wieder das Nicht-Erzählen als notwendiger Bestandteil des Erzählens begriffen werden, das scheinbar Zweckfreie jenseits des roten Erzählfadens.

4. *Mehrfachcodierung* statt reiner Oberfläche: Das Erzählen einer Erzählung, das ist für 90 Prozent der Leser zwar genug, trotzdem nur die oberste Schicht eines »europäisch« geschriebnen Textes; darunter liegt für die restlichen 10 Prozent der Leser erst die Sache selbst: der Reiz der Anspielung, die Wahl der Metaphern, das Einstreuen von Philosophemen, die spielerische An- und Umverwandlung von jahrhundertealten Erzählmustern, Schauplätzen, Charakteren, Motiven, rhetorischen Figuren, ja von einzelnen Worten. In jedem europäischen Text (abgesehen von der trivialen Unterhaltungsliteratur) schwingt eine lange Tradition mit, aber nicht als Last, als beschwerliches Lesehindernis, sondern als ein zusätzliches Vergnügungsangebot an denjenigen, der die Spielregeln kennt und Lust hat mitzuspielen.

5. *Indirekte* Befriedigung von Erwartungen statt direkter: Den Leser *nicht* auf zügigste Weise zu bedienen, ist jedenfalls auf lange Sicht spannender, wirkt als Erlebnis nachhaltiger – wer glaubt, einen Fahrschein für die Achterbahn gelöst zu haben, am Ende jedoch aus einer Geisterbahn herauskommt, wird wahrscheinlich selber einiges zu erzählen haben.

6. Vermittlung einer *Erfahrung* statt einer bloßen Unterhaltung, und damit subtilere Genüsse bietend als die Spannung einer guten Story: Ein Buch hat das Zeug, seinen Leser zu verwandeln, ein Buch kann zum Glückserlebnis werden, das weit über seinen Unterhaltungswert hinausgeht.

7. *Langsames* Entfalten der Erzählung statt Spannungserzeugung von der ersten Zeile an: Wer am Anfang eines Buches in die Breite investiert, kann ab einer gewissen Wegstrecke *wirklich* Tempo machen. Langsamkeit, das ist

das Gegenteil von Langatmigkeit oder gar Langweiligkeit; das hektische Anheizen von Spannung dagegen – auf der ersten Seite die Leiche, spätestens alle dreißig Seiten die nächste –, das kann der Film besser.

8. *Stil* statt bloßer Verwendung von Wörtern zugunsten von Inhalten: Jedes europäisch erzählte Buch gibt es per definitionem nur ein einziges Mal, wohingegen ein Creative-writing-Produkt, und zwar ebenfalls per definitionem, immer eine durchkalkulierte Kopie anderer Erfolgsmuster ist, ein Produkt des Kompromisses, das ohne Reibungsverlust von einer maximalen Zahl an Lesern als angenehm empfunden werden kann. Sollte man den »Reibungskoeffizienten« vielleicht als *das* Spezifikum eines europäischen Textes festhalten?

Es liegt in der Natur der Sache, daß man mit derartigen Überlegungen selten Euphorie auslöst. Eurozentrismus im Zeitalter von Multikulti? Im Zeitalter einer schwindenden Illusion von Multikulti? Und, so oder so, einer flächendeckenden Übersättigung an allem Europäischen schon aufgrund der völlig vernutzten Euro-Rhetorik unsrer sogenannten Volksvertreter? Ja, der Gedanke einer europäischen Ästhetik kann auf manch einen ziemlich enervierend wirken. Aber was sein muß, muß eben sein. Bislang sind von der immerwährenden Debatte über die deutsche Gegenwartsliteratur allenfalls die Schwundstufen einer veralteten Ästhetik weggeräumt worden, die sich an den Werken der Gruppe 47 herauskristallisiert hatte. Das war mehr als überfällig – und nun? stehen wir mit leeren Händen da, die aktuelle Literaturkritik ist auf reine Geschmacksurteile zurückgeworfen und hätte eine *neue* Runde der Debatte dringend nötig, eine Runde, in der's um sukzessive Herausbildung neuer Kriterien ginge. Andernfalls das Rollback veralteter Kriterien nicht aufzuhalten sein wird.

Wer mich hier mißverstehen will, der mißverstehe mich: Ja, unterm Schlagwort einer europäischen Ästhetik will ich ihm *tatsächlich* einen uralten Hut andrehen, etwas, das es vielleicht schon bei den guten Griechen gab. Denn dieser uralte Hut ist im Moment schwer aus der Mode gekommen vor lauter Lust an Baseballkappen, und er droht, endgültig in der ästhetischen Altkleidersammlung zu verschwinden. Mein ganzes Plädoyer fürs europäische Erzählen läuft im Grunde auf nichts andres hinaus als auf das, was man seit je von großer Literatur erwartet hat – Stil in des Wortes umfassendster Bedeutung! –, eben *weil* man diese Erwartung zur Zeit zu vergessen scheint.

(2000)

V
Digitaler Grabstein

Autorschaft online

Rechnen Sie ruhig *einmal nach:*
Die Quad-Core-Verarbeitung bedeutet
vier Velocity Engines und
acht Fließkommaprozessoren
mit doppelter Genauigkeit für eine Schwindel
erregende Leistung von 76,6
Gigaflops.[236]

236 Konkrete Poesie 2.0, zit. nach: *CPN Magazin* »Workflow und Digital Lifestyle für Mac und PC« (Nr. 2/2006). In diesem Gedicht wird die »Quad-Core G5 Prozessorleistung« des Power Mac G5 besungen; eine zweite Strophe lockt das lyrische Sie mit »Dual-Core Power PC Prozessoren« und »moderner PCI Express Architektur«, auf die in einem fulminanten Schlußvers dann auch noch »Education-Rabatte« in Aussicht gestellt werden.

Drei Monate später: Der Power-User rechnet nach

Zwei Dual-Core Intel Xeon 3,0 GHz
DDR-SDRAM 1 GB (2 x 512 MB), max. 16 GB
NVIDIA GeForce 7300 GT 256 MB
(Single-Link-DVI/Dual-Link-DVI)
Bluetooth 2.0+EDR Modul
250 GB Serial ATA mit 3 Gbit/Sek.
und 7.200 U/Min.[237]

237 Ergibt? Jedenfalls erneut Konkrete Poesie zweiten Grades, zit. nach: *CPN Magazin*
(Nr. 3/2006). Besungen wird das MacBook Pro, das Nachfolgemodell des Power Mac G5: Vom
Verschwinden des PowerPC-Prozessors in der Intel-Zukunft oder Was schert mich meine konkrete
Poesie von gestern? »Der Mac Pro mit 3 GHz reimt bis zu 2-mal schneller als der Power Mac G5
Quad« (ebd.); ob sich dabei auch die Gigaflops verdoppeln, wird nicht verraten. – Etwa zeitgleich:
»Akira Haraguchi, 60, Japaner, hat die mathematische Zahl Pi bis auf 100 000 Stellen nach dem
Koma [sic!] auswendig aufgesagt. Er [...] trug 16 Stunden Ziffern vor. [...] Nun hofft er auf einen
Eintrag ins Guinness-Buch.« (SZ, 5. 10. 2006)

Der Autor als Zeugwart

Digitale Schriftstellerei – der selbstverschuldete
Ausgang des Menschen aus seiner Mündigkeit

S agt die eine Nutte zur andern: ›Du, gestern hatte ich 'nen
Intellektuellen, stell dir vor, der hatte 'nen *Penis*.‹
›Was ist *das* denn?‹

›Och, fast dasselbe, was die andern auch haben. Bloß weicher.‹«

Als ich im April 1991 eine erste Lesereise nach Polen tat, kam
ich mit kaputten Stoßdämpfern und einem kleinen Haufen an
Notizen zurück – das mit den Stoßdämpfern lag an der Autobahn ab Dresden, das mit den Notizen lag an der ausgeprägten
Zettelwirtschaft, die ich damals noch betrieb. Als ich im April
2002 von meiner zweiten Lesereise durch Polen zurückkam,
hatte ich eine kaputte Leber und – keine einzige Notiz. Das mit
der Leber lag, nunja, an den vielen selbstgebrannten Säften, die
in diesem Lande so getrunken werden; das mit der notizfreien
Heimkehr lag an meinem neuen iBook.[238]

In einer Steckdose des Warschauer Flughafens nämlich war
mein Netzteil steckengeblieben, und all das, was mir in den darauffolgenden Tagen für diesen Essay einfallen wollte, mußte
also gleich wieder vergessen werden. Natürlich hatte ich einen
Stift dabei, natürlich hätte ich mir ohne weiteres Papier verschaffen können, allein ... ich wollte nicht.[239] Verstand ich den
Verlust des Netzteils doch als wiederholten Versuch meines
iBooks, sich seiner Verwendung zu entziehen, als Aufbegehren
der Dinge im Sinne Heimito von Doderers, das ich gefälligst
ernst zu nehmen hatte;[240] überdies wollte mir der Griff zum
Papier irgendwie umständlich und altmodisch, um nicht zu
sagen: unzeitgemäß erscheinen.

So verbrachte ich eine ganze Woche ohne Notizenmacherei,
der vorläufige Höhepunkt in einer grimmig betriebnen Serie an
Selbstversuchen unter dem Titel »Wie sich mein Schreibgerät
wieder einmal erfolgreich seiner Nutzung zu entziehen wußte«,

238 Laptop von Apple, auf altdudendeutsch »ein kleiner, tragbarer Personalcomputer«. Daß man über gewisse Themen nicht mehr auf deutsch, sondern nurmehr auf denglish reden und schreiben kann (s. dazu S. 143 f.), belegt leider auch der folgende Artikel, ja das gesamte Kapitel.

239 Daß eine Niederschrift auf Papier direkter, intensiver, »literarischer« oder was auch immer ist, glauben mittlerweile nur noch Autographensammler; sogar Erstniederschriften von Gedichten müssen nicht mehr zwangsläufig auf Papierservietten oder Bierdeckeln erfolgen, um lyrisch beglaubigt zu sein.

240 Deshalb hat Doderer ja auch nicht davor zurückgeschreckt, die Dinge, wenn nötig, zu bestrafen: Ein Besucher überraschte ihn in seiner Wohnung, wenn ich die Szene recht erinnere, wie er mit einer Fliegenklatsche auf einen Teekessel einhieb. Doderer rechtfertigte sein Verhalten mit der Begründung, der Teekessel sei unartig gewesen und habe es nicht anders verdient.

und kehrte mit einigen deftigen polnischen Witzen und der Bestätigung meiner alten These zurück, daß das Wichtigste am Schreiben das Nichtschreiben ist, und sei's ein unfreiwilliges. Weil's den Blick freimacht, das Nichtschreiben, auf all das, was vielleicht in ferner Zukunft sogar mal zu Worten verwurstet werden könnte, zunächst jedoch zu einer heilsamen Nichtschreibneurose führt – garniert in meinem Fall mit einigen Breslauer, Oppelner und Krakauer Germanistenscherzen, die ich umso gedankenloser abnicken konnte, als sie nicht krampfhaft für meinen geplanten Essay mitzunotieren waren:

»Wenn sich ein Mann bei uns einschreibt, dann ist er entweder schwul oder ein Weichei.«

»Wenn sich ein Mann bei uns ein vegetarisches Gericht bestellt, dann ist er entweder schwul oder –«

– ein deutscher Autor auf Lesereise, jahrzehntelanger Verfasser von Bleistift- resp. Tintenmanuskripten, seit kurzem in unglücklicher Liebe zu einem Laptop von Apple entbrannt und wie alle unglücklich Liebenden zu jeder These bereit: Das mehr oder weniger willige Schreibgerät von einst – heutzutage ist es aus dem Stadium der Passivität herausgetreten, es hält uns öfter, als uns lieb ist, in Atem, mitunter mehr sogar als der gerade entstehende Text. Die alternierenden Ohnmachts- wie Allmachtsgefühle, die sich beim Schreiben zwangsläufig einstellen, sie galten früher der Schreiberfahrung selbst bzw. dem Geschriebenen: der rauschhaften Lust oder der verzweifelten Unlust darüber, daß es dem inneren Urbild nur als Karikatur nahezukommen verstand. Jetzt aber erleben wir die gleichen Gefühle bereits eine entscheidende Stufe früher, vor allem die Ohnmachtsgefühle – wenn das Schreibwerkzeug wieder einmal *nicht* oder, bedrückender fast, auf eine Weise funktioniert, die wir nicht begreifen: »Dein Computer und seine grosse Vernunft: die sagt nicht Ich, aber thut Ich.« Also sprach schon Zarathustra.[241]

Doch auch unsere Euphorien entzünden sich an der Bedingung der Möglichkeit, nicht so sehr an deren Realisierung; die tatsächliche Niederschrift regrediert zur mehr oder weniger vertrauensvoll, mehr oder weniger hastig genutzten Pause zwischen zwei Systemabstürzen: Triumph der Technik, einmal anders herum betrachtet. Der quasigöttliche Größenwahn dessen, der eine Maschine mit kleinen Stupsern der Zeigefingerspitze zu

241 Vgl.: Von den Verächtern des Leibes. In: Friedrich Nietzsche: Sämtliche Werke. Kritische Studienausgabe in 15 Bänden. Hrsg. von Giorgio Colli und Mazzino Montinari. München/Berlin/New York 1980, Bd. 4, S. 39.

dirigieren weiß, gepaart mit dem Kleinmut dessen, der durch die erstbeste überraschende Eigenmächtigkeit des Systems in einen ratlos zerknirschten Erdenwurm zurückverwandelt wird: Das ist der Schriftsteller von heute. Und das Damoklesschwert, das über ihm hängt, ist der blinkende Cursor, der sich jeden Moment in einen eingefrorenen Mauszeiger verwandeln kann.

Grund zur Klage? Wenn der Autor als einer definiert werden kann, der seinem Wesen nach zur unglücklichen Liebe verdammt ist, so haben sich seine Qualen immerhin verschoben – vom Subjekt zum Objekt, von den Qualen der Erstniederschrift zu denjenigen beispielsweise, einen Text ohne Formatierungsverlust an den Verlag zu mailen: Einst Originalgenie, wird er zunehmend zum Zeugwart. Womit eines der hartnäckigsten Klischees, an dem wir uns gerade in Deutschland seit dem 18. Jahrhundert abgeschleppt haben, endlich abgehakt werden dürfte – gewiß *nicht* zum Schaden der Literatur.

Im übrigen sollten wir auch die neuen Euphorien, die unser aller Zwangsdigitalisierung erzeugt, nicht unterschätzen; mein letztes Buch hätte ich mit Tinte und Papier *so* gar nicht hingekriegt![242] Und den Anblick einer leeren Seite hatte ich dabei auch nicht mehr zu gewärtigen, zumindest war ja schon immer das Cursorzeichen darauf zu sehen, sein Blinken eine Art Impulsgeber, ein unermüdliches memento scribere. Das gute alte Schreibwerkzeug von einst hat sich zum gleichwertigen Mitarbeiter, ach was: Co-Autor, ach was: Lebenspartner gemausert, und wenn man sich nicht ständig mit ihm streitet bzw. regelmäßig auch wieder versöhnt: dann versorgt es uns, nach Art der Lebenspartner, sukzessive mit einer neuen Weltsicht, einer neuen Ästhetik, einem neuen Vokabular, neuen Stoffen. Und nicht zuletzt auch, gespeist aus den Erfahrungen in Chat-Foren, mit neuen Formen: mit neuen Satzrhythmen, stakkatohaft verkürzt aufs Wesentliche, mit neuen Tempi des Erzählens, neuen Erzählstrukturen, -strategien. Schon heute steuern wir auf eine Literatur des Bausteinprinzips zu, die Frage ist nurmehr, ob wir's beim Aneinanderreihen von Bausteinen belassen, beim Sampeln; oder ob wir die Bausteine weiterhin in den Gesamtbogen eines Textes einzufügen suchen: meiner Meinung nach conditio sine qua non jeden Erzählens. Mitnichten ist es nämlich Zeichen der Avantgarde, dem Leser schlicht zusammengesampelte bzw. -gezappte Texte als angeblich adäquates Abbild unsrer gesampelten bzw.

242 In der Originalveröffentlichung bezog ich mich explizit auf den 2001 publizierten Erzählband »Das Schweigen am andern Ende des Rüssels«; auf umfassendere Weise könnte ich die These mittlerweile am Roman »Herr der Hörner« exemplifizieren, der 2005 erschien: In zeitweise bis zu 60 verschiednen Dateien hatte ich dazu Materialsammlungen angelegt (zu einzelnen Figuren, Orten, Religionen, bis hin zu den diversen Rumsorten oder Zaubersprüchen), Listen von Leitmotiven, spanischen Flüchen und Ausdrücken der Bankersprache, von zentralen Code- oder zu vermeidenden Füllwörtern, nicht zuletzt auch immer wieder nachjustierte Gesamtgliederungen, deren Punkte und Unterpunkte sukzessive mit Unterunterpunkten versehen wurden. Ohne die Möglichkeit, während der Niederschrift auf all jene digitalen Merkzettel zurückzugreifen, darüberhinaus auf Textbausteine, die zwecks Wiedervorlage in später zu bearbeitende Romanpassagen hineinkopiert wurden, wer weiß, ich wäre in der schieren Stoffmenge wahrscheinlich untergegangen. Ohne Suchfunktion hätte ich gewiß schon in der streckenweise auf 1200 Seiten angewachsenen Hauptdatei die Orientierung verloren. – Nach ein paar Jahren Arbeit jedoch die schleichende Erkenntnis: Je verwirrender die Aussagen der Romanfiguren über ihre Mit- und Gegenspieler im Lauf der Handlung geworden waren, desto weniger konnte das Netzwerk an gegenseitigen Vermutungen, Verdächtigungen, Verleumdungen und Fehlurteilen mit den Möglichkeiten digitaler Verlinkung angemessen abgebildet werden. Schließlich griff ich wieder zu einem Blatt Papier, um die verschiednen Aussagen mit Pfeilen optisch klar gegeneinander abzugrenzen. Die digitalen Mittel waren erschöpft, am Ende der Mac-Möglichkeiten kam man um die schlichte Handarbeit nicht mehr herum – beruhigend.

gezappten Wirklichkeit anzudrehen – auf diese Idee kann man bloß als Feuilletonist kommen. Die Summe eines Werkes wird durch eine Primärvision vorgegeben, durch ein Ganzes, sie ergibt sich nicht aus einer im Lauf der Zeit zusammenaddierten Serie an Teilen; und ob diese Teile noch traditionell in Form von Papierschnipseln hin und her geschoben werden oder als Textbausteine in einer Datei, macht zwar einen praktischen, aber keinen kategorischen Unterschied. Andersherum, von den Teilen zum Ganzen, wird vielleicht ein Schuh daraus, gewiß jedoch kein Roman.

Schon immer arbeitete das Schreibzeug mit an den Gedanken des Schriftstellers,[243] lag ein Gutteil seines Textes in der Weichheit der Schreibtischoberfläche, der Spitze der Feder, dem Fluß der Tinte verborgen, und all sein Tun bestand im Grunde darin, diesen in den Schreibutensilien enthaltenen (Sub-)Text mittels mehr oder weniger schwungvoller Handbewegung aufs Papier zu übertragen. Kein Wunder, daß ich lange Jahre der Meinung war, in ebenjenem Schreibfluß der Erstniederschrift sei die literarische Qualität eines Textes bereits begründet und man könne es ihm jedenfalls ablesen, ob er in irgendeiner Phase seiner Entstehung mit der Hand geschrieben worden oder eben nicht.[244] Mittlerweile, ich muß es mir eingestehen, hat sich meine Meinung in ihr Gegenteil verkehrt: Erst die Fülle an Möglichkeiten, die in heutigen Textprogrammen schlummern, verbürgt die Qualität heutiger Literatur; wer weiterhin nur mit analogen Medien arbeitet, ist einfach nicht mehr auf der Höhe seiner Zeit und also, jedenfalls hinsichtlich Komplexität des Erzählens, im Nachteil.[245]

Und damit bereits ein Epigone? Wahrscheinlich werde ich das schon bald bereuen und zu widerrufen suchen; im Moment jedoch verfüge ich nicht nur über ein neues Netzteil, oh nein, ich habe mein iBook mit einigen Updates gefüttert, habe soziale Festplattenpflege mittels »Disk Doctor« betrieben, mittels »Speed Disk« und »Spring Cleaning«[246] und »Disk Warrior« und »Tech Tool« und obendrein einer »Norton AntiVirus-Prüfung« ohne jede Not, einfach nur aus wohlwollender Fürsorge, ich habe den virtuellen Speicher aktiviert und gewisse Systemerweiterungen deaktiviert und die Symbolleiste konfiguriert und die Schreibtischdatei neu angelegt und den PRAM gelöscht, nun bin ich umzingelt von lauter grünen und roten und sogar einem

243 Die Formulierung geht auf einen (mit seiner neuen – defekten! – Kugelschreibmaschine geschriebenen) Brief Nietzsches zurück, den er Ende Februar 1882 an Peter Gast alias Heinrich Köselitz schrieb. In: Friedrich Nietzsche: Sämtliche Briefe. Kritische Studienausgabe in acht Bänden. Hrsg. von Giorgio Colli und Mazzino Montinari. München/Berlin/New York 1986, Bd. 6, S. 172.

244 Während meiner Zeit als (freier) Lektor bei C. H. Beck, also etwa 1987 bis 1997, war ich mir in dieser Einschätzung eingehender Manuskripte mit den meisten Kollegen einig: Ein vollständig am Computer erstellter Text verriet sich unsrer Meinung nach fast immer durch »in der Luft hängende« Anschlüsse und Querverweise (Adverbien, Präpositionen, Konjunktionen) – Resultat von Textverschiebungen, die nicht im papierenen Ausdruck überprüft worden. – Vgl. dazu auch S. 176 f.

245 Die schlichte Handlungsführung der meisten, auch der »modernen« Klassiker, deren Romane oft so vielversprechend anheben und so ärgerlich überstürzt, nicht selten geradezu unglaubwürdig enden, als seien sie aus Unlust am Ganzen gerade noch auf die Schnelle zusammengeschustert worden, um einen verworrenen Text, koste es auch innere Logik und Ökonomie der Handlungsführung, entschlossen loszuwerden – Paradebeispiel: »Wilhelm Meister« –, diese weit verbreitete erzählerische Schwäche gegen Ende längerer Texte, vermute ich, liegt nicht unwesentlich am Schreibwerkzeug: Bis vor wenigen Jahren war das Speichermedium ja nichts als der eigne Kopf respektive ein gewaltiger Papierstapel, der immer wieder aufs neue durchwühlt werden mußte – dabei konnte man schon mal die Nerven verlieren. Der Computer hat das Schreiben zwar nicht einfacher gemacht, aber komplizierteres Schreiben ermöglicht hat er schon.

246 Frühjahrsputz für die Festplatte! Und auch die digitale Putzfrau, so gewissenhaft wie die »gute alte« von früher, immer wird sie in ihrer peniblen Suche nach überflüssigen Duplikaten, verwaisten Präferenzen, leeren Ordnern und bindungslos geworden Aliasen fündig. Immer.

gelben Stand-by-Lämpchen, iBook und Imation-Laufwerk und ISDN-Modem und USB-Hub und externer Brenner und Laser- und Tintenstrahldrucker, alle, alle warten sie in solch perfekt vernetzter Dienstbarkeit, daß man einfach übermütig werden muß.[247]

So übermütig, daß man im Grunde gar nichts mehr zu schreiben bräuchte, nie mehr zu schreiben bräuchte, ein ganzes Leben im hingebungsvollen Dienst an seinen Schreibgeräten verbringend, die sich aufgrund solch umfassender Liebeszuwendung bestimmt prächtig entwickeln, wo nicht gar vermehren würden. Apropos: Wäre die Anschaffung eines Palms[248] nicht sowieso längst überfällig, seitdem mir dessen Möglichkeiten vom Lyriker Steffen Jacobs so überzeugend demonstriert worden, natürlich bei gleichzeitigem Kauf eines Handys mit Infrarotschnittstelle, so daß die auf dem Palm entstandnen Gedichte gleich auf jeden x-beliebigen Server dieser Welt gemailt werden könnten, meinetwegen auch auf den von der *Frankfurter Rundschau*, für die ich ohnehin irgendein Gedicht hätte schreiben sollen?

Gedicht? Oder vielleicht einen Essay? Und gar für die *Mittelland Zeitung*?

Na, egal; jedenfalls scheine ich außerhalb meines Schreibgeräts nicht mal mehr die banalsten Informationen abspeichern zu können, scheine regelrecht von ihm abhängig zu sein. Ja, nicht selten verbringe ich ganze Tage damit, mich in seine Abgründe hinabzudenken; und das geht natürlich nicht ganz spurlos an mir vorüber, jedenfalls sofern man den Äußerungen wohlmeinender Menschen Glauben schenken darf. »Wenn du lange in einen Quellcode blickst, blickt der Quellcode auch in dich hinein«, wußte schon Nietzsche;[249] was man dagegen tun könne, wußte er nicht. Woher auch, sind die Reize der digitalen Abgründe doch denen einer kapriziösen Frau nicht unähnlich (Schönheit, Rätselhaftigkeit, Launenhaftigkeit), mitunter freut man sich aufs Booten so kindisch wie auf ein Rendezvous, erträgt »das alles« auf Dauer nur unter halbwegs regelmäßiger Ratsuche bei einem guten Freund.

Ja, umfangreiche Liebesromane kann man mit seiner Festplatte erleben (statt sie darauf zu schreiben), Tragödien, Komödien, alle Art Abenteuer, aber auch den schmerz- und freudlosen Gleichmut eines reibungslos abzuspeichernden Alltags: Die ganze Palette an Emotionen, aus der sich die Literatur speist,

247 Die erwähnte Soft- oder Hardware, mit Ausnahme der Drucker, sowie die damit amateurhaft beflissen ins Werk gesetzte Geschäftigkeit ist innerhalb der wenigen Jahre seit Niederschrift des Artikels vollkommen obsolet – die Anzahl der Stand-by-Leuchtdioden dabei aber nicht unbedingt weniger geworden.

248 Kleinstcomputer für »die hohle Hand«, zwecks Simulation von Unabdingbarkeit. Längst abgelöst vom Handheld, am statusträchtigsten vom BlackBerry. Dieser wie jener vor allem Gegenstück zum iPod, dem Jugend- und Freizeitsymbol schlechthin.

249 Vgl.: Jenseits von Gut und Böse (Nr. 146). In: S. Anm. 241, Bd. 5, S. 98.

wird bereits mit unserem Schreibgerät mitgeliefert – ein Fluch einerseits, aber doch andrerseits auch ein unerhörter Fundus, den es als Autor nur nutzbar zu machen gälte für eigene erzählerische Zwecke, »nur«. Selbst zum Entdecker kann man hier noch werden, und das in einer Welt, die jeden weißen Fleck von der Landkarte getilgt zu haben schien:

Nach hoffnungsfrohem Erwerb der »Stand-Alone-Version« von »Word X«[250] war ich zunächst ratlos: Zwar sah die neugestaltete Aqua-kompatible Oberfläche meines altvertrauten Schreibprogramms ganz nett aus, doch darunter murkste es heftig. Mehrere Telephonate mit der Hotline folgten,[251] mehrere De- bzw. Neuinstallationen, es half nichts, die Fehler blieben. Am Ende spielte der Herr von der Hotline[252] sämtliche Schritte, die ich an meinem Gerät machte, am andern Ende der Leitung nach, es war wie im Kindergarten, man riskierte jeden Moment, als Mac-Depp dazustehen – auch das eine Erfahrung, die man mit 46 Jahren ja eigentlich nicht mehr hatte erhoffen dürfen. Doch es ging alles gut für mich, d. h. schlecht für »Word«, meine Probleme damit hatte ich mir nicht etwa bloß durch Tolpatschigkeit eingehandelt: Womit ich im Handumdrehen vom verschreckten Volltrottel zum mutigen Erkunder einer terra incognita mutierte, jedenfalls in den Augen des Hotline-Herrn; und wo mich das Ergebnis dieser gemeinsamen Sitzungen bereits mächtig erleichterte, da schien es den Herrn regelrecht zu berauschen: Wir hatten, summa summarum, fünf veritable Bugs dingfest gemacht, die automatische Silbentrennung funktionierte ebensowenig wie die Dateiablage, Voreinstellungen veränderten sich selbständig usw. usf. – wundervoll.

Oder doch eher wunderlich; zumindest war das Gefühl recht merkwürdig, ein partiell defektes Produkt erworben zu haben (man kennt dergleichen ja: Null-Versionen sind im Grunde noch Beta-Versionen, die User sorgen durch ihre Beschwerden dann sukzessive für Updates) und plötzlich ganz vorn dran zu sein in dessen Weiterentwicklung, ausgerechnet ich, ein Überbringer schlechter Nachricht und gerade deshalb so etwas wie ein »Held der Arbeit«, ich! Woraufhin ich allerdings erst einmal für Wochen mit meinem Triumph allein gelassen wurde, sprich, mit einem reichlich unausgereiften Textverarbeitungsprogramm. Würde man, in einem früheren Leben, etwa mit einem leckenden Füller weitergeschrieben haben, mit einem Bleistift, der dauernd

250 Früher konnte man Microsofts Textverarbeitungsprogramm »Word« ohne das dazugehörige »Office«-Paket kaufen; die Version X war damals tatsächlich noch fast eine Beta-Version, nämlich 10.0.3, wenn ich mich recht erinnere. Ob sich die im folgenden erwähnten Bugs auch in der DOS-Welt so hartnäckig hätten halten können?

251 Zunächst einmal, genaugenommen: mit den jeweiligen Hotlines von Microsoft und Apple, die den Fehler – nach Art aller Computer-Hotlines – hartnäckig auf den jeweils anderen schoben: Tja, Word sei eben kein »natives« Programm aus der Mac-Welt, obendrein immer schon bekannt für seine vielen Fehler, ob ich nicht lieber ein anderes, ein gutes Programm benutzen wolle? Respektive: Tja, Apple sei eben eine Welt für sich, da gebe's immer störende Interferenzen mit »normalen« Programmen, ob ich nicht auf PC umsteigen wolle? Die Geschichte von Buridans Esel, der zwischen zwei gleich großen Heuhaufen verhungert, ließe sich problemlos in zeitgemäßem Gewand erzählen.

252 Und zwar derjenigen von »Word«; der Verdacht, der Fehler liege an Microsoft, hatte sich trotz aller offiziellen Ablenkungsversuche verdichtet, nicht zuletzt aufgrund »nativer« Voreingenommenheit, die man als Macianer dagegen nun mal hat.

abbricht? Heutzutage ist man *gezwungen*, mit defekten Schreibwerkzeugen weiterzuarbeiten, welch eine Demütigung, und wenn man die Sache unbedingt positiv sehen will, so kann man sich einreden, daß man auf diese Weise ein Gefühl dafür verinnerlichen kann, wie fragil die Benutzeroberflächen unsres Lebens trotz entgegenlautender Versicherungen tatsächlich sind, wie sie jeden Moment einbrechen könnten unter unsern Bemühungen.[253] Kann sich einreden, daß gerade das fallweise Nichtfunktionieren der Dinge, ihre Aufsässigkeit gegenüber unsrer habituellen Anspruchshaltung, mannigfaltig Läuterungen für uns bereithält und sogar das Allervertrauteste vorübergehend wieder ins vollkommen Fremde verwandelt – als Autor hätte man darüber eigentlich glücklich zu sein. Hätte.

Eine bloße Sinn- oder Erkenntniskrise ist es nämlich nicht, die uns Hard- und Software seit Anbruch der Postmoderne bescheren, eine bloße Schreib- oder Sprachkrise gar à la Lord Chandos; nein, sie bescheren uns eine kategoriell neue Ohnmachtserfahrung: Aufbruch ins Informationszeitalter, das ist nichts weniger als der selbstverschuldete Ausgang des Menschen aus seiner Mündigkeit, ist der dialektische Umschlag fortgesetzter Aufklärung in Gegenaufklärung, die binnen weniger Jahre bereits ebensoviel zur neuen Verrätselung der Welt beigetragen hat wie Jacques Derrida oder Friedrich Kittler. Jedes neue Update (als »Prinzip Hoffnung« im 21. Jahrhundert) und erst recht jede neue Programmversion vermehrt das esoterische Wissen – allein das systematische *Downgraden*[254] würde unsre in zahllose User-Bruderschaften zerfallene Gesellschaft wieder zusammenführen; und weil wir wenigstens das Gröbste über unsre digitalen Lebensabschnittspartner noch mitzukriegen suchen, brechen uns zeitbedingt zahlreiche andre »traditionelle« Wissensbereiche weg, wer kann noch Gerste von Roggen unterscheiden, wer das Transzendente vom Transzendentalen – bald wird es keinerlei Konsens mehr über Allgemeinbildung geben können. Damit zerfällt die Welt wieder in zahlreiche Welten, und ein High-Tech-Mittelalter bahnt sich an, wie es im Filmepos »Krieg der Sterne« treffend vorgezeichnet ist. Die Macht wird dann allerdings nur bei Jedi-Rittern sein, die am *andern* Ende der Hotlines sitzen.

Beunruhigend, höchst beunruhigend, und bis vor kurzem saß ich noch seelenruhig in polnischen Kellerkneipen, vernahm

253 Und weil sie das ja tatsächlich immer mal wieder tun, kann man sich einreden, daß man auf diese Weise eminent pragmatisch wird, daß man nicht so sehr an historischer Analyse von Problemen interessiert ist als an deren Lösung. – Die Grunderfahrung des »Geworfenseins« in eine letztendlich ergründbare Digitalwelt prägt auch unser philosophisches Nachdenken. Wahrscheinlich können wir uns nur deshalb so schwer noch zu Utopien und Visionen aufschwingen, weil wir schon bei den alltäglichsten Verrichtungen am PC so absturzgefährdet und also des Scheiterns immer gewärtig sind.

254 An dessen Ende wieder die kleine überschaubare Schreibmaschine herauskäme.

vom Haarausfall am Rücken (»Abgesehn von deinem Haarausfall hast du dich gar nicht verändert«), von der »Krakauer Menstruationsschule«, von einem mittelalterlichen Bordellsenator, der um seine Entlassung gebeten, »weil er sich seinen Aufgaben nicht mehr gewachsen sah«; und wenn wir nach Einbruch der Nüchternheit gen Morgen strebten, klatschte der Herr Professor seinem angeschlagenen Assistenten mit einem herzlichen »Prüf dich wach!« zum Abschied auf die Schulter. Ja, es war durchaus augen- und ohrenöffnend, Besitzer eines nicht funktionsfähigen iBooks zu sein, war wie eine Zeitreise in eine längst untergegangne Epoche, als es noch Bisongraswodka gab und Männer, die ungeniert Männerwitze machten.

Mittlerweile funktioniert mein iBook wieder,[255] es gibt keine solchen Männer mehr, und mit dem täglichen Blick auf den virtuellen Schreibtisch meines Bildschirms wird es immer unwahrscheinlicher, daß es sie je wieder geben könnte, will sagen: digitalisiert sich die Wahrnehmung der Welt immer weiter und weiter und damit auch das Selbstverständnis des Menschen. Was grundsätzlichere Auswirkungen auf die Literatur haben wird als jeder 3. Oktober oder 11. September. Zunächst wird es nur unsre Sprache sein, die stirbt, und am Ende werden wir – welch harte Wendung dieses so froh begonnenen Textes! –, werden die Autoren in einer Gegenutopie gefangen sein, die derjenigen von H. G. Wells' »Zeitmaschine« nicht unähnlich sein könnte: in einer paradiesisch anmutenden Welt aus selbständig miteinander kommunizierenden Geräten einschließlich vollautomatisch drauflos »schriftstellernder« »Plots Unlimited«-Programme[256], die nur dann, wenn ihre bunten Bildschirmschoner jählings aufbrechen und all das in die Tiefe reißen, was uns gerade fast schon wie Literatur oder wenigstens wie ein Essay erscheinen wollte, die nur dann ihr wahres Gesicht zeigt, wenn wir ihr in unsrer Sorglosigkeit gerade vollständig auf den Leim gegangen.

So fern ich während meiner Polenreise einer solch pessimistischen Weltsicht auch war, so gnadenlos holte sie mich selbst dort plötzlich wieder ein, in Form eines bis in die Wortwahl widerlichen Witzes, angeblich des Lieblingswitzes von Heiner Müller, doch vielleicht ist man als Germanist in solchen Fällen ja gezwungen, Rechtfertigungsfloskeln voranzuschieben:

»Sagt der Chef zu seiner Sekretärin: ›Frau Kowalski, Sie werden mich jetzt eine Weile nicht mehr sehen.‹

255 Das tat es freilich, abgesehen vom neu zu erstehenden Netzteil, nur um den Preis, daß ich auf die Verwendung von »Word X« und damit auch von Betriebssystem OS-X verzichtete; mit dem alten »Word 98« (wie die Version für OS-9 hieß) funktionierte natürlich alles weiterhin. – Als ich in diesem Jahr nun doch zu OS-X wechselte, die dazu passende »Word«-Version 11.2 hätte ja wohl mittlerweile ausgereift sein können, mußte ich mit Entsetzen feststellen, daß die automatische Silbentrennung noch immer nicht funktionierte, ja schlimmer noch, daß deren Aktivierung zum sofortigen Programmabsturz führte. Unglaublich? Aber wahr; zum Glück kam wenige Wochen später das Update 11.2.3 heraus, das den Fehler (angeblich war er nur in der deutschen Trennhilfe aufgetreten) tatsächlich behob. Man fragt sich, was in den vergangenen Jahren passiert oder eben nicht passiert ist; man darf aber auch gespannt sein, ob der Fehler unter 11.3 (das gerade zum Download angeboten wird) wieder auftaucht: Höhere Versionsziffern, das weiß ich mittlerweile, simulieren nicht selten den Fortschritt, indem sie de facto einen Rückschritt bedeuten.

256 © Ashleywilde Inc., Malibu. Mittlerweile gibt es unter diesem Titel noch ein Buch (»Based on the legendary prize-winning software program«), die Software heißt »Storybase« (»Storybase will quickly become your favorite storyproblem solver/inspiration source – your path around those blocks we all experience!«). Allerdings ist auch sie noch auf Stimulation durch Mausklicks angewiesen, die entsprechende Literatur entsteht vorerst nur im Halbschlaf. – Eine Alternative für maschinengenerierte Lyrik: Poetron 4G, Version 5.0 (www.poetronzone.de)

›Ach, geht's wieder nach Warschau, zur Messe?‹

›Nein, Frau Kowalski, ich werde Sie jetzt von hinten ficken.‹«

Widerlich, wie gesagt, aber in der Tat die kürzestmögliche Zusammenfassung dieses Essays: Denn auch unsre Schreibgeräte belieben ja mitunter, von einer Sekunde zur nächsten und ohne uns zu fragen –

– um Himmels willen, was ist *das* denn?! Noch hatte ich den angeblichen Heiner-Müller-Witz nicht zu Ende erzählt, da fing mein iBook schon wieder an, verrückt zu spielen, genaugenommen »Word«, natürlich »Word«, der nichtnative DOS-Fremdkörper in meiner schönen heilen Apple-Welt, wer sonst! Und setzte lauter unerwünschte Leertastenzeichen zwischen die Buchstaben;[257] knapp *nach* der Pointe des Witzes ließ sich der Cursor gar nicht mehr stoppen, raste selbständig durch die Zeilen, durch leere, erschreckend leere Zeilen – das wird doch wohl kein Virus sein? Denn nun, da ich das Programm geschlossen und einen Neustart absolviert habe, geht die Leertaste überhaupt nicht mehr, lediglich die Leertaste, bittesehr, die anderen funktionieren tadellos, aber … was nutzen sie allesamt, wenn die eine nicht funktioniert! Nein, Zeit für den versuchsweisen Anschluß einer Zweittastatur bleibt mir nicht und für den Hotline-Herrn erst recht nicht – ich hatte doch irgendeinen Essay?

Welchen Essay?

Jedenfalls abzugeben, noch heute, und so schreibe ich die Schlußzeilen eben notgedrungen mit meinem Füller. Wie ich aber so selbstvergessen schreibe, als sei ein Schreibwerkzeug tatsächlich nichts andres als ein Schreibwerkzeug, will mir der Griff zu Tinte & Papier gar nicht mehr umständlich und altmodisch, sondern geradezu: avantgardistisch erscheinen.[258] Sogar die Abstände zwischen den Worten gehen dabei – nein, nicht: von selbst, sondern: wie von selbst. Noch ist der Schriftsteller mehr als die Summe seiner Maschinen, noch.

(2002)

257 Das sieht man natürlich nur, wenn man unter »Einstellungen« die Option »Nicht druckbare Zeichen anzeigen« gewählt hat.

258 Nichtsdestoweniger verschwindet gerade auch der Füller – ein neuer Füller – samt dazugehörigen Ritualgegenständen und Ritualhandlungen in der Zukunft, vgl. S. 176.

Der Autor als Handbuchleser

E s gibt keinen Respekt mehr vor Texten«, resümiert der Medientheoretiker Norbert Bolz (*Börsenblatt*, Nr. 38/2006): »Das Buch war ja mal wie der Vater oder wie Gott eine Figur des vorbildlichen Anderen. Die Zerstörung von Autoritätsstrukturen, die kennzeichnend ist für aufgeklärte, moderne Gesellschaften, hat jetzt auch die Print-Kultur erreicht.«

Kursorisches, diskursives, »traversales« (Matthias Horx, ebd.) oder schlicht: Querlesen – selbst unter professionellen Literaturkritikern wird zunehmend ohne Kenntnis des *kompletten* Textes geurteilt; und weil das allenfalls noch die betroffenen Autoren bemerken, kann ein derartiges »Übern-Daumen-Taxieren« unwidersprochen zu den bizarrsten Auf- und Abwertungen führen. Insofern hat Bolz sicher recht; der Verfall alter Autoritätsstrukturen benennt jedoch nur die eine Seite des Phänomens; auf der anderen sind neue Autoritätsstrukturen entstanden, alte Leseerwartungen werden im neuen Gewand bedient:

Als da wäre, zum einen, das Bedürfnis zumindest der deutschen Leser nach dem Unverständlichen und Inkommensurablen der Literatur, vorzugsweise der Dichtung (s. S. 123): In Vollendung findet es sich heutzutage in Computermagazinen und -werbebroschüren; deren konkrete Poesie wird nicht selten, live und ungeschnitten, von Verkäufern dargeboten oder von Freaks aus dem privaten Umfeld, die man arglos um Rat gefragt hatte: jede für sich eine Spoken-Word-Performance vom Feinsten, die unsere Sehnsucht nach dem Höheren so umfassend zu stillen weiß wie ehedem nur ein Gedicht von Oskar Pastior. Zum anderen sehnen wir uns ja aber auch nach dessen Gegenteil, nach »flott Erzähltem«, nach einem eingängigen, womöglich spannenden Plot, dargestellt in klarer Sprache: Wo wir früher nach dem US-Bestseller greifen mußten, reicht jetzt ein heimisches Handbuch vollends aus, wie es sie fast zu jedem Computerprogramm gibt – große Literatur, fürwahr! Stets mit Gewinn und, vor allem, mit dem Gefühl des Dankes zu lesen, allein schon für die Übersetzungsleistung ihrer Verfasser, die uns die kryptischen Hohelieder des Digitalen, s. o., ins Prosaische zurückübertragen haben.

Und im besten Fall sogar ins Fastdeutsche; muß ich betonen, daß ich dies nicht ironisch meine? Die Lektüre von »Das Grundlagen-Buch zu Mac OS X 10.4 Tiger« (Kilchberg 2005) gehört für mich unbestreitbar zu den Lesehighlights dieses Jahres; schon der Untertitel »Das aktuelle Betriebssystem von Apple verständlich und umfassend erklärt – hilfreiches Know-how für alle Macintosh-Anwender« ist Beleg genug.

Man könnte einwenden, daß ich mich bereits mit dem Griff zum Buch als Epigone erwiesen hätte; ein User, der auf der Höhe der Zeit stehe, klicke einfach so lange herum, bis er die gesuchten Funktionen eines Programms bzw. Systems gefunden habe; im Notfall rufe er eben dessen Online-Hilfe auf oder gehe mit seinem Problem gleich zu einer der Foren im Netz. Wohl wahr! Aber systematisch wird er seinen Gegenstand auf diese Weise nicht kennenlernen, und eben das hatte mich gereizt; gerade das, was sich *nicht* auf den zweiten, dritten Klick erschloß, wollte ich jetzt endlich wissen, wollte nicht nur das Minimum dessen beherrschen, was für die tägliche Arbeit notwendig, sondern, nunja, das Maximum einschließlich all des vollkommen Überflüssigen, was in meinem neuen Betriebssystem als Bedingung der Möglichkeit verborgen sein mochte.

Ich wurde nicht enttäuscht. Hatte ich vor der Lektüre noch über die ästhetischen Defizite von OS-X geflucht – zum Beispiel über den naturalistischen Gittergeflechtkorb, der das wunderbar abstrakte Mülltonnen-Icon von OS-9 unwiederbringlich verdrängt hatte –, so wurde mir während der Lektüre eine *neue* Schönheit enthüllt, an anderer Stelle und in anderer Form. Wer hätte zum Beispiel geahnt, daß man ein Dokument nicht nur (durch Anklicken des gelben Knopfes, vulgo Buttons, in der oberen Symbolleiste) hinunter ins »Dock« *fahren*, sondern (durch gleichzeitiges Betätigen der Umschalt-, vulgo Shift-Taste) *schweben* lassen konnte, in Zeitlupe! Als ob das Dokument von einer übermächtigen Kraft angesaugt würde und, sich trichterförmig nach unten verengend, von dieser zu einem winzigen Icon komprimiert wurde! Unter Zuhilfenahme derselben Befehlstaste war es auch zu

dekomprimieren, kam auf ähnlich atemberaubend langsame Weise aus seiner Wartestellung wieder hervor – das eine wie das andre unter funktionalem Gesichtspunkt ein vollkommen überflüssiges, ja für die Tempologik der Branche sogar: kontraproduktives Schauspiel der Verzögerung. Und gerade deshalb das reinste ästhetische Vergnügen.

Die Schönheit entlegener Tastenkombinationen zu beschwärmen, verkneife ich mir; das sekundenweise Gefühl der Verbundenheit zwischen Mensch und Mac alswie zwischen Herr und folgsamem Hund ... will ich nur erwähnt haben. Ja, durch Lektüre dieses Handbuchs habe ich eine neue Erfahrung gemacht, mein Blick auf die virtuelle Heimat hat sich geschärft, mein alltägliches Leben ist auf sehr präzise Weise reicher geworden – ganz so, wie es Kritiker von guter Literatur fordern. »Mac OS X 10.4 Tiger«, ich habe es bis zur letzten Seite gelesen, mitunter sogar unter Beimengung von Glücksgefühlen.

Was das für herkömmliche Literatur heißen könnte? Vielleicht dieses: Gerade *weil* die Leseintensität dramatisch abnimmt, wird die Erstellung eines Textes immer aufwendiger; erst wenn es gelingt, die Komplexität seines Gegenstandes so vollständig unter seiner Benutzeroberfläche zu verbergen, die punktgenau programmierte Verzahnung von Motiven und Erzählsträngen in einer makrohaft eingängigen Abfolge von Einzelsequenzen sinnfällig zu bündeln, wird auch ein ästhetischer Surplus – gewissermaßen die Zeitlupenfunktion des Textes – nicht zur Lesebremse. Aber welcher zeitgenössische Autor ist sich seines Handwerks schon so sicher, daß er an- und querlesende Kritiker nicht wenigstens mit deutlich sichtbaren Zeichen seiner Bemühungen auf die Tiefe des Textes aufmerksam machen wollte?

Die Homepage als
digitaler Grabstein

Zu Weihnachten bekam ich diesmal bloß einen Briefumschlag. Und darin, anstelle einer Karte mit fröhlichen Wünschen, bloß eine kommentarlos aufnotierte Internetadresse, in der mein eigner Name keine geringe Rolle spielte. Nach ein paar Sekunden der Enttäuschung war ich online, mußte mich dann aber von meiner eignen Homepage belehren lassen, daß mir ein entscheidendes Plug-in fehlte, weswegen Weiterklicken unmöglich, begann umgehend mit dem Downloaden (während die Kerzen so fern brannten, als wär's in einer andern Welt), um nach 20 Minuten dabei abzustürzen[259]: Frohes Fest!

Den Rest des Abends verbrachte ich mit Grübeln: War eine eigne Homepage nicht a priori eine ziemlich peinliche Sache, ein hochnarzißtischer Beitrag zum weltweit vernetzten Jahrmarkt der Eitelkeit? Und für einen Schriftsteller jedenfalls überflüssig, schließlich hatte der doch einen Verlag: samt Verlagshomepage und einer stets geschäftigen Presseabteilung, die ja so etwas wie eine perfekt gebufferte 3D-Homepage in Echtzeit darstellt?

Letzteres, die quasiselbstverständliche Anbindung eines Autors an Verlag und Verleger, war freilich Anlaß für das Geschenk gewesen: Obwohl ich in den letzten 17 Jahren nur zweimal den Verlag gewechselt hatte, war ich mit acht verschiedenen Verlagsleitungen bekannt geworden und blickte zur Weihnachtszeit bereits einer neunten entgegen; dabei war der Hauptteil meiner Backlist auf der Strecke geblieben, und wenn das so weiterging … Irgendeinen Ort mußte es in dieser instabil gewordenen Branche geben, der nicht dem »kulturellen« Wandel unterworfen war, und sei's einen virtuellen: Schließlich ist der Autor der einzige im Literaturkarussell, der nicht so sehr am schnellstmöglichen Wirbel um einzelne Bücher interessiert ist als am langsamen Zu-

259 256k! Das ist zwar gerade erst mal drei Jahre her, doch bereits nahezu unvorstellbar: Wie hatte man ohne Breitband überhaupt leben können? Fluch der Datenströme: beschleunigtes Zeitgefühl bis hin zur gefühlten Lebenszeitverkürzung.

260 Die Verweildauer einer Neuerscheinung im Regal einer Buchhandlung soll, je nach den gewählten Parametern im hauseigenen Warenwirtschaftssystem, mitunter nurmehr zwei Monate betragen.

sammentragen eines Gesamtwerks.[260] Auf daß es sich, spätestens zum sechzigsten Geburtstag, im Pappschuber versinnlichen möge – stellt sich nur die Frage, der wievielte Verlagsleiter bereit sein wird, das dann in sein wievieltes Verlagsprofil einzupassen: Wo gestern noch Hoffmann und Campe draufstand, ist heute schon Suhrkamp drin, wo heute noch Suhrkamp draufsteht, wird morgen –?

Welch ein Theater um Labels und Personalien heutzutage; von einer schützenden literarischen Heimat, wie sie dem Autor früher von seinem Verlag ganz selbstverständlich und auf Lebenszeit geboten wurde, kann keine Rede mehr sein. Und was hieße das auch noch in Zeiten des Outsourcings und Aufs-Kerngeschäft-Besinnens? Mein Manuskript wird von einem externen Lektor betreut, ein externes Graphikbüro entwickelt Umschlag und womöglich Werbematerial, externe Vertreter, die keineswegs nur für diesen Verlag reisen, vermitteln das Buch an die Buchhändler, eine externe Agentur organisiert die nächste Lesetour – was macht eigentlich noch den Verlag aus? Der Verlagsleiter ...

Ebendeshalb also, das begriff ich am Ende dieses eher unheiligen Abends, war ich nun Besitzer einer Homepage geworden: um wenigstens selbst für ein wenig Dauer im Wechsel zu sorgen, um wenigstens virtuell zusammenzuhalten, was im tatsächlichen literarischen Leben zerstückelt und versprengt worden, gewissermaßen nach dem Motto: Verlagsleiter wechseln, die Homepage bleibt.

Soweit, so beunruhigend.

Noch in selbiger Nacht verfiel ich in anhaltendes Brüten, hatte man mich doch wissen lassen, daß meine Homepage bislang nur einen ästhetischen Rahmen vorgab und ein paar Grundmodule – den Rest würde ich selbst einzufüllen oder vielmehr: erst mal ganz grundsätzlich festzulegen haben. Denn zum Glück war man nicht davon ausgegangen, daß ich nun das Programmieren würde erlernen wollen, im Gegenteil, das Hamburger Unternehmen futur-zwei wartete nur darauf, den Rahmen meinen Wünschen gemäß zu füllen – übrigens nicht etwa nur reine Programmierer, sondern in Personalunion Kleinverleger und Veranstalter von Großlesungen:[261] Literaturkenner sozusagen mit starkem Hang zur Maus. Das versprach, aufregend zu werden.

261 Die Internet- und Werbeagentur: futur-zwei (www.futur-zwei.de). Der Verlag: Minimal Trash Art (www.minimal-trashart.de). Die Veranstaltungsreihe (gemeinsam mit mairisch Verlag): Transit (im Kulturhaus III & 70, Schulterblatt).

»Was bleibt von Ihnen eigentlich mal übrig, außer einer Festplatte?« hatte man mich schon vor Jahren nach einer Lesung in Marbach gefragt, und daß man dort, im bundesdeutschen Vorzeigearchiv, das rasante Aussterben haptisch greifbarer Manuskripte mit Sorge betrachtet, ist verständlich: »Was könnten wir eigentlich, gesetzt, wir wollten das überhaupt, von Ihnen hier mal ausstellen?«

»Die kleinen Dinge, die's für jeden Text gibt, immerhin die!« antwortete ich damals, dachte freilich: Was wird denn eigentlich von euch übrigbleiben? Ginge's nach H. G. Wells' evolutionspessimistischem Roman »Die Zeitmaschine«, so wär's wohl angeraten, das Prinzip Marbach baldmöglichst von einer geographisch faßbaren Entität in eine digitale zu transformieren; so oder so wird dort von unsrer Gegenwartsliteratur kaum etwas auszustellen sein. Wohingegen Webspace, im Unterschied zu handfesten Manuskripten, wohl auch in Hunderten von Jahren noch reichlich vorhanden sein und kreativ genutzt werden dürfte. – Wie also, so dachte ich jetzt, vom weihnachtlichen Punsch beseelt, wenn man mit seiner eigenen Homepage gleich mitbaute an diesem virtuellen Marbach, das in nicht allzuferner Zukunft als zentrale Vernetzungsstelle von Autoren-Homepages fungieren dürfte, als Verwaltung digitaler Sonderausstellungen, die von museal Gesinnten nach gestaffelter Online-Gebühr zu besichtigen sind?

Ebenso größenwahnsinnig war der Gedanke wie deprimierend: ein Vorlaß zu Lebzeiten, durch dessen Verkauf ältere Schriftsteller noch heute ganz passable Nebeneinkünfte erzielen, schon für meine Generation würde er nurmehr ein digitaler sein; die epigonale Eitelkeit, schweinsledern gebundene Manuskripte zu hinterlassen[262] oder ein möglichst »künstlerisch« anmutendes Zettelchaos[263], sie würde bestenfalls noch im virtuellen Raum auszuleben sein. Und war eine Homepage nicht tatsächlich unsterblicher als der dazugehörige Mensch, vorausgesetzt, anfallende Domain-Gebühren hatte man vorausplanend entrichtet?[264]

Welch eine unweihnachtliche Nacht! Weil danach aber für mich feststand, was ich auf zukünftige Fragen nach eventuell anfallendem Nachlaß antworten würde, weil ich am nächsten Morgen also wußte, was ich womöglich gar einem Archiv als Vorlaß andienen (und dabei paßwortgeschützte Unterbereiche

262 Ernst Jünger! Auf lange Sicht hat er seinen Manuskripten damit allerdings eher geschadet: Auch Leder, als organisches Material, beginnt irgendwann einmal zu verfallen – und damit dem Papier arg zuzusetzen.

263 Friederike Mayröcker! Jedenfalls wenn man das Photo von ihrem Schreibtisch, wie's vor einiger Zeit durch die Presse ging, schon mal als Vorwarnung nimmt.

264 Ob auch diese virtuellen Grundstückspreise einmal so deutlich anziehen werden, daß man sich den Erwerb von (zusätzlicher) Webspace so gründlich überlegen wird wie heutzutage denjenigen eines, sagen wir, Tiefgaragenstellplatzes? Auch unsre virtuellen Ressourcen könnten knapper werden – dahinter stehen ja unabdingbar ganz reale Rechner, ob in Karlsruhe oder Osaka oder in irgendwelchen karibischen Billigdomain-Paradiesen –, und sei es, daß man diese Knappheit künstlich herbeiführt.

für alle Art work in progress versprechen) konnte,[265] mußte ich zwischen den Jahren nurmehr herausfinden, wie eine Marbach-kompatible Homepage auszusehen hatte.

Deutsch sein heißt bekanntlich, eine Sache um ihrer selbst willen zu betreiben: Sobald die Frage der Vollständigkeit im Raum steht, fühlt sich der Deutsche berufen, Antworten zu finden, in dieser wie jener Welt. Als mich die Vision einer historisch-kritischen Homepage heimsuchte, war ich also auf eine sehr deutsche Weise größenwahnsinnig geworden; der unbefriedigte Systemdenker in mir, der sich bereits als Weiberromancier am Köchelverzeichnis von Mann-Frau-Beziehungen versucht hatte, nun wollte er wenigstens sein Coming-out auf einer Homepage feiern, zwecks vollständiger Selbsterfassung – welch hybride Sehnsucht nach Big Brother als dem eignen höheren Selbst! Die totale Datenbank, einzig für den Rechercheur geschaffen, die sämtliche Texte in ihrer Originalfassung, ob veröffentlicht, ob unveröffentlicht, nicht nur chronologisch auflisten würde, sondern de facto auch enthalten: die Eins-zu-Eins-Privatenzyklopädie mit integrierter Volltextsuche – das war wohl meine Art, den Rausch der digitalen Möglichkeiten (alb)träumend auszuleben. Denn das ist ja das Schöne am WW-Wirken und WWWeben, es macht uns im Nu zu Weltenschöpfern, deren Maßlosigkeiten allenfalls mit Systemabstürzen zu bezahlen sind.

Zum Glück gab's da aber noch die Leute von futur-zwei, die mich von dieser Wolke wieder herunterholten. Zwar nickten sie auf alles, was ich ihnen von systematisch katalogisierter Gesamtverdatung vorschwärmte – ob ich etwa fürchte, sie würden den programmatischen Anspruch ihres Namens nicht einlösen wollen? –, betonten aber mit Recht, wie ich im nachhinein zugeben muß, die entgegengesetzte Tendenz. Ihre Zentralidee: Alles muß rein! Der Mensch sei nur da ganz Mensch, wo er klickt, und eine Homepage somit idealtypischerweise alles andre als bloße Bleiwüste ohne Blei! Sie solle doch Spaß machen? Und im Bestfall sogar: auf ihre Weise schön sein – ich möge mal an die Leser denken! Ja, auch Webdesign sei eine Frage des Stils und eine Homepage nichts weniger als eine Art Roman, der gelesen werden wolle oder eben nicht: Wie jede erste Seite versuche das Intro mit anschließender Startseite, den zufälligen Netzbesucher durch verlockend sich anbietende Klickpfade »anzuteasern«.

265 Im Grunde bedarf es dazu der Institution des Zentralarchivs gar nicht mehr: Stephen King hat es allen vorgemacht, wie man als Autor sein Lesepublikum zum kostenpflichtigen Download von Texten bringen kann. Einziger Unterschied zum herkömmlichen Vor-/Nachlaßgebaren: Der Verkauf von Inhalten erfolgt eben *nicht* mehr en bloc an einen einzigen »treuhänderischen« Käufer zugunsten einer bildungsbürgerlichen Allgemeinheit (die heute vielleicht selbst schon virtuell geworden ist), sondern offen dem »One Click«-Stimulus von Angebot und Nachfrage gehorchend.

Und sei der Roman nicht seit je, einmal andersherum betrachtet, kaum mehr als eine geschickt vernetzte Anordnung von Hyperlinks?

Damit hatten sie mich; und je mehr sie dann von ihren Vorstellungen im Verlauf von 230 Arbeitsstunden umsetzten, desto menschlicher wurde das Projekt wieder. Nein, für die Ewigkeit ist meine Homepage nun nicht mehr konzipiert, anders läßt sich der Spagat zwischen Nutzen und ästhetischem Mehrwert wohl nicht bewältigen. Nur die Suchmaschine konnte ich in ihr Konzept hinüberretten – jedem sein eigner Google!

Und doch, und doch. Ob eine Homepage nun als eigenständige Veröffentlichung angesehen werden und entsprechend Eingang ins Werkverzeichnis finden muß (allerdings in das von futur-zwei), ob sie lediglich den kleinsten gemeinsamen Nenner dessen abbildet, was einem Autor in seinen Büchern nie glücken wollte, eines ist sie gewiß: die arg zellulosefreie Simulation einer Ausgabe Gesammelter Werke,[266] die nun zwar nicht mehr im ersehnten Pappschuber daherkommt, sondern lediglich im Explorer- oder Navigator-Frame[267], dafür aber auch mit Flash Animation (statt Fadenheftung), mit einem dynamisch der Bildschirmgröße sich anpassenden Textfeld (statt Bleisatz), mit Scrollbar (statt Lesebändchen). Und das, was der frühere Leser an Bildung mitbringen mußte, um das Gelesene auch angemessen rezipieren zu können, das braucht der heutige eben an Software.

Was aber ist sie damit anderes, die Homepage, als der digitale Grabstein, den wir uns zu Lebzeiten errichten? Eine Zeitlang werde ich noch, als Netzbewohner mit einer festen Heimat selbst im Virtuellen, diese Homepage hausputzenderweise begleiten, mit mancherlei Möbelgerücke und wohl auch gelegentlicher Gesamtrenovierung, aber warte nur balde ... wird sie, und eines Marbachs bedarf sie dabei nicht mal, auf sehr stille Weise von einer Sekunde auf die andere zum Museum werden: zur ehemaligen Dichterklause, originalgetreu erhalten bis auf den letzten Tippfehler. Die dazugehörige Korrespondenz wäre aus den »Gelöschten Objekten« meines Mailprogramms gewiß mit geringem Aufwand nachträglich noch dazuzurekonstruieren. Soviel Grabstein war nie.

Mein neuer, mein neunter Verlagsleiter ermahnt mich, die Sache nun gut sein zu lassen, es gelte, einen ganz realen Roman zu schreiben, der dann ja auch als ganz reales Buch erscheinen soll.

266 Das Leiden an einer ständig sich perpetuierenden Lückenhaftigkeit einmal hintangestellt: Den allermodernsten Sisyphos kann man sich nur schwerlich als glücklichen Menschen vorstellen.

267 Lies mittlerweile: im Safari- oder Firefox-Frame.

Doch was kann als real noch gelten, wenn die digitale Heimat eines Schriftstellers zumindest für eine Zeitlang mehr Kontur hat als diejenige einer Verlagswelt, deren Identitäten auf bestürzende Weise verschwimmen und sich demnächst aufzulösen drohen; mehr Kontur auch als der Rest der Welt, in der er tatsächlich wohnt oder phasenweise haust, in der er sich selbst am Ende als kleinen Hyperlink begreifen lernt und Mauszeiger selbst mit geschlossenen Augen sieht? Schreiben Sie endlich, sagt mein Verlagsleiter: Um alles andre kümmern wir uns.

(2004)

Das Internet als Kinderzimmer

ürrenmatt wurde der Gebrauch einer Schreibmaschine ärztlich untersagt; welcher Arzt rettet uns vor dem Netz, indem er's uns verbietet? Nicht unbedingt vor der eignen Homepage; der Aufwand des »Einpflegens« eskaliert zwar mit den technischen Möglichkeiten – Vollbeschäftigung durch Autodigitalisierung! –, aber daran ist man ja wenigstens noch selber schuld. Doch auch die Verweildauer bei fremden Netzadressen steigt kontinuierlich, und zwar nicht aus Langeweile, Lust oder Neugier, sondern aus schierer Lebensnotwendigkeit: Selbst wenn man sich einfach auf und davon klicken wollte – zu den Seiten von Bahn und Post, Banken und Billigfliegern, Medienportalen, Onlinebörsen oder Versandhäusern *muß* man über kurz oder lang zurückkehren, will man nicht aus allen Lebensbezügen hinausfallen.

Der Totalitätsanspruch des Netzes könnte für uns alle bald zum Problem werden. Schon heute ist derjenige, dessen Seite von einer Suchmaschine nicht für relevant erachtet wird und also unter den angezeigten Treffern auf den billigen Plätzen landet, so gut wie verloren in der Datenwüste: Wer seine Homepage lediglich mit ein paar selbstgestrickten html-Seiten zu bestücken und auch sonst keine vollautomatisiert zu erkennende »Wertigkeit« damit zu schaffen oder wenigstens zu simulieren weiß (etwa durch Verlinkung mit anderen,

relevanteren Seiten), der fällt für Google im wahrsten Sinne unter »ferner liefen« – der Teufel scheißt auch im Internet nur auf den größten Haufen. »Durch Googles PageRank wird der Link zur Währung«, schreibt die Computerzeitschrift *c't*; der einstige Netzpionier aus Kalifornien ist mit seinem Weltorganisationsanspruch drauf und dran, das neue Feindbild der Branche zu werden, im *Economist* brandmarkte man seinen missionarischen Erfassungseifer bereits als »Religion im Gewand eines Unternehmens« (zit. nach: SZ, 19.1.2006).

Ein weltweites Informationsmonopol wäre in der Tat eine ernste, nachgerade fundamentalistische Bedrohung; das Netz bietet freilich, in seiner Eigenschaft als große Spielwiese, auch heitere Seiten – jedenfalls heiter auf den ersten Blick: In zahlreichen virtuellen Welten spielen sich Erwachsene um Kopf und Kragen; das Kind im Manne, so möchte man meinen, sublimiert dort prächtig, führt seine Kriegszüge nurmehr virtuell, liebt, haßt, flucht und kämpft mit nichts weiter als einer Maus in der Hand. Doch das verkennt die Situation, die Maus *ist* für solche Netzjunkies bereits die Taube auf dem Dach, und mit jedem Klick führt sie tiefer in die gewählte Scheinwelt – die Fälschung scheint nicht nur besser als das Original, sie wird zum Original: »Während ältere Erwachsene online gehen, um sich zu informieren, gehen die Jüngeren online, um zu leben.« (*New Scientist*, zit. nach: *Focus*, Nr. 41/2006)

Auf http://secondlife.com zum Beispiel, einer halbwegs photorealistischen Spielwelt für derzeit bereits eine knappe Million »Bewohner«, können dynamisch interagierende »Power-User« in Echtzeit – nun, noch längst nicht alles, was sie im realen Leben könnten, aber doch immerhin schon: ein neues zweites Leben beginnen. In dessen Verlauf sie dann das in die Tat umsetzen, was sich in ihrem alten ersten Leben als zu groß geratner Wunschtraum, als »unrealistisch« bzw. »unrealisierbar« erwiesen hat. Was also realisieren sie dort, indem sie zum zweiten Mal davon träumen? Abgesehen davon, daß sie eine Weile hin und her streifen (beamen) und in rudimentäre Dialoge mit Umherstreifenden (Umherbeamenden) treten, sind sie vor allem bestrebt, seßhaft zu werden: Sie erwerben Gegenstände und Grundstücke, beharken den virtuellen Schrebergarten, bauen am virtuellen Eigenheim und, in toto, an einer Welt in der Welt – um all ihre Wünsche auch umzusetzen, zahlen sie echtes Geld! Oder, im Gegenteil, verdienen es, indem sie das Gewünschte bauen (programmieren), herbeischaffen, Urheber- bzw. Nutzungsrechte daran meistbietend verkaufen; auf all den aus der realen Welt sattsam bekannten Wegen mehren sie ihren Besitz, wohlgemerkt nicht etwa nur einen virtuellen – im Second-life-Metaversum wird angeblich ein Bruttosozialprodukt von 64 Millionen Dollar erwirtschaftet (SZ, 12. 10. 2006). Daß es ein Second-life-Radio gibt, das den entsprechend »spacigen« Sound dazu liefert, einen Reporter, der aus »Second life« berichtet, mag man noch als Perfektion des Virtuellen abhaken; daß es inzwischen jedoch ganz reale Universitäten, Wirtschaftsunternehmen und politische Parteien gibt, die dort Seminare, (Presse-)Konferenzen und Wahlkampfveranstaltungen abhalten, Popbands, die dort auftreten (Duran Duran; sozusagen das Gegenstück zu den Arctic Monkeys, die ihren Siegeszug von einem Internet-Forum aus antraten), und Modefirmen, die dort ihre Filialen eröffnen, ist nichts weniger als eine »verkehrte Welt«: sondern der Einzug des Realen ins Virtuelle? Die Ausweitung des Virtuellen ins Reale?

Um sich in einer solch »gemischten Wirklichkeit« aufzuhalten, muß man derzeit noch eine simple Form von Programmiersprache beherrschen, besagte Maus in der Hand und den Blick auf einen vergleichsweise winzigen Bildschirm fixiert halten. Doch daß man all das auch irgendwann einmal, ausgereifte Sensortechnik und ein aufwendiges Surround-System an Bild-, Geräusch- und Geruchskulissen vorausgesetzt, mit der schieren Imaginationskraft der User wird betreiben können, ahnte der amerikanische Science-fiction-Autor Ray Bradbury schon 1951: In der Auftaktgeschichte von »Der illustrierte Mann« steht ein vollautomatisiertes 3D-Kinderzimmer im Mittelpunkt, auf dessen Wände sich die spielenden Traumlandschaften herbeizaubern, indem sie diese schlichtweg herbeiwünschen. Was in Form von »Spritztouren in ein fremdes Land« »das Bedürfnis nach Tapetenwechsel« befriedigen soll, artet bald in ein Spiel auf Leben und Tod aus – die telepathischen Gedankenströme der spielenden Kinder zielen nämlich keineswegs auf »Alice im Wunderland«, sondern auf die afrikanische Steppe mit ihren keinesfalls nur brüllenden Löwen. Als die Eltern das Zimmer abschalten wollen, um ihre Kinder in der realen, nichtautomatisierten

Welt von ihren mörderischen Phantasien abzubringen, weigert sich der Sohn mit den Worten: »Ich möchte aber nichts anderes als zuhören, zuschauen und riechen; was sollte ich denn sonst tun?« (München 1972, S. 13, 20)

Was bei Bradbury blutig endet, verläuft in unseren (weit primitiver ausstaffierten) Scheinwelten noch friedlich, bislang hat dort erst ein Internet-Selbstmord stattgefunden (unter lebhafter Anteilnahme der Blogger-Gemeinde; FAZ, 10. 8. 2006). Noch – sofern man die (echten) kapitalistischen Ströme, die darin fließen, nicht bereits als erste Anzeichen sehen will, daß es auch dort unweigerlich zu unfeinen Auseinandersetzungen kommen muß. Derzeit wird wie in der Gründerzeit gekauft und gebaut – und vielleicht wird man demnächst die Häuser nicht nur renovieren, sondern auch technisch auf den neuesten Stand bringen und, »a dream within a dream«, miteinander vernetzen: eine Art Intranet 2.0; womöglich wird es sogar den einen oder anderen geben, der sich in seinem virtuellen Arbeitszimmer am virtuellen PC eine eigene – virtuelle? reicht das Wort dafür noch aus? – Homepage baut oder, wahrscheinlicher, bauen läßt. Noch! wird gebaut und wird gebaut werden; weil es aber selbst in einem Metaversum Habenichtse gibt, werden irgendwann auch hier Neid und Gewalt Einzug halten, Eroberung und Zerstörung.

Und währenddessen, hier und jetzt? Zerfällt unsre Gesellschaft in Bruderschaften und Stämme, deren versprengte Clan-Mitglieder in weltweiten Netzgemeinschaften Ersatzheimat suchen: Einsteiger, die sich, indem sie sich zum globalen »Kiez« zusammenfinden, zunehmend aus dem Sozialen des tatsächlichen Lebensumfelds ausklinken. Das freundliche Unverständnis füreinander kann auch dort irgendwann einmal in sein Gegenteil kippen. Dann nämlich, wenn es im realen Leben keine kritische Masse mehr gibt, die halbwegs das Gleiche will und auch gesellschaftlich durchsetzt – weil es viel spannender geworden ist, dies als Netzbewohner zu tun.

Vom Verschwinden der Dinge
in der Zukunft

Als ich im Hauptbahnhof von Seoul – ein arg vernebelter Novembertag des Jahres 2001 – eine stattliche Serie von PCs entdeckt und kurz drauf herausbekommen hatte, daß man umgerechnet nur eine Mark einwerfen mußte, um für 15 Minuten online zu gehen:[268] konnte ich nicht widerstehen. Und leerte mit zielstrebiger Selbstvergessenheit meinen digitalen Briefkasten.

Mit derselben Selbstvergessenheit, als säße ich vor dem heimischen Mac; denn wie ich sämtliche koreanischen Dialogboxen, statt über ihren tieferen Sinn ins Grübeln zu geraten, mit der Enter-Taste vom Bildschirm verscheucht hatte, erschien dort das Altvertraute: die Briefumschlag-Icons meiner Digitalpost,[269] die ich mittels Doppelklick gleich digital aufschlitzen konnte.

Nun blieb ich noch eine Weile in Seoul, und bald wurde's mir zur Gewohnheit: Täglich fuhr ich zum Bahnhof und leerte meinen Briefkasten mit der allergrößten Selbstverständlichkeit, so, wie ich früher zum realen Briefkasten gegangen, um dort nach realen Briefen zu sehen. Reale Briefe? Ja, waren denn die digitalen weniger real? Und mein virtueller Briefkasten auf dem Hauptbahnhof – weniger real als der blecherne daheim, in Hamburg? Bereits der Gang dorthin, obgleich ich ihn in fernöstlich verfremdeter Umgebung antrat, erzeugte die gleichen Gefühle, realen Gefühle in mir wie ansonsten der Gang zum tatsächlichen Briefkasten: Erhoffen des einen, Befürchten des andern, dazu eine ganz grundsätzliche Neugier, konterkariert durch das ebenso grundsätzlich Mechanische des Handlungsvollzugs. Und auch nach Einwurf der Münze blieb mir die altbekannte Gefühlsmischung erhalten: Der digitalisierte Briefkasten zog mich vorübergehend so vollständig in seinen Bann wie der real existente, der Blick auf die Benutzeroberfläche erzeugte ein virtuelles Heimatgefühl, das dem tatsächlichen in nichts nachstand:

268 Auch die Deutsche Mark ist vor wenigen Jahren »verschwunden«, und mit ihr Franc, Lira, Peseta und all die anderen Währungen, die in ihrer dezent exotischen Fremdheit für uns ein selbstverständliches Abbild des Alten Europa waren. Konnte man sich nicht schon bei einer Fahrt nach Österreich ein bißchen kosmopolitisch fühlen, sobald man nur gelernt hatte, angemessen unaufgeregt mit Schillingen und Groschen zu hantieren? Ganz zu schweigen von den *englischen* Schillingen, die uns vor Zeiten noch vor Augen führten, daß eine dezimalsystematische Aufteilung der Welt vielleicht die praktischste, nicht unbedingt jedoch die schönste Lösung sein mußte.

269 Auch diese kleinen Briefumschläge – herrlich altmodisch im Grunde – sind mit dem Wechsel des Mailprogramms, jedenfalls für mich, schon wieder verschwunden. An ihre Stelle ist ein dicker Punkt getreten; das funktionale Design läßt offen, ob ein Mail überhaupt noch als Brief verstanden werden will. Oder als flüchtiger, quasimündlicher Zuruf.

Ob digital, ob haptisch – wer Post bekommt, darf sich einige Momente lang sicher sein, nicht vollständig vergessen zu sein von der Welt.

Erst in der Fremde erkannte ich freilich, daß mir der virtuelle Briefkasten mittlerweile sogar wichtiger und vielleicht sogar vertrauter geworden war als der tatsächliche, daß sich mit der Hinwendung zu einem neuen Medium längst der Abschied vom alten Medium angebahnt hatte und damit auch der Abschied von einer kleinen, gewiß nicht im Zentrum meiner Tage stehenden, aber eben jahrzehntelang halbautomatisch vollzogenen Tätigkeit – dem Leeren des realen oder besser: des haptisch vorhandnen Blechbriefkastens.

Damit wir uns nicht mißverstehen, zum einen: Selbstverständlich hat ein digital empfangner Brief eine andre Aura als der, den man in die Hand nehmen und vielleicht sogar beschnüffeln kann, hat einen andern Satzbau, oft auch eine andre Rechtschreibung; was ihm etwa an Handschrift abgeht, gewinnt er durch gezielten Einsatz von Cyberslang oder Smileys. Und gewiß sind mit dem Lesen von Mails ganz andre Emotionen verknüpft, als man sie früher beim Briefelesen hatte, selbst wenn man die Mails der Reihe nach ausdrucken würde. Doch um all diese (mannigfach wiederum voneinander verschiednen) Gefühle soll's hier gar nicht gehen, sondern einzig um dasjenige, das ihnen allen vorangeht: das Gefühl, Briefe in Empfang zu nehmen, sprich, seinen Briefkasten zu leeren.

Damit wir uns nicht mißverstehen, zum andern: Natürlich stand und steht der Abschied vom tatsächlichen, vom Blechbriefkasten noch in weiter Ferne. Doch jetzt wurde er zum ersten Mal immerhin fühlbar, denkbar, als dereinst unabwendbares Ereignis sogar achselzuckend akzeptierbar – das zunehmende Verstummen meines Faxgerätes hätte ich vielleicht schon seit Monaten als seinen Vorboten verstehen sollen. Und da wurde mir, am andern Ende der Welt, in aller Schmerzlichkeit bewußt, daß selbst auf den beiläufigsten Dingen dieses Lebens ein Preis steht: ein andres, ebenso beiläufiges, aber eben älteres Ding. Je freudiger wir eine sogenannte Errungenschaft in unser Leben Einzug nehmen lassen – und die anhaltenden Herbstnebel mochten auf die Melancholie meiner Gedanken keinen geringen Einfluß haben –, je freudiger wir die Zukunft zu unsrer Gegenwart machen, desto gedankenloser geben wir damit etwas der Vergangenheit preis, das bis zu just jenem Moment noch selbstverständlicher Teil unsrer Gegenwart war.

Ein bestechend schlichter Gedanke, und wahrlich alles andre als neu. Doch mit weitreichenden Folgen, wie sich nach meiner Rückkehr in die Heimat zeigte. Dort erwartete mich nämlich zweierlei:

Erstens eine Bar namens »fusion«, in der's den Willkommensdrink zu nehmen galt. Die Bar war erst vor kurzer Zeit eröffnet worden, namhafte Designer hatten sich darin verwirklicht, und herausgekommen war ein perfekt durchgestylter Raum, in dem Menschen in perfekt durchgestylten Anzügen saßen. Und zwar an kleinen quaderförmigen Tischen, in deren jeweiliger Oberfläche handspannenbreit ein Lagerfeuer brannte. Oder war's ein Kaminfeuer? Schwer zu entscheiden, denn auf dem Bildschirm, der in die Tischplatte eingelassen, gab's nichts zu sehen außer Flammen, Funken, langsam verkohlenden Holzscheiten. Was mich sofort für diese Bar begeisterte, trotz ihres schnöselhaften Publikums, ich konnte den Blick nicht vom Bildschirm unsres Tisches lassen, den ganzen Abend sah ich ins Feuer, oh ja, ins *digitale* Feuer, doch das Gefühl dabei war das gleiche, wie ich's früher beim Blick ins tatsächlich vorhandene, ins real existierende Lager- oder Kaminfeuer gehabt hatte: ein eminent anheimelndes.

Real existierendes Feuer, real existierender Briefkasten – selbstverständlich sind deren digitale Konkurrenten keinen Deut weniger real, keinen Deut weniger »tatsächlich vorhanden«. Das Faszinierende daran ist ja vielleicht sogar, daß sie binnen kurzem realer für mich geworden waren als ihre »konkreten« Vorbilder, daß die Virtualisierung der Welt von mir problemlos akzeptiert wurde, indem ich der Simulation die gleichen Gefühle entgegenbrachte wie ihrem konkreten Vorbild: so daß ich mich fast zu der Annahme hätte hinreißen lassen, man habe als Mensch eben ein festes Arsenal an Basisgefühlen, die man mehr oder weniger problemlos von einem Ding aufs nächste übertragen kann.

Immerhin hätte man mit einer solch simplifizierenden Annahme jedweder Zukunft, wie sie mit ihren oft winzigen Neuerungen nahezu täglich für uns an- oder über uns hereinbricht, ohne Sentimentalität entgegentreten können. Das Beunruhigende liegt freilich auf der Kehrseite meiner beiden Erlebnisse, dort, wo's nicht um den Einbruch der *Zukunft* ins Leben geht, sondern um den Abschied altvertrauter Kleinigkeiten in die *Vergangenheit* und den damit verbundnen Abschied von Alltagsritualen, mehr noch: von Arbeits-, ja Lebensweisen; und hier sind wir auch schon beim zweiten, das mich nach meiner Rückkehr aus Korea erwartete: mein alter Füller. Mit ihm hatte ich seit meinem 15. Lebensjahr alles geschrieben, was mir wichtig gewesen, und nun lag er, in einer Plastikfolie verpackt, auf meinem Schreibtisch: ohne dazugehörige Kappe. Die ich nämlich vor Wochen verloren hatte. Und die das beauftragte Schreibwarengeschäft trotz umfangreicher Bemühungen einfach nicht mehr hatte auftreiben können – bei meinem Füller handelte es sich schließlich um ein schlichtes Nachkriegsmodell, einen Zufallsfund im Wohnzimmerschrank meiner Eltern. Für den mein Herz seinerzeit sofort heftig zu schlagen begonnen; drei Jahrzehnte lang ließ ich ihm eine Spezialtinte zukommen, die ich aus Grün und Schwarz mischte, weil mir die käuflich zu erwerbenden Farbtöne schlichtweg unangemessen erschienen. Und schrieb damit all meine Gedichte, Geschichten, Essays, zwei Theaterstücke, ein Libretto, vier Romane, nicht zu vergessen die Notizen zu weiteren Gedichten, Geschichten, Essays, Romanen: bis zu dem Moment, da ich feststellen mußte, daß ich die Kappe verloren hatte. Ausgerechnet auf der Buchmesse.

Doch das ist nicht ganz wahr. Denn schon lange bevor ich diese Kappe verloren, nämlich seit etwa zwei Jahren, hatte ich angefangen, Texte direkt in den Computer zu tippen, und zwar deshalb, weil mich die Schreibtischoberfläche meines neuen Macs von Tag zu Tag unwiderstehlicher angezogen. Die angeblich praktischen Vorteile des Computers interessierten mich nur am Rande; was mich dagegen zunehmend faszinierte, war die Ästhetik, die von diesem Arbeitsmittel ausging, vom Motiv des Schreibtischhintergrunds, von Form und Farbe der Symbolleisten, von den kleinen Info-Sprechblasen, die plötzlich neben gewissen Buttons aufleuchten, von den gummientenmäßig aufquäkenden Fehlerquittungen oder dem jalousettenartig schratternden Geräusch, das beim Herunterfahren eines Pulldown-Menüs ertönt:[270] Die Summe dieser ästhetischen Erfahrungen machte mich regelrecht süchtig – ab einem gewissen Punkt ertrug ich's kaum einen Tag lang, meinen Mac ausgeschaltet zu lassen. Wohingegen sich der alt-

270 Die Toneffekte von OS-9, des damaligen Betriebssystems von Apple, waren angeblich von David Bowie – komponiert? generiert? einer von anonymen Tüftlern zusammengestellten Auswahl entnommen und also mit nichts weiter als dem Segen des Profis versehen worden? Egal, auch die damalige Palette an Sounds ist mit dem Wechsel des Betriebssystems auf OS-X für mich verschwunden; meine Pull-down-Menüs öffnen sich seither lautlos. Schade.

vertraute Füller zunehmend durch bloßes Herumliegen aus-zeichnete.

Insofern hätte's mich eigentlich gar nicht so überraschen sol-len, als ich ihn, den ich für das wichtigste Ding in meinem Leben gehalten, plötzlich so final verpackt vor mir liegen sah: Doch die Gelassenheit, mit der ich sein Todesurteil entgegennahm, schok-kierte mich denn doch. Daß ein *neuer* Füller angeschafft werden würde, und zwar geschwind, war nicht Erklärung genug für meine Herzlosigkeit – ein neuer Füller, und koste er ein Vermö-gen, würde natürlich nie das ersetzen können, was der alte bil-lige Nachkriegsfüller für mich 30 Jahre lang gewesen. Warum dann dieser schmerzlose, ja pietätlose Abschied von einem Ding, dem bislang all meine Liebe gegolten?

Doch wohl deshalb, weil sich mittlerweile, in schleichender Gewöhnung, ein *andres* Ding an seine Stelle gedrängt – der Bild-schirm meines Macs – und sämtliche Emotionen an sich gezo-gen hatte, die früher der Wahl des Papiers, der Mischung der Tinte, der Füllung des Kolbens gegolten. Originell ist auch diese Erkenntnis keineswegs, wir alle leben im Zeitalter fortschreiten-der Digitalisierung, und daß man eine (Haß-)Liebesbeziehung sogar zu Computern aufbauen kann, weiß bereits jedes Kind. Entscheidend neu war für mich vielmehr der Umstand, daß mit dem Verschwinden eines altvertrauten Dings zwar nicht unbe-dingt die dazugehörigen Gefühle zu verschwinden hatten.[271] Wohl aber die dazugehörigen Gedanken.

Schon immer hatte ich mir nämlich den Kopf darüber zerbro-chen, wie unsre Art, Sätze zu formulieren, vom Werkzeug ab-hängt, mit dem wir es tun – bislang stets mit dem Ergebnis, daß ein mit der Hand geschriebner Satz eine andre Qualität habe, und zwar eine, die beim Lesen desselben deutlich zu spüren sei, als ein per Tastatur in einen Computer gewissermaßen mecha-nisch »eingegebener« Satz. Der Rhythmus der Sprache liege im Rhythmus der Hand, so mein Credo – was ich ja nun, anders würde der Fortschritt nicht zu ertragen sein, zielstrebig in sein Gegenteil verkehren mußte, etwa zu: Ist doch völlig egal, ob man einen Satz mit Füller oder Computer schreibt, der Rhyth-mus entsteht ja bereits im Kopf, in den Momenten vor der Nie-derschrift.[272]

Zieht die sanfte Revolution der Dingwelt eine unsanfte Revo-lution der Gedankenwelt nach sich?[273] Mitunter schon, und man

271 Im Einzelfall aber doch: Erinnert sich noch jemand an das Rasiermesser, das der Friseur früher, als er noch »Fri-seur« hieß, zum Abschluß seiner Tätigkeit ausklappte: und seinen männlichen Kun-den damit den Nacken ausschabte? Im Zuge der Aidshysterie wurde es verboten und damit ein sehr spezifisches, auf keine andre Weise evozierbares Gefühl aus unserm Leben verbannt: ein leichtes Erschauern – das positive Gegenstück der Gänsehaut –, unter dessen sekundenwei-ser Erfahrung sich ein ganzes menschli-ches Leben auf wenige Zentimeter Haut zusammenzog. Und nun? Wo die Aidsrate am höchsten ist, wird munter weiterge-schabt; im Dritte-Welt-Urlaub gibt's das Gefühl noch als Flashback zu haben.

272 Inzwischen glaube ich, daß der Computer sogar einen besonderen, auf keine andre Weise zu bewirkenden Schwung in Satzperioden bringen kann; daß es also *doch* nicht egal ist, mit wel-chen Geräten geschrieben wird. – Vgl. S. 155.

273 Sind mit dem Abschied von der Schallplatte nicht ganze Weltanschau-ungen in sich zusammengebrochen? Mehrere Generationen erprobten sich im Diskurs pro und contra Naßabspielen, das schied die Geister. Und nun? Kann man sich beim Importieren von Sounddateien auf die eigne Festplatte allenfalls Gedan-ken darüber machen, in welchem Format man sie abspeichern soll: MP3? AAC? AIFF? WAV? Auf welche Weise man auch komprimiert, ein Disput darüber lohnt nicht mehr.

bemerkt dabei mit Erschrecken, daß man jahrzehntelang vertei-
digte Theoreme im Handumdrehen bereit ist aufzugeben. Was
aber ist von einem Menschen zu halten, der das um eines bloßen
Dinges willen – und sei's ein Mac – so eilfertig tut? Oder andersherum gefragt: Ist's vielleicht nicht mal unser Magen, der den
Kopf regiert, wie's Nietzsche noch postulierte,[274] sondern tun
das in Wirklichkeit die kleinen Dinge unsrer alltäglichen Umgebung, sie, die wir in völliger Verkennung ihrer Macht als »Nebensachen« abtun? Und wäre die Geschichte der Philosophie
dann nichts weiter als: hochfahrende Abspiegelung unsrer ganz
banalen Alltagsgeschichte, sozusagen vom Gänsekiel zur Infrarotschnittstelle?

Eine Antwort auf solche Fragen interessiert die Dinge freilich
wenig, sie haben genug mit sich selber zu tun. Und zwar jedes
mit seinesgleichen, vor allem aber mit älteren oder jüngeren Exemplaren: gegen die sie sich, mitunter stets aufs neue, durchsetzen müssen, wollen sie in unser Leben treten oder darin ver-
bleiben. Wird also der Füller im nächsten Jahr aus meinem Leben
verschwinden? Ebensowenig wie der konkrete Briefkasten an
der konkreten Haustür – doch sein Stellenwert wird rapide weiter sinken, noch schneller und tiefer und letztlich endgültiger
als derjenige des Briefkastens.[275] In diesem scheinbaren Gewährenlassen, diesem verschwenderischen Zuwarten-Können, diesem unmerklich sanften Abdrängen ins Abseits maskiert sich
die ganze Grausamkeit des darwinistischen Lebensprinzips,
das sich ja nicht bloß auf Lebewesen aller Art erstreckt; nein, die
Soziobiologen haben es längst auch für die Welt der Gedanken
postuliert: Kunstwerke, religiöse Konzepte, Philosopheme, all
das steht im Wettstreit mit andern Kunstwerken, andern religiösen Konzepten, andern Philosophemen und muß sich gegen
sie durchsetzen.[276] Was aber für Lebewesen und Gedanken gilt –
der Egoismus des Gens bzw. des Mems, der kleinsten geistigen
Einheit –, das gilt als unbarmherziges Prinzip gleichermaßen
für die Dinge, so meine ich, oder gar erst recht, schließlich können sie sich nicht mal wehren: Auch sie stehen im ständigen
stummen Wettstreit um unsre Aufmerksamkeit, um unsre Liebe;
das allererste Anbranden des Neuen beinhaltet bereits das allerletzte Versickern des Alten, in jedem berechtigten Jubel über
eine Neuerwerbung schwingt die Trauer über das hiermit ver-
lorne alte Wahre heimlich mit.

274 »Werkzeug deines Leibes ist auch
deine kleine Vernunft, mein Bruder, die du
›Geist‹ nennst [...]. Dein Leib und seine
grosse Vernunft: die sagt nicht Ich, aber
thut Ich.« (Friedrich Nietzsche: Also
sprach Zarathustra. In: Ders.: Sämtliche
Werke. München/Berlin/New York 1980,
Bd. 4, S. 39)

275 Doppelirrtum! Indem er endgültig
aus meinem Leben verschwand, steigerte
er seinen Wert beträchtlich. Es traf sich
nämlich, daß die Münchner Monacensia,
ihrem ursprünglichen Wesen nach eine
klassische Handschriftensammmlung, im
Verlauf des Jahres 2002 eine Reihe von Autoren um die Spende eines persönlichen
Gegenstandes bat, der dann zunächst einmal Eingang in eine Ausstellung »Dichter.
Hand. Schrift.« finden sollte: Einen würdi-
geren Altersruhesitz hätte sich mein Füller
auch in seinen besten Jahren nicht wünschen dürfen. Bei der Vernissage der Ausstellung am 30. 4. 2004 schenkte mir Tilman Spengler seinen Bleistift, genaugenommen seinen Bleistiftstummel: Diesen
solle fortan ich benutzen, auf daß er zum
Unikat in doppeltem Sinne – und sein Rest
dem nächstbesten Archiv vermacht werde,
das sich melden würde.

276 Richard Dawkins: Das egoistische
Gen. Übers. von Karin de Sousa Ferreira.
Berlin/Heidelberg/New York 1978.

Womit Silvester nichts als ein verkappter Totensonntag wäre – und nicht nur Silvester. Das einzig Beruhigende an dieser schleichenden Verschiebung unsrer Wahrnehmungswelt, wo wir uns doch nach nichts so sehr sehnen wie nach Kontinuität, ja Ewigkeit: Früher war's auch nicht besser. Zwar ging's gewiß langsamer, aber nicht gerechter zu als heutzutage, und schon gar nicht den sogenannten Nebensachen gegenüber – in der Vergänglichkeit derselben steckt der Kern aller philosophischen Verzweiflung; in den kleinsten Fragezeichen, die sie beinhalten, lauern die größten Ausrufezeichen. Denn wenn man sich die Frage nach der Zukunft einmal versuchsweise als Frage nach der Zukunftslosigkeit gewisser alltäglicher – und auf lange Sicht ja wohl fast aller – Dinge stellt, dann mag man sich drehen und wenden, man kommt nicht um den großen Schmerz herum: Unsre eigne Vergänglichkeit, sie sieht uns aus all den Dingen an, die wir liebgewonnen haben im Laufe unsres Lebens und – wieder vergessen.

(2001)

Vom Verschwinden der Tastaturkürzel in der Zukunft

Beim Umrüsten von Word 98 auf Word 2004 sollten – nachdem das leidige Problem mit dem Befehl »Automatische Silbentrennung« gelöst war (Details s. Anm. 255) – auch für mich glücklichere Zeiten anbrechen. Doch dann die Überraschung: Die seit Jahren bekannten, tausendfach benützten und dabei von den Fingerspitzen bis ins Knochenmark hinein verinnerlichten Tastaturkürzel für Kursiv- bzw. Fettschrift funktionierten nicht mehr: Apfeltaste/Umschalttaste/K? Apfeltaste/Umschalttaste/F? Hallo? Übliches ahnend, versuchte ich es – obwohl mir der Händler ja eine *deutsche* Version von »Word« verkauft hatte – mit den amerikanischen Bezeichnungen für »fett« respektive »kursiv«, und siehe da, es funktionierte.

Apfeltaste/Umschalttaste/I (für »italic«) bzw. B (für »bold«), das war unterm Strich natürlich genauso schnell und einfach zu tippen wie zuvor. Aber warum überhaupt dieser Wechsel? Schlamperei der Programmierer oder vorsätzliche Umerziehung durch Microsoft, weil auch scheibchenweise Reduktion von Programmierkosten am Ende eine sprachlich homogenisierte Käuferschicht bewirken würde? So oder so, in diesem lächerlichen Detail steckt all die Demütigung, die zu belächeln von einem Globalisierungsopfer tatsächlich auch noch erwartet wird.

Bislang hatte zumindest Apple streng darauf geachtet, in seinen Handbüchern für sprachliche Vollversionen zu sorgen, also soviel an englischen Vokabeln einzudeutschen wie möglich: Bis heute heißt es in der Mac-Welt »Dokumente« statt »documents«, »Ordner« statt »files«, »eingeben« statt »enter« und so fort; mitunter muß man verräterisch lange nachdenken, was bei einer »Umschalttaste« eigentlich gemeint ist und ob man sie nicht mit der »Options-« oder der »Befehlstaste« verwechselt hat. Ja, eine »Shift«-Taste! Da weiß man doch, woran man ist, das Wort sitzt uns mittlerweile fest in den Fingern – die sprachliche Überformung ist uns bereits in Fleisch und Blut übergegangen.

Ähnlich wird es uns also bald mit den Worten »bold« und »italic« ergehen, das steht seit Word 2004 fest. Zum tausendsten, zehntausendsten Mal lassen wir uns einen winzigen Partikel der angestammten Identität absaugen, ausschaben, wegschneiden und werden danach im Handumdrehen die geliftete Identität mit dem eignen Gesicht verwechseln: Ach so, *bold* wolle ich diesen Satz gesetzt haben, warum ich es nicht gleich sage, und *in italics* wahrscheinlich? Wie bitte, fett sei nicht das gleiche wie bold, kursiv nicht das gleiche wie –? Aber es sei doch vollkommen egal, wie man die Sache ausdrücke, Hauptsache, der Befehl sei eindeutig! Englisch sei nun mal die

Sprache der Zukunft und überhaupt: Ob ich mich auch gegen andre sprachliche Updates sträube, das seien doch peanuts, äh – wie heiße es im Deutschen noch mal?

Es heißt mittlerweile, horribile dictu, peanuts.

Schon sehe ich mich, wie ich, in wenigen Jahren, diesen kleinen Text nurmehr kopfschüttelnd zur Kenntnis nehme, wie ich mich selbst am liebsten in einer Anmerkung belehren würde, daß es nun mal auch im Deutschen bold und italic heiße. Alles andre sei antiquiert und klinge entsprechend gestelzt – was man ja nicht zuletzt daran erkenne, daß man erst mal eine ganze Weile überlegen müsse, was man dazu normalerweise sage. Dann haben auch für mich glücklichere Zeiten begonnen.

Marietta – die Idee, der Daten-satz und der Strohhut

Schreiben und Schreiben-Lassen im Internet

Am 16. September 1996 rief ein gewisser Gerald Giesecke bei mir an und fragte, mehr oder weniger direkt, ob ich mir vorstellen könne, meinen nächsten Roman, den ich ja wohl irgendwann anpacken würde, auf der Homepage von *Aspekte*-Online als »Novel in Progress« zu schreiben: »Den Rest besorgen wir.«

Darauf, um's kurz zu machen, bin ich reingefallen: »Einmal dem Fehlläuten der Nachtglocke gefolgt – es ist niemals gutzumachen«.[277]

Vom »nächsten Roman« war ich im September '96 freilich noch weit entfernt. Sondern mittendrin in der Arbeit am »Weiberroman«, der Lebens- und Liebesgeschichte Gregor Schattschneiders, die im Juli des darauffolgenden Jahres dann als Buch erschien und von den Medien aufgrund seiner drei Teile und der darin thematisierten drei Frauen, denen sich der unglückliche Gregor als Teenager, als Twen und als Anfangsdreißiger widmet, gern als »Weibertriptychon«[278] gedeutet wurde: »Unschwer erkennt man es wieder, das altabendländische Frauenensemble selbdritt: Jungfer, Hure, Dame.«[279]

Trotzdem sollte der »Weiberroman« ursprünglich *vier* Teile haben – »Kristina«, »Tania«, »Katarina«, »Marietta« –, und über Jahre hinweg hatte ich für jenen vierten Teil (der mit Gregors vierzigstem Geburtstag einsetzen sollte) Material gesammelt, sprich: einzelne Sätze, einzelne Szenen; denn die Geschichte als ganze, die glaubte ich ohnehin längst zu wissen.

Bei der Arbeit am »Weiberroman« hatte sich jedoch herausgestellt, daß ein vierter Teil den Rahmen des Buches sprengen und, auf Vorschlag des Verlags, in einer separaten Veröffentlichung – einem »nächsten Roman« – nachzureichen sein würde. Als Gerald Giesecke ein knappes Jahr nach seinem Anruf zum ersten Mal bei mir in Hamburg auftauchte, am 6. August 1997, und sich

277 Franz Kafka: Ein Landarzt. In: Ders.: Drucke zu Lebzeiten. Hrsg. von Hans-Gerd Koch, Wolf Kittler und Gerhard Neumann. Frankfurt am Main 1994, S. 261.

278 Reinhard Baumgart: Aus tiefster Provinz. Wie Matthias Politycki in seinem »Weiberroman« Ton und Thema findet. In: *Die Zeit*, 5. 9. 1997.

279 Ebd.

im Verlauf des Abends als Dschereld Dschiesaiki entpuppte, mußte ich folglich nicht lange nachdenken: Einen Roman im Internet zu schreiben, das war seinerzeit zwar so ziemlich das letzte, das ich mir vorstellen konnte – ein Widerspruch in sich –, aber da von mir ja kein ausgesprochner Internetroman erwartet wurde, der vor allem aus Hyperlinks, nervös aufblinkenden Klick-hier-Buttons, Klick-auch-dort-mal-Buttons, bewegten Bildern und summa summarum: aus jeder Menge Action und möglichst wenig Literatur besteht, sondern, im Gegenteil, ein stinknormaler Roman, den ich, wie immer, als stinknormalen Buchtext schreiben sollte: da also von mir nichts Cyberavant-gardistisches erwartet wurde, keine Netzliteratur, sondern Literatur im Netz, und das *Aspekte*-Projekt auf eine Mischung aus Reality-TV und Marbach-Archiv[280] hinauszulaufen schien, sprach eigentlich nichts dagegen, sich »mal probehalber« drauf einzulassen.

Drei Wochen später trat Gerald Giesecke erneut auf, der Botschafter der guten Laune und der digitalen Zukunft, diesmal allerdings assistiert von seinem Netz-Graphiker, Rudi Leitermann, und einem Netz-Techniker: *Der* kam, sah und ergriff die Maus, und er ließ sie so lang nicht mehr los, bis ich kapiert hatte, daß sich fürderhin nicht nur im Innersten meines Computers, sondern auch in meinem eignen Innenleben einiges anders abspielen würde.

Ein traditioneller Autor wird zwangsmodernisiert

Wenn man bedenkt, daß mit der Umstellung auf ISDN[281] ja nicht nur ein Adapter, ein hochfrisierter Arbeitsspeicher, eine neue Generation an Telephon- und Faxgeräten (weil an der alten eine ominöse »R-Taste« fehlt) angeschafft und, nicht zuletzt, auch noch mit einer Menge Lebenszeit bezahlt werden muß (zum Programmieren oder zumindest Begreifen all der neuen Errungenschaften),[282] so ist der Aufwand für einen, der gewohnheitsmäßig mit grüner Tinte schreibt, schon beträchtlich.

Warum tat ich das also?

Bestimmt nicht, weil ich auf meine Tinte fortan verzichten wollte; ich schrieb und schreibe weiterhin erst mal jedes Wort auf Papier, denn ich glaube, daß man's den meisten Texten ablesen kann, ob sie echte Handarbeit sind oder nicht: an den kleinen und kleinsten Nebensächlichkeiten nämlich – wie ursprüng-

280 Zur Idee einer sukzessiven Virtualisierung klassischer Literaturarchive s. S. 165.

281 Heutzutage, im Zeitalter von Breitbandkabel alias DSL, fast schon wieder ein Synonym für Schneckentempo.

282 »Hochfrisierter Arbeitsspeicher«, was hieß das zur ISDN-Zeit eigentlich – 512 MB? 640 MB? Zum ersten Mal in der Geschichte des Fortschritts werden technische Leistungen nicht nur in immer kürzeren Intervallen überboten, sondern dabei auch noch lächerlich gemacht. Leider weiß man das bereits im Moment einer Neuerwerbung, da man ja eigentlich so etwas wie die Spitze der Bewegung darstellt – noch! Auch mein derzeitiger Arbeitsspeicher von 1,5 GB wird schon übermorgen ein Witz, wenn nicht sogar ein Ärgernis sein.

lich überflüssigen (bzw. richtig plazierten) Füllwörtern, die nach Textverschiebungen plötzlich zu verräterischen Missing (bzw. Needless) Links werden –, aber auch an der Hauptsache selbst, dem fehlenden »Atem« der Sätze, der nur im organischen Schreibprozeß entstehen, nicht aber per Tastendruck »erstellt« werden kann: Der Arbeit am Satzbau sind automatische Trennhilfe und Blocksatzformat eher abträglich.[283]

Und weil wir schon bei der Sprache und der ihr innewohnenden Tendenz zur Unschönheit sind, wollen wir unter der Überschrift »Der Klammeraffe, eine bedrohte Tierart« Klage führen über den ungeheuren Sprachverfall, den man, sobald der Schritt vom Offline ins Online vollzogen ist, ebendort miterleben muß. Wir wollen, aber ... das wäre eine eigenständige kleine Klage-Vorlesung; deshalb nur kurz das Ergebnis, die ERSTE AUSWIRKUNG meiner plötzlichen Online-Präsenz auf mich als den überzeugten Füllfeder-Autor:

Die freiwillig betriebne Flutung der deutschen Sprache ist zwar nicht mehr aufzuhalten – und schon gar nicht mit einem rigiden Franzosenchauvinismus; es ist indes schon immer eine Ehre gewesen, sich auf die Verliererseite zu schlagen, und deshalb: Die erste nachhaltige Veränderung, die ich durchs Internet erfahren habe (als sei das der Tropfen gewesen, der das Faß plötzlich zum Überlaufen gebracht),[284] ist sprachkritischer Natur: Ich ärgere mich jetzt über jedes englische Wort, das sich anstelle eines ebenso guten deutschen – wohlgemerkt, eines ebenso guten! – in unserm Sprachschatz eingenistet hat, ärgere mich bis zum Erweis seiner Unschuld, und derjenige, der mir glaubt, ein »at« anstelle eines »Klammeraffen« ins Gesicht sagen zu müssen, ein »dot« anstelle eines »Punktes«, weil »die Sprache des Netzes nun mal Englisch ist«, der hat sofort verschissen.[285]

Im übrigen hat sich mein Sprachempfinden oder gar mein Stil aufgrund von Cyberslang-Erfahrungen, trotz vielfach anderslautender Vermutungen, *nicht* verändert – warum auch? Schon die Anschaffung meines Erstcomputers hatte diesbezüglich keine Auswirkungen; überdies ist das Internet eine *ästhetische*, keine *sprachliche* Droge: Es verändert Seh-, keine Schreibgewohnheiten; und seine Sprache ist im Grunde recht arm, ein Notvokabular an Kürzeln, Tecksprack, Emoticons und Denglish. Das im »Marietta«-Projekt *abzubilden* – ähnlich beiläufig wie den Münchner Dialekt oder das After-Midnight-Pidgin, dessen sich

283 Ich fürchte, meine Meinung hat sich (abgesehen vom Perfektion simulierenden und damit der Korrekturarbeit abträglichen Blocksatzformat) im Verlauf weniger Jahre in ihr Gegenteil verkehrt. Details s. S. 176 f.

284 In Wirklichkeit läuft das Faß natürlich längst über – zum Beispiel bei der Telekom (auf deren Monatsrechnungen man, sehr weltmännisch, über die eignen »City«, »German« und »Global Calls« in Kenntnis gesetzt wird) oder bei der Lufthansa, deren Angestellte nurmehr von »wings«, »doors«, »time frames« und »alert lines« sprechen und schreiben sollen (zit. nach: »Time frame« im Auge behalten. In: *Der Spiegel*, Nr. 46/1998). – Soweit die Anmerkung, wie ich sie 1999 geschrieben habe. Auf der heutigen Telekom-Rechnung findet sich der Terminus »Cityverbindungen«: Das neue englische Wort »City« hat sich mittlerweile durch Symbiose mit einem alten deutschen Wort sprachdarwinistisch gegen »Stadt« durchgesetzt, beide zusammen gegen das schlagartig altmodisch wirkende »Ortsgespräch«. Weiteres auf S. 143 ff.

285 »Tempora mutantur, nos et mutamur in illis« – einer der unvergeßlichen Merksätze aus dem Lateinlehrbuch. Einer, der serienweise »Revisited«-Texte schreibt, sollte sich nicht päpstlicher als der Papst gerieren.

der trunkne Gregor so gerne befleißigt –, das ist ja keine Veränderung des Stils, sondern allenfalls dessen Bereicherung mit einer weiteren Spielart.

Die Sache mit der Maus

Aber wir waren stehengeblieben bei den Freuden der Technik, bei den Reibungsverlusten, die solch ein Spätstart ins digitale Zeitalter mit sich bringt. Kaum war das Dreigespann von *Aspekte-Online* wieder verschwunden, hängte sich mein Mac schon beim Anwählen der AOL-Nummer regelmäßig auf,[286] so daß ich, gerade mal online geschaltet, auch schon wieder offline war: was eine merkwürdige Unruhe bewirkte, eine an Sicherheit grenzende Dauervermutung, daß gerade jetzt

– ja, jetzt, im Moment! und nicht zum letzten Mal! –

eine wichtige Mail in meinem digitalen Briefkasten eintraf, deren Botschaft dann, wenn ich je wieder online sein würde, längst überholt wäre. Dabei lag's bloß daran, daß mein TCP/IP eben *nicht* TCP/IP hieß, sondern MacTCP[287], was freilich nicht die Hotline (trotz eines 182-Einheiten-Gesprächs) herausbekam, sondern der Zufall.

Und so ging das weiter: Die großen Glücksversprechungen des Netzes werden locker egalisiert durch die großen Unglücksmomente, die's in ausreichender Anzahl für jeden bereithält, der sich ins Neuland hineinklickt – und irgendwann wird man, man mag sich dagegen wehren oder nicht, von der habituellen Unruhe erfaßt, die allen Netzjunkies innewohnt. In meinem Fall besorgte das eine beharrlich sich immer wieder aufs neue öffnende Dialogbox, die die Java-Fähigkeit meines Browsers bezweifelte – eine sprachliche Fügung, an der man sich zwar eine Zeitlang delektieren kann, die aber trotzdem nur vom Bildschirm zu verbannen ist, indem man in der Tiefe des Netzes, zwischen lauter ähnlich poetischen Wörtern, nach downloadfähiger Abhilfe sucht.[288] Daß man das besser ohne assistierenden Freak tut, weiß ich inzwischen; *der* handelt nämlich immer auf eigne Rechnung (obwohl er, weiß Gott, den Anschein zu erwecken weiß, er wolle »bloß helfen«): Während er, schwer mit Fachterminologie behangen, möglichst kryptische Erklärungen abgibt, räumt er ebenso ungeniert wie ungebeten auf der Festplatte herum; und er gibt die Maus nicht eher frei, als bis er damit selbst in irgendeine Falle hineingeraten ist, aus der er sich

286 Dazu die AOL-Hotline: »Kein Wunder, bei einem Apple ...« Und die Apple-Hotline: »Kein Wunder, bei AOL ...«

287 Ein Einwahlprotokoll beim Betriebssystem OS-9. Zu Recht schon fast wieder vergessen.

288 Die Java-Technologie steckt mittlerweile, so www.java.com, nicht nur in PCs, Handhelds und Druckern, sondern auch in Fahrzeug-Navigationssystemen, Lotterie-Terminals, Parkgebührenautomaten usf.: Wir sind umzingelt von 2,5 Milliarden Geräten, die ohne Java-Programmiersprache nicht mehr auskommen.

trotz wildem Hin- und Hergeklicke nicht mehr befreien kann: große Befriedigung beim entmachtet beisitzenden Besitzer von Maus & Mac, der nun scheinheilig einen Warmstart vorschlägt.

Und kein ganz geringer Zuwachs an Menschenkenntnis, der über kurz oder lang in »Marietta« Eingang finden mußte: Wenn dieser vierte Teil des »Weiberromans« schon in den 90ern spielen sollte, dann durfte selbst ein Gregor nicht ohne ISDN davonkommen, ZWEITE AUSWIRKUNG meiner Online-isierung, dann mußte eine Nebenhandlung eingebaut werden, die sich jenen typischen Demutserfahrungen der 90er widmet, einschließlich der schmerzlich-zentralen, nicht mal mehr Herr der eignen Maus zu sein.

Die Bombe – und keiner ist schuld

Allein im Cyberspace ist's freilich meist noch unlustiger – gut, die virtuellen sind zwar die letzten Abenteuer, die man noch erleben, freilich als Anfänger kaum ohne reichlich Neustarts überleben kann. Bei mir tauchte immer dann, wenn's am nettesten war – beim systematischen Abarbeiten der Trefferliste einer Suchmaschine, beim überraschend reibungslosen Runterladen irgendwelcher Software, das sich plötzlich zog und zog –, immer dann, wenn's am schönsten war, tauchte die »Bombe 11« auf: ein schwarzes Bombensymbol mit dem lapidaren Zusatz »Systemfehler 11«, und dann hieß es mal wieder Abschied nehmen und ... Zurück-auf-Los.[289]

Trotzdem gelang's mir schließlich, in einem 90minütigen Das-zieh-ich-jetzt-durch-und-wenn-sich-die-Telekom-noch-so-drüber-ins-Fäustchen-lacht-ich-zieh's-durch-Mann!, gelang's mir, den Netscape Communicator 4.5 auf meiner Festplatte zu installieren, und seither ist mein Leben auch abends um sieben fast wieder in Ordnung.[290] Fast, und in ebenjenem »fast« besteht die DRITTE AUSWIRKUNG des Internets, die zwar weder sprachlicher noch konzeptioneller, sozusagen aber weltanschaulicher Natur ist. Denn mit meiner althergebrachten, vor 40 Jahren wahrscheinlich mühsam eingetrichterten und jetzt binnen 40 Tagen preisgegebnen Einstellung war im Netz nicht zu überleben – mit der Einstellung nämlich, bei auftretenden Problemen erst mal den Fehler bei sich selbst zu suchen.

»Im Gegenteil, der Fehler liegt *nie* an dir«, beruhigte mich ein Freund, als die vom ZDF mit ihrem dämlichen PC das, was ich

289 Auch das Bombensymbol ist mittlerweile in der Zukunft einer schönen neuen OS-X-Welt verschwunden. Und mit ihm all die Überforderungen, die man den damaligen Betriebssystemen resp. Arbeitsspeichern resp. dem eigenen Gefühlshaushalt anscheinend zumuten mußte, um im Netz halbwegs voranzukommen.

290 Netscape, in der Browser-Gegenwart schon so gut wie verschwunden, war's nicht ehedem so etwas wie ein Netzrebell gegen die Übermacht von Microsoft (mit dessen »Internet Explorer«) gewesen? Längst von AOL gekauft, von Mozilla/Firefox bzw. Opera ersetzt, ein Google-Grabstein mehr.

ihnen mit meinem schlauen Mac zugedacht hatte, einfach nicht ohne Reibungsverluste öffnen konnten:[291] »Der Fehler liegt niemals an dir, er liegt immer an der Software.«[292]

Dieser eine kleine Satz aber verändert jeden weiteren Blick auf die – digitale wie analoge – Welt; in ihm steckt nicht weniger als ein grundlegender Paradigmenwechsel: vom selbstzermürbenden Weltaneignen zum gelaßnen Welterleben, vom Aufbegehren gegen die Dinge zum zunächst zähneknirschenden und schließlich achselzuckenden Gewährenlassen, zum großen Sich-Fügen: Zen oder die Kunst, einen Systemabsturz zu belächeln. Während das 20. Jahrhundert noch unter der Maxime antrat »Alles ist machbar«, so erleben wir – die kleinen Endabnehmer der sich aufsummierenden Erfindungen – zur Jahrtausendschwelle die ersten gewichtigen Vorboten eines umfassenden »Alles macht«. Selbstverständlich ist die Alles-Machtergreifung der Dinge noch lang nicht gleichzusetzen mit der vielbeschworenen Ohnmacht des Menschen vor einer sich »verselbständigenden« Technik; von der reden bloß immer die, denen weder das Glück zuteil geworden, das ihr innewohnen kann, noch das Unglück, weil ihnen, den notorischen Edelpessimisten, ganz einfach der Mumm abgeht, mal probeweise auf ihre traditionellen Beherrschbarkeitsphantasien zu verzichten. Nichtsdestoweniger ist es ein merkwürdiger Schwebezustand, dies »Alles macht«, dem nur durch verstärkten Spieltrieb beizukommen ist.

Abschied von der Mona Lisa

Unvermeidlich beim Antritt einer Online-Existenz scheint mir auch eine Veränderung des Schönheitsbegriffs – eine Veränderung, die bei mir bereits vor ein paar Jahren begann, beim Umrüsten von PC auf Mac, und sich nun, beim Umsteigen von Internet Explorer auf Netscape Communicator, fortsetzte. Natürlich sind die speziellen ästhetischen Erfahrungen des Netzes nicht von den allgemeinen der Systemoberflächen und Textverarbeitungslayouts zu trennen: Schon 1995 behauptete ich in einem Essay, daß »in einer Serie zusammenschnurrender Menü-Fenster [...] für uns mehr an ästhetischer Erfahrung steckt als im omnipräsenten Dauerlächeln der Mona Lisa«;[293] schon damals hatte ich das Gefühl, ein Apple PowerBook, wie's klein und schwarz und stolz seiner nächsten Benutzung zuwartet, sei

291 Die Schwierigkeiten der Zusammenarbeit zwischen ZDF-PC und Autor-Mac wurden schließlich – auch das gehört ja zu einer »Novel in Progress« – im Unterforum »Helden der Arbeit« dokumentiert.

292 Der Freund hieß Jürgen Abel, und weil er sich auch bei meinen weiteren kleinen Netzkatastrophen als einer erwies, der tatsächlich Lösungen wußte und nicht bloß gschaftlhuberische »Erklärungen« (die alles nur noch schlimmer machen) ..., war er genau der Richtige, um all seine anfängerkompatiblen Antworten schließlich in einem Lexikon zusammenzufassen: J.A.: Cybersl@ng. Die Sprache des Internet von A bis Z. München 1999.

293 Literatur muß sein wie Rockmusik. In: *Frankfurter Rundschau*, 7. 10. 1995. Auch in: M. P.: Die Farbe der Vokale. Von der Literatur, den 78ern und dem Gequake satter Frösche. München 1998, S. 73.

nichts weniger als »ein Kunstgebild der echten Art«, »selig [...] in ihm selbst«.[294] Und wenn man's gar zum Leben erweckt hatte, das kleine Kunstwerk, und ihm lauschte, halb traumversunken, wie's sich gemächlich aus den Tiefen seiner selbst emporbootete und dabei die Gemütlichkeit eines knisternden, plötzlich aufknackenden, dann wieder gleichmäßig weiterknisternden Kaminfeuers simulierte, war auch Nietzsches »oberflächlich – aus Tiefe!«[295] auf einer ganz neuen, auf einer unerhört neuen Bedeutungsebene eingelöst. Ja, Computer können die Schönheit der Welt vermehren, und die Millionen an Homepages im World Wide Web können das erst recht: Während unsre Großbanken und Großkritiker noch glauben, die bildende Kunst unsrer Zeit spiele sich im musealen oder meinetwegen auch im öffentlichen Raum ab, so ist die Weltuhr, VIERTE VERÄNDERUNG meiner Sichtweise durchs Netz, für derlei Bildungsbürgerlichkeiten längst abgelaufen und die echte Avantgarde im virtuellen Raum. Die Schönheitserfahrung anhand eines Blicks durch den funktional-eleganten (Netscape-)Communicator-Frame auf eine funktional-elegante Homepage übertrifft diejenige, die man beim Anblick von Fetthaufen, Filzstreifen und hansaplastbeklebten Badewannen machen kann, um ein Vielfaches.

Marietta, elffach zuviel

Applets, Cookies, Nasenbären, Netiquette – daß mein »nächster Roman« schon aufgrund der vielfältigen sprachlichen wie technischen Zwangserfahrungen, die man als Netzdepp zu absolvieren hat, nicht so recht in die Gänge kommen wollte, liegt auf der Hand. Und der Ausreden, mit dem Schreiben am besten gar nicht erst anzufangen, sollte bei diesem Projekt auch weiterhin kein Mangel sein: Schon am 4. Oktober '97, kaum zwei Monate, nachdem er zum ersten Mal auf meinem Sofa aufgetaucht war, hatte Gerald Giesecke das Casten der weiblichen Hauptfigur anberaumt, und elf Schülerinnen des »Hamburgischen Schauspiel-Studios«[296] stellten sich zur Wahl. Bis zu jenem 4. Oktober war ich mir völlig sicher gewesen über »meine« Marietta, über ihr Aussehen einschließlich der verstecktesten Details, über ihren sogenannten Charakter, all ihre nervenden Marotten und Heimlichkeiten. Und natürlich auch über den Charme, den sie beim Reden zu entfalten wußte; war mir völlig sicher und hatte ihre Kurzbeschreibung entsprechend apodiktisch ins Netz gestellt:

294 Eduard Mörike: Auf eine Lampe. In: Ders.: Sämtliche Werke in vier Bänden. Hrsg. von Herbert G. Göpfert. München/Wien 1981, Bd. 1, S. 85.

295 Die fröhliche Wissenschaft (Vorrede). In: Friedrich Nietzsche: Sämtliche Werke. München/Berlin/New York 1980, Bd. 3, S. 352.

296 Unter der Leitung von Hildburg Frese und Ludwig-Christian Glockzin; Sierichstr. 102, 22299 Hamburg.

1. Sie trägt keinen Nasenring.
2. Ein Fuß von ihr ist ein Fuß – und nicht eins dieser stummen Tiefseelebewesen, kalt und traurig.[297]
3. Sie kaut Kaffeebohnen zwischen den Whiskeys.
4. Ihr Tamagotchi heißt »Percy«.
5. Kaschmir könnte ihr etwas bedeuten.
6. Am Telephon klingt sie manchmal so, als trüge sie eine Brille ...

... und so weiter, bis zum 38. Punkt, so daß man als Leser bzw. Mit-Schreiber der »Novel in Progress« einigermaßen vorabinformiert war über ihre halbitalienische Abstammung, ihre halbfunktionierende Ehe mit einem Germanistikprofessor, all das kokett-neurotische Schischi einer Dreißigjährigen, die am Rande des Starnberger Sees ihr bedenkliches Luxusleben führt und quasi von vornherein zuständig ist für nonkonformistische Aspekte außerehelicher Beziehungen. Dies ganze schillernde Marietta-Wesen hatte Gerald Giesecke zu einem flotten Sechszeiler verkürzt. »Sie [...] parlieren flink? sind von hellem Geiste und Gemüt – ein intellektuell verspieltes Gesamtkunstwerk? sind apart – ohne sich jedoch ästhetischen Klischees zu ergeben? [...] erwidern Blicke? Dann sind Sie unsere Frau!«[298] Jede der Kandidatinnen bekam eine Szene lang Zeit, das wie auch immer zurückzuübersetzen in, nunja, mindestens 38 Punkte; was und wie sie das tat, war ihr freigestellt. Das ZDF filmte munter mit, stellte dann elf kleine Videosequenzen ins Netz, und die User konnten einige Monate lang per Mail darüber abstimmen, wer in Zukunft meine Hauptfigur sein würde.

Und ich? enthielt mich der Stimme; man hätte mir elftausend Mariettas ins Netz laden können, die eine, die über Jahre hinweg vor meinem sogenannten inneren Auge entstanden, sie wäre nicht darunter gewesen.[299] Statt dieser einen Phantasie-Marietta, derer ich mich ganz sicher gewähnt, kannte ich nun elf leibhaftige Pseudo-Mariettas, die's im Verlauf eines einzigen Drehtags doch tatsächlich fertiggebracht hatten, mir meine ursprüngliche Figur wieder völlig abhanden zu bringen: So viele neue Sätze, Blicke, Kopfhaltungen gaben sie ihr bei, daß ihre Geschichte jetzt erst recht nicht mehr zu erzählen war.

Gab es das eigentlich schon mal: daß ein Autor seiner Hauptfigur begegnet, noch dazu in elffacher Ausführung, ehe er eine einzige Zeile des dazugehörigen Romans geschrieben hat? Ich

297 Vgl. S. 68 f.

298 So der Handzettel, der an Bewerberinnen verteilt wurde.

299 Ohnehin sind literarische Figuren zunächst meist Überblendungen *mehrerer* konkreter Personen aus dem privaten Umfeld und/oder dem öffentlichen Leben.

frage *nicht* nach Situationen, in denen der Autor irgend jemand auf irgendwelche Weise dermaßen inspirierend fand, daß ihm *daraufhin*, um diese Person (als den Kristallisationspunkt seiner Phantasie) herum, ein ganzer Roman aufdämmerte. Nein, in meinem Fall hatte ich die Romanfigur ja bereits, und nun – durch die elffache Visualisierung derselben – hatte ich, FÜNFTE VER-ÄNDERUNG durchs Online-Schreiben, viel mehr und auch viel weniger als zuvor: Alles war wieder offen.

Was ein einzelner Strohhut bewirken kann

Selbstverständlich war die Schreibkrise nicht dadurch behoben, daß die Siegerin zum Ende der Leipziger Buchmesse '98 fest-stand: Maike Schiller, 23 Jahre, blond und auch ansonsten be-kennende Hanseatin; als wir jedoch vom 21. bis 23. Mai mit ihr an den Originalschauplätzen des Romans drehten – ein Teil des Materials fand anschließend in Form von Videodateien Verwen-dung im Netz, ein kurzer Film lief bei *Aspekte*[300] –, wurde die Krise zumindest kreativ: Denn Maike Schiller tat nicht etwa nur alles, um für diese zweieinhalb Tage »Marietta in 38 Punkten« zu *werden* (indem sie sich zum Beispiel die Haare tönte, auf daß sie dem norditalienischen Rotblond der Romannotizen näher-kamen), sie gab der Rolle auch von sich aus einiges mit, sozusa-gen Punkt 39 ff.: darunter einen rosa Strohhut, den sie nur zu-fällig zur Kleiderprobe mitgebracht hatte und der uns sofort überzeugte. Als sie ihn tagsdrauf dann trug, an einem nachge-rade klassisch lichtdurchfluteten Maitag am Starnberger See, da *überzeugte* er uns nicht mehr, da *verzauberte* er uns regelrecht: den Herrn Giesecke, den Herrn Leitermann, den Kameramann, den Tonmann und – den Autor, dem somit gar keine andre Wahl mehr blieb: Dieser rosa Strohhut würde im Roman nicht etwa nur irgendwo, sondern an zentraler Stelle vorkommen müssen, als eine Art Leitmotiv womöglich; und das, obwohl ich all die Jahre zuvor, eidesstattliche Erklärung, keinen einzigen Gedan-ken an rosa Strohhüte verschwendet hatte.

Wer glaubt, daß diese SECHSTE VERÄNDERUNG des ur-sprünglichen Schreibimpetus marginal sei, versteht vom Schrei-ben wenig: das ja zum wesentlichen Teil von solch suggestiven Bilderfahrungen lebt und dem also gar nichts Besseres wider-fahren kann, als – und sei's über den Umweg einer Internetpro-duktion – mit bildhafter Romanrealität frei Haus versorgt zu

[300] Am 24. 7. 1998; s. auch www. matthias-politycki.de (Videos).

werden. Achtung, Germanistenfalle: Etwelche Tiefenstrukturen, und seien sie noch so ertragreich für eine Interpretation des Gesamttextes, meine ich damit nicht; wenn ich mich derart beeindruckt zeige von einem rosa Strohhut, so *nicht* deshalb, weil er ein Symbol sein könnte, etwa für die Unschuld seiner Trägerin, *noch* deshalb, weil ich, tropenträchtig, damit auf irgend etwas Subtiles oder Sehrsubtiles verweisen möchte, sondern: weil er ein verdammt rosa Strohhut ist mit einem verdammt rosa Seidenband drum herum, dessen verdammt rosa Spitzen in Mariettas Nackenausschnitt hinunterhängen, und manchmal fährt ein leichter Wind vom See herauf und spielt mit den zwei Enden des Seidenbands, und dann ist er beinah schon zu riechen, der Sommer – deshalb.

Im übrigen war ein rosa Strohhut natürlich nicht das einzige, das Maike Schiller ihrer Rolle und damit meiner Figur mitgab – auch nach den Dreharbeiten trafen wir uns ab & zu, und immer sagte oder tat sie plötzlich etwas, das ich aufnotieren mußte. Zwar ruhte der Roman erst recht, doch immerhin, die Materialsammlung wuchs, und, nicht zuletzt, das *hatte* doch auch was, sich als Autor mal eben so mit seiner Hauptfigur zu verabreden: Selbst wenn ich dabei meine halbitalienische Phantasie-Marietta, zugegeben, nie ganz vergessen konnte.[301]

Die Parallelaktionen des Parallelforums

Die Idee eines Marietta-Castings und eines sich anschließenden Weibausschreibens entstand übrigens bereits an jenem 6. August '97, beim ersten Giesecke-Besuch in Hamburg, in dessen Verlauf – Sie erinnern sich? Er mutierte dabei zu Dschereld Dschiesaiki – insgesamt zehn Hauptforen konzipiert wurden, die man (durch Anklicken des jeweiligen Buttons) von der »Novel«-Startseite direkt erreichen sollte. Auch die Idee eines »Parallelforums« wurde an jenem Abend für gut befunden, schließlich leben Netzprojekte ja angeblich vor allem durch ihre Interaktivität, durch das Feedback der User, wenn nicht gar durch deren spontane Co-Autorenschaft. Um es freilich noch mal ganz klar zu sagen: Das Projekt der »Marietta« als »Novel in Progress« sollte nicht durch wilde Mitarbeit zur »Novel in Self-Sacrifice« umfunktioniert werden, zu jener Art Netzliteratur, deren Anfang sich immer weiter verästelt, bis am Schluß keiner mehr so recht weiß, was eigentlich und warum und wohin mit welchen

301 Was, fragt man sich acht Jahre später, macht Maike Schiller eigentlich inzwischen? S. S. 110!

Mitteln erzählt wird – und alles zwangsläufig im »produktiven Chaos« endet (bzw. nicht endet), das die Hobbykünstler so gern beschwärmen und von dem man als Autor ohnehin mehr als genug im eignen Kopf hat, als daß man dessen Stimulanzien noch via Browser beziehen müßte.

Nein, eine direktdemokratische Zusammenarbeit jeder-gegen-jeden wollten wir nicht; der »eigentliche« Text des entstehenden Romans sollte, ganz konservativ, Angelegenheit des Autors bleiben; den Usern dagegen wurde ein eigner Bereich eingeräumt, auf den wiederum ich keinerlei Zugriff hatte: das Parallelforum, in dem der »eigentliche« Roman parallel oder schräg daneben oder antiparallel oder wie auch immer mit- und gegenerzählt werden konnte – und zwar von jedem, der spontan oder auch regelmäßig Lust dazu hatte. Erlaubt war, was gefiel; einzig verbindlich für beide Foren war eine recht detaillierte Gliederung des Romangeschehens, eine recht detaillierte Beschreibung der beiden Hauptfiguren, Gregor bzw. Marietta; und siehe an, schon zur Buchmesse '97 hatte sich unter der Ägide des Mainzer Literaturbüros eine stattliche Anzahl (Parallel-)Schreibwilliger eingefunden. Es dauerte dann auch nicht mehr lange, bis sie zuschlagen sollten, heftig, rasch und unerkannt, aus der Tiefe des Raumes kommend, in die Tiefe des Raumes verschwindend: Wie kreativitätslähmend die Kreativität der andern wirken kann, habe ich erst im Netz zu spüren bekommen; natürlich weiß man's auch als Offline-Autor, daß hinter jeder dritten deutschen Wohnungstür morgens, mittags, abends und vor allem nachts in die Tasten gehauen wird, schließlich müssen unsre 80 000 jährlichen Neuerscheinungen[302] ja irgendwoher kommen; und natürlich *weiß* man auch, daß sie in den Jurten, den Lehmhütten und Hausbooten und Pfahlbauten ebenfalls nur immer an das eine denken. Aber man muß nicht mit eignen Augen *zusehen*, daß sie's dann auch ohne Erbarmen tun.

Dies allein ist keine neue Schreiberfahrung, eher eine neue Nichtschreiberfahrung, NUMMER SIEBEN, die wohl auf eine klassische Maxime hinauslaufen wollte: daß alles sein Maß hat, auch und gerade die Kreativitätszufuhr, die man im Stadium des Selbst-kreativ-sein-Wollens verkraftet. Dessen ungeachtet schälten sich vier Hauptstränge des Parallelforums heraus, deren Konzeption auf den Leiter des Mainzer Literaturbüros, Matthias Bauer, zurückging: die Beobachtungen von Mariettas Haushäl-

302 S. dazu Anm. 152.

terin Ernestine,[303] diejenigen eines Privatdetektivs, den Mariettas eifersüchtiger Ehemann auf Gregor angesetzt hatte, die Kommentare des zukünftigen (Buch-)Herausgebers und – jetzt kommt's – die Tagebuchnotizen von Gregors unehelicher Tochter, die sich auf den Weg gemacht hatte, ihren Vater kennenzulernen.[304] Wie bitte? Gregor sollte eine uneheliche Tochter namens, noch dazu, Laura haben, und ausgerechnet bei Marietta wollte sie als Haushaltshilfe anheuern? Das konnte nicht wahr sein.

Das war aber wahr und wurde jede Woche wahrer, denn die Verfasserin von Lauras Tagebuch schien sich's zur besonderen Aufgabe gemacht zu haben, mit ihrem Text voranzukommen. Gegenüber der *Rhein Main Presse* schwärmte Gerald Giesecke währenddessen vom »kreativen Druck«, den die Mitarbeit der User angeblich auf mich erzeugte und der mich als Autor eher zu einem Regisseur als zu einem Einzeltäter mache;[305] *tatsächlich* erzeugt wurde aber ein unkreatives Vakuum, ein Mal-sehn-worauf-die-hinauswill, ein Das-schau-ich-mir-erst-mal-ganz-in-Ruhe-an. Zum Glück, denn während die großen Würfe der Parallel-User zwangsläufig erst mal meinen Willen zum Nichtstun stärkten, waren die kleinen Details, die sie sich einfallen ließen, durchaus anregend – ein Beispiel:

»Am Telephon klingt sie manchmal so, als trüge sie eine Brille« – so stand es, so steht es, siehe oben, in meinem Marietta-Beschreibungskatalog. Eines Tages freilich stand und seither steht im Parallelforum, Unterforum »Lauras Tagebuch«, etwas über einen Brief zu lesen, den Marietta an Gregor geschickt haben sollte, und dazu dann Lauras schöner Kommentar: »Die schreibt so, daß man sofort denkt: die hat 'ne Brille.«[306] Wem jetzt erneut danach sein sollte, das als bloße Bagatelle abzutun, dem sei entgegengehalten, daß ein Roman zum überwiegenden Teil aus solchen bloßen Bagatellen ent- und schließlich besteht – wunderbar rosaroten oder brillenmäßig skurrilen. Was könnte aus meiner flüchtigen Idee von einst nicht noch alles werden? Wenn man in Mariettas Handtasche hineinblicken oder, um's gleich aus der Perspektive Gregors durchzuspielen, wenn man mal schnell entschlossen in ihre Handtasche hinunterschnüffeln täte, solang sie auf der Toilette wäre, würde's da drinnen vielleicht auch so *riechen*, als trüge sie eine Brille? Und in ihrem Kleiderschrank? Und schließlich: Ihre Haut, würde sie so *schmecken*, als trüge sie … hoffentlich nicht!

303 Auch in meinem Roman war eine Haushälterin eingeplant: Frau Gschnitzer.

304 Der von ihrer inzwischen 16jährigen Existenz natürlich nichts ahnt. – Als Lauras Mutter fungiert (lt. Parallelforum) übrigens Tania, mit der Gregor (lt. »Weiberroman«) tatsächlich Ende der 70er eine Art heftiger Nichtbeziehung hatte.

305 *Rhein Main Presse*, 6.6.1998.

306 Eine stark gekürzte Zusammenstellung der Parallelforumstexte ist inzwischen unter dem Titel »Laura meets Gregor« abgedruckt in: Trafo. Almanach des LiteraturBüro Mainz e.V. Hrsg. von Matthias Bauer und Dieter Gaumann. Nr. 2/1998, S. 83–92. Die betreffende Stelle findet sich dort auf S. 88.

Ob auch daraus ein neues Leitmotiv werden wird, ich weiß es noch nicht;[307] da wechselseitiges Beklauen Grundvoraussetzung des digitalen Schreibens ist, sind auch weitere »Anverwandlungen« meiner Lieblingssätze aus dem Parallelforum nicht auszuschließen:

»Sie ist so unkulinarisch durchgebraten.«

(Ernestine über Marietta)

»Wir leben im Zeitalter der Inkontinenz: Alles ist möglich, und nichts is' drin!«

(Lebensweisheit des Privatdetektivs)[308]

Von weitreichenden Überlegungen des Herausgebers ganz zu schweigen; inzwischen hatten wir übrigens – die vier vom Parallelforum, die schließlich übrigblieben: Matthias Bauer, Oliver Fründt, Silke Hennemann, Thorsten Schreiber und ich – schon gemeinsame Lesungen, und ich freue mich auf den Tag, an dem sie das erste Mal ganz ohne mich auftreten und mir, der ich vielleicht in einem Ohrensessel am Rande der Bühne sitze, eine Art Ehrenpräsident, und dem gesamten Auditorium demonstrieren, wie aus einem Parallelforum im Lauf der Zeit die Sache selbst, wie aus dem Parallelroman der »eigentliche« Roman geworden ist.

Vorerst aber, trotz aller vergnüglichen Perspektiven, bleibt jene bereits angeklungene Veränderung Nr. 7: Das Schreiben im Netz beschert einem bisweilen Mitschreiber, deren vorauseilender Ideenreichtum die eigne Kreativität arg unter Zugzwang setzen und sogar, Stichwort uneheliche Tochter, zu konzeptionellen Grundsatzzweifeln nötigen kann – und das alles zu einem Zeitpunkt, da diese eignen Phantasien noch in einem äußerst labilen Gleichgewicht sind. Und allenfalls von der eignen Ehefrau, und zwar auch nur mittels pointierter Dosierung von Begeisterung, zu korrigieren wären. Kürzer gesagt: Das Schreiben im Netz beschert einem die ganze Brutalität der fremden Phantasie – und damit einen ersten Maßstab für die Überlebensfähigkeit der eignen.

Virtualisierung des Werks, Virtualisierung des Autors

Und ansonsten? Führt der literarische Exhibitionismus, wie er einem »Novel-in-Progress«-Projekt zwangsläufig innewohnt, auf merkwürdigen Pfaden in eine noch kaum kartographierte Wüste neuer Möglichkeiten, auch solcher des Scheiterns, evoziert

---

307 Und weiß es, sechs Jahre nach Erscheinen des Romans, *nicht mehr.* Keine Koketterie! Die Kunst des Vergessens ist wesentlicher Bestandteil des schriftstellerischen Handwerks; behielte man all die Leitmotive früherer Texte präsent, wie wollte man dann noch mit Elan auf neue Leitmotive verfallen (die höchstwahrscheinlich gar nicht so neu sind)?

308 Trafo. A. a. O., S. 89, 91.

ein flaues Zwischengefühl, VERÄNDERUNG NR. 8, das man beim traditionellen Schreiben nicht kannte, das aber nun, kaum daß der erste Textblock »heißgestellt« und damit einem potenziell weltweiten Publikum preisgegeben ist, sofort einsetzt und sich, kaum daß die ersten Kommentare im elektronischen Gästebuch eintreffen, noch steigert: das Gefühl, etwas zu einem Zeitpunkt veröffentlicht zu haben, das aufgrund seines Vorstufencharakters und also per definitionem gar nicht zur Veröffentlichung vorgesehen war – und es gleichzeitig ja »irgendwie« auch wieder *nicht* veröffentlicht zu haben: nicht »richtig«, sondern eben nur virtuell, »alles halb so schlimm«, von den 5000 Hits pro Woche auf der Marietta-Homepage[309] bekommt man am heimischen Mac ja nichts mit. Ernster wird's freilich, wenn man unter den Gästebuch-Eintragungen eines Tages den Namen des eignen Lektors entdeckt, kurz darauf den des ehemaligen Verlegers; noch ernster wird's, wenn man nicht etwa aufgrund des letztveröffentlichten Buches zu Lesungen eingeladen wird, sondern, es ist wirklich paradox, zu Lesungen aus ebenjenem Marietta-Roman, von dem noch keine einzige endgültige Zeile vorliegt!

Gänzlich absurd wird's freilich, wenn die »Novel in Progress« vom Internet in andre Medien weiterwandert, und zwar nicht nur in naheliegende wie *Computerwoche* oder *Tomorrow*, sondern auch in die *Süddeutsche Zeitung*, den *Spiegel Spezial*, in *Allegra* oder *Gong*,[310] und dort nach denselben Kriterien wie ein fertiges Buch kritisiert bzw. rezensiert wird. »So schafft sich der Mainstream selbst sein Flußbett«, tobte die *Saarbrücker Zeitung*[311]; die *Berliner Zeitung* glaubte sogar, die Selbstdarstellungssätze der elf Möchtegern-Mariettas, die vom ZDF unter ihre Photos gesetzt worden waren (für den, der auf das zeitaufwendige Herunterladen der Demo-Videos verzichten wollte), habe ich selber zu verantworten, und rügte: Die »hätte er sich auf Papier wohl nicht zu schreiben getraut«.[312] Und der Kollege von der *Zeit* vermutete gar, Achtung Doppelfehler, ich hätte mir eine eigne Homepage eingerichtet, weil ich dem Internet »verfallen« sei![313]

Nun, dahin ist's doch noch ein Stückchen; ich habe mich ja noch nicht mal an die eigne Virtualität gewöhnt; aber wenn das so weitergeht – und es *geht* so weiter: Heute nachmittag werde ich ins SWR-Landesstudio Mainz fahren und, wetten daß? über ein ungelegtes Ei reden –,[314] also, *weil* das so weitergeht und weil

309 Ursprünglich unter der Netzadresse: http://www.zdfmsn.de/kultur/aspekte/action/novel3/index.asp Mit der jähen Umstellung der URL auf http://novel.zdf.de im August '98 brach ein Gutteil der Surfer erst mal weg, denn das ZDF hatte's versäumt, einen Umleitungslink (oder wenigstens einen entsprechenden Hinweis unter der alten Adresse) einzubauen. Auch ich selbst fand die »Novel« tagelang nicht mehr.

310 *Computerwoche*, Nr. 10/1998; *Tomorrow*, Nr. 12/1998; *SZ*, 5. 11. 1998; *Spiegel Spezial* »Info-Sucht. Der Mensch im Netz der Medien«, Nr. 3/1999; *Allegra*, April 1998; *Gong*, Nr. 30, 1. 8. – 7. 8. 1998.

311 [Burkhard] Bal[zer]: Zeitgeist-Affären. In: *Saarbrücker Zeitung*, 12. 10. 1998.

312 Cornelia Geissler: Der moderne Schriftsteller. In: *Berliner Zeitung*, 21./22. 3. 1998.

313 Joachim Lottmann: Auch haben! In: *Die Zeit*, 16. 12. 1998.

314 Zufälligerweise hatte ich tatsächlich am Tage meines Vortrags an der Mainzer Uni noch einen Termin beim SWR; die Sendung lief dann am 6. 2. 1999 unter dem Titel »Literatur im Land«.

das ja auch ganz kommod ist, werde ich demnächst erwägen müssen, ob sich das »eigentliche« Bücherschreiben überhaupt noch lohnt. Oder ob man statt dessen nurmehr darüber schreiben sollte, was man schreiben würde, wenn man je dazu käme – vielleicht reicht das bereits.

Schnipseldigitalisierung und was dabei rauskommt

Nun führte das Internet zwar, in völliger Verkehrung der handelsüblichen These, es mache unser Leben schneller, zielstrebiger, effizienter, führte bei mir zwar zu einer rapiden Verlangsamung des Schreibprozesses bis hin zu langanhaltenden Abwarte- und Stillhaltephasen; ihn *völlig* zum Erliegen zu bringen gelang ihm freilich nicht. Oh nein, auch ich habe geschrieben – wenngleich nicht im dafür vorgesehenen Forum »Der Roman«, das über die vor Monaten? Jahren? eingespeisten neun Anfangsseiten bislang nicht hinausgekommen ist:
Eine Zeitlang hatte's so ausgesehen,
als ob man immer so weiterwursteln würde (der gähnende Kaktus, das rülpsende Meerschwein, der fluchende Flaschenöffner), dann aber war's ein 21. April, dunkles Wetter draußen – und drinnen nur wenige Sekunden noch bis Mitternacht. Wenn Gregor geahnt hätte, daß er demnächst sogar ein Faible für rote Haare entwickeln würde, wenn Gregor geahnt hätte, statt an seiner Brille rumzuputzen: dann ... wäre trotzdem jetzt der Vorhang zur Seite geruckelt.
Aus der Nachbarkoje, wo seit einer guten Stunde der dänische? schwedische? Sprachschatz vor Ulla und Helga aussortiert wurde, erscholl ein dreigekehltes »Ho-ho!«, und Gregor setzte sich die Brille wieder auf [...].
Über jene neun Anfangsseiten, deren erste Zeilen Sie gerade gehört haben, ist der Roman nicht hinausgekommen,[315] denn ... die meiste Zeit schreibe ich ja sowieso nicht, *Aspekte*-Online hin oder her, und die meisten andern, die das als Beruf angeben, vermutlich auch nicht: Ehe ich mich zur Erstniederschrift überwinden kann, sammle ich über Jahre hinweg Notizen – schließlich »weiß« man zwar, was man im großen & ganzen schreiben will; *wie* das aber im Detail zu lösen sein wird, weiß man nicht. Statt dessen weiß es mitunter die sogenannte Mitwelt: indem sie Sätze oder sogar ganze Szenen liefert, die einem – jedenfalls in dem Moment, da man sie zufällig (mit)hört, (mit)erlebt – wie geschaffen scheinen für diesen oder jenen Gliederungspunkt des geplanten Romans. *Aufgeschnappte Sätze*, sicher, aber natür-

315 Die Druckfassung des Vortrags zog sich bis in den August 2000, da war der Roman zum Glück schon längst geschrieben und – im März 2000 – bereits erschienen.

lich auch jede Menge *eigner* Sätze, die vom soeben Gehörten, Gesehenen angeregt wurden.

All das wird, ohne jedwede stilistische Überarbeitungsambition, notiert und gesammelt und ... ergibt schließlich einen ziemlichen Haufen an Textschnipseln: das Rohmaterial des noch zu schreibenden Romans. Und dann? Werden ebenjene Schnipsel den entsprechenden Gliederungspunkten des Romanschemas zugeordnet. Bei der anschließend erfolgenden Niederschrift – sozusagen einer bloßen Ausformulierung der Gliederung unter Zuhilfenahme der Notizen – zeigt sich zwar, daß längst nicht alle Schnipsel *dort* verwendet werden, wo sie zunächst vorgesehen waren, *verwendet* werden sie jedoch zu, sagen wir, 90 Prozent.

Von dieser ganzen langwierigen Schnipselei bekommt der Leser des fertigen Buches natürlich nichts mit; bei einer »Novel in Progress«, so dachte ich in meiner Not, als alles & jedes an ihr bereits hochtourig in Progress war, nur nicht die Novel selbst, sollte sie dann aber doch nicht fehlen, schließlich widmet sie sich den kleinsten unteilbaren Elementarteilchen der Phantasie: die sich, innerhalb eines Konglomerats von Tausenden andrer Elementarteilchen, im Verlauf eines wechselhaften Prozesses von Anziehung und Abstoßung zu immer größer anwachsenden Phantasiegruppen verbinden, so lange, bis sie vom ersten bis zum letzten an ihrem einzig richtigen Platz angekommen sind. Ja, in gewisser Hinsicht sind diese Ideenschnipsel *mehr* Roman, als es der endgültige Text je sein kann: Schon allein aus Umfangsgründen wird er auf vieles verzichten, das in Schnipselform unverzichtbar ist – ein Romanschreiber muß ja weit mehr über seine Figuren, seine Handlungsorte etc. wissen als das, was er dann in Buchform dokumentiert.

Gedacht, getan – und damit kam ich und kommen wir jetzt zur NEUNTEN, der entscheidenden VERÄNDERUNG des altbewährten Schreibprozesses durchs neue Medium: Indem ich die Schnipsel früher nämlich nur las, dem einen oder andern Gliederungspunkt zuordnete und erst dann wieder darauf zurückgriff, wenn ich beim tatsächlichen Schreiben des Romans an fraglichem Punkt angekommen war – indem ich das angehäufte Ideenpotential also früher häufchen- oder klarsichtfolienmäßig strukturierte, war die Beschäftigung damit auch schon wieder erledigt, war jene Arbeitsphase beendet. Diesmal aber konnte ich die tatsächliche Beschäftigung mit meinen Schnipseln nicht auf den Zeitpunkt vertagen, da sie für die Niederschrift des Romans relevant werden würden, diesmal mußte ich mich sofort mit ihnen auseinandersetzen, schließlich sollten sie ja ins Netz; und dafür mußte ich sie nicht etwa nur abtippen, sondern auch in eine halbwegs allgemeinverständliche Form bringen. Was mich zwang, die Kürzestphantasiesplitter, die ich auf Papier besaß, in digitale Nicht-ganz-so-kurze-Splitter zu verwandeln. Was wiederum die noch halbdiffusen Phantasien, die dem Originalsplitter anhaften als seine, geschwollen gesagt, kreative Aura (die dann, bei der »eigentlichen« Niederschrift, schon irgendwie dafür sorgen wird, daß sich die Idee von einst mächtig aufplustert, sobald sie an der Reihe ist) – was die kleinen, halbdiffusen Ideen mitunter, beim »bloßen« Ausformulieren, zu sehr *präzisen* Ideen werden ließ; ein Beispiel:

»Trinkt Whiskey« stand auf einem der Schnipsel, mehr nicht. Wer war da gemeint? Im Zweifelsfall immer der Angeklagte: Gregor. Paßte das auch heute noch zu ihm, wo ich ihn schon ein bißchen besser kannte als weiß-der-Teufel-wann-ich-diese-Idee-mit-dem-Whiskeytrinken hatte? Warum nicht, obwohl er sich ja inzwischen eher als Biertrinker profiliert hatte, warum nicht. *Wann* also könnte er …? Ich entschied mich für Gliederungspunkt 4,b4: Nach einem zunächst nicht weiter aufregenden Abend in diversen Kneipen kommt Gregor heim und – geht eben *nicht* gleich ins Bett, wie immer, sondern beschließt, noch einen Whiskey zu trinken. Was er ansonsten nur »in Gesellschaft« tun würde und demzufolge eher selten. Wieso aber schenkt er sich gerade an diesem Abend einen ein? Weil er inzwischen vierzig ist! Damit beginnt ja der Roman, davon handelt er, und so wird er auch heißen: »Ein Mann von vierzig Jahren«. Was könnte es für einen wie Gregor bedeuten, plötzlich vierzig zu sein? Zum Beispiel: mal was auszuprobieren, auf das man die ersten vierzig Jahre seines Lebens nicht gekommen ist? oder das man ganz selbstverständlich abgelehnt? oder jedenfalls nie gemacht hat, egal warum. Gregor also kommt heim, sieht die angestaubte Whiskeyflasche und denkt sich: Genau, jetzt bin ich schließlich alt genug, um auch mal *ohne* Gesellschaft und *ohne* jeden Anlaß zu trinken. Vielleicht kann man sich ja damit auf solche Tage wie heute – statt immer nur zu warten, daß sie endlich ihre Pointe bekommen – selber 'nen i-Punkt setzen. Mal sehn.

Daß sich das wahrscheinlich nicht als seine allerbeste Idee entpuppen wird, ist bereits eine andre, eine Schlechte-Morgen-Geschichte inklusive Katze und fällt unter Gliederungspunkt 4,c1.

All das muß ich als Online-Schreiber nun aber auch detailliert aufnotieren, um dem potenziellen Online-Leser wenigstens in etwa zu vermitteln, was ich mir als Offline-Schreiber mit dem schlichten »Trinkt Whiskey« merken wollte. Und indem ich es tue (und anschließend ins Netz stelle), erhalte ich plötzlich eine kleine, möglicherweise nicht unwichtige Szene: in der Gregor etwas für ihn Entscheidendes begriffen hat. Begriffen natürlich nur in einer quasisymbolischen Handlung, nicht als vom Whiskeytrinken ablösbares Theorem; und vielleicht könnte er ja auch an manch andern Abenden ...? Genau: Das könnte sogar ein Leitmotiv werden.

Was ich, wär's beim »bloßen« Offline-Ordnen der Phantasie geblieben, nun wirklich nicht geahnt hätte. Der Dokumentationsdruck, den das neue Medium erzeugt, zwingt den Roman Stück für Stück zur Preisgabe seiner kleinen Geheimnisse, und zwar zu einem Zeitpunkt, da es offline noch längst nicht geschehen würde. Und genau dort ist er inzwischen auch komplett zu finden, der Roman, in seinen kleinen und kleinsten monadologischen Entäußerungen: Um ihn zu lesen, muß man lediglich die Links zu den jeweiligen Gliederungspunkten im Kopf vornehmen und sie, die kleinen Entäußerungen, zu einem chronologisch gefügten Ganzen verknüpfen. Für den, der auf diese Weise zu lesen weiß, ist der Roman schon jetzt, mit seinen insgesamt 50 Schnipseldateien und, vor allem, seiner 469 Seiten umfassenden Gesamtschnipseldatei, komplett abrufbar und jedenfalls so prallvoll gefüllt mit Versprechungen aller Art, wie sie ein 240seitiger Roman, so der vom Verlagsvertrag vorgegebne Umfang, niemals einlösen wird.

Diese Ahnung aber – daß mit dem gedruckten und gebundnen Papierwerk niemals einzuholen sein wird, was dessen digitale Vorabfassung vorgegeben –, diese Gewißheit ist derart unerheiternd, daß darüber nach alter Gregor-Manier nicht mehr gesprochen werden kann, sondern nurmehr: gemeinsam geschwiegen.

Schweigen wir also.

(1999)

Sichtest du noch? Oder löschst du schon?

Was waren das für Zeiten, als ein Gespräch über »das Netz« noch für heiße Ohren und wilde Zukunftsvisionen – auch in Sachen Literatur – sorgte! Und für jede Menge Gedankenschnipsel, die dann zwar keinen Eingang in meinen damaligen Vortrag fanden, dessen ungeachtet im Lauf der Jahre sogar noch durch den einen oder andern Nachtrag ergänzt wurden. Und schon jetzt arg veraltet anmuten, merkwürdig naiv, gerade auch in ihrer Skepsis:

■ Schreiben im Zeitalter von »Word« ist nicht viel mehr als Markieren und Kopieren. Die Feinarbeit erledigt die Rechtschreibhilfe.

■ »Bilder auslesen« und »Inhalte einpflegen«. Beides fällt unter »Content-Management«.

■ Netiquette gegenüber dem eignen Arbeitsspeicher: Immer wieder der Versuchung widerstehen, zuviel an Effekten auf einer Homepage auszuprobieren. Ladezeit versus Netzdesign; Ästhetik zum Wegklicken.

■ Der Spott des PCs über seine Besitzer: Fortschritt ist diejenige Form von Rückschritt, die unsre Probleme zu lösen vorgibt, indem sie sie verschiebt.

■ Nichts ist so brutal wie die Zukunft: Mit jeder neuen Chipsgeneration rückt die totale Kommunikation näher.

■ Der Chat als digitale Fellpflege.

■ Kein Wunder, daß in Chat-Rooms nicht nur »Maulwürfe«, sondern auch Maschinen auftreten, Chatter-Bots, z. B. »Mark C«, mit dem man sich eine Weile unterhalten kann, ohne daß man die Täuschung bemerkt.

■ Die Sehnsucht nach leibhaftig anwesenden Gesprächspartnern wächst, nach Beglaubigung einer Aussage durch das dazugehörige Gesicht.

Ja, das war der Geist der Gründerjahre, das Internet galt uns als die fremde Örtlichkeit schlechthin, eine beunruhigend faszinierende Terra incognita, deren Erkundung/Eroberung durch beherzte Netzbewohner als das Expeditionsunternehmen unsrer Epoche. Und nun? Kann man, es ist ja noch nicht mal ein Jahrzehnt seitdem vergangen, nur noch darüber lächeln; der Scheinriese von einst ist zum Rundum-Dienstleister zusammengeschrumpft. Ob sich irgendwann auch einmal im World Wide Web eine neue Form von Literatur ansiedeln wird, die den Namen verdient? Die Beantwortung der Frage erscheint weit weniger drängend als zu Zeiten des Aufbruchs; hinsichtlich virtueller Kultur, ja hinsichtlich des Virtuellen schlechthin hat sich eine große Gelassenheit ausgebreitet. Wenn da noch einer wie Umberto Eco vor dem »Reich des Internets« warnt wie vor dem Reich des Bösen, das mit seinem »Übermaß an Informationen« unser »kollektives Gedächtnis« zu verschlingen drohe (zit. nach: *Die Welt*, 25.10.2006) und als nächstes wahrscheinlich unsre gesamte gute alte Kultur, so mutet er, bei aller Sympathie für seine Haltung, doch schon wie ein Ewiggestriger an.

Wie harmlos war auch mein eignes damaliges Abenteuer als »Novellist-in-Progress«, wie überzogen die literarischen Hoffnungen, die sich an derlei knüpften – fraktales Erzählen, basisdemokratisches Erzählen, Erzählen in Hyperlinks! –, und wie ernst wurde andrerseits beäugt, was im Verdacht stand, mit der alten Buch- und Denk- und Lebenskultur kurzen Prozeß zu machen! All die verheißungsvollen bis bedrohlichen Möglichkeiten der Cyberwelt – mittlerweile auch für den notorisch fortschrittsresistenten Schriftsteller Conditio sine qua non seines Arbeitsalltags. Was die Lektüre meines damaligen Vortrags, jedenfalls für mich, zur einigermaßen merkwürdigen Erfahrung macht: Ständig ist man versucht, den Text ganz grundsätzlich upzudaten; und kann dann de facto doch nur all die darin erwähnten und mittlerweile längst überholten Programme, Systemabläufe, Problemstellungen mit notdürftigen Anmerkungserklärungen versehen: Statt eines grundsätzlichen Quantensprungs zu »Marietta 2.0« gelingt allenfalls ein mühsames »Marietta 1.1«.

Was mir jedoch von jener Pionier- und Sattelzeit wirklich geblieben ist, trägt im damaligen Vortragstext die Überschrift »Schnipseldigitalisierung und was dabei rauskommt«; die darin beschriebene NEUNTE VERÄNDERUNG meiner Arbeitstechnik war nach Beendigung des Projekts keineswegs wieder rückgängig zu machen. Seither lege ich zu jedem geplanten Text als erstes eine Datei an, in die etwelche Papiernotate zeitnah eingegeben werden; ob Roman, Erzählung oder Essay, auf diese Weise entsteht lange vor der eigentlichen Niederschrift ein Steinbruch an möglichen Gedanken und Formulierungen, der – wie gegen Ende des damaligen Vortrags erst geahnt – in summa oft mehr ist als der Text, der daraus ja erst noch entstehen muß. Unter dem Aspekt der Vollständigkeit (der vollständigen Abarbeitung am Thema) mag das betrüblich sein; erleichternd ist es hingegen, was das Problem der leeren Seite betrifft: Das gibt es seither nämlich nicht mehr, und zwar schlichtweg deswegen, weil es bei einer derartigen Arbeitstechnik, sofern man ihre Ergebnisse auf sämtliche Gliederungspunkte eines Projektes aufzuteilen weiß, ja gar keine leeren Seiten mehr geben kann.

Wird man als Textschnipselsammler, -ordner, -verschieber und -verschmelzer dann aber überhaupt noch von einer, s.o., »eigentlichen Niederschrift« sprechen? Problematisch ist dabei nicht die »Niederschrift«, denn natürlich fällt auch das Montieren von Textbausteinen unter »Schreiben«, nicht zuletzt deswegen, weil man sich dabei oft völlig von seinen Notaten löst, auf altmodische Weise Zeile um Zeile neu schreibt. Wann aber beginnt das »Eigentliche«? Und wie wäre es überhaupt noch zu definieren, wenn man sich die meiste Zeit nicht etwa linear an einem Projekt abarbeitet, sondern gleichzeitig an dessen sämtlichen Punkten, mal hier, mal dort?

Bislang habe ich auf die entsprechenden Fragen – »Sammelst du noch? Oder schreibst du schon?« – keine schlüssige Antwort gefunden. Fest steht für mich einzig, daß man als volldigitalisierter Schriftsteller weder bei der eigentlichen *noch* bei der uneigentlichen Arbeit unter dem Anblick leerer Seiten leidet. Sondern, im Gegenteil, unter der bedrückenden Tatsache, daß alle noch zu schreibenden

Seiten längst voll, ja übervoll sind: Man wird von seinen eignen Schreibgeräten an eine ganz neue Grenze der Erschöpfung getrieben, für deren Bewältigung man in den Zeugnissen früherer Generationen keinen Trost findet. Ein zukünftiger Eckermann würde sich als Helferlein nicht etwa durch eifriges Aufnotieren auszeichnen, sondern durch ebenso eifriges Löschen. Wer weiß, vielleicht sind wir demnächst auch digital derart zugemüllt, daß Entsorgung zum Hauptgeschäft des Schriftstellers wird – »Sichtest du noch? Oder löschst du schon?«.

Das von Eco beklagte »Übermaß an Informationen« beginnt jedenfalls nicht irgendwo »draußen«, im Virtuellen, wo man seine Ängste im Diffusen und also Folgenlosen ausufern lassen darf; sie beginnt auf dem eignen Schreibtisch. Und entsprechend beginnt der Kampf der Suchmaschinen gegen das (meinetwegen kreative) Chaos nicht erst bei Google oder Yahoo!, auch nicht erst bei »Spotlight« oder wie derartige Programme heißen, die hauseigne Festplatten volltextmäßig erfassen und erstaunlich punktgenaue Trefferlisten generieren können; sie beginnt nach wie vor im eigenen Kopf. Beginnt bei der Fähigkeit, Stoffe, Themen, Gedanken zu gliedern – am besten offline und auf Papier.

Auf Papier? Wie fremd uns schon ein einzelnes leeres Blatt geworden ist, fühlt man deutlich an der Unruhe, von der man angesichts seines schieren Anblicks erfaßt wird. Um sich nicht gleich wieder ins vertraute Bild des digitalen Schreibtischs zurückzuflüchten, braucht man einigermaßen starke Nerven. Innerhalb weniger Jahre haben sich die Perspektiven in ihr Gegenteil verkehrt, die Erforschung der literarischen Terra incognita beginnt am Rande eines Blatts Papier, dort, wo man mit einem beherzten Federstrich zu beginnen hätte. Welch Unwohlsein, wenn uns nicht irgendein im Hintergrund ablaufendes Programm, ein eifrig Impulse zusendender Cursor oder wenigstens ein Knistern aus der Tiefe des Gerätes zu verstehen gibt, daß wir nicht gänzlich allein sind bei unsrer Arbeit! Was waren das für Zeiten, als uns der Anblick eines leeren Blattes nichts als Angst einflößte vor dem ersten Satz.

VI
Fata Americana

Fremde Örtlichkeiten

Davor erschien Kopenhagen erstaunlich unversehrt[316]: als Summe schöner Fassaden. Multipliziert mit der Summe tütentragender Menschen ergab das ein nahezu R-freies Gefühl.[317]

Erstaunlich undicke Dänen, und das, obwohl die ADAC-Zeitschrift seit Menschengedenken frühjahrs mit der Anzeige aufgewartet hatte: »Der dicke Däne ist da!«

Peudulmurzenträger, kohortenweise Richtung Schloß marschierend.

Ein Rudel Chinesen, die kleine Meerjungfrau bekletternd.

Ein Fro(h)kostteller und ein vegetarisches Smørebrød, das sich geschickt unter acht Schinkenscheiben zu verstercken wußte: allererste leichte R-Anwandlung.

Und da gab's noch den Regen, insbesondre auf der Spitze der Erlöserkirche, da gab's noch den Wind, und es hätte mich nicht gewundert, wenn sich die gewundene Spirtze des Turms, auf der ich nach aller Art Geländer Begehrlichkeiten entwickelte, unter mir weggedreht hätte, wenn mich das nächste R davongetragen hätte, womöglich zurück nach Christiania. Wo ich's dort doch selbst parterre kaum hatte glauben können – so viele Jahrzehnte verspärtet mitten im Myrthos, und dann ist der Myrthos einfach nur die mittelalterliche Form von Bürgerlichkeit.

Danach allerdings stieg der R-Faktor zursehends.

(2000)

---

316 Vor der Lesung am Goethe-Institut, 25.5.2000. Danach: allerheftigste R-Anwandlungen.

317 Aus der Forschungsliteratur über das R-Gefühl ist als umfangreiches Sammelwerk besonders hervorzuheben: Der R-Faktor – vom Mythos zum Myrthos. Über den literarischen Niederschlag von Gutlaunigkeit unter besonderer Berücksichtigung der Alkoholzufuhr. Hrsg. von Ratfried Bartmeyer. Tübingen (Günter Narr Verlag) 2004.

Kopenhagen danach

Ja, danach steigt er zusehends, der R-Faktor, arbzulesen an der Rückenkrümmung des Herrn Institutsleiters: »Darf ich Ihnen das R anbieten?« Ein Fünfundzwanzigmark-H&M-Schlarps, kombiniert mit Cerruti, die neue Sorglosigkeit. Die »Bo-Bi Bar«, »Andy's« und schließlich die »Pale Bar« mit dem Sarxophon blasenden Sarotti-Mohr, sobald sich die Tür öffnet. Irgendwer rät zu angewandter Zweisamkeit. Der Übersertzer Herbert bestellt »das größtmögliche Bier«. Der Birbliothekar Willi zeigt sein verschmirtztes Lächeln. Der King-Crimson-Fan Hermann empfiehlt belgische Anzüge. Die bekennende Armanijeansträgerin Aniella trägt keine Armanijeans, sondern eine Tango & Cash-Hose, dafür in Rot. Irgendwer rät zu angewandter Dreisamkeit. Der R-Farktor steigt.

(2000)

Buena Revista Social Club

15 Personen suchen einen Übersetzer – Reise eines
Autors zu seinen Romanfiguren

Santiago de Cuba, am südöstlichen Zipfel der Insel malerisch in einer Bucht gelegen, ist so ziemlich das Gegenteil
dessen, was uns *Buena Vista Social Club* und Gutiérrez-Ro-
mane an Kuba-Klischees erfolgreich vorgegaukelt haben: Hier,
1000 Kilometer entfernt von Havanna, ist das Straßenbild in jeder Hinsicht schwärzer als in der Hauptstadt; hier haben *son*,
salsa und *carnaval* ihren Ursprung, aber auch der Guerillakampf
Fidel Castros, wie er ihn vor fast 60 Jahren aus dem Gebirge heraus gegen das USA-hörige Batista-Regime begann; und unter
dem löchrigen Deckmantel eines real gerade noch existierenden
Sozialismus herrschen afrokubanische Religionen, von deren
Ritualen wir ausgerechnet nur die allerschauerlichsten Voodoo-
Versionen mit scheinheiligem Entsetzen zur Kenntnis nehmen.

Als ich mich im Jahre 2002, zwecks Recherche zu einem Roman über ebenjene »dunklen« Seiten Kubas, für einige Monate
in Santiago eingemietet hatte, hielt man mich zunächst für einen jener Touristen, der sich an diversen *chicas*, nebenbei vielleicht auch in einem Salsa-Tanzkurs versuchen wollte. Im Grunde
hatte ich keine andre Wahl, als meinem Vermieter Luisito reinen
Wein über mein Vorhaben einzuschenken, wollte ich seine dis-
kreten Vermittlungsangebote abweisen und trotzdem nicht als
Kretin dastehen; verdeckte Recherche wäre bei der Vielzahl an
Nachbarn, die jeden meiner Gänge neugierig verfolgten, ohnehin kaum möglich gewesen. Als Luisito dann ausgerechnet in
der »Casa de las Tradiciones«, wo mein Roman beginnen sollte,
zwischen zwei Musikstücken des Sängers Mikrophon schnappte
und den Anwesenden verkündete, sein *»amigo Mati«* wolle einen
Roman über diese Kneipe, diese Stadt schreiben, hätte ich mich
gern in Grund und Boden geschämt; daß man seine Anweisung,
mir bei der Arbeit gefälligst zu helfen, dann tatsächlich so eifrig
umsetzen würde, konnte ich ja nicht ahnen. Ein Machtwort? Je-

denfalls öffnete man mir bereitwillig Tür und Tor, selbst zu den geheimen Ritualen des *Palo Monte*[318], einer Schwesterreligion des Voodoo. Freilich nicht ohne zu betonen, daß man selber gern vorkäme im Roman. Unterm eignen Namen? Ja, wie denn sonst, man wolle doch erkannt werden! Dann würde man freilich ausnahmslos in eine dunkle Rolle schlüpfen müssen, drohte ich, ob als Dieb, Hurensohn, Spitzel der Geheimpolizei, Teufelsanbeter, das Personal des Romans stehe nämlich schon fest. Kein Problem, freute man sich.[319]

Also gut. Ohnehin wär's kaum möglich gewesen, in dieser für einen Westeuropäer rätselhaft chiffrierten Welt frech draufloszufabulieren, die Realitäten in glaubwürdige Fiktionen umzulügen. Zurück in Deutschland, bekam ich ob des leichthin gegebenen Versprechens denn doch kalte Füße. Der Justitiar meines Verlags formulierte Verträge auf deutsch und auf spanisch, in denen die kubanischen Originale der Romanfiguren explizit auf ihre Persönlichkeitsrechte verzichteten; sie kamen mit dem Zusatz zurück, man sei »aus vollem Herzen dankbar, als Figur dieses wunderbaren Romans ausgewählt worden zu sein«. Nun gab es keine Ausreden mehr, nur noch die Grenzen des guten Geschmacks. Die Frage war freilich, wie mein kubanisches Romanpersonal die Verfremdung zu literarischen Figuren aufnehmen würde, sobald sie in gedruckter Form vorlag – begeistert, reserviert, verständnislos, zornig?

Mit etlichen Exemplaren des Romans und den entsprechenden Bedenken fuhr ich im März 2006 zurück an den Ort der Handlung. Man hatte mir prophezeit, ich würde es aufgrund meiner kritischen Darstellung des kubanischen Alltags umgehend mit der Geheimpolizei zu tun bekommen; gleichwohl hatte ich weit größeren Respekt vor den Anhängern des *Palo Monte*, dessen geheime Rituale ich im Roman minutiös dargestellt hatte: Ob das außerhalb der Bruderschaft, die mich an ihren Treffen hatte teilnehmen lassen, vielleicht als Verrat aufgenommen worden war? Anders als beispielsweise die Anhänger von Voodoo oder *Santería*[320] sind *paleros* hinsichtlich ihrer religiösen Praktiken äußerst verschwiegen; so kommt es, daß wir bis heute relativ wenig über diese uralte Religion aus dem Kongobecken wissen – abgesehen von einigen Gemeinplätzen über ihren »archaischen« Grundcharakter, die Manifestationen ihrer Hauptgottheiten, die Sklavenaufstände, die von ihren Anhän-

318 Animistische Religion, von Sklaven nach Süd- und Mittelamerika mitgebracht und dort unter den verschiedensten Namen in geheimen Bruderschaften praktiziert. Träume, Erscheinungen von Toten und, vor allem, Blutopfer über magischen Kesseln spielen darin eine zentrale Rolle; die »Speisung« der Götter ist meist mit aufwendiger Schutz- oder Schadenszauberei verbunden. Eine »weiße« Richtung gibt es im Palo nicht, alles daran ist »schwarz«, einiges »sehr schwarz«: Teufelsanbeter – die es auch heute noch gibt – enthäuten nicht nur Pferde.

319 Dem alten Ocampo, Chef des »Balcón del Tivolí«, in dem ich mir jeden Tag von einem Kellnerkoch namens Cuqui mein Abendessen auftischen ließ, drohte ich sogar, er werde als Romanfigur sterben müssen, es nutzte nichts: »Wenn's weiter nichts ist, *hermano.*«

320 Eine auf Kuba, insbesondere im südöstlichen *Oriente*, weitverbreitete Religion, deren afrikanische Götter/Heilige nicht zuletzt in den verschiednen Marien-Inkarnationen des Katholizismus verehrt werden. Sogar Fidel soll *Santero* sein (angeblich verschwand er während eines Staatsbesuchs in Nigeria für sieben Tage vom Protokoll, um sich dann im weißen Gewand des frisch Geweihten zurück an die Öffentlichkeit zu begeben), von Ché und anderen hohen Repräsentanten des Systems ganz zu schweigen.

gern immer wieder ausgingen. Die allerdunkelsten Anhänger des *Palo*, das wußte ich, scheuten und scheuen vor einem Menschenopfer nicht zurück; bereits während meiner Lesereise hatte sich ein in Deutschland lebender *palero* das Buch von mir signieren lassen und dabei sehr freundlich verkündet: Was er heute abend über seine Religion gehört, das habe »gestimmt«; nun allerdings werde er in Ruhe lesen, und sofern er etwas Fehlerhaftes in meiner Darstellung finde, werde er ... sich schon zu melden wissen.

Auch von meinem Romanpersonal hatte ich während der Lesereise gehört, immer mal wieder saß unter den Zuhörern einer, der bereits mitsamt Buch nach Santiago gereist war und sich dort aufgemacht hatte, anhand des Stadtplans im Vorsatzpapier die wesentlichen Figuren aufzusuchen. Um mir dann Post oder aktuelle Photos von ihnen zu überbringen, verrückt genug, vor allem aber: um mir von ihren Reaktionen auf den Roman zu berichten, den sie natürlich hatten sehen wollen. Höchste Zeit, mich nun auch selber wieder dort blicken zu lassen und ihnen ein kleines Fest auszurichten!

Tatsächlich war man in Santiago schon weit besser über den Roman informiert als vermutet, selbst von dessen Aufnahme durch die Literaturkritik hatte man sich erzählen lassen. Und ärgerte sich sehr darüber, daß dabei oft von Voodoo die Rede gewesen, nicht von *Palo Monte*, daß also das Klischee, wie wir es in Deutschland von der dunklen Seite der Karibik kultivieren, zu einer erheblichen Verzerrung des Lektüreeindrucks geführt hatte. Ja, die *paleros* waren sauer. Nicht, wie befürchtet, über den Verrat an Geheimnissen, den ich in meinem Buch begangen hatte, sondern über die oberflächliche Rezeption, die man diesem Geheimnisverrat hatte angedeihen lassen! War ihre Religion nicht viel stärker als das Voodoo? Man würde einige Götter und Tote aktivieren müssen, um gewisse deutsche Gehirne zu »reinigen«; dann wurde aber doch erst mal gefeiert.

Es stellte sich heraus, daß die Rezeption des Romans bereits zu einigen Veränderungen vor Ort geführt hatte: Etliche Leser waren in Luisitos »Casa el Tivolí« abgestiegen, der Wohnung des Romanprotagonisten, was ihm zusätzliche Touristendollars eingebracht hatte und zusätzliche Neider. Cuqui beabsichtigte, auf seiner nahe gelegnen Terrasse ein Restaurant mit dem deutschen Namen »Herr der Hörner« zu eröffnen; bei den zuvor nötigen Reparaturarbeiten am Fundament hatte man ihm allerdings gepanschten Zement angedreht, er hatte umgerechnet 60 € verloren, ein Vermögen. Angelita, Wirtin des als Romanschauplatz verarbeiteten »Balcón del Tivolí«, empörte sich, daß sie im Buch nicht mal erwähnt war, ermahnte mich, sie »beim nächsten Mal« angemessen zu berücksichtigen. Überhaupt war man, bei aller Freude darüber, daß es nun auch einen Kubaroman gab, der *nicht* in Havanna spielte, auf andre Romanfiguren-Originale eifersüchtig, hatte sie im Verdacht, die vorbeikommenden deutschen Leser »für sich behalten zu wollen«. Und all das, obwohl das Buch hier ja gar nicht gelesen werden konnte!

Oscar, der *Santero*, las es immerhin auf seine Weise, nämlich all dessen kursiviert gedruckte Passagen, gab mir dann schmunzelnd zu verstehen, daß ihm der Roman gefalle, er »stimme«. Kursiviert gedruckt sind darin lediglich die spanischsprachigen Einsprengsel, zumeist Derbheiten über Natur. Und die andern? Fragten immer wieder nach einer Übersetzung, schließlich schrieben sie einen Brief an meinen Verleger, »*Sr. Editor de la Novela ›Herr der Hörner‹, Alemania*«: 15 namentlich aufgelistete Romanfiguren-Originale bitten darin um eine spanische Ausgabe, versichern ihm, daß »*todo América*« das Buch dann lesen werde.

Was sie nicht ahnen konnten: Die deutschen Leser waren ihnen auch in diesem Punkt zuvorgekommen. Hatten in diversen Zettelbotschaften, die mir Luisito bei meiner Ankunft feierlich überreichte, nicht nur ihre Lektüreeindrücke vor Ort hinterlassen, sondern auch gleich Adressen kubanischer Germanisten, die das Werk gern übersetzen würden; in zwei Fällen hatten sie sogar schon Professorinnen angesprochen, die sie persönlich kannten, so daß ich diese nurmehr anrufen mußte und – ja, was denn? Übersetzen wollten sie tatsächlich beide, kein Wunder, bei einem Buch von über 700 Seiten Umfang würden sie sich für ihr Honorar am Ende mindestens ein Haus kaufen können (ein Haus bekommt man hier, unter der Hand, ab 2000 Euro), ich hätte mich nur entscheiden müssen.

Aber ich führte das Gespräch ja lediglich als Privatperson, das Recht zur Lizenzvergabe liegt beim Verlag, und so werde ich meinem Verleger demnächst nicht nur einen Brief, sondern auch zwei Zettel vorlegen.[321] Überhaupt, die Leser! Sie waren bis in die verwinkelten Barackenbezirke vorgedrungen, um entlegne

[321] Das ist mittlerweile geschehen, der Roman wird seitdem von einer der beiden Professorinnen übersetzt. Das heißt: Angefangen hatte sie damit in der Tat, dann kam ihr jedoch zu Ohren, daß ihre Konkurrentin – die den Zuschlag am Ende nicht erhalten hatte – mittlerweile zur *Santera* geweiht worden war. Was die Übersetzerin mit erheblicher Sorge erfüllte, schließlich würde sich die aus dem Feld Geschlagene nun mit Hilfe eines santeristischen Zaubers an ihr rächen können. Vor gewissen religiösen Praktiken herrscht auf Kuba selbst in tendenziell aufgeklärten Kreisen ein Heidenrespekt.

Handlungsorte und, dies besonders eifrig, dort vermutete Romanfiguren aufzuspüren. Daß auch dieses Buch zum Großteil auf reiner Phantasie basiert, schien man beim Lesen oft vergessen zu haben, versicherte mir vielmehr, es »stimme ja alles« (»Hat das irgendeiner Ihrer Kritiker eigentlich bemerkt?«) bzw. es »stimme ja gar nichts«, sei in Wirklichkeit ganz anders. In der Tat, seit meinem letzten Besuch hatte sich in Santiago einiges geändert, die Dachschweinhaltung hatte man verboten, die illegalen Verkaufsstände aufgelöst, das leere Kaufhaus geschlossen. Auch die »Romanfiguren« waren natürlich nicht auf dem Stand von 2002 geblieben, Luisito hatte sich den Bart abrasiert, Papito sein Haus verkauft, Cuqui arbeitete nurmehr als Pizzabäcker im »Balcón del Tivolí«. Wo's jetzt, angrenzend an den Hof, in dem das Abendessen serviert wurde, ein Zimmer gab, das stundenweise vermietet und von den Einheimischen auch rege frequentiert wurde.[322]

So war auch ich nach meiner Ankunft zunächst enttäuscht, die aktuelle Wirklichkeit reichte nicht annähernd an das heran, was ich vor Jahren hier wahrgenommen und zu fiktionaler Wirklichkeit zusammengefügt hatte. Anscheinend ist die Macht der Worte kein Deut geringer als die der Bilder; auch eine literarische Verarbeitung kann dem originalen Schauplatz viel von seiner authentischen Aura rauben oder jedenfalls blind machen für das, was zu einem andern Zeitpunkt gerade dessen Reiz ausmachen könnte.

Daß die Leser eines Buches nach nichts so sehr wie nach dessen realen Vor- und Urbildern suchen, davon habe ich mir bei dieser Reise einen lebhaften Eindruck verschaffen dürfen. Auf ihrer Suche nach dem Authentischen mußte ich ihnen unweigerlich begegnen – und sie nicht selten enttäuschen. Insbesondre über die Frauengestalten des Romans, man wollte's mir gar nicht glauben, gerade sie seien doch so »echt«! Aber die Treppe zur »Casa de las Tradiciones«, vor der wir gerade standen, das sei doch wenigstens die, von der ich mehrmals hinabge-

Ich? Doch wohl die Hauptfigur des Romans!

Nicht, daß ich als Leser anderes vermutet, getan, gefragt hätte! Es hat ja durchaus seinen Reiz, dem Rechercheur hinterherzurecherchieren; erst dessen (unterstellte) Erlebnisse vor Ort scheinen seine literarischen Erfindungen in letzter Instanz zu beglaubigen.

322 Zum Frühstück avisierte dort eine Schiefertafel statt *Hamburguesa*, einer Art Gekrösebrötchen, *Perro Caliente*, immerhin ein Fortschritt.

Auch die *paleros* nahmen das Buch am Ende auf eine Weise ernst, wie ich sie nie erwartet hätte. Nämlich dessen Umschlag und die ebenfalls auf *Palo*-Motiven basierenden Kapitel-Vignetten: Was im Verlag rein unter gestalterischen Aspekten diskutiert worden, jetzt mußte es sich derselben Wahrheitsfrage stellen, wie sie deutsche Leser an die Stadt und ihre Bewohner richteten – man macht sich hierzulande keine Vorstellung mehr davon, mit welcher Leidenschaft ein Stück Literatur rezipiert werden kann. Und das von Menschen, die das Buch nur auf ihre Weise zu lesen wissen, also vollständig am Text vorbei, dies freilich bis tief in die Nacht.

Ein Buch ist mehr als die Summe seiner Worte, das steht am Ende jenes langen Abends fest. Und die Unterschrift des Gottes Sarabanda, die den Buchumschlag für den Uneingeweihten als abstrakte Zeichnung einiger sich kreuzender Pfeile ziert? Sie stimme nicht! behauptete einer der *paleros* namens Pichi, der uns zuvor ungebeten wahrgesagt hatte, mit starrem Auge an allem Irdischen vorbei, das ihm den Anblick seines Toten hätte verstellen können, der ihm – gleichfalls ungebeten – just zu Beginn des Abends erschienen war. Und dann gleich wie ein Wasserfall auf ihn einredete, Pichi hatte Mühe, seine Worte zu wiederholen, selbst von der Toilette aus ratterte er seine sehr präzisen Weissagungen herunter. Mit welcher Ehrfurcht er aber, als ihn der Tote endlich in Ruhe ließ, das Buch in die Hand nahm – ach, das muß es auch einmal in Deutschland gegeben haben. Dann das vernichtende Urteil: Sie stimme nicht, die Unterschrift, sei unvollständig.

Man einigte sich schließlich darauf, daß man Unterschriften von *Palo*-Göttern niemals komplett aufzeichne, damit kein Unberufner damit »arbeiten« könne. Das ganze *Palo Monte* ist ein ausgeklügeltes System des Mißtrauens – gut, wenn man sich durch eignen Zauber schützen kann, besser, wenn man dem Zauber der andern zuvorkommt, am besten, wenn man dazu einen Gott zur Seite hat, der Sarabanda heißt und ... nicht schon auf einem Buchumschlag das vollständige Ausmaß seiner Fähigkeiten verrät. »Vertrauen tötet den, der vertraut«, ist eine der wichtigen *Palo*-Weisheiten,[323] man bleibt am liebsten im Kreis der eignen Bruderschaft: der Inbegriff einer fraktal organisierten Religion – niemals wird davon ein (Bekehrungs-)Krieg ausgehen können!

323 Die dazugehörige Legende afrikanischen Ursprungs: Zwei Männer aus verfeindeten Dörfern begegneten sich zufällig an einer Wasserstelle; sie verständigten sich darauf, für die Dauer des Wasserholens auf kriegerische Handlungen zu verzichten. Auch bei den folgenden Zufallsbegegnungen hielten sie es so, und weil sie eine geheime Sympathie zueinander hegten, legten sie ihre Gänge zum Wasserloch bald bewußt auf eine Uhrzeit, wo sie mit dem jeweils anderen rechnen konnten. Eines Tages schlug der eine der beiden vor, zum Zeichen ihrer neuen Freundschaft die Waffen abzulegen und sich an der Wasserstelle zum Gespräch zusammenzusetzen. Der andre ging voll offensichtlicher Freude darauf ein; kaum saßen die beiden jedoch beieinander, sprang er auf, ergriff seine Machete und schlug seinem Feind den Kopf ab.

Schon die Romanrecherche war zum Großteil eine freischwebende, durch keinerlei Fachliteratur abgesicherte Feldforschung gewesen, mit allen möglichen Mißverständnissen, die Derartiges mit sich bringt, noch dazu, wo alles Wesentliche eines *Palo*-Rituals in Bantu bezeichnet wird, der Rest in kreolischem Mischmasch. Immer wieder hatte ich mir dabei die Grundfrage gestellt, wie weit man in seiner teilnehmenden Beobachtung eigentlich gehen müsse, um am Ende ein substanziell tragfähiges Fundament für eigne Phantasien zu erhalten. Schließlich hatte ich als Schriftsteller recherchiert, nicht als Ethnologe, ohne wissenschaftlichen Vollständigkeitsanspruch; andrerseits hatte ich bald gemerkt, daß ich die religiösen Gesänge, Gebete, Tänze tatsächlich erst dann verstand, auch den tiefen Schauer, den sie verströmen, wenn ich nicht nur reserviert danebenstand. Um den Stoff jenseits seiner puren Benennung literarisieren zu können, würde ich mehr als bloße Substantive wissen müssen; will man das atmosphärisch Ganze auch im Adjektiv oder im Adverb präzise treffen, reicht Recherchieren als Haltung nicht aus: An den kleinen und allerkleinsten Sprachpartikeln erkennt man unweigerlich, ob sich der Autor sein Thema bloß ausgedacht oder ob er sich ihm ausgesetzt und damit eine Erfahrung gemacht hat.

Nun jedoch, bei meiner Rückkehr nach Erscheinen des Romans, konnte ich mich nicht mehr in jener halbpassiven Rolle durch die Rituale mogeln, die auch diesmal anstanden, nun galt ich, aufgrund des (ungelesenen) Buches, nicht mehr als Anfänger. Sondern als Eingeweihter, ich hatte den Hahn wirklich selber zu ergreifen, dem der *palero* das Messer durch den Hals schieben würde. Mußte ich sein minutenlanges Aufbäumen wirklich in den eignen Händen spüren, bis er sich vollständig über den diversen Opferschalen ausgeblutet hatte, nur weil ich ein Buch geschrieben hatte? Aber wie hätte ich mich weigern können?

Die Erfahrung der wirklichen Wirklichkeit überholte auf diese Weise das, was der Versuch ihrer Literarisierung bislang festgehalten hatte; bei einem weiteren Ritual zog die Realität auch noch mit meiner gewagtesten Spekulation gleich: Im nahe gelegenen Kulturzentrum gibt es seit Jahren folkloristische Vorführungen für Touristen, den diversen afrokubanischen Kulten anempfunden, das war mir bekannt. Trotzdem hatte ich mir immer vorgestellt, daß der riesige Raum auch andern Zwecken dienen könnte, *dunklen* Zwecken, sofern man die Türen fest verschlossen hielt, und ihn im Roman kurz entschlossen zu einem geheimen *Palo*-Tempel umfunktioniert. Wie erstaunt war ich, als man mich diesmal zu einem »Abend für Freunde« einlud, Fenster und Türen hinter mir verriegelte und, am Ort der harmlosen Touristendarbietungen, ein ziemlich handfestes *Palo*-Ritual abhielt! Als ob mich diese Reise belehren sollte, daß noch die gewagteste Phantasie auf realen Fundamenten basiert, auch wenn man diese Fundamente gar nicht kennt.

Und am Ende dann doch noch die Staatsgewalt. Drei Verhöre, zwei davon durch die Geheimpolizei, verdächtig war vor allem, daß ich niemals Photos, statt dessen jede Menge Notizen gemacht. Wer mir denn all die Informationen geliefert hätte? Ach ... das war, das ist eine andere Geschichte.

Mein kurzes Leben als Konterrevolutionär

Und am Ende dann doch noch die Staatsgewalt. Zunächst in Gestalt eines Polizisten, begleitet von einem Dorfbewohner, der uns verpfiffen hatte: Cuqui und seine Frau, weil sie im Gebirge versucht hatten, selbstgenähte Kleidung gegen Geflügel einzutauschen. Oder vielmehr: mich, weil ich in Begleitung einheimischer Kollaborateure versucht hatte, das Gedankengut der Konterrevolution in abgelegene Bergbauernhöfe zu tragen. Dies der Verdacht, der den Dorfpolizisten von San Benito beseelt hatte, uns hinterherzuwandern, die Festnahme gestaltete sich eher informell, als ungewöhnlich langes, ungewöhnlich kräftiges Händeschütteln. In dem Moment, da Cuqui die Situation begriff und zu einem Protest ansetzte, verbat man ihm mit barschen Worten den Mund: Hier werde nicht gesprochen!

Zurück im Dorf, empfing uns eine erstaunliche Stille. Jeder, wirklich jeder beäugte uns in stummer Scheu, wie wir zur Polizeistation marschierten, vorneweg der Diensthabende, die Pistole am Gürtel, anschließend die drei Delinquenten, in ihren Händen kopfunter die ertauschten Hühner, zum Abschluß, in Gummistiefeln, der informelle Mitarbeiter – unser Anblick reichte, das Straßenleben vollkommen zum Erliegen zu bringen. Schweigende Kubaner! Die Lage mußte wirklich ernst sein. An den Hausfassaden die üblichen Parolen,

»Wir werden siegen«, am öffentlichen Dorfklo, nicht ganz so üblich, »limpieza es salud«, die Aufforderung zur Reinlichkeit.

Im Dorfpolizistenhäuschen dann die Befragung, durchaus ruppig, unversöhnlich, dafür mit allen Beteiligten, Menschen wie Tieren, auf einmal. Großes Geschnatter, mitunter versuchte eines der Hühner aufzuflattern und man mußte ihm die Flügel neu verknoten. Mein erster Gedanke: Sie werden uns trotzdem ziehen lassen. Die Hühner werden wir ihnen dafür freilich lassen müssen, vielleicht auch ein paar Touristen-Dollars. Aber nein, die beiden meinten es ernst, gewiß glaubten sie, einen dicken Fisch gefangen zu haben, witterten ihre Chance, schlagartig berühmt, zu Helden der permanenten Revolution erklärt und womöglich befördert zu werden:

Warum wir uns verbotnerweise im Gebirge aufgehalten hätten?

Verbotnerweise? Man habe Nahrungsmittel eintauschen wollen, das Leben in der Stadt sei hart.

Verbotnerweise. Ob wir Vorschrift Nr. 23 nicht kennten?

Vorschrift Nr. 23? Sie besagte angeblich, daß man als Tourist nicht im kubanischen Gebirge herumspazieren durfte, schließlich konnte man dabei volksverhetzenden Tätigkeiten nachgehen, militärische Geheimnisse ausspionieren, gar photographieren.

Oh, sah ich eine Möglichkeit der Beschwichtigung, ich hätte gar keinen Photoapparat.

Dafür haben Sie Notizen gemacht! wußte man. Und womöglich auch mit den Bauern gesprochen?

Nun, gegrüßt hatte ich sie. Aber als es ans Verhandeln gegangen war, an den Tausch alter, ausgelatschter Halbschuhe gegen ein mageres oder gegen ein sehr mageres Huhn? Das war natürlich Cuquis Part gewesen.

Der Polizist: Immerhin räumte er auf meine Frage hin ein, daß hier keine Militärzone war, abgesehen davon natürlich, daß das gesamte Gebirge Militärzone war, wie früher, zu Zeiten des jungen Fidel und seiner Mitstreiter bei der Befreiung des Vaterlandes. – Und die Notizen?

Über die Schönheit Kubas! beteuerte ich, obwohl ich eigentlich sagen wollte: Deine Dienstnummer hab' ich mir schon notiert, 23321, die Nummer deines Büros, *Zona de Defensa* 130405, ich habe mir deinen Dienstgrad aufgemalt, eine Art Hauptgefreiten-Dreierwinkel, eine große Nummer kannst du nicht sein.

Tatsächlich war er vom Rang her *capitano*, Chef der lokalen Polizei (die wahrscheinlich nur aus seiner Person bestand), überdies *delegado del poder popular* und Parteimitglied, wie sich abends im Gespräch mit Bekannten herausstellen sollte, die beinahe schon mal in San Benito hatten einsitzen müssen, der *capitano* war als *mano negra* sogar in Santiago berühmt.

Natürlich kam ich nicht mit meiner wahren Meinung über ihn heraus, Cuqui hatte mich während des Abstiegs inständig bezischelt, mir derlei zu verkneifen, es brächte ihm nur Scherereien ein: Spätestens nach meiner Abreise würde er Besuch bekommen, Besuch.

Also die Notizen, die ich mir in konterrevolutionärer Absicht gemacht hatte. Warum so viele? Der *capitano* drehte und wendete mein Notizbuch, es half nichts, lesen konnte er davon kein Wort. Verdächtig! Keiner schreibe so viel auf, noch dazu im Gebirge, keiner.

Notizen über die Schönheit Kubas! beteuerte ich. Wann komme man als Deutscher schon mal dazu, das Frühstück bei aufgehender Sonne einzunehmen? Und dabei über palmenbestandene Täler zu blicken. Was wir tatsächlich gemacht hatten, schließlich waren wir schon um drei Uhr aufgestanden, um mit einem der ersten Lkw-Busse landeinwärts zu fahren, ins Stockdunkle hinein.

Aber im Gebirge treibe sich auch allerhand Gesindel herum, mischte sich jetzt der informelle Mitarbeiter ein: Der kubanische Staat habe die Pflicht, seine Besucher zu schützen, schließlich könnten sie ausgeraubt oder zumindest belästigt werden.

Es half nichts, so kam man nicht weiter, der Chef des *capitano* mußte her, und tatsächlich war er überraschend schnell zur Stelle. Mit dem Motorrad und in Zivil, auf dem Sozius eine Dame in Zivil, die ihn locker umschlungen hielt, als er vor dem Dorfpolizistenhäuschen zur Bremsung ansetzte. Geheimpolizei, wie ich später erfuhr, schließlich kam er aus Mayari, schon zu Zeiten des jungen Fidel war dort eines der Hauptquartiere der Revolution gewesen, *secundo frente*, wahrscheinlich ein *comandante*. Auch auf dieser relativ hohen Dienstebene hatte man heute also nichts Besseres zu tun.

Der *comandante* war deutlich intelligenter als sein Untergebener, sah sofort, daß er es hier mit kleinen Fischen zu tun hatte, wahrscheinlich fand er die Situation ähnlich lächerlich wie wir. Allerdings auch schon reichlich verfahren; um die Staatsräson zu wahren, mußte er mich in irgendeiner Weise bestrafen. Bloß wie? Seine Protokollantin sah ihn erwartungsvoll an. Bevor er mich dann noch einmal von vorne verhörte – das bisherige Gespräch hatte sich eher informell gestaltet, als ein ungewöhnlich lässiges Also-die-Sache-ist-ernst, als ein ungewöhnlich freundschaftliches Und-ob-wir-das-hinkriegen-hängt-auch-von-Ihnen-ab –, bevor er mich also, nachdem er Cuqui samt Frau und Geflügel des Raumes verwiesen, sehr sachlich verhörte, stellte er anhand meines Passes erst einmal fest, daß er im gleichen Jahr geboren sei wie ich. Das war gewiß nicht ganz unwichtig.

Dann aber natürlich wieder die Vorschrift Nr. 23, *codigo 23 del ministerio interior*: Außerhalb der touristischen Zonen bräuchten Fremde eine Sondererlaubnis vom Immigrationsbüro, so stehe es auf jeder Touristenkarte.

Das war ganz eindeutig zu hoch gepokert, denn die Touristenkarte kannte ich, darauf wäre für einen *codigo 23* gar kein Platz gewesen.

Wollen Sie etwa widersprechen? Der *comandante* wußte ganz genau, daß er es eben mit der Wahrheit nicht so genau gehalten hatte, er wußte aber auch, daß die Protokollantin meine Paßdaten abgeschrieben hatte und anschließend Meldung machen würde. Morgen früh hätte ich mich, und zwar pünktlich um acht Uhr, seinem Freund vorzustellen, dem Chef des Immigrationsbüros von Santiago. Der solle die Sache entscheiden.

Nunja, so ging es auch. Der Mann bestieg sein Motorrad, nicht ohne seine Protokollantin anzuhalten, sich tüchtig an ihm festzuhalten, im Losfahren winkte er uns sogar zu. Ein winkender Geheimpolizist! Die Lage konnte wirklich nicht mehr so ernst sein.

Dann standen wir an der Bushaltestelle, wider Erwarten hatte man uns die Hühner gar nicht abgeknöpft, auch keinen einzigen Dollar. Cuqui mußte nicht mehr flüstern, also witzelte er möglichst laut, daß er in den nächsten Wochen gewiß Besuch bekommen werde. Ohnehin wüßten »sie« über jeden alles, deshalb hätte die Konterrevolution in diesem Land auch nie eine reelle Chance gehabt: Der Chef derselben habe in Wirklichkeit, und zwar über dreißig Jahre lang, für den staatlichen Geheimdienst gearbeitet und das dann auch noch, anläßlich seiner Pensionierung, öffentlich kundgetan, in einer Live-Show des staatlichen Fernsehens, ¡hombre! Und was Fidel betreffe, der sei mindestens ein echter Kerl, 600 Versuche des CIA, ihn um die Ecke zu bringen, habe er überlebt ... Cuqui, als wären wir nicht eben ein paar mißliche Stunden lang mit dem kubanischen Staat aneinandergeraten, Cuqui schwärmte.

Vom *codigo 23* war anderntags keine Rede mehr, als ich mich der Geheimpolizei von Santiago präsentierte, von Sondergenehmigungen ebensowenig: Kuba sei ein freies Land, natürlich dürften sich Touristen hier frei bewegen. Sofern sie im Tal blieben.

Man hatte mich erst einmal gehörig warten lassen, damit mir schon im Vorfeld genügend Zeit für Zerknirschung, Selbstvorwurf und innere Einkehr zur Verfügung stand, dann wurde ich durch zwei Offiziere befragt, die zwar alles von mir wissen wollten, es aber anscheinend längst schon taten.

Die Notizen, sie seien wohl Teil meines Berufs? – Und der Roman, wer mir denn all die Informationen dazu verschafft habe?

Nachbarn! antwortete ich, ohne ihnen freilich irgendeinen der Namen zu nennen. Der Schriftführer notierte den Umfang des Romans. Warum denn so dick? Ich staunte nicht schlecht, als er ein Exemplar hervorholte und mir vorwurfsvoll zuschob. Am Rücken war sofort ersichtlich, daß das Buch vollkommen ungelesen war, aber immerhin. Was denn das Zeichen auf dem Umschlag zu bedeuten habe?

Oh, Sarabanda, mächtiger Gott. Seine Unterschrift. Sie ist zwar nicht ganz vollständig, aber …

Den Namen schien er noch nie gehört zu haben; als ich ansetzen wollte, ein paar Nichtigkeiten über das *Palo* zu verbreiten, winkte er verächtlich? beflissen? besorgt? ab. Ob ich etwa die Bekanntschaft von *paleros* gemacht hätte?

Nur solcher, die nicht direkt mit dem Herrn der Hörner arbeiteten, falls er das meine.

Der Offizier blickte mich sehr präzis an, entweder er verstand im Moment gar nichts oder allzu gut. Dann: Warum ich eigentlich so viele Stempel im Paß hätte?

Nunja, Teil meines Berufs.

Und warum so oft in Kuba gewesen?

Teil meines Berufs.

Die Sache dauerte eine knappe Stunde, im Kreuzfeuer der Nachfragen verflog sie mir wie kaum eine andre. Abschließend fragte ich die beiden nach dem *codigo 23*: Ob es denn nun verboten sei, im Gebirge spazierenzugehen? Und ich sagte zwar nicht, dachte aber sehr bestimmt: Ja? oder nein?

Die beiden Offiziere blickten sich nicht einmal an. Überraschenderweise ergriff dann derjenige das Wort, den ich für den Beisitzer gehalten, und entpuppte sich rasch als der Ranghöhere; er hatte die ganze Zeit geschwiegen, um sich in Ruhe einen Eindruck von mir zu verschaffen. Meine erste Gegenfrage hatte ihn aus der Reserve gelockt:

Nein, verboten sei mir nichts. Doch das Gebirge sei bekanntlich ein idealer Ausgangspunkt für Revolution wie Konterrevolution, daher die Nachfragen – Kuba sei in einer besonderen Situation, so nah vor der Küste der USA, da müsse man eben aufpassen, auf alles, auf jeden. Ob ich sie nicht verstehe?

Erstaunlich: Er bat um Verständnis. Dessen versicherte ich ihn, ein Konterrevolutionär war ich nicht, und daß sich dies kleine Land seit bald 60 Jahren so tapfer vor dem nahe gelegenen *imperio* behauptete, fand ich sogleich bewundernswert. Auch wenn man auf diese Weise Sachen erlebte, die man sich sonst nicht mal ausdenken würde. Aber das war … das ist eine andere Geschichte.

Fata Americana

Die USA als Mogelpackung – eine Reise
zum Ursprung der Globalisierung

Im Jahr 1988, vor dem über & über mit Stars and Stripes beklebten Schaufenster einer Mercedes-Niederlassung im japanischen Nagoya, hatte ich zum ersten Mal den Verdacht, daß irgend etwas aus den Fugen zu geraten drohte: Hinterm Schaufenster nämlich funkelte ein Mercedes, und dazu war in dicken Lettern zu lesen: »The American Dream«. Als ich die Filiale betrat, versuchte ich, einem Verkäufer klarzumachen, daß man da allem Anschein nach etwas durcheinandergebracht hatte. Doch man glaubte mir nicht.

»Japan westernize«, erklärte man mir stolz.

»Japan americanize«, dachte ich. Und gab mich bereits geschlagen.

Inzwischen ist das Thema nicht nur in Japan virulent, sondern in der gesamten Welt; wohin auch immer man reisen mag, die Amerikanisierung war schon da. Auch bei uns ist eine entsprechende Debatte aufs unseligste losgetreten,[324] von allen Seiten hört man Bekenntisse für oder gegen Leitkultur, Sprachschutz, Patriotismus, die Positionen sind wie in der Commedia dell' Arte fest vergeben: Skylla – Globalisten, Charybdis – Deutschtümler.

Die Liberalisten, Skylla, schwärmen uns vom unbestreitbaren Nutzen, den das Englische als Lingua franca mit sich bringe; die Ultraorthodoxen, Charybdis, versichern uns dagegen, es werde sogar noch schlimmer kommen, nämlich auf spanisch oder gar chinesisch. Im übrigen haben sie, die Fundamentalisten, zwar die bessern Argumente, schon allein die Statistik wissen sie schlagender zu fälschen, machen jedoch den denkbar unglücklichsten Gebrauch davon. Natürlich werden Konferenzen einberufen, Podiumsdiskussionen abgehalten, Grundsatzartikel geschrieben, und zwischen den beiden Fronten, hier Leitkultur, dort Multikultikultur, ist es im Moment wahrlich

---

324 Wie sich der Zeitgeist dreht! Damals, im Jahre 2001, versuchte man, diejenigen, die sich um den Verfall der deutschen Sprache Sorgen machten, gern mit der dreisten Unterstellung, sie seien im Grunde alte oder neue Nazis, mundtot zu machen. Heutzutage widmet der Spiegel, Nr. 40/2006, dem Thema Sprachverfall einen Aufmacher: »Rettet dem Deutsch!«/ »Deutsch for sale«.

nicht leicht, ein Deutscher zu sein. Trotzdem fuhr ich hin. Nach Columbia, zur Tagung »German Pop Culture: How ›American‹ is it?«.[325]

Schon im Jahr zuvor, als ich zu einer Lesetour in die USA aufbrach, war ich mir sicher gewesen, keine neuen Erfahrungen dort zu machen, alles glaubte ich aus TV-Serien, Hollywood-Filmen, Videoclips bestens zu kennen. Und auch Wort für Wort zu verstehen; nicht zufällig waren mir im Verlauf der letzten Jahre, nicht selten wider Willen, so viele Anglizismen in die eigne Umgangssprache hineingerutscht, daß ich beim Schreiben immer öfter ans Sprachlose geriet (und nach wir vor oft gerate), auf die weißen Flecken der deutschen Sprachlandschaft.[326] Dann aber war alles ganz anders gekommen: Kaum in Atlanta gelandet und bestrebt, dem Jetlag zu erliegen, hatte ich mich nämlich trotz heißen Bemühns nicht in der Lage gesehen, meine Nachttischlampe zu löschen – der kleine Knopf, der so knipsbereit aus dem Lampensockel emporragte, ließ sich heimtückischerweise nicht drücken. Schließlich nahm ich die Schande auf mich und ging zur Rezeption: nur um eine zweite Niederlage zu erfahren. Redete man etwa Englisch mit mir? Nicht nur die Dinge, auch die Worte entzogen sich mir; das, was mir im Schlaf vertraut zu sein schien, hier, im alten Süden der USA, hatte es sich zurückverwandelt in unverständlichste Fremde. Ich nickte, als hätte ich verstanden, ging in mein Zimmer zurück und: zog den Stecker aus der Steckdose.[327]

Als ich tagsdrauf an einer Tankstelle scheiterte, weil ich mich schlichtweg nicht in der Lage sah, einer der Tanksäulen Benzin zu entlocken, war's soweit. Die Konfrontation mit chiffrierter Alltäglichkeit wurde für ein paar Minuten lang derart peinlich, daß ich mich nicht anders zu behaupten wußte als durch Aufnotieren einer Geschichte, »Zu dumm zum Tanken«.[328] Was ich in jenen Momenten als Schmach empfand, entpuppte sich freilich im nachhinein als Glück: Das Fremde ließ sich also auch in einem Teil der Welt erfahren, wo man mit nichts als öden Varianten des Vertrauten gerechnet hatte! Und zwar kein Deut weniger intensiv als in, beispielsweise, Uganda oder Indien, die sich dem Reisenden ja schon auf den ersten Blick als exotisch präsentieren (und dieser, reflexhaft seine Sinne schärfend, beständig bestrebt ist, sich nun erst recht nicht, »von niemand und nichts«, aus der Ruhe bringen zu lassen). Womit mir – eine späte Er-

325 Organisiert wurde die Tagung (5.–7. 4. 2001) von Prof. Agnes C. Mueller; mittlerweile sind die Beiträge der Teilnehmer, von ihr ediert, in Buchform erschienen: German Pop Culture. How »American« is it? Ann Arbor 2004. – Der Vortrag, den ich damals im Plenum hielt, hieß übrigens »Der amerikanische Holzweg« (s. S. 143 ff.). Obwohl als Tagungssprache Englisch und Deutsch angesetzt war und obwohl an der Veranstaltung nur Deutsche teilnahmen oder Amerikaner, die fließend Deutsch sprachen, blieb ich der einzige, der seinen Vortrag auf deutsch hielt. Dies als kürzestmögliches *abstract* zum Thema der Tagung.

326 S. dazu S. 143 ff.

327 Der »knipsbereite« Knopf entpuppte sich anderntags als Drehschalter. Die Frage beim Auschecken, ob das unter ergonomische Lösung fiel, konnte ich mir verkneifen. – Mein damaliger Verleger, Rainer Moritz, tröstete mich mit dem Geständnis, im New Yorker »Rihga Royal Hotel« habe er den Schalter der Nachttischlampe gar nicht erst gefunden. So daß auch für ihn ein demütigender Gang zur Rezeption anstand.

328 Details dazu s. »Das Schweigen am andern Ende des Rüssels« (Hamburg 2001). Selbstverständlich ist der Text alles andre als autobiographisch.

kenntnis, daß nicht alle blauen Blumen blau sein müssen – endlich auch die USA poetisch wurden.

Wahrscheinlich ist's also gar nicht Amerika, das uns mittlerweile mehr oder weniger amerikanisiert hat – so dachte ich damals –, vielleicht sind's nicht mal die medial vermittelten Bilder davon, sondern weltweit kompatible Simulationen eines »Amerika«, das es ausschließlich in unsern audiovisuellen Träumen gibt: die Fata Morgana einer Allerneuesten Welt, die uns immer dann am übelsten narrt, wenn wir sie zum Greifen nah wähnen, im Flimmern unsrer Mattscheiben. Auf der Suche nach Marlboro Country, unsrer »uramerikanischen« Phantasielandschaft, hatte ich hingegen im Lauf der Jahre ganz konkret gefunden: im Süden der USA die melancholische Trostlosigkeit, wie sie dereinst den Ostblock verklärte, im Nordosten die anheimelnde Putzigkeit einer Faller-Häuschen-Landschaft, sozusagen Modelleisenbahn-Europa alter Schule, im Mittleren Westen schließlich die Monotonie afrikanischer Ebenen, transponiert ins Fruchtbare. Wohingegen ich mir im Monument Valley, dem Ausgangspunkt der jahrzehntelangen Come-to-Marlboro-Kampagne, vor allem enttäuscht eingestehen mußte, daß es an das bekannte Werbemotiv nicht annähernd heranreichte: Das Reklameposter war einfach besser gewesen.[329] Die Diskrepanz zum Referenzobjekt ist natürlich auch den Bildermachern nicht entgangen; längst ließen sie ihre Kampagne westwärts ziehen, wohin sonst, momentan lockt sie uns in die Rocky Mountains. Nur eine Frage der Zeit, daß sie auf den Ölfeldern von Texas ankommt – oder ist das noch immer Bonanza-Country? Wenn zwei Mythen aufeinanderprallen, wird es ähnlich darwinistisch zugehen wie beim Showdown um zwölf Uhr mittags – man bedenke Dawkins' These vom egoistischen Mem –, es wird mit dem Schlimmsten zu rechnen sein, dem Untergang von Hoss & Co.

Denn die Bilder sind stärker als die Wirklichkeit, und die neuen stärker als die alten. Selbst die real existierenden USA können sich nicht dagegen wehren, von ihren eignen Mythen bis ins Kenntliche entstellt und von deren massenmedialer Vermarktung – Hispanisierung hin, Asiatisierung her – zunehmend aufgefressen zu werden:[330] »Wir wollen auch nicht amerikanisiert werden«, verwirrte mich damals, nach meiner Lesung in Knoxville, ein amerikanischer Zuhörer: »Retten Sie uns!« Ausgerechnet ich, der Noch-Europäer?

329 Eine Implosion der Sehnsucht mit anschließenden Phantomschmerzen. Was wieder einmal beweist, daß nicht erst Rauchen gesundheitsschädlich ist, sondern schon die Werbung dafür.

330 Dies jedenfalls der Eindruck kurz vor den Anschlägen aufs World Trade Center. – Die USA von heute werden nicht nur in ihrer medialen, sondern vor allem auch in ihrer tatsächlichen Identität bedroht, und zwar nicht so sehr durch »Schurkenstaaten« und die damit verbundne Konfrontation mit dem Terrorismus: In 35 der 50 größten amerikanischen Städte stellen die Weißen mittlerweile nicht mehr die Bevölkerungsmehrheit. Die fortgesetzte Unterwanderung mit Latinos wird, mit der schieren Gewalt des demographischen Faktums, nicht nur den alten Mythen des Landes in absehbarer Zeit den Garaus machen; in rechten Kreisen sieht man bereits »Die Invasion der Dritten Welt und die Eroberung Amerikas« (so ein Buchtitel von Pat Buchanan), ja den baldigen »Tod des Westens« (ders., zit. nach: *Die Welt*, 23. 8. 2006). Samuel Huntington warnt in seinem 2004 veröffentlichten Buch »Who are we? Die Krise der amerikanischen Identität« immerhin vor einer Spaltung der gesamtamerikanischen in eine anglo- und eine lateinamerikanische Gesellschaft.

Bei meiner diesjährigen Fahrt – es ging, wie gesagt, zur Tagung nach Columbia – wollte mir Amerika erst recht als Mogelpackung erscheinen, jedenfalls wenn man's an seinem hartnäckig aller besseren Einsicht trotzenden Klischee zu messen suchte. Allerdings empfand ich zunehmend Vergnügen, ja tiefes Wohlgefallen an dieser Mogelpackung: Wie, im Land der unbegrenzten Möglichkeiten durfte man einen Mietwagen nicht mal von South Carolina nach New York fahren? Sondern hatte an einer fiktiven Demarkationslinie zwischen Süd und Nord den Wagen zu wechseln – unglaublich![331] Wie, es war verboten, auch nur eine einzige Flasche Wein dorthin zu schicken, sozusagen von Bayern ins Rheinland? Und wenn man die Flasche Wein via Internet gleich im Rheinland kaufen wollte, dann scheiterte das daran, daß die Amex-Karte in Bayern ausgestellt worden, sprich: in South Carolina?[332] Das wären ja mindestens italienische Zustände – in einem Land, wo selbst das Trinken aus einer öffentlichen Wasserleitung über Karte abgebucht wird!

Auch die Lust am bürokratischen Selbstzweck hätte ich hier am allerwenigsten erwartet, welch ein Aufwand an Papier um eine Handvoll Dollar Aufwandsentschädigung! »Just relax and have fun«? Von wegen! Fast hätte ich den Honorarscheck unter dem Stapel der Formulare unauffindbar begraben. Und als ich ihn dann bei ebenjener Bank vorlegte, die ihn ausgestellt hatte – denn keine andre wollte ihn akzeptieren –, da scheiterte die Auszahlung fast daran, daß ich nicht zwei amtliche Ausweise vorlegen konnte, zwei! Ja, warum denn nicht auch meinen Fahrtenschwimmer?

Mythen kennen keine Kehrseiten, oder sie verblassen. Doch im Fall der USA darf sogar die Kehrseite des Mythos mit Aura aufgeladen werden – selbst die Ödnis weiter Landstriche übt dann einen geheimen Zauber auf uns aus, die tellerwäschergroßen Löcher im sozialen Netz, sogar die Gewaltbereitschaft: als ob dort, im rauhen Terrain, noch ein echteres Leben möglich wäre, eines, das jeden Tag mit einer Schußwunde beginnt. Aber auch das spießigste Kleinbürgergebaren darf dem Nichtamerikaner als großartig erscheinen, als Ausdruck eines *American way of life*, dessen europäisches Pendant in Kleingartenanlagen und auf Campingplätze verbannt ist: Allgegenwart der Flagge, der Hymne, des bekennerhaft schlichten »Proud to be American« – wer würde das in den USA als penetrant zur Schau gestellten Pa-

331 Ähnlich: Will man an einer der Stationen auf der Strecke New York–Buffalo aussteigen, so kann man das nur an einer einzigen Tür im ganzen Zug. Dafür stellt der Stationsvorsteher im Bedarfsfall persönlich eine Fußbank auf den Bahnsteig.

332 Fußnote für Biertrinker: In South Carolina darf, außer in *größeren Ortschaften* (und sofern dazu eine Sondergenehmigung erteilt wurde), ab Samstag Mitternacht kein Bier ausgeschenkt werden, ebensowenig den kompletten Sonntag über.

triotismus empfinden wollen, um nicht zu sagen: als tumben Nationalismus?[333] Dafür ist das *stars spangled banner* einfach zu schön! Man vergleiche die jahrzehntelange bundesrepublikanische Flucht in Ersatzidentitäten (deutsche Wertarbeit, deutsche Mark, deutsches Bier); und erst wenn man sich ganz konkret vorstellt, auch bei uns würden »Victory Centers« am Rande ehemaliger Schlachtfelder errichtet (Yorktown, Virginia) oder Ortschaften von historischer Bedeutung komplett wieder aufgebaut und mit Schauspielern in Originalkostümen bevölkert (Colonial Williamsburg, Virginia), ist das Ende unsres American Dream zumindest vorstellbar geworden.

Oder ist es, mit dem Amtsantritt von George W. Bush, etwa schon da?[334] Gesetzt, unsre Idee »Amerika« schnurrt demnächst wieder auf ein geographisches Amerika zusammen, ist's dann wirklich eine Alternative, daß sich Deutschland »zur geopolitischen Mittelmacht aufplustert«, daß es Sprachschutzverordnungen erläßt und Staatsfeinde selbst in den Reihen der Regierung erschnüffeln möchte?[335] Das wäre doch ebenjener Rückfall, den wir Amerika vorwerfen. Wenn der amerikanische Komparatist Richard Rorty in seinem polemischen Essay »Europa sollte auf sich selbst bauen« frankweg konstatiert: »Mein Land hat keine moralische Mission mehr. [...] Amerika steht für nichts Bestimmtes mehr ein«,[336] so fordert er ja eben nicht die alten Nationalstaaten, sondern Europa als Ganzes auf, die vakante Position einer weltweit wirkenden Moralinstanz zu besetzen. Starker Toback, aber – das wäre »das Beste, was Amerika passieren könnte«. In unverklausulierter Klarheit, ganz Amerikaner, der trotz allem »noch immer stolz [!] auf sein Land ist«, sagt er uns, den weiterhin paralysiert nach USA starrenden Pseudoamerikanern, einen neuen Stolz voraus: »den Stolz darauf, Europäer zu sein«.[337]

Da mag Karl-Heinz Bohrer noch so sehr darauf beharren, daß unsre postnationale Ersatzidee »Europa« in der Praxis kaum so funktionieren könne, wie man sich das als Nichtfranzose bzw. Nichtbrite gern vorstellt;[338] diese Idee ist mir trotz oder vielleicht sogar gerade wegen der ihr innewohnenden idealistischen Maßlosigkeit sympathischer als alle andern, an denen sich in diesen leitkulturell bewegten Zeiten Stolz knüpfen möchte. Doch der Reihe nach, ich war ja erst auf dem Weg nach Columbia. Bereits im Aufzug der dortigen Uni hatte ich mein

333 Noch einmal: Der Essay wurde vor dem 11. 9. 2001 geschrieben.

334 Die Frage hat sich, fünf Jahre nach Niederschrift des Textes, beantwortet: Die USA sind binnen weniger Jahre von einem Utopienreservoir, das ein, zwei Jahrhunderte lang Visionen vom besseren Leben lieferte, zur simplen Großmacht geschrumpft. »American people first!« wurde dem damaligen Bundeskanzler Schröder bei seinem Amtsantritt bei George W. Bush im April 2001 beschieden; das Gute daran: Eine solch rüde Ansage können selbst transatlantische Träumer nicht mehr mißverstehen.

335 *Spiegel*, Nr. 14/2001.

336 Sonderheft *Merkur* »Europa oder Amerika?«, Nr. 9/10 (Sept./Okt. 2000), S. 1005.

337 A. a. O., S. 1005, 1007. Rorty geht in seinem Antiamerikanismus sogar so weit, die NATO in Frage zu stellen: »Die Europäer sollten die Möglichkeit ins Auge fassen, daß ein unzuverlässiger transatlantischer Verbündeter schlechter ist als gar kein transatlantischer Verbündeter.« (Ebd.)

338 Die europäische Differenz. A. a. O., S. 991 ff. Bohrer führt aus, das »föderalistische Europaprojekt der Deutschen« empfände man in England als »aus der Not und aus der Identitätskrise geboren«, in Frankreich stehe man ihm gleichgültig gegenüber, weil man Deutschland mittlerweile so langweilig finde wie »eine Art Schweden im Laubsägemodell«. (S. 995, 999)

erstes Tagungserlebnis: »Wow, there's a European in the elevator!« Den in Amerika seit je grassierenden Europa-Mythos schien's noch zu geben, jedenfalls unter Intellektuellen, wenn das kein guter Auftakt war. Dann aber kam's knüppelhart.

Zwei Tage lang versuchten deutsche Teilnehmer von der »Amerikanisierung« ihrer Kultur zu sprechen, zwei Tage lang ließen die amerikanischen Teilnehmer ebenso beharrlich wissen, das gebe's schlichtweg nicht. »Amerikanisierung« sei auch in Amerika ein Reizthema, erklärte schließlich Frank Trommler, Professor in Pennsylvania, es würde sofort als antiamerikanisch verstanden. Man solle doch besser von »Globalisierung« sprechen. Sogleich fühlte ich mich an die Intourist-Reiseleiter aus den Zeiten des Kalten Krieges erinnert; auch sie wollten partout nicht gelten lassen, daß die annektierten Randgebiete der UdSSR »russifiziert« würden, oh nein, sie wurden »sowjetisiert«. Daß auf diese Weise selbst die ehemalige Metropole eines islamischen Weltreiches – Samarkand – zu einer russischen Provinzstadt mit ein paar weltkulturellen Einsprengseln herunterkam, war den Intourist-Herrschaften nicht ersichtlich.

Entsprechend etikettenschwindlerisch läßt sich mit dem Schlagwort Globalisierung alles rechtfertigen, was als Amerikanisierung zu Recht angeprangert würde; die Weltoffenheit suggerierende Grundaura des Wortes sorgt dafür, jede aufkommende Gegenregung als »reaktionär«, »rechts« oder gar »faschistisch« zu unterminieren.[339] Und tatsächlich waren sich auch gestandene Professoren nicht zu schade, diese abgegriffnen Moralkeulen gegen Globalismuskritiker zu schwingen. Doch Vorsicht, auch die Gegenseite kleckert nicht nur, sie klotzt entsprechend! Jetzt, da man zumindest in Deutschland vor lauter Leitkulturgesumms und Sprachschutzgebrumms[340] nicht mehr aus noch ein weiß, sollte man bei linken wie rechten Empörungspathetikern erst mal nach den Nackenhaaren schielen. Mir jedenfalls sind *beide* Seiten ein Greuel, die Stolz-Hysteriker von Rechts wie die Alles-easy-Schlaffis von Links.[341]

Gar nicht so leicht, in einer logisch gegliederten Abfolge über dies emotional aufgeheizte Thema zu schreiben, zumindest über das entsprechende Treffen in Columbia! Hatte die Dekanin in ihrem Grußwort noch kokett der Hoffnung auf eine zukünftige Tagung »American Pop Culture: How German is it?« Ausdruck verliehen, so richtete der amerikanische Germanist

339 Inzwischen hat sich der wahre Kern der Tarnvokabel »Globalisierung« für weite Teile der Weltbevölkerung enthüllt; man wird nach neuen Begriffen suchen müssen, um derselben Tendenz weiterhin das Wort reden zu können. Wohingegen die Gegenbewegung zum Globalismus, vor allem in ihren Protesten gegen den Weltwirtschaftsgipfel, heutzutage als »links« gilt.

340 Schutz bzw. Preisgabe der »gemeinsamen Muttersprache« ist auch in den USA ein Thema geworden; in einigen Gemeinden – zum Beispiel in Hazelton, Pennsylvania – werden bereits Gesetze verabschiedet, in denen Englisch als einzige offizielle Sprache der Stadt festgeschrieben wird (Die Welt, 23. 8. 2006). Dies bei einem Latino-Anteil von 30 Prozent.

341 Falls man das veraltete Begriffspaar rechts – links überhaupt noch anwenden mag, vgl. S. 13 f. – In den fünf Jahren, die seit Niederschrift dieses Satzes vergangen sind, hat sich die Situation dramatisch verschärft; wer jetzt nicht mit aller Macht Partei für die deutsche Sprache ergreift, macht sich mitschuldig am Untergang einer Kultur, für deren bessere Kenntnis amerikanische Philosophiestudenten noch bis vor wenigen Jahrzehnten, man glaubt es kaum, ein Sprachstudium absolviert haben: Die Feinheiten des genuin deutschen Philosophierens erfaßt man eben nur, wenn man mit dem Denken bereits auf der Ebene seiner präzis gesetzten Begriffe ansetzen kann.

Nicholas Vazsonyi sein Augenmerk auf die Vergangenheit: »German Culture: How French is it?« Auch vor 200 Jahren schlugen die Wellen bekanntlich hoch. Um sich dann doch wieder zu beruhigen. Woraus Vazsonyi den Schluß zog, »die erfolgreichste Form der Eroberung [sei] diejenige, bei der die Eroberten [schließlich] gar nicht mehr wüßten, daß sie erobert wurden«. Und erst recht nicht, von wem.[342]

Worauf man nur noch anfügen müßte: Wir sind bereits soweit. Wer nichts zu sagen hat, der sagt's auf englisch – das gilt seit Jahren als eleganteste Methode, auf einer Glatze Locken zu drehen.[343] Anbiederung an die scheinbare Weltläufigkeit des Amerikanischen als Erkennungszeichen einer neuen Provinzialität, derjenigen nämlich der Globetrottel: schöne neue Welt oder bereits *brave new world*? Die Antwort wird sich danach richten, ob man die Alternative zur reinen Geschmacks- oder eben doch zur Grundsatzfrage erklären möchte. Als Schriftsteller, der seine Bücher ja (noch) auf deutsch schreibt, kommt man so oder so in die Bredouille, schließlich ist man immer häufiger damit beschäftigt, Alternativen für all die *hippen* Zeitgeistvokabeln zu suchen, die uns ihren *drive* auch dort aufnötigen, wo er gar nicht erwünscht ist: Die Vorarbeit tritt sukzessive anstelle der eigentlichen Arbeit. Unlängst zum Beispiel geriet ich beim Schreiben an einen *Pick-up*, und je länger ich über diesen *Pick-up* nachdachte, den ich an jener Stelle des Textes gern hätte vorfahren lassen, desto mehr geriet der *Pickup* auch an mich – obwohl ich ihn überdeutlich vor mir sah, wollte mir partout kein adäquater deutscher Begriff dafür einfallen. »Pritschenwagen«? Das altbackene deutsche Wort hinkte ganz offensichtlich dem neuen Autotyp um etliche Modellreihen hinterher, die Sprache hatte mit der Entwicklung der Sache nicht mitgehalten. Da mir die Verwendung des englischen Begriffs jedoch gleichfalls eine falsche Klangfarbe im betreffenden Satz eingebracht hätte, also: die falsche subkutane Stimmung beim Lesen desselben, mußte ich darauf – und mit ihm auf den Tatbestand selbst – verzichten: Weder über einen *Pick-up* noch gar über einen Pritschenwagen konnte ich in einer Tonlage erzählen, wie ich sie mir gewünscht hätte. Auf diese Weise kann einem beim Schreiben die Gegenwart sukzessive verlorengehen – vielleicht suchen deshalb so viele Autoren ihren Stoff in der deutschen Vergangenheit.

342 Das saß. Ähnlich argumentiert Richard Herzinger, wenn er in der *Zeit* (2. 11. 2000) davon spricht, daß wir, nämlich wir hier in Deutschland, bereits in eine »zweite Phase der Amerikanisierung eingetreten« seien – »die grundlegenden Wahrnehmungs-, Darstellungs- und Verwertungsmuster, die mit diesem Begriff verbunden sind, sind so weit verinnerlicht, daß die strukturelle Gewalt, aber auch das Pathos, mit der sie durchgesetzt wurden, in Vergessenheit gerät«.

343 Souveräner Spitzenreiter im Imponierfaseln ist seit 1996 Jil Sander, die im Magazin der *FAZ* folgendes zum besten gab: »Mein Leben ist eine *giving-story*. Ich habe verstanden, daß man *contemporary* sein muß, das *future*-Denken haben muß. Meine Idee war, die *hand-tailored*-Geschichte mit neuen Technologien zu verbinden. Und für den Erfolg war mein *coordinated concept* entscheidend, die Idee, daß man viele Teile einer *collection* miteinander *combinen* kann. Aber die *audience* hat das alles von Anfang an auch *supported*. Der problembewußte Mensch von heute kann diese Sachen, diese *refined* Qualitäten mit *spirit* eben auch *appreciaten*. Allerdings geht unser *voice* auch auf bestimmte Zielgruppen. Wer *Ladyisches* will, *searcht* nicht bei Jil Sander. Man muß Sinn haben für das *effortless*, das *magic* meines Stils.« (Zit. nach der Homepage des »Vereins Deutsche Sprache e.V.«, http://vds-ev.de/denglisch/sprachpanscher/sprachschuster.php)

Dabei habe ich ja gar nichts Prinzipielles gegen Anglizismen – bloß keine Abschottung à la française![344] Selbstverständlich muß eine Sprache wachsen, und wer sie willkürlich zurechtstutzen möchte auf ein Idealmaß (in dem ihre »Reinheit« konserviert wäre), der verkennt ihr Wesen vollkommen. Aber unwohl wird mir inzwischen trotzdem immer öfter, zum einen, weil ich all die frisch eingebürgerten englischen Begriffe längst nicht so gut kenne wie deutsche,[345] zum andern, weil ich mich mit ihrer Deklination bzw. Konjugation innerhalb eines restdeutschen Satzes verteufelt schwertue:[346] was einem simplifizierenden parataktischen Nominalstil erheblich Vorschub leistet, den ich nun mal nicht ausstehen kann.[347]

Nicht zuletzt fehlt mir im Fall von Anglizismen jede vertraute, zumindest von fern vertraute Duftnote, an der ich einen Mehrwert des Wortes erschnüffeln könnte; öfter, als mir lieb ist, bin ich vollauf mit dem Begreifen der Vokabel beschäftigt. Und also meilenweit davon entfernt, all das, was mir die Muttersprache gratis zum Inhalt dazugibt, auch nur zu erahnen: Welch ein Verlust an literarischen Valeurs! Wer ein halbwegs homogen auf deutsch geschriebenes Deutsch als Romantizismus abtut, ist Zyniker, umso mehr, wenn er uns Englisch als die ungleich effizientere, elegantere, wortreichere Sprache verkaufen will.[348] Selbst wenn das so wäre – wer würde denn seine Frau weniger lieben, nur weil man ihm klarzumachen suchte, Julia Roberts habe mehr Zähne im Mund? Darüber entscheidet noch immer der Liebende selbst.

Und das Gegenbild jener Zyniker, die noch immer »Fahrkarte« sagen statt »Ticket« und »Flughafen« statt »Airport«? Im Moment werden sie nur belächelt und auf dezente Weise ausgegrenzt von manchen Entwicklungen, die das Leben vielleicht amüsanter oder sogar leichter machen könnten; wer nicht in der Lage ist, in seinen Darlegungen wenigstens ab und zu ein englisches Wort einzubauen, muß darüberhinaus mit einem erheblichen Prestigeverlust rechnen. Während Deutsch für die Gebildeten unter uns zunehmend zur Fremdsprache wird, wird es für diejenigen, die sich seiner weiterhin uneingeschränkt bedienen wollen, zum Armutszeugnis: Deutsch wird wieder, man denke ans Mittelalter, die Sprache der Tölpel.

Aber geht es bei »Amerikanisierung« bzw. »Globalisierung« überhaupt noch um Sprachdarwinismus, um Ausrottung von

[344] Für »unberechtigten« Fremdwortgebrauch, so hatte ich mir damals notiert, drohte das französische Sprachschutzgesetz mit einer Strafe bis zu 10 000 DM.

[345] Oft verschieben sie ja ihren Sinngehalt beim Einbürgern nicht unerheblich; mitunter simulieren sie auch nur eine englische Sprachwurzel (»Handy«), um die Neuprägung ohne Reibungsverluste im allgemeinen *Modern Talking* zu implementieren.

[346] Heißt es »upgedatet« (wie es der Duden vorschlägt) oder »geupdatet« (wie bei Windows und in den entsprechenden Chats)? Was ist mit »downgeloadet«/ »gedownloadet«? Müßte man das weiche »d« der englischen Endung nicht auch im deutschen Satz erhalten? Und ist das deutsche Wort »herunterladen« tatsächlich schon so sehr auf den Hund genommen, daß es auf gut wienerisch mit »ins Schneiztüachal einiwürgn« paraphrasiert werden kann? Fragen an die immerwährende Rechtschreibreform!

[347] Ebendieser hat seither weite Teile der jüngeren deutschen Literatur erfaßt. – Was hat der Niedergang des Genitivs mit der Zunahme englischer Wörter zu tun? Ich frage nur.

[348] Es gibt in Deutschland bereits – sozusagen als Pendant zum »Verein deutsche Sprache«, der sich um Schutz des Deutschen bemüht –, völlig ernstgemeinte Initiativen, Englisch zur zweiten Amtssprache zu adeln (www.deutschesprachwelt.de). Jawohl, zur Amtssprache der deutschen Verwaltung bis hin zur Regierung. Der Ursprung solcher Initiativen liegt im Feld der Ökonomie – die offizielle Unternehmenssprache einiger Wirtschaftskonzerne ist im Innenverhältnis ja schon auf englisch umgestellt. Unser Bürgerliches Gesetzbuch wurde vom Langenscheidt-Übersetzungsservice schon mal prophylaktisch in einen »German Civil Code« übertragen. Auftraggeber: das Bundesjustizministerium. Kostenlos herunterzuladen ab September 2006 unter dessen Seite: www.gesetze-im-internet.de/englisch_bgb. Dann aber die Fehlermeldung: »Auf Grund von Mängeln der von einem externen Übersetzerteam zugelieferten Übersetzung sah sich das

Worten durch Worte? Oder wäre das nur die äußerste Haut dessen, was sich um Begrifflichkeiten herzlich wenig schert, sie nur als Mittel zum Zweck benützt? Ist es überhaupt noch das Wort oder nicht längst schon die Sache, wenn wir unsre deutschen Eckkneipen mit Halloween-Kürbissen dekorieren dürfen, wenn wir unsre Eishockeyteams als *Nürnberg Crouching Tigers* oder *Hidden Dragons Mannheim* beschwärmen, wenn wir im Abi-Leistungskurs Deutsch Stephen King büffeln und an den Unis nach Erwerb von *BA*, *MA* oder *Ph.d.* streben, selbstverständlich an *Departments*, selbstverständlich auch in der Germanistik. Ist es nur noch die Sache oder längst schon das Lebensgefühl, wenn wir *Santa Claus* anstelle des Nikolaus erwarten und *X-mas* anstelle von Weihnachten? Und ist es noch das Lebensgefühl oder bereits die komplette kulturelle Überformung, Vereinnahmung, Auslöschung, wenn wir dann »Jingle Bells« auflegen anstelle von »Stille Nacht, heilige Nacht«?

Aber wir waren doch auf der Tagung in Columbia! Für die amerikanischsten unter deren amerikanischen Teilnehmern wären all diese Fragen zunächst einmal und vor allem: hochgradig unkorrekt formuliert gewesen, wird darin doch eine latent sexistische Sichtweise auf die Dinge eingenommen. Keine Übertreibung, kein Scherz, der Nikolaus ist mindestens so männlich wie *Santa Claus*! Auch an einem Thema wie »German Pop Culture: How ›American‹ is it?« vermag sich die *Political-correctness*-Hysterie aufs äußerste zu erregen. In Gestalt einer lehrstuhlbestallten Feministin klagte sie beständig eine weibliche Sichtweise aufs Thema ein bzw. eine angeblich männliche an – *gender!* –, bewertete überdies jeden der gehaltnen Vorträge entweder als – *race!* – »typisch amerikanisch« (sprich: zu einem positiven Ergebnis kommend) oder »typisch deutsch« (sprich: düstere Perspektiven aufzeigend). Das kann eine Zeitlang erheiternd wirken,[349] insbesondre, wenn ein deutscher Redner als »amerikanisch« und ein amerikanischer als »deutsch« abgefertigt wird, zeigt jedenfalls, daß die Klischees jenseits des Atlantiks ebenfalls heftiger präsent sind als die Wirklichkeit.

Politische Korrektheit nicht nur am Ursprung der Globalisierung, sondern als weltweit wirksame Zensurmaßnahme[350] im Kampf gegen Diskriminierung aller Art, ausgenommen die Diskriminierung des gesunden Menschenverstandes: Dies ist zweifellos das Ende unseres amerikanischen Traums, der so verhei-

Bundesministerium der Justiz leider gezwungen, die Übersetzung aktuell nicht weiter bereitzustellen. Wir bitten um Verständnis.«

349 Am Abend, im Verlauf eines kleinen Empfangs, ließ die Professorin den Satz fallen: »Scheiße, die Hoffnung ist in Differenzen.«

ßungsvoll mit Männern begann, die Fäuste anstelle von Händen hatten, und mit einer in *Stars and Stripes* gekleideten Bikinikönigin als Inkarnation unsrer geheimsten Sehnsüchte. Welch primitiver Mythos von Sex und Macht und Kraft und Jugend, dieses »Amerika«! Und weil solch simple Bilder wider allen besseren Wissens noch immer ausschlaggebend sind, wenn es um die Durchsetzung einer Sache, einer Idee, einer Sprache, einer Kultur geht, bräuchten wir in Europa dringend ein paar ähnlich primitive Gegenmythen, europäische Gegenmythen. Die Wirkung eines einzelnen *Icons* wie etwa der Freiheitsstatue ist um ein Vielfaches größer als die aller Feiertagsreden zusammengenommen; und nicht von ungefähr war Hollywood der fruchtbarste Bilderproduzent des 20. Jahrhunderts, ja mehr noch, war der fruchbarste Erfinder von Ikonen, die sich zu Bildern ähnlich verhalten wie Ideen zu Erscheinungen.[351]

Das könnte es vielleicht sein: eine andre Optik für Europa, eine andre Benutzeroberfläche, die ebenso sexy ist wie die amerikanische. Noch ein einzelnes gelbes M auf rotem Grund, tausendfach über die Welt verteilt, verbreitet derzeit mehr Aura als der gesamte Fundus europäischer Mythen. Europa auf dem Stier? Wenn sie wenigstens durch Laetitia Casta verkörpert würde![352] Wie wär's immerhin mit einer neuen, von Alexander McQueen aufgepeppten Europa-Flagge, in der auch Schönheitsköniginnen gewinnbringend posieren könnten? Mit ein wenig Corporate-Design-Denken für Europa, zumindest der Beigabe eines beherzten *claims*: »Europa. Aus Erfahrung gut«?

Doch wir waren ja, zum letzten Mal, im realen Amerika und diskutierten über ein fiktives Amerika, dessen Einflußnahme auf die Restwelt aus politisch korrekten Gründen als »Globalismus« etikettiert wurde. Dem man nicht etwa als Nationalist, sondern – das ist die wahre Alternative – überzeugend nur als Kosmopolit entgegentreten kann. »Global Mediocricy« (Gerald Giesecke) nämlich, das ist was für Langweiler – für Leute, die schon heute am liebsten von einem »Sheraton«-Hotel zum nächsten reisen, auf daß sie sich bereits beim ersten Klogang überall »heimisch« fühlen. Vielleicht ist Globalisierung gar eine leicht perverse Schwundstufe dessen, was als 68er-Ideal noch auf radikale Gleichmacherei hinauslief, sozusagen dessen konsumdemokratische Variante: Sozialismus light? Mit Sicherheit läuft es aufs ethnozentrische Errichten eines leitkulturellen Mindest-

350 Bekanntlich werden mittlerweile selbst Klassiker der Weltliteratur entsprechend bearbeitet, um in den USA nicht auf den Index zu geraten, von Kinder- und Schulbuchliteratur ganz zu schweigen.

351 Der Titel »fruchtbarster Bilderproduzent des 20. Jahrhunderts« könnte den USA höchstens von Hitler-Deutschland mit seiner NS-Ästhetik streitig gemacht werden. Ein »primitiver Gegenmythos«, der mit eingängigen Bildern arbeitete, war das Dritte Reich wohl. Daß dahinter in beiden Fällen ein äußerst raffinierter wirkungsästhetischer Ansatz steht, ist eine andere Sache.

352 Das hat Brüssel verschlafen; im Jahr 2000 firmierte sie wenigstens als französische Marianne. Für Europa böte sich derzeit die kleine Seejungfrau oder die Münchner Bavaria an, schlimmstenfalls das russische Mütterchen Heimat.

konsenses hinaus, dessen Symbol die weltweit standardisierte Fußgängerzone ist. Und ist also, hinterm Abziehbild einer deregulierten Weltoffenheit, nichts weniger als fremdenfeindlich, weil sie die Fremdheit des Fremden nicht achtet, geschweige liebt. Auch das ist, horribile dictu, eine Art turbokapitalistischer Gleichschaltung, Pardon: Diskriminierung.

Im Jahr 2000, vor dem Bild der schnurgeraden Straße, die durchs Monument Valley führt, bestätigte sich dieser Verdacht für mich zum vorläufig letzten Mal: Das Bild hing in einem Kaff in Botswana, irgendwo am Rande der Kalahari-Wüste, und warb nicht etwa für Marlboro (obwohl es sich um exakt jenes sattsam bekannte Motiv handelte), sondern für den örtlichen Supermarkt, und darüber stand: »Eventually, all roads will lead to this corner«. Ich wollte irgend jemanden bitten, das doch wenigstens in Botswana zu verhindern. Doch man verstand mich nicht.

(2001)

Fata Africana

Mit welchen vorgefaßten Urteilen würden wir nach, es ist ja nur ein Beispiel, nach Kamerun fahren? Soll keiner behaupten, wir wüßten nicht ganz genau, was uns dort erwartet, und das, obwohl wir in der Regel noch nie dagewesen sind. Allerdings fehlt uns im Falle Kameruns – und dem jedes anderen afrikanischen Staates – die Prägung durch Reklamekampagnen der *Global Player*, unser Weltbild wird von der Imaginationskraft der Werbeindustrie im Stich gelassen. Entsprechend dürftig fällt es aus (»Afrika? Schönes Land.«), und wenn wir etwas mehr wissen, als daß man dort mit Aids, Arbeitslosigkeit und Korruption zu kämpfen hat, dann können wir uns fast schon als Fachmänner fühlen: Also die Musik, die kommt aus Mali (nein, aus dem Senegal), die schönsten Frauen aus Äthiopien (nein, aus Eritrea), die besten Langläufer aus Kenia (nein, aus –?). Eine Ärztin, die lange in Südafrika gearbeitet hatte, wußte noch ein bißchen mehr. Auf einer Party gefragt, wie sie die Zukunft des Landes nach dem Ende der Apartheid sehe: Sie sehe schwarz.

So kann man es auch auf den Punkt bringen. Doch zurück zu Kamerun – schon die Frage, ob dort momentan Frieden herrscht, wüßte ich nicht in letzter Konsequenz zu beantworten. Bei einer Reise durch Zentralafrika hatte ich mich von Einheimischen belehren lassen müssen, in Afrika sei immer Krieg, in jedem seiner Länder, zu jedem Zeitpunkt. Und sei's nur, »nur«, daß der eine Stamm dem andern ein paar Rinder gestohlen habe und sich der bestohlene nun ans Geschäft des Rachenehmens mache. Gekämpft werde an allen Ecken und Enden Afrikas – No-go-areas für Weiße! –, das sei schon immer so gewesen, man müsse eben wissen, an welchen.

Nun, was wissen wir von Kamerun? Ehemalige deutsche Kolonie, Roger Milla, Manu Dibango, Winfried Schäfer, Ganzkörpertrikot. Das ist so gut wie nichts. Und doch schon fast ausreichend für ein komplettes Vorab-Klischee. Fast: Wenn man so wenig von einem Land weiß, können ihm schon beliebig aufgeschnappte Einzelheiten einen Stempel aufprägen; sobald wir die Hauptnachrichtenströme verlassen, leben wir wie im Mittelalter, wo man sich von zufällig passierenden Reisenden die halbe Welt erklären ließ: »Also, neulich war ich in Kamerun, ich kann dir sagen ...« Und schon haben wir das Zerrbild eines Landes gewonnen, das wir nie wieder ganz vergessen können.

Die Reisenden unsrer Zeit kommen freilich in der Regel nicht mehr persönlich bei uns vorbei, sondern bei dpa, AFP, Reuters und wie sie alle heißen, die weltweit agierenden Nachrichtenagenturen, deren komprimierte »Reiseberichte« meist im Vermischten der Tageszeitungen landen: geniale Kürzestgeschichten, die unser an Komplexität längst überfrachtetes Weltbild wenigstens im Einzelfall mit greller Eindeutigkeit konterkarieren. Also Kamerun … Im Lauf des vergangnen Jahres fiel mir eine Zeitungsmeldung auf, in der ein Kameruner die Hauptrolle spielte, ein Kameruner, den es wahrscheinlich aus missionarischem Eifer aus seiner Heimat weg- und andernorts in die Schlagzeilen hineingetrieben hatte. Seitdem ist mein Bild von »Kamerun« – und das, obwohl ich es gar nicht will, sozusagen wider besseres Unwissen – so stark von diesem Zufallsfund überformt …, daß ich mich schließlich denn doch etwas genauer informieren wollte. Zumindest kann ich mir jetzt mit Sicherheit sagen, daß der Protagonist meines Zeitungsausrisses keinesfalls als repräsentativ gelten darf: In Kamerun leben an die 300 verschiedne Volksgruppen. Was ich vom tatsächlichen Land gleichen Namens und vor allem von einem »Kameruner« einmal zu erwarten habe, wage ich nicht, mir auszurechnen. – Hier die Meldung:

Pfarrer ertrinkt bei Gang übers Wasser
Libreville – Bei dem Versuch, wie Jesus über das Wasser zu gehen, ist in Gabun ein Geistlicher tragisch gescheitert. Der junge Pfarrer einer Pfingstkirche sei an einem Strand der Hauptstadt Libreville ertrunken, als er die Mündung des Flusses Komo überqueren wollte […]. Der aus Kamerun stammende Mann sei einer vermeintlichen Offenbarung gefolgt, wonach er das rauhe Gewässer durchschreiten könne, ohne Schaden zu nehmen […]. Gläubige, denen der Pfarrer durch den Gang über das Wasser die Heilung ihrer Beschwerden versprochen hatte, mußten zusehen, wie der Pfarrer in den Fluten versank.

(SZ, 30.8.2006)

Shanghai von oben

Ein Blick vom dritthöchsten Gebäude der Welt[353]

Schon der Weg dorthin fällt, neudeutsch formuliert, unter die Kategorie »krass«. Zunächst scheint er zwar nur das zu bieten, was die Reiseprospekte von einer »heimlichen Hauptstadt Chinas« eben so alles versprechen – im kilometerlangen Pulk der Touristen flaniert man über die alte Uferpromenade, den Bund, zur Linken den renovierten Prunk ehrwürdiger Kolonialgebäude, zur Rechten den braun sich krümmenden Huangpu, einen Nebenfluß des Yangtse von der Breite des Rheins, vor allem aber das gegenüberliegende Ufer, ein bizarres Gewimmel an Wolkenkratzern und: Ziel des Spaziergangs. Kurz vor dem kleinen Park, an dessen Eingang früher angeblich das Schild »Für Hunde und Chinesen verboten« hing, hat man die erste Rolltreppe hinab zum Fußgängertunnel erreicht.

Doch dann! Kaum ist das sichere Terrain des Bunds verlassen, führt der Weg direkt in ein chinesisches Disneyland, allerdings eines, das weniger Vergnügen als Verwunderung bereitet, eines, das auf sachlich-sterile Weise zeigen will, daß man im Reich der Mitte nunmehr entschlossen Ernst macht mit der Moderne. Für einen Normalchinesen ist der Weg unterm Fluß de facto unbezahlbar, der Weg durch einen futuristisch mit Laserlicht- und Tonanimationen bestückten High-Tech-Tunnel, in kleinen durchsichtigen Waggons gleitet man wie durch eine technizistische Trance-Lounge. Und wenn man am Ende des dreiminütigen Trips das andre Ufer betritt, kehrt nicht etwa der chinesische Alltag wieder mit all seinem geschäftigen Gewimmel, oh nein, sondern geht der Weg unvermindert weiter durch eine, so scheint's, per Computeranimation simulierte Zukunftswelt aus der Retorte: Pudong heißt dieses seit einem Jahrzehnt buchstäblich aus dem bäuerlichen Boden gestampfte Stadtviertel – ein riesiges Reißbrettprodukt aus Einkaufszentren, U-Bahnhöfen, achtspurigen Ausfallstraßen und, vor allem, einer respektablen

[353] Das Ranking der höchsten Gebäude (nicht zu verwechseln mit »Bauwerken« wie zum Beispiel Fernsehtürmen, hier liegt der Rekord momentan bei 553 m) zum Jahreswechsel 2006/07:
1. Taipei 101, Taipeh/Taiwan, 508 m
2. Petronas Tower I, Kuala Lumpur/ Malaysia, 452 m
Petronas Tower II, Kuala Lumpur/ Malaysia, 452 m
4. Sears Tower, Chicago/USA, 442 m
5. Jin Mao Building, Shanghai/China, 421 m

Im Jahre 2008 soll das höchste Gebäude der Welt in Dubai stehen, der »Turm von Dubai« – angeblich mit einer Höhe von 705 m (die exakte Höhe wird geheimgehalten). Da wird sich selbst Shanghai geschlagen geben: Das ebenfalls im Bau befindliche »Shanghai World Financial Center« soll »nur« eine Höhe von 492 m erreichen.

Anzahl von Hochhäusern, die ihren Namen verdienen: Meist von weltberühmten Architekten entworfen, bilden sie ein schnell wachsendes Konglomerat aus strammen Designerprodukten, auf ihren Spitzen und mitunter auch über die gesamten Fassaden mit aufwendigen Lichtinstallationen geschmückt – ein atemberaubender Anblick. Und vorneweg ein rosaroter Fernsehturm, später Nachfahr der Sputnik-Ästhetik und neues Wahrzeichen der Stadt.

Neu ist auf dieser Seite des Flusses freilich ausnahmslos alles – als ich Mitte der 80er vom Bund auf den Fluß blickte, zusammen mit Tausenden von Liebespaaren, die sich allabendlich dort einfanden, um wenigstens ungestört Händchen zu halten, da war das andre Ufer flach und unbebaut gewesen, Brach- oder bestenfalls Ackerland. Nun aber, da die Parteiführung das ehrgeizige Ziel ausgegeben hat, die Stadt müsse bis zum Jahr 2010 Hongkong den Rang als Drehscheibe Südostasiens ablaufen, ballt sich dort ein Zehntel der chinesischen Wirtschaftsmacht, ein Alptraum aus Glas und Stahl. In dessen Zentrum ragt der Jin Mao Tower, das dritthöchste Gebäude der Welt, ein spektakulärer Turmbau zu Shanghai. Knapp unter seiner Spitze betreibt das Luxushotel »Grand Hyatt« eine Bar, »Cloud 9«, einen kühl inszenierten Ort in 400 m Höhe, der Schwindelgefühle verschiedenster Art garantiert.

Wer den Lift zur Rezeption (54. Stock) verläßt, wird von einer Walkie-talkie-Dame recht unvermittelt nach seinem Namen gefragt und, nach freundlich bestimmter Begleitung zum nächsten Lift, auf dem 87. Stock von einer weiteren Empfangsdame namentlich begrüßt. Nunja, »namentlich«, schon führt sie ihn in die Bar, zu einem der Tische an der verglasten Außenwand, dann – läßt sie ihn mit sich allein. Und mit seinem Schweigen: Der Anblick, der sich von hier oben bietet, dürfte auch hartgesottenen Globetrottern erst mal die Sprache verschlagen.[354]

Um Einwände vorwegzunehmen: Natürlich ist auch ein Blick vom Empire State Building beeindruckend. Mittlerweile ist er jedoch jedem, wirklich jedem aus Film und Fernsehen bekannt, überdies hat New York im Lauf der letzten Jahrzehnte viel von seiner Dynamik verloren, seiner Unberechenbarkeit, seiner latenten Gefährlichkeit, Verrücktheit. Hingegen Shanghai! Schon daß der Blick darauf vollkommen unvermittelt, durch keinerlei me-

354 Wer sich mit einem Blick aus dem 54. Stockwerk bescheidet, wird belohnt – die Scheiben sind größer, die Perspektive menschenfreundlicher. Natürlich gibt es auch dort eine Bar.

diale Dauerberieselung vorweggenommen ist, macht ihn so überwältigend; man ist ihm vollkommen unvorbereitet ausgeliefert – soll man in einen solchen Abgrund blicken, muß man sich erst einmal selber dehnen und zum Abgrund werden. Oder zumindest so tun; ein bißchen mulmig wird einem jedenfalls schon.

Shanghai leistet sich nämlich den von der fernen Pekinger Parteiführung verordneten Wahnsinn, ein »Fenster« ganz Chinas sein zu wollen, sprich, mit Milliardensummen und gewaltigem Ehrgeiz wieder an seine goldne Epoche anzuknüpfen, die 20er, 30er, 40er Jahre des vergangnen Jahrhunderts. Um dieses Planziel zu erreichen, schreckt die Verwaltung nicht mal davor zurück, ganze Stadtviertel zu dekonstruieren, im Eiltempo reißt man die verwinkelten Straßenzüge ab, um sie durch glatte Oberflächen zu ersetzen, in Shanghai ebenso wie in Peking und auch sonst überall, wo es sich zu lohnen verspricht.

Die Effizienz einer derartigen Städteplanung ist erschrekkend, nachgerade erschütternd, stampft sie doch ebenso systematisch wie rastlos fast sämtliche Zeugnisse einer grandiosen Vergangenheit in Grund und Boden: Chinesische Städte haben nicht halb soviel Zeit wie die amerikanischen – und nicht mal ein Viertel der Zeit, so ahnt man in seinem surrealen Ausguck, die sich europäische Städte ganz selbstverständlich nehmen. Alles muß hier im Handumdrehen geschehen, möglichst über Nacht, und wenn's um nichts weiter als die Vertreibung alteingesessener Bewohner geht, ist man nicht zimperlich: Zukunftsfanatikern ist jedes Mittel recht.

Der Größenwahnsinn hat in China Methode, und nur hier, im neu erfundnen Stadtviertel Pudong, der Boomtown Shanghais, ist man vor seinem direkten Zugriff erst mal sicher. Und tut gewiß gut daran, all die Riesenbauten, die nunmehr wie nicht ganz so ernst gemeint tief unter einem liegen, vornehmlich als ästhetisches Phänomen zu genießen. Für weltanschauliche Einwände bleibt bei den Preisen, die man für seine Getränke zu entrichten hat, ohnehin keine Zeit. Ob man versuchsweise vielleicht selber ein wenig größenwahnsinnig werden sollte? Und davonschweben in eine Welt, in der es weder ökologisch noch architektonisch noch politisch korrekten Kleinmut zu geben scheint?

Denn wenn man den Zeitpunkt klug gewählt hat, geht jetzt, ein roter Ball in einem schmutzigen Himmel, die Sonne unter und Tausende von Lichtern an, mit denen sich Shanghai seit ein paar Jahren systematisch in Szene setzt: Jedes Hochhaus illuminiert sich auf seine Weise, dazwischen die funkelnden Bänder der Stadtautobahnen, das dunkel schimmernde Band des Flusses, über das sich 10 km lange Hängebrücken spannen, natürlich auch sie mit ihren flackernden Lichtinstallationen weithin strahlende Zeugnisse des »neuen« Chinas, und dazwischen, wie eine winzige Spielzeugstadt, die taghell ausgeleuchteten Kolonialbauten am Bund – welch ein Schauspiel!

Hybris? Oder Vorbote bereits des 22. Jahrhunderts? Wohl beides. Denn zum einen gibt es ja trotz allem jede Menge dunkler Flecken im kunstvoll inszenierten Bild, überall dort nämlich, wo gerade ein Stück des alten Chinas verschwindet – zur Zeit zählt man im Stadtgebiet an die 20 000 Baustellen, eine davon übrigens die Trasse für den Transrapid, der die Fahrzeit zum 30 km entfernten Flughafen schon bald auf acht Minuten zusammenschnurren lassen wird.[355] Und was das neue China betrifft: So stehen 60 Prozent von Shanghais Neubauten leer, jedenfalls ist das die offizielle Zahl, ein Nacht für Nacht illuminiertes Panorama von Investitionsruinen.[356]

Zum andern, und dazu muß man sich tagsüber ein wenig in der Stadt herumgetrieben haben, bricht hier tatsächlich gerade eine der größten Städte der Welt auf, Metropole zu werden. Koste es, was es wolle. Die alten »typisch chinesischen« Geschäfte weichen den üblichen Fast-food- und Designerläden, der VW Passat (hier gefertigt) ersetzt das Fahrrad, das Dosenbier den grünen Tee, der (gefakte) Gucci-Anzug die alte Arbeiterkluft. Ja, es gibt schon wieder eine hauchdünne Schicht an Bohemiens, siehe Wei Huis Roman »Shanghai Baby«; es gibt aber auch, siehe Lou Yes Film »Souzhou River«, es gibt aber auch noch die wuseligen alten Gassen mit ihren schummrigen Bars und mit Märkten, auf denen Hühnermörderinnen halsbrecherisch tätig werden und Ziegenmetzger liebevoll die Kehle ihrer Opfer glattrasieren: Shanghai ist eine, wenn nicht *die* Schnittstelle zweier Jahrhunderte.

Ist das schön? Das ist es, als schöner Abglanz einer unschönen Welt, der auf subtile Weise von der Besessenheit des Menschen kündet. Und, mehr noch, vom nahenden Anbruch des chinesischen Zeitalters. Wenn man die 87 Stockwerke allzu früh wieder hinabfährt, ist man als Langnase nicht nur um ein Erleb-

355 Wurde zum Jahreswechsel 2002/03 eingeweiht. Betriebsgeschwindigkeit: 430 km/h. Strecken- und gleichzeitig Weltrekord: 503 km/h (gefahren am 12.11.2003). – In Deutschland gibt es den Transrapid vielleicht bald nur noch als Modell am Münchner Flughafen: als Mahnwache für Zukunftstechnologie.

356 Ob diese Zahl je gestimmt hat? Tatsächlich brach die Nachfrage nach Büroraum in Hochhäusern nach dem 11.9.2001 auch in China ein; das Ziel, Hongkong demnächst als Wirtschaftsstandort zu überflügeln, wird Shanghai nicht so bald erreichen.

nis reicher, sondern auch um eine deprimierende Erkenntnis: Hier, in Shanghai, spielt die Musik der Zukunft.

Allzu früh, das heißt: vor halb elf Uhr abends.

Bis zu dieser Uhrzeit könnten sich in die ästhetischen Sensationen, die man hier im Panoramarundblick erhält – das »Cloud 9« zieht sich dankenswerterweise um das gesamte Gebäude herum –, ein paar Unglücksmomente einschleichen, die man am besten durch Einnahme eines letztes Getränks bekämpft: abwarten und Tsingtao-Bier trinken! Dann nämlich, exakt um 22:30 Uhr, folgt eine Sensation ganz andrer Art, dann gehen auf einen Schlag die Lichter aus: Fast das gesamte neue Shanghai implodiert auf Anordnung der Stadtverwaltung, schließlich ist Strom teuer und die Nacht für chinesische Verhältnisse schon weit fortgeschritten. Auch das ist ein Erlebnis, freilich eines, das dem Europäer wieder Hoffnung macht: Ach, ein Schauspiel nur! Eine Trompe-l'œuil-Inszenierung, die bloße Fata Morgana einer Metropole, und beinahe wäre man drauf reingefallen! Ja, wenn das so ist, dann darf man nun erhobnen Hauptes noch ein Weilchen sitzen bleiben.

(2002)

Ruhrpott II

Eine Woche nach meiner Rückkehr saß ich am Panoramafenster des Berliner Axel-Springer-Hauses, immerhin 18. Stock, und blickte auf eine Stadt, die sich seinerzeit ebenfalls anschickte, Metropole zu werden: Vom Bundeskanzleramt übers grüne Dach des »Adlon« und den Tiergarten konnte der Blick schweifen, bis hin zum goldnen Dach der Staatsbibliothek. Eine großartige Aussicht auch dies, fürwahr. Doch alles, was ich zu sehen bekam, erfüllte mich, je länger ich nach irgend etwas suchte, dessen Anblick mir hätte Angst einflößen oder mich vielleicht gar zu Glücksgefühlen hinreißen können, alles erfüllte mich gleichermaßen mit einer wehmütigen Beklommenheit, einer beklommenen Wehmut: urbanes Brachland, in dem selbst ein Sony-Center klein und verloren wirkte und die angebliche Riesenbaustelle Europas, der Potsdamer Platz, wie die mutlos mit ein paar Kränen bestückte Allegorie des Stillstands.

An der Stelle früherer Baustellen, immerhin Hoffnungsträger, erhebt sich heutzutage auch hier manch Wahrzeichen der Sterilität; darum herum allerdings wartet weiterhin die Ödnis mühsam zusammengewucherter Mittelstädte, die in ihrer vernarbten Gesamtheit kein Ganzes, und schon gar keine Metropole, ergeben. Berlin, traurigste Hauptstadt der Welt. Wenn das keine Perspektive auf die Zukunft ist, auf *unsre* Zukunft!

Das Buch aus Stein

Wie sich ein kleines italienisches Provinzstädtchen
zunehmend in Poesie verwandelt

Nehmen wir etwas Hübsches wie Eichstätt, sagen wir
Anfang der Achtziger, sagen wir: Ein bekannter deutscher Dichter mittleren Alters und Herr S., Mitglied des
bayerischen Landtags, wandern durchs Altmühltal, und natürlich steht gegen Abend ein Besuch im Gasthaus an. Doch halt!
Bevor der Dichter einkehrt, befällt ihn der Drang zu dichten, er
erbittet von seinem Begleiter einen Moment Pause und – schon
im Lokal kann er ihm sein Werk vorlegen: »Fiel der Mond ein ins
Altmühltal ...«

Der Landrat, selbst ein Freund der Poesie, ist derart entzückt,
daß er sich auf der Stelle zu dem Versprechen hinreißen läßt, er
werde dies herrliche Gedicht zum Gedenken an diesen herrlichen Tag in Stein schlagen lassen. Und an der schönsten Stelle
der Stadt aufstellen. Ja, ja, winkt der Dichter ab, schon recht.

Doch der Landrat hält sein Wort, mehr noch, er wählt eine
ansehnliche Marmortafel, beflaggt den Ort der Poesie mit der
deutschen sowie der Europafahne, sorgt für eine feierliche Enthüllung – und jetzt kommt die Sache erst so richtig ins Rollen:
Wie, wenn man jedes Jahr ein Gedicht in Stein schlagen, wenn
man ganz Eichstätt sukzessive in Poesie verwandeln würde?

Schon recht. Ein Politiker als Mäzen der Lyrik? Als ob der
nicht andre Sorgen hätte!

Das hat er, und in Deutschland, zugegeben, wäre die Sache
auch schwer vorstellbar. Nicht hingegen in Italien! Die Geschichte hat sich tatsächlich zugetragen, im gebirgigen Niemandsland zwischen Rom und Neapel, am Rande der Abruzzen,
und die da gewandert sind, waren der italienische Senator Massimo Struffi und sein Freund Giuseppe Bonaviri, einer der gro
ßen italienischen Gegenwartsautoren, mittlerweile mehrfach
knapp am Nobelpreis vorbeigeschrammt. Eingekehrt sind sie
schließlich in einem verschlafnen 8000-Seelen-Städtchen na-

mens Arpino, auf halber Höhe einer erklecklichen Bergflanke malerisch drapiert, dem Geburtsort Ciceros. Einst eine reiche Wollfärberstadt, heute einer der vielen fast vergeßnen Flecken in der Provinz Frosinone, Region Latium, rund um die Piazza das Rathaus, die Schule, die Kirche und drei Bars, der Rest meist unbewohnte Palazzi (nicht selten mit eigner Hauskapelle), streunende Katzen. Trotzdem steht auf dem Ortsschild die stolze Beifügung »Città d'arte«. Was kann das, so fragt man sich als Großstädter reichlich hochnäsig, schon heißen?

Einiges. Vergessen wir nicht, daß hier vor rund 20 Jahren ein Versprechen gegeben und eingelöst wurde; seit 1984 steht neben einem der Stadttore, in Marmor geschlagen, Bonaviris Gedicht »Il bianchissimo vento«, »Der weißeste Wind«: »Fiel der Mond ein im Rivieto / wellenförmig, und erhob sich der weißeste Wind [...].«[357]

Und das ist nur der Anfang einer Geschichte, die unter dem Titel »Il libro di pietra« mittlerweile 15 Kapitel umfaßt: 15 Lyriker haben seither am »Buch aus Stein« mitgeschrieben,[358] der verwunderte Spaziergänger trifft in den Gassen Arpinos, nunja, nicht gerade an jeder Ecke, jedoch an besonders prominenten Stellen: auf Gedichte, in mannshohe Marmortafeln geschlagen, davor nicht selten eine Bank, so daß man in Ruhe lesen und bedenken kann. Nicht zu vergessen die Fahnen – die italienische, die europäische sowie diejenige des Landes, aus dem der verewigte Lyriker stammt: Denn das Projekt ist nicht auf Italiener beschränkt, man entdeckt im Stadtbild französische, spanische, englische Verse, tschechische, russische, schwedische, stets in Originalsprache sowie, nicht selten auf einer zweiten Marmortafel, in italienischer Übersetzung, sogar Gedichte in arabischer und chinesischer Schrift sind zu bestaunen. Eine auf den ersten Blick zauberhaft verwunschne Kleinstadt, die ihre beste Zeit gesehen hat, wird dadurch Schritt für Schritt zu etwas radikal Zeitentrücktem, ja zu etwas Einmaligem: Der lyrische Stadtplan Arpinos weist weit über das Provinzielle hinaus, führt auf seine Weise in die ganze Welt.

Mit dem Errichten von Marmortafeln ist es im übrigen nicht getan, sie werden von Schulklassen betreut, die das betreffende Gedicht auch im Unterricht zu interpretieren haben. Schütteln ältere Bewohner der Stadt heute noch vereinzelt den Kopf über

357 Übersetzung (auch der im folgenden zitierten Verse): Dagmar Reichardt. – Warum ist der Wind für Bonaviri »weiß« bzw. sogar »weißer als weiß« (»bianchissimo«)? Einheimische beteuern, die Welt werde an manchen Sommertagen, jedenfalls auf den Berghängen nahe Arpino, bei Sonnenuntergang für ein paar Augenblicke vollkommen »weiß«, der Abendwind fahre über eine entfärbte Landschaft, das Gras zittere, alles sei ruhig.

358 Im Mai 2007 wird das siebzehnte Gedicht enthüllt, Verfasser wird der ungarische Lyriker Géza Szöcs sein. Liest man seinen Band »Lacht, wie ihr es versteht« (Übers. von Hans-Henning Paetzke. Frankfurt am Main 2002), der eine veritable Anzahl kurios-genialer Kabinettstückchen enthält, so darf man hoffen, daß damit zum ersten Mal auch das Absurde in Arpino Einzug halten wird: Der Ort »wird dadurch hell erleuchtet / werden; als wären die Geschehnisse mit Glühwürmchen / ausgestopft: Sie werden schimmern, gleich bronzenen / Tonbandgeräten im Inneren einer Scheune«. (A. a. O., S. 79)

das Unternehmen »Lyrik im öffentlichen Raum«, so werden nachwachsende Generationen Gedichte als etwas empfinden, das zu ihrem Leben zwanglos-zwangsläufig dazugehört: unvorstellbar, aber wahr. Wenn man das ehrgeizige Projekt an sein logisches Ende denkt, so ist Arpino drauf und dran, sich in ein großes lyrisches Freiluftmuseum zu verwandeln, könnte in einigen Jahrzehnten nicht mehr nur Kulisse für die einzelnen Seiten des »Buchs aus Stein«, sondern selbst ein Buch aus Stein sein, zwischen dessen gemeißelten Versen die unpoetischen Reste städtischen Lebens nurmehr verschämt hervorlugen.

Noch schreiben wir freilich das Jahr 2005, gerade wurde ein rumänischer Autor geehrt: »Die feierliche Piazza überschwemmt von Jugend / einfach und flüchtig sind die Blicke der Mädchen / die das Gewicht der Geschichte nur wenig beschwert«, so beschreibt das alljährlich wiederkehrende Spektakel Dante Marianacci, der zweite »versteinerte« italienische Autor. Und auch hier, beim feierlichen Procedere, hat Massimo Struffi, der mittlerweile pensionierte Senator mit der Liebe zur Poesie, seine Hände im Spiel, immerhin ist er Vorsitzender einer Stiftung mit dem klingenden Namen »Fondazione Salvatore Quasimodo«.[359] Die sitzt nicht ganz zufälligerweise in Arpino, und Geld hat sie auch. Doch der Reihe nach.

Die Auswahl der Lyriker ist denkbar einfach: Sobald man sich für ein Land entschieden hat, informiert man sich mit Hilfe ausländischer Kulturmittler über mögliche Kandidaten – und entscheidet hinter verschloßner Tür. Nein, eine formelle Jury gibt es nicht, es darf aber davon ausgegangen werden, daß Giuseppe Bonaviri bei der Urteilsfindung ein wesentliches Wort mitzureden hat, schließlich ist er Ahnherr und Übervater des Ganzen: ein sehr italienisch anmutendes Verfahren, jedenfalls so italienisch, wie man sich's als Deutscher gerne vorstellt. Im Mai geht es dann los, wird der Auserwählte samt Kritiker/Übersetzer (samt jeweiligem Ehepartner) eingeladen, eine Woche in Arpino zu verbringen, »all inclusive«, selbstredend auf Kosten der Stiftung oder der Stadt – so ganz klar ist das nicht. Schon am Flughafen in Rom warten Fahrer, um die kleine Delegation nach Arpino zu bringen, stehen auch weiterhin bereit, schließlich soll sich der Lyriker wohl fühlen und nebenbei Eindrücke gewinnen. Lyrische Eindrücke. Die sich nach Rückkehr in die Heimat hoffentlich zu Rhythmus und Reim verdichten.

359 Ursprünglich ist sie dem Werk des Lyrikers Salvatore Quasimodo gewidmet samt allen anderen künstlerisch tätigen Mitgliedern seiner weitläufigen Familie; mittlerweile ist sie, als Sponsor zahlreicher Veranstaltungen, aus Arpinos kulturellem Leben gar nicht mehr wegzudenken.

Im vorigen Jahr fiel die Wahl auf den Rumänen Ioan Flora. Der folgte der Einladung nach Arpino, gab eine Art lyrische Antrittsvorlesung im Rathaus, sah sich gründlich vor Ort um und lieferte dann auch termingerecht. Um danach allerdings überraschend zu sterben, so daß zur diesjährigen Enthüllung seines Gedichts[360] nur Frau und Tochter anreisen konnten. Um ein Haar auch Herr Andreotti, wie man bis zum Schluß hartnäckig kolportierte, jawohl, ebenjener Andreotti, der wahrscheinlich als einziger Berufspolitiker der Welt sämtliche Ämter innehatte, die man sich in einer parlamentarischen Demokratie vorzustellen vermag – auch er hält auf irgendeine italienisch undurchsichtige Weise seine schützende Hand über das Projekt; darüberhinaus steht es, rätselhaft genug, unter der offiziellen »Schirmherrschaft des Präsidenten der Republik«.

Letztendlich erscheint dann weder der eine noch der andre, auch kein Vertreter des Europäischen Parlaments, eines weiteren Schirmherrn. Man rollt den Teppich aus, der Bürgermeister, überm Anzug die Schärpe in den italienischen Farben, enthüllt, die Pressevertreter photographieren, Floras Tochter trägt tapfer das rumänische Original vor: »Pinien und Oliven, Kastanien, Palmen, Eukalyptus, Oleander, / Feigenbäume voller Früchte, schwere Trauben von Glyzinien [...]«, so hebt Flora an, anscheinend ein erklärter Freund der Natur wie der greise Bonaviri, der dem Ganzen als uneingeschränkte Autorität präsidiert. Während die Sonne untergeht, wird auch im Gedicht ein »Sonnenuntergang hinter sieben Hügeln« beschworen, der Rezitator der italienischen Übersetzung ringt mit den Tränen, fällt Floras Tochter dann vor versammelter Mannschaft schluchzend um den Hals. Auch das erlebt man mit Gedichten, allgemeines Geschneuze und Geschnaube.

Tagsdrauf, am Sonntag vormittag, steht das Gedicht noch einmal im Mittelpunkt des städtischen Lebens: Die Piazza ist überfüllt, die Preisträger des diesjährigen Übersetzungswettbewerbs, zu dem sich einige Tage zuvor Lateinschüler aus ganz Europa zusammengefunden, sollen bekanntgegeben werden. Jung und alt ist auf den Beinen, dazu Professoren aus Rom, Fernsehprominenz, noch mehr Presse. Die Vertreter der rumänischen Dichterdelegation verloren zwischen schnatternden Honoratioren. Dann: 14 lange Festansprachen, vorneweg der Bürgermeister, der Reihe nach die Hauptverdächtigen des politi-

360 Am 7. Mai 2005.

schen und kulturellen Lebens, einander begrüßend und dankend, der Pfarrer gar auf lateinisch. Applauso! Einzig aus dem Rahmen fällt ein KZ-Überlebender, der sich in seiner Ansprache darüber beschwert, daß er seit Jahrzehnten überall als KZ-Überlebender auftreten müsse (ohne jemals angemeßne Redezeit eingeräumt zu bekommen). Und dann, bevor die Siegerurkunden verteilt werden – das Gedicht. Erst auf rumänisch, anschließend auf italienisch. Jeder der Anwesenden weiß, daß es nicht bloß als kultureller Pausenfüller fungiert, daß es, im Gegenteil, »für immer und ewig« Teil geworden dieser Stadt, des täglichen Lebens in dieser Stadt. Applauso!

Der Applaus, nun soll es endlich heraus, muß vor allem ihm gelten, der hinter dem ganzen Spektakel steht, der als einflußreicher Landespolitiker hier nicht nur seit Jahrzehnten den größten Lateinwettbewerb Italiens begleitet, sondern auch und vor allem: das Buch aus Stein, nachdem er mit seinem Freund Bonaviri einen spontanen Anfang gesetzt: Massimo Struffi, der sich gern als »von Struffen« vorstellt und auch sonst für allerhand heitere Einlagen sorgt. Unermüdlich kümmert er sich um seine Gäste, zeigt die schönsten Winkel der Stadt, in der er aufgewachsen und in die er zurückgekehrt ist, mittlerweile eine veritable »Città d'arte«, im ganzen Land ein Begriff. Was ein einzelner Mensch alles bewegen kann! Zum alten Schloß führt er uns, von wo man einen prächtigen Blick ins Tal hat, auf schneebedeckte Gipfel und – auf das Gedicht von Valentin Berestov. Der Russe vergleicht Arpino mit »einem Flügelschlag / schön gerade und lebendig wie der eines Vogels«; am entgegengesetzten Ende der Stadt lockt der Schwede Kjell Espmark: »Komm näher, noch näher, / so nah, daß du den Text berührst [...].« Die Polin Urszula Koziol widmet ihre Verse den bei der Schlacht um Monte Cassino gefallnen Landsleuten (das wiederaufgebaute Kloster liegt eine knappe Fahrstunde entfernt); ein Stück bergab, auf eigenwillige Weise einprägsam, müht sich der Chinese Ley Shuyan: »Ich pflüge auf hartem Fels / von Arpino mit weichem / Chinapinsel [...].«

Struffi kennt sie alle, liebt sie alle, es sind *seine* Gedichte; die verschlungnen Wege zum Poetischen führen für ihn aber stets auch über entlegne Einödhöfe und Klöster, abends lädt er in versteckte kleine Landgasthäuser, wo man den Rotwein in der Colaflasche serviert, eisgekühlt. Da er nicht Deutsch spricht,

scherzt er in einem spanisch-italienisch-englischen Kauder-
welsch, immer bestens verständlich, nicht zuletzt, weil er Worte
eigens erfindet, um ihren Sinn mit seinen Gästen zu teilen:
»Uschbike!« ruft er ein ums andre Mal, er glaubt damit, das
deutsche »Prost!« in einer höheren, gewissermaßen starckdeut-
schen Potenz in Umlauf zu setzen. Wie gut der Sinn fürs Poetische und das Heiter-Gesellige zusammengehen können! Abschließend signiert er das Tischtuch, anstatt zu bezahlen.

Massimo Struffi alias »von Struffen« – sogar Johannes Paul II.
hat ihm ein Gedicht geschickt, wenige Wochen vor seinem Tod,
und nun steht es, wo sonst, am höchsten Punkt der Stadt, seinem Gott am nächsten. Steht im verwunschnen Ortsteil Civita-
vecchia, der hauptsächlich noch von Hühnern und Pferden be-
wohnt ist, umgeben von jahrtausendealten Stadtmauern;[361]
allein vom Blick, den man hier auf Stadt und Land hat, könnte
man selig werden:

Abraham

Der in die Geschichte des Menschen eingetreten ist,

möchte nur durch dich dieses Geheimnis

enthüllen, verborgen vom Anfang der Welt,

eines der entlegensten Geheimnisse auf Erden

[...].

Uschbike! Vielleicht war Karol Wojtyla als oberster Seelenhirte
doch größer denn als Dichter. Man hat es sich jedenfalls nicht
nehmen lassen, die Buchstaben seiner Verse zusätzlich mit Gold
auszugießen, ein Gedicht des Papstes hat nicht jede Gemeinde
vorzuweisen.

Andrerseits die durchaus irdischen Kommentare des Herrn
von Struffen – ist ein deutscher Politiker vorstellbar, der so
schallend in die Welt hinauslacht? Und erst recht: ein deutscher
Lyrikfan? Wieso fühlte sich ausgerechnet er – kein Literaturwis-
senschaftler, wohlgemerkt, kein Literaturkritiker, sondern ein
mit beiden Beinen in der sozialistischen Parteipolitik veranker-
ter Provinzfürst –, wieso fühlte sich ausgerechnet er dazu berufen, seine Heimatstadt zu lyrifizieren? Ach, erzählt er ein wenig
leiser als gewöhnlich, er habe seinen Vater viel zu früh verloren,
da sei er gerade mal vier gewesen. Und fortan von panischer
Angst besessen, im nächsten Moment selber sterben zu müssen.
Erst durch fortgesetzte Lektüre von Gedichten, flankiert vom
Studium der Philosophie, habe er die Angst vorm Tod überwun-

361 Der Sage nach ist Arpino eine
Gründung Saturns; de facto rühren die
»Zyklopenmauern«, die das weitflächige
Stadtgebiet einfassen, aus vorrömischer
Zeit. Trotz ihrer antiken Befestigung
wurde die Stadt mehrfach erobert,
zerstört.

den. Und außerdem! habe er dies kleine Nest, zur Hälfte bereits verlassen von seinen Bewohnern, vor dem endgültigen Verfall bewahren wollen, da müsse man sich eben etwas einfallen lassen.

Beim Abschied steht er auf der Piazza; während man ihn noch sieht, wie er jedem, der vorübergeht, die Schulter klatscht, vermißt man ihn bereits. Irgend etwas machen diese Italiener anders als wir, machen es richtig. Struffissimo!

(2005)

Wie bitte, abhängen?

Arpino, »rund um die Piazza das Rathaus, die Schule, die Kirche und drei Bars«: Wenn man vor der »Bar Fabbrizio« auf einem der Plastikstühle unter einem der Schirme Platz nimmt, zwischen alten Schiebermützenmännern, die sich zum Kartenspiel treffen, ist die Welt mit einemmal sehr überschaubar – man sitzt in einer Art städtebaulicher Proszeniumsloge zwischen Kirche und kleinen Ladengeschäften, an drei Seiten von uraltem Gemäuer beschützt, die vierte öffnet sich zum Platz mit all seinen matten Ocker- und Umbrafarben. Ein friedliches Genrebild des Südens, könnte man meinen.

An und zwischen den Nebentischen: eine alte Dame mit hellblau-hellgelbem Lidschatten bis unter die Brauen, vor ihr ein Schaumwein Marke »Ferrari«. Ein Turnschuhmädchen, die eingehenden Liebesgeständnisse auf seinem Handy überprüfend. Ein Knirps, der mit seinem Vater Fußball spielt, indem er ständig hinfällt. Trotzdem schiebt ihm sein Vater mit Begeisterung den Ball zu, immer wieder, so lernt man hier wahrscheinlich laufen.

Auf der Straße, die direkt vor der Bar in einer Kurve vorbei- und durch eine weitere gleich wieder aus dem Blickfeld hinausgeleitet wird: Vespas, Motorräder, Autos mit angelegten Außenspiegeln, auf daß sie in den engen Seitengassen nicht buchstäblich stek-

kenbleiben. Niemand hupt, selbst wenn sich Verkehr und Gegenverkehr hoffnungslos ineinander verkeilt haben; der Polizist an der Kurve regelt alles durch bloße Anwesenheit. Statt sich wenigstens mit seiner Kelle wichtig zu machen, umarmt er den einen oder andern Passanten, lang und innig, bisweilen grüßt er einen Bekannten am gegenüberliegenden Ende des Platzes, indem er ihm mit der Trillerpfeife zupfeift.

Nicht mehr zu sehen, doch in den Nebenstraßen dazuzudenken: weitere Kirchen, Paläste, Stadttore, dazu jede Menge Wäscheleinen und Plastikblumentöpfe, letztere bevorzugt als Terrakottaimitat. Dahinter die Hänge mit Wein und Oliven. Unten im Tal die verstreuten Inkarnationen des Bruttosozialprodukts, durchaus häßlich. Erst hinter der gegenüberliegenden Bergkette das Meer; wer hier oben sitzt, kann sich kaum vorstellen, es gegen diesen kleinen Ort mit seiner immerwährenden Siesta einzutauschen. Spielt statt dessen mit dem Gedanken, so lange schweigend sitzen zu bleiben, zu jeder vollen Stunde die Kirchturmglocken, bis man nicht einmal mehr wüßte, weswegen man hierhergekommen und auf wen man ursprünglich gewartet.

So lange zumindest, bis ein Herr in gelber Lederjacke auftaucht, farblich abgestimmt dazu Fliege und Schuhe, bis einen der Herr erst mit seinem Anblick und dann mit seinem ungebärdigen Humor aus allen kitschigen Gefühlen herausreißt: von Struffen. In Erinnerung an diesen Tag, der dann sogleich wieder mächtig in Schwung kam, schrieb ich wenig später mein Gedicht, mein Gedicht für das »Buch aus Stein«:

Bar Fabbrizio
Auf der Piazza von Arpino

He, Kellner,
das ist kein Gedicht hier,
das ist 'ne Bestellung!

Zu viele Verse gibt es schon,
die sich nach starkem Kaffee sehnen,
nach Umbramauern, rot darauf Geranien,
nach diesem Fünf-nach-fünf-Uhr-Licht bis in die
                  Nacht,
am Rathaus hängen schlapp dazu die Fahnen,
vom Berg herab, ganz warm und weiß zu
                  ahnen,
ein Wind. Ein Ton. Ein Duft. Die alte Pracht.

Und außerdem, hörst du, hab ich hier nicht nur
den Mund zum Staunen aufgemacht,
hier hab ich schallend laut gelacht
im Schatten alter Schiebermützenmänner
mit einem wilden Kerl in gelber Jacke,
mit gelber Fliege, gelbem Schuh –
wir kamen tagelang schier nicht zur Ruh,
so heftig lachten wir, daß sich der Tod
ganz von alleine ferne hielt.

Indessen, Kellner, nun mach zu,
das Echo unsres Lachens wirst du noch
in hundert Jahren hören, müßtest nur dein Ohr
um fünf nach fünf an diese Mauern legen – doch
nicht jetzt! Denn das ist (sagt' ich's nicht?),
ist 'ne Bestellung, kein Gedicht.

Womit die Probleme begannen. Nicht zuletzt für Struffi selbst, der auf meine vage Frage, ob denn jedes Gedicht an dem ihm gemäßen Ort aufgehängt werde, mit der Gewißheit des heimlichen Herrschers von Arpino beteuert hatte: Dafür verbürge er sich. Was er damals nicht wissen konnte: daß ich ein Gedicht schreiben würde, dessen einzig angemeßner Platz tatsächlich hier, neben der Bar, und nirgendwo anders in dieser Stadt war, schwierig genug, weil hier kaum mehr freie Wandfläche zur Verfügung stand. Was ich damals nicht wissen konnte: Die Pächterin der Bar – Tochter des mittlerweile verstorbenen Fabbrizio – lag zu diesem Zeitpunkt bereits heftig in Streit mit ihrem Vermieter, angeblich wegen überzogener Mietforderungen, der bald vor Gericht ausgetragen werden sollte. Ja, der Streit war bereits so verfahren, daß der Vermieter, selber Jurist, aufs Ganze gehen und die Bar aus ihren angestammten Räumen hinausklagen würde.

Kurz bevor ich im Jahr darauf nach Arpino zurückkehrte, war der Prozeß zwischen den beiden Parteien höchstrichterlich entschieden, binnen kurzem würde die Pächterin das Feld räumen müssen. Das heißt ... Mittlerweile hatte ein ahnungsloser deutscher Schriftsteller ein Gedicht geschrieben, das ausgerechnet jene Bar thematisierte, schlimmer noch, ihren Namen bereits im Titel trug – und demnächst feierlich enthüllt werden mußte. An dem ihm gemäßen Ort. Verrückter Zufall? Jedenfalls ein ziemliches Problem, selbst für einen Massimo Struffi. Natürlich weigerte sich der Vermieter, ein Gedicht dieses Titels an seiner Hauswand anbringen zu lassen – wenn es wenigstens nur »Bar F***« geheißen hätte! Diesen Kompromiß, so erzählte Struffi später, hatte er gerade noch aushandeln, mir dann aber den Ernst der Lage in seinen Esperanto-Mails nicht klarmachen können, so daß ich geglaubt hatte, nur einen seiner Scherze parieren zu müssen: Marmorzensur? Nein danke.

Aber was dann?

Im Verlauf von Struffis Bemühungen stellte sich heraus, daß eine kleine Seitenkapelle der Kirche in ebenjenes Gebäude hineingebaut war, in dem, fünf Meter weiter, »Bar F***« lokalisiert war. Und folglich die Außenwand an dieser Stelle als Gemeinschaftseigentum des streitbaren Juristen und der friedliebenden Kirche gesehen werden durfte. Daß Struffi den Pfarrer sogar prophylaktisch überreden konnte, die umstrittenen Marmortafeln im Notfall an dem Teil der Wand anbringen zu lassen, der Außenmauer des Hauptschiffs und also im alleinigen Besitz der Kirche war, muß als sein Meisterstück gelten; im Anschluß daran konnte er den Juristen sogar beschwatzen, das Gedicht erst einmal an »dem ihm gemäßen Ort« aufzuhängen – direkt neben der Bar –, der unter Gemeinschaftseigentum fiel. Erst einmal! Dazu Struffi: In der Tat habe er den Hausbesitzer mit dem Hinweis überredet, die beiden Tafeln bis zum Tag der Enthüllung zu tolerieren; nach der Abfahrt des Lyrikers könne man sie ja gleich wieder abhängen.

Wie bitte, abhängen?

Nichts sei bekanntlich so dauerhaft wie ein Provisorium, beschwichtigte Struffi: Was in Italien erst einmal hänge, werde schwerlich wieder abgenommen.

Nun gut. Aber: Das Gedicht allein würde auf Dauer nichts nützen; ohne die dazugehörige Bar, der es seine Entstehung verdankte, würde es definitiv in der Luft hängen. Womit die Pächterin, unverhofft zum zweiten, einen mächtigen Fürsprecher bekommen hatte, einen, der mit den Honoratioren des Ortes in engem Kontakt stand und als *senatore* noch immer im Ruf stand, das Unmögliche möglich zu machen. Die Frage war damit nur noch, ob –

Als ich im Mai 2006 eintraf, hing das Gedicht samt Übersetzung jedenfalls dort, wo es idealerweise hingehörte; in der Bar selbst wurde ich mit großem Hallo begrüßt, durfte dort fortan nichts mehr bezahlen: Deren Sache war zwar vor Gericht verloren, durch die anstehende Enthüllung des Gedichts allerdings zum Gesprächsthema avanciert; der Druck auf den Vermieter, sich außergerichtlich doch noch zu einigen, war beträchtlich gestiegen. Eines Gedichtes wegen, man stelle sich vor! Und nach dessen Enthüllung gleich noch eine weitere Wendung in diesem kuriosen Fall: Der Vermieter beharre zwar weiterhin auf seinem Recht, ließ man mich wissen, die Bar müsse ihren angestammten Platz räumen, aber nur, um drei Meter weiter neue Räumlichkeiten zu beziehen. Also im selben –? Im selben Gebäude.

Drei Meter weiter – wenn das keine italienische Lösung war! Woher mit einemmal ein zweiter Vermieter auftauchen konnte, der ausgerechnet nur dies kleine Einsprengsel im Haus des Juristen besitzen und auch an die »Bar F***« zu vermieten bereit sein sollte, das übersteigt meine germanische Phantasie vollends. Wie das alles wohl noch weiter- und weiter- und womöglich auch einmal ausgehen mag?

Anhang

Editorische Notiz

Dieser Band enthält – neben neu geschriebenen – die zwischen 1998 und 2006 entstandnen Essays und Texte, sofern sie für das Konzept desselben relevant waren. Bei ihrer Überarbeitung wurden sämtliche (kürzenden o. ä.) Eingriffe, die bei der Erstveröffentlichung nötig waren, wieder rückgängig gemacht; die hier versammelten Fassungen können also unter Umständen erheblich von den seinerzeit publizierten abweichen. (Revisited-)Texte ohne Quellenangabe wurden eigens für diesen Band geschrieben. – Die Beiträge der jeweiligen Kapitel sind antichronologisch nach ihren Entstehungsdaten angeordnet, abgesehen von einigen wenigen Ausnahmen, die sich aus thematischen Gründen andernorts einzureihen empfahlen.

Quellennachweis

Eines Tages wurde Meister Me-ti …
Fehlt in der »Großen kommentierten Berliner
und Frankfurter Ausgabe« der Werke Brechts.
Zit. nach: Willy Dähnhardt und Birgit S. Niel-
sen: Ein überraschender Fund im Nachlaß
von Karin Michaelis. In: Dies.: Geflüchtet
unter das dänische Strohdach. Schriftsteller
und bildende Künstler im dänischen Exil nach
1933. Heide in Holstein (Boyens) 1988
(= Schriften der Schleswig-Holsteinischen
Landesbibliothek; Bd. 3)

Der Deutsche ist schüchtern und schön …
Geschrieben: März 1998; veröffentlicht in:
SZ-Magazin, 27. 3. 1998

Weißer Mann – was nun?
Geschrieben: August 2005; veröffentlicht in:
Die Zeit, 1. 9. 2005; auf englisch unter dem Titel
»What now, white man?« bei: signandsight,
12. 9. 2005, http://www.signandsight.com

**»Jetzt zeigen sie so 'nen Quatsch schon
am Nachmittag«**
Geschrieben: September 2001: veröffentlicht
in: Basler Zeitung, 19. 9. 2001

**»Jungs, nehmt den Finger aus'm Arsch,
es gibt Arbeit«**
Geschrieben: Juli 2004; veröffentlicht u. d. T.
»Jungs …, es gibt Arbeit« in: Der Tagesspiegel,
22. 7. 2004

Dick & durstig oder Wisch & weg?
Geschrieben: August 1998; veröffentlicht in:
die tageszeitung, 18. 8. 1998

Sitzpinkler
Geschrieben: März 1999; veröffentlicht u. d. T.
»Die Unverwässerlichen« in: die tageszeitung,
16. 3. 1999

Erotiker bevorzugen bekanntlich …
Geschrieben: November 1998; veröffentlicht
u. d. T. »Der Stöckelschuh« in: Magisch ange-
zogen. Mode, Medien, Markenwelten.
Hrsg. von Susanne Becker und Stefanie
Schütte. München (Beck) 1999

Betreutes Wohnen auf der Bühne
Geschrieben: Juni 2003; veröffentlicht in:
Die Zeit, 12. 6. 2003

Letzter Spieltag
Geschrieben: Mai 2002; gekürzt veröffentlicht
u. d. T. »Tor der Tränen« in: Süddeutsche Zeitung,
6. 5. 2002

**München, heimliche Hauptstadt des
Konjunktivs**
Geschrieben: Januar 2002; veröffentlicht in:
Die Welt, 26. 1. 2002

Inszenierte Wirklichkeiten

Geschrieben: Juli 2005; veröffentlicht u. d. T. »Inszenierte Wirklichkeiten. Rede zur Eröffnung der Ausstellung in Ratzeburg« in: Johannes Nawrath – Landschaftsmalerei 1985 – 2005. Katalog zur gleichnamigen Ausstellung von 4. 9. bis 13. 11. 2005 im Ernst Barlach Museum Ratzeburg, August 2005

Das Schlimmste an Büchern …

Geschrieben: Oktober 1998; veröffentlicht u. d. T. »Altersgenossen« in: SZ-Magazin, 6. 11. 1998

Relevanter Realismus

Geschrieben: Mai 2005; vorgetragen am 30. 5. 2005 anläßlich der »Ohne Titel«-Tagung auf Schloß Elmau; überarbeitet und gekürzt u. d. T. »Was soll der Roman?« veröffentlicht in: Die Zeit, 23. 6. 2005

Ein Manifest? Lächerlich! – Kein Manifest? Empörend!

Geschrieben: Dezember 2005; veröffentlicht u. d. T. »Dies ist kein Manifest« in: Die Welt, 31. 12. 2005

Scham bei Betrachtung schlecht strippender Dichter

Geschrieben: Mai 2003; gekürzt u. d. T. »Jungs, es wird ein heißer Tag heute« veröffentlicht in: Frankfurter Rundschau, 20. 9. 2003; in leicht veränderter Fassung gesendet in: Bayerischer Rundfunk, Kulturjournal, 28. 9. 2003; gekürzt auch in: Jahrbuch der Lyrik 2005, Hrsg. von Christoph Buchwald und Michael Lentz. München (Beck) 2004

Wem die Stunde schlägt

Geschrieben: Oktober 2001; veröffentlicht u. d. T. »Simplifizierer und Schubladianer« in: die tageszeitung, 27./28. 10. 2001; wieder abgedruckt in: Aargauer Zeitung, 14.11.2001

Europäische Ästhetik

Geschrieben: Oktober 1998; veröffentlicht u. d. T. »Ein Feld für unamerikanische Umtriebe« in: Süddeutsche Zeitung, 17. 12. 1998

Der amerikanische Holzweg

Geschrieben: Dezember 1999; Vortrag im Rahmen der Ringvorlesung an der Münchner Universität u. d. T. »Blick zurück nach vorn« am 14. 12. 1999; veröffentlicht in: Begegnung der Zeiten. Über Zeit, Kultur und Wissenschaft. Hrsg. von Venanz Schubert. St. Ottilien (EOS-Verlag) 2002; bearb. Auszug u. d. T. »Wo steht die deutsche Literatur? Kurzer Blick zum Spielfeldrand am 31. 12. 1999« in: Wo steht die Dichtung heute? Vorträge und Statements. Hrsg. von Bruno Hillebrand. Darmstadt (Wissenschaftliche Buchgesellschaft) 2002; u. d. T. »Der amerikanische Holzweg« in: Frankfurter Rundschau, 18. 3. 2000; Wiederabdruck in: Aargauer Zeitung, 6. 5. 2000; auf französisch (Übers. Philippe-Henri Ledru) u. d. T. »L'impasse américaine ou Pour un esthétique européenne« in: Le Brouillon, Nr. 4/2001; auf englisch (Übers. Agnes Mueller) u. d. T. »The American Dead End of German Literature« in: German Pop Culture: How »American« Is It? Ed. by Agnes Mueller. Ann Arbor (Univ. of Michigan Press) 2004

Der Autor als Zeugwart

Geschrieben: April 2002; u. d. T. »Das Schreibzeug arbeitet mit an unseren Gedanken« als Vortrag gehalten im Colloquium Helveticum, Zürich, am 5. 6. 2002; veröffentlicht u. d. T. »Das Schreibzeug arbeitet mit an unseren Gedanken« in: *Aargauer Zeitung*, 5. 6. 2002; *Frankfurter Rundschau*, 8. 6. 2002; Wiederabdruck in: Schreiben am Netz. Literatur im digitalen Zeitalter. Hrsg. von Johannes Fehr und Walter Grond. Innsbruck (Haymon) 2003

Die Homepage als digitaler Grabstein

Geschrieben: Februar 2004; veröffentlicht u. d. T. »Mein digitaler Grabstein« in: *Süddeutsche Zeitung*, 6. 3. 2004; wieder abgedruckt u. d. T. »Meine Vision von der digitalen Gesamtausgabe« in: Dichter Hand Schrift. Hrsg. von Elisabeth Tworek und Marietta Piekenbrock. München (Blumenbar) 2004

Vom Verschwinden der Dinge in der Zukunft

Geschrieben: Dezember 2001; gesendet in: Bayerischer Rundfunk, *Radio Revue* (»Veränderte Welten«), 4. 1. 2002; erneut gesendet in: Bayerischer Rundfunk, *Kulturjournal*, 10. 8. 2003

Marietta – die Idee, der Datensatz und der Strohhut

Geschrieben: Januar 1999; Vortrag im Rahmen der Poetik-Dozentur der Akademie der Wissenschaften und der Literatur an der Universität Mainz am 2. 2. 1999; als selbständige Veröffentlichung: Stuttgart (Franz Steiner Verlag) 2000 (= Akademie der Wissenschaften und der Literatur. Abhandlungen der Klasse der Literatur, Nr. 1/2000). Abdruck mit freundlicher Genehmigung der Akademie der Wissenschaften und der Literatur, Mainz

Davor erschien Kopenhagen ...

Geschrieben: Juli 2000; anschl. u. d. T. »Kopenhagen danach« auf www.goethe.de, August 2000

Buena Revista Social Club

Geschrieben: April 2006; gekürzt veröffentlicht u. d. T. »Cuba revisited« in: *die tageszeitung*, 15./16./17. 4. 2006

Fata Americana

Geschrieben: April 2001; gekürzt veröffentlicht u. d. T. »Der verlorene Highway« in: *Süddeutsche Zeitung*, 28./29. 4. 2001

Shanghai von oben

Geschrieben: Februar 2002; veröffentlicht u. d. T. »Dem Himmel so nah« in: *Die Zeit*, 14. 3. 2002

Das Buch aus Stein

Geschrieben: Juni 2005; veröffentlicht u. d. T. »Der weißeste Wind der Welt« in: *Süddeutsche Zeitung*, 8. 5. 2006

Das Werk von Matthias Politycki bei Hoffmann und Campe

Herr der Hörner
Roman
736 Seiten. € 25,00 | sFr 43,90

Das Schweigen am andern Ende des Rüssels
Erzählungen
224 Seiten. € 17,95 | sFr 31,90

Ratschlag zum Verzehr der Seidenraupe
66 Gedichte
112 Seiten. € 14,90 | sFr 26,50

Vom Verschwinden der Dinge in der Zukunft
Bestimmte Artikel 2006 – 1998
192 Seiten. € 19,95 | sFr 34,90

Das Schweigen am andern Ende des Rüssels
Hörbuch
Erzählungen von und mit
Matthias Politycki
3 CDs, 215 Minuten, 8seitiges Booklet
€ 22,95 | sFr 42,50

Frauen. Naja. Schwierig.
Hörbuch
Gedichte von und mit Steffen Jacobs,
Hellmuth Opitz, Matthias Politycki
1 CD, 78 Minuten, 12seitiges Booklet
€ 17,95 | sFr 33,50

Vollständiges Werkverzeichnis, Lesungstermine, Pressestimmen
und mehr auf www.matthias-politycki.de

| Hoffmann und Campe |